刘蔚华

◎刘蔚华 著

解读

周易

齐鲁书社

# 前 言

本书原来取名《揭秘周易》，后又改作现在的名字。在我来说，主要是想揭开笼罩在《周易》身上的神秘外衣，让读者借助本书的解说，能够较快地基本读懂《周易》，这是我们写作和出版这部书的目的。当然，对于已经深通《周易》的学者，本书的出版也有和同仁高明切磋之意，以期获得精进。

目标不敢定得太高，如说读了本书读者一定可以读懂《周易》。那样的保票打不得，因为这里有两个原因起着制约作用：首先，是本书对《周易》的解说是不是已经到位。作者觉得，在众多关于《周易》的解说中，本书只能说提供了一种自认为能够通解《周易》的合理的解释，以助读者研读这部古老的经典。其次，还因为掌握一门深奥的学问，主要靠有志于此道者个人的努力、才气和灵敏的悟性。许多精进于易学的大师级人物，往往是无师自通的，他们有如孔夫子晚而喜《易》，达到手不释卷，居则在席、行则在囊、韦编三绝的地步。那样，即使不能获得指点，一样可以精通《周易》。能不能读懂学通《周易》，这一点比头一点更为重要。

《周易》是中国最古老的发着神秘幽光的典籍。她来源于遥远的年代，可以说和中国文明同步起源，中华文明有多老，她就有多老。中国大部分字义古奥的经典出于周代，《易》却要溯源于文字诞生以前，因为《易》有许多道理是靠"象"和"数"来表达的，它比解读古文字更为困难。就因为这个原因，有些人就把《周易》叫做"天书"。的确，在《周易》中"以象为本"，用文字系上去的辞，是后来加进去的；加得对不对、好不好，还要经得起"象"的检验。而易象对于后人来说，往往是各有各的理解，并无定解，很容易形成各执一词、争论不休的局面。这是使学易和研易者很头疼的事。

《周易》形成后的四千多年中，特别是汉代以后，不少易学家争论

不休,除了在文字训诂上意见不一以外,主要是对易象解读颇不一致。所以,对《周易》中的非文字系统能否解读得好,成了关键问题,这就需要研易者的悟性。尽管有文字系统的帮助,但文字本身也很古奥。《尚书》是一部文字最为古奥的经典,《周易》单从文字的难懂而言,比它有过之而无不及,再加上无定解的易象,这就构成了读《易》的双重困难。

再从历史性方面讲,我们常说中国人是黄帝的子孙,后来大家觉得还应当追溯到神农氏炎帝的恩泽,于是便号称是炎黄子孙。实际上,中国人人文初祖是远在炎黄之前的三皇之首伏羲氏。他和女娲是所有中国人千百代以前的老祖父和老祖母,炎黄也是他们的后代。易就是他那时创立的,成为中华文明开创的标志。而《周易》则是易完善形态的结晶。

有人会说,那都是历史传说,不是信史。

说得不错,确实是历史传说,但我很庆幸中国有非常朴实而动人的远古传说,它使我们能够从朦胧的史影中得知远古祖先生存、奋斗、繁衍、发展的信息。易同这些传说一起从远古走来,这毕竟是真实的。

在文字出现以前,人类的历史不可能记载下来传给后代,只能靠传说。传说是族群集体记忆的凝聚,是经过千锤百炼而流传下来的口头历史。我们的古人一旦有了文字,就有许多学者用文字追记了这种宝贵的群体记忆中保存下来的口头历史。中国的历史传说,荒诞的成分很少,它有一点神话色彩,也往往不过是借以表现一种豪迈的情怀而已,无可厚非。中国历史传说的一个突出优点是非常贴近生活,非常贴近现实,非常合乎历史发展的逻辑。请听:

盘古氏"开天辟地",大概是处于旧石器时代初期,刚刚会使用工具,便用那个不很锋利的石斧开天辟地了。这个粗糙的石斧握在原始人的手中,经过万千次的变革之后,就合乎规律地发展到今天发射宇宙飞船的先进水平。

有巢氏"构木为巢",使人脱离岩洞和野居生活,进一步蜕去那层厚重的"动物之衣",实施了人类最早的安居工程,为人的聚居和群落的出现,以及向着现代人类的城市化发展,蹒跚行进。

燧人氏发明了"钻木取火",没有从天上去盗火,而是靠人工制造

火,使人们能够熟食、取暖和自卫。有火才有了文明。这项发明在远古时代的意义,绝不亚于今人使用核能的价值。

接着便是伏羲氏登场了,大概这时已经进入新石器中晚期,结绳记事的日子已成过去,用一种全新的观察方法取得的"象和数",创造了八卦和数字卦。生产方式主要是采集、渔猎和畜牧业发展起来。禽兽被巧妙地驯化,与人为伴,获得了新的助力和营养丰富的食品。熟食与动物蛋白再加上劳动和语言,使人的大脑发达起来,文明大踏步地前进了。

神农氏发明了农业,建立了农耕文化。到了黄帝时,进一步奠定了农业文明比较全面发展的基业,国家开始萌芽了。国家机器在不断地演变,但人类至今还没有离开这个保证社会得以维持而又反过来会控制人的组织形式。

这些久已形成的历史传说,不是我们今天剪裁出来的传说,是很符合社会发展的逻辑进程的没有用文字记录下来的事实,因而原则上是可信的,而且它的轮廓及其约略面貌,已被新旧石器时代的考古发现,逐步得到直接间接的证实,并继续为远古历史传说的可能性源源不断地提供着新证据。即使有些传说一时还没有获得强有力的考古证据,只要没有被证伪或不能被证伪,就仍然可以认为是有价值的。

我对中国的历史传说,一是主张积极地通过考古发现提供直接的证据,例如发现北京猿人洞中有用火的灰坑,半坡人、河姆渡人构木造房等,都已经证明了一些传说的可靠性。二是对未经证实的要用排除法,凡怀疑而不能证伪的,可以有根据地存疑,但传说仍然要予以保留沿用。

这种情况,在《周易》研究中是很多的。现有传说一般大多能提供文献依据,虽暂时无法提供直接证据的,如果反对者不能提供证伪的,文献的证据就可以照常使用。这是我对待历史传说和文献证据的态度。

本书就涉及不少此类问题,就是采取这一方法处理的,希望读者能够给予同情的理解。

本书以"揭秘"作为写作的目标,还出于这样的考虑:远的且不说,就以文革结束以后,到目前为止,我国大约已经出版或再版了解说《周

易》的新老著作上千部,对《周易》这部著作的研究、论说和普及已取得斐然的成就,提到易学史上说,也不失为辉煌时期之一。但是,对大多数越来越热心于易学的读者来说,仍然没有摆脱那个老问题,就是《周易》神秘——也就是说,读《周易》,神秘依旧。

我对这个问题琢磨了很久,也曾断断续续地作过一些调查,收集过一些认为《周易》神秘的疑难问题。把问题排排队,探寻破解的办法,一有收获就记录下来,逐年积累,终于使我形成了这部书的初稿;后又经过和古今注易书籍加以观照,吸取其中成功的经验,把我所能见到的有助于"揭秘"的卓识汇集起来,认真进行了修改,终于炮制出了现在端给读者的这部《刘蔚华解读周易》。在这个漫长的酝酿过程中,我深深感到,可以读到的注释《易经》的著作,未能彻底"揭秘"《周易》的一个重要原因,是没有摆脱传统经学的束缚,把本来很有逻辑性的易卦做了支离破碎的解释,每一卦没有一个主题,六个爻之间没有内在联系,割裂爻辞的内涵,着眼于非常琐碎的问题,很少发现关乎族群生存的大主题,不能使读者具体感受到蕴藏在其中的先民的大智慧。冒昧地说一句大不敬的话:六十四卦中能够说解通了的卦,不及三分之一。这样,怎么能使广大读者不感到无比神秘呢!

# 目　录

· 3 ·

目
录

# 上 编

## 绪 论

研读《周易》,应建立大易学概念,建构大易学体系。不要把易学仅仅理解为或局限于《易经》、《易传》问世之后经学发展的一个阶段、一个部分。因为在《易经》出现以前,早有《易》的肇始和发展,这是易学的发端。

《周易》有一部长长的前史。

伏羲是中华民族的人文始祖,早于炎帝和黄帝,位在"三皇之首",他是易学的创始人。

相传伏羲细致观察了天文、地理、诸物和人的身体,在文字还没有产生的条件下,通过取象思维方式,画出了八卦。《易传》说:"古者包牺氏之王天下也,仰则观象于天,俯则观法于地,观鸟兽之文与地之宜,近取诸身,远取诸物,于是始作八卦,以通神明之德,以类万物之情。"(《系辞传下》)这是关于《易》起源的最典型、最准确、最富实际意义的概括。

这段话的意思是说,在伏羲氏做太昊帝的时候,抬头观察天象,低头观察地理,考察鸟兽的足迹和斑纹以及地上的物产生态,近处研究自身,远处研究各种物体,于是创作出八卦,以通达天地变化莫测的原因,以效法和体现万物的实情。这说明,《易》的出现,作为中国进入文明的鲜明标志,是源自我国先民对世界万物和自身的深刻观察和取象感悟而来的。显然,易学是作为我国先民的原创性宇宙观体系登上历史舞台的。

那么,易学究竟是什么?

概括其本质而言,易学就是天人之学。说易学是中国文化的根,

是大道之原,是中华文明之本,全在于以这个天人之学为根、为原、为本,去掉了此点,就谈不上是根、是原、是本了。因为中国的天人之学是最先由易学开创的,并成为易学思想的基础和核心。

借助太史公司马迁的话说:他把自己的历史哲学概括为"究天人之际,通古今之变,创一家之言"。他撰写的巨著《史记》,是做到了。当然,易学作为天人之学,要比历史哲学更为广泛、更为普遍,理应将易学概括为"究天人之际,通宇宙之变,创普适之言",这是一种具有普遍指导意义的宇宙人生哲学。易学经过漫长的发展,也做到了。

易学的天人之学所研究与阐明的学问,是天道与人性之学。正如《四库全书总目提要·经部总叙》所云:"《易》之为书,推天道以明人事也。"这是对易学是天人之学的一个很好的概括。

孔子的学生曾说,在夫子那里,天道和人性的学说很少听到。这是初期的情况,在孔子晚年,主要是通过易学来传授人性与天道思想的。

易学,应当说是中国人的先祖自行开创的土生土长的哲学,是指导本族生存发展的智慧学。西方将这种学问叫做 Philosophy(爱智),日本人将它翻译成为"哲学",即睿智之学,是比较准确的。这一概念,从近代中国开始,一直沿用至今,已成为中国划分学科的一个重要概念。但按照中国自己睿智之学的概念,应当是"易学"。在中国关于世界观的学问,就是"究天人之际,通宇宙之变"的易道之学。易学之所以能够成为后来诸子百家学说的根源,就在于他们接受并发挥了易学首创的天人之学,他们真正是同源而殊途,一致而百虑。在中国文化发展中,易学这样一种特殊地位,也是法家与其他各家所认同的,因而使易学有可能逃过一个个类似秦火兵燹的劫难。

《易经》和《易传》是为易学奠定基础的部分,并非在《易经》、《易传》之后才出现了易学。那样理解易学过于狭窄,有意无意地使易学完全等同于汉代才开始出现的经学。

易学作为天人之学,内容自然是广大悉备的,有天道,有地道,有人道。不是在《易传》提出了"三才之道",易道才广大悉备起来,而是《易经》自身固有的。有些人囿于文辞,认为《易经》中没有明文提出"阴阳",因而就没有阴阳观念;《易经》中也没有明文提出"三才之道",因而也没有天道、地道、人道,当然就说不上它"广大悉备"。他们忽略了易道是在没有文字的情况下而被先圣用"易象"和数目点化出

来的深邃观念,要他们那时用文字加以表述这类思想,那是后生般的天真。一切都只能诉诸文字,易的象数系统,易卦的非文字的表意符号系统,就白画了,而伏羲的开创之功也就不存在了。

诚然,文字是最好的信息传递手段,但是,我国先民在创造文字之前,曾经长期使用过"结绳"和"易象"的手段,实际上它的历史比文字的历史更长。如果阅读易卦不明白是"以象告"的特点,"象"就成为多余的了,都可以从易卦体系中剔出去了。殊不知,那样就不是《易》了。八卦三画,重卦六爻,起什么作用?《易传》从其中悟出"三才之道",能否认这是《易经》所固有的吗?原因在于,《易传》作者能够从卦的非文字系统中释读出其中的思想奥秘,其他只能靠文字释读的人就难以破解深藏在《易经》中的底蕴奥义。因为这种非文字系统的意涵,你看不到,也领会不了。这是研易者的智商产生差别的根源。

用这样一种方法研读《周易》,自然也很难接受易学是天人之学这样一个结论。古易中那里说了"天人之学"?证据何在?答曰:证据就在它起着帮助人们解决认识与处理属于天人关系问题的实际作用上。不论你是用它来指导个人与社会国家的行动也好,还是用它来占卜解答个人或掌权者的疑难也罢,都是属于认识和处理天人关系中的问题。

在伏羲创易卦时,天人是交通的,民神是不杂的,先民可以从专职人员那里咨询自己所面临的天人关系中的实际问题,解决得对不对,可以从实际效果中得到验证。另外,只要掌握了易卦这种特定的占问方法,即使属于非祝卜人员,也可以自行占断解惑。这都是合乎天人交通的秩序的。但是,到了颛顼之世,为了杜绝"民神杂糅"而出现"乱德"的问题,下令实行"绝地天通"①,不容许专业神职官员以外的人擅自沟通天人。国家要决策,神职臣子可以参与谋划,人谋、鬼谋一齐上。个人有了疑难问题,需要占卜,也有专家占算,给你提供咨询。可能这一时期占卜方法和日常行为也混乱了,其直接后果就是"乱德"现象丛生,起不到"推天道以明人事"的作用。单就算卦而言,人人算卦,大事小事都算一算,必定会亵渎"神明"。不如让训练有素的专业人员占算,那样更有秩序,更有参考价值;即便算得不准,至少也可以充当

---

① 《尚书·吕刑》,《国语·楚语》。

一种心理医生,起到安抚的作用。这种心灵的抚慰,在任何时代都是客观需要的,虽不能求得先知,也可以稍觉宽慰。这是人之常情,无可厚非。中国的算命先生,绝大部分是说好话规劝人的。一个人受到严重挫折后,不想活了,他去算卦,算命先生必定是苦口婆心地劝这个人想开点,要坚强地活下去!算命先生一般不会帮人算个好日子去偷盗的。因为他所能理解的天人之学,尽管还很肤浅,却不容许他借算卦诲淫诲盗。"占卜只为君子谋,不为小人谋",是他们的职业道德。

　　易学诞生后,天人之学发展起来,出现了林林总总的派别,分别对天、人及天人关系等做各式各样的论述,都很不一样。随着时间地点和历史条件的不同,不同时代、不同地域、不同阶层的人,理解也很不相同。有唯心的,唯物的,也有不可知的;有进步的,积极的,奋发进取的,也有落后的,消极的,悲观厌世的。因此它同时也是各种形形色色的人生观和价值观的表现。即便属于正确的认识,在认识的深度和水平上差别也很大。①

　　天人之学是个发展、开放和与时俱进的世界观体系,因为它深深切入了如何认识和处理人和世界的关系这样一个典型的哲学的永恒主题。它要确定的是人在不同历史条件下自己在世界(宇宙)中的合理位置。一切科学,实际上也都从自身学科特点给出一个认识和处理这种关系的具体方案,但唯有哲学,易道天人之学,是从总体上给出宏观的答案。因此,易学,包括《周易》,不管你宣布多少次它是"卜筮之书",只要不能否定它是天人之学,就不能不承认它是哲学的,是化成天下的。不必惊奇,远古的卜筮中也有哲学。正像炼金术中炼出了化学、占星术中萌芽了天文学一样。

　　说到此,我似乎在为占卜张目。NO!我是在为大易学张目,为中国古老而常新的天人之学呼喊!

　　本书主张应当建立大易学概念,因为只有大易学才是哲学的,而要建立大易学,就必须承认易道天人之学。在现代社会仍然需要新的符合时代要求的科学的易道天人之学。

绪

论

---

① 　可参看庞朴《天人之学述说》,刊于 Confucjus 2000.com 庞朴文集。此文对各学派天人之学的特点论述详明,颇有见地。

# 第一章

# 三易同源，存乎一经

## ——《易》的起源与《周易》的形成

　　《周易》的产生，经历了漫长的过程。最早可以溯源于中华民族的初祖伏羲氏时期，这是中国的"创世纪"时代。那时，易的出现是中华文明肇始的标志之一。

## 第一节　《易》是金石并用时代的产物

　　《周易》本名《易》，它是中国初民的生存智慧，可以说是一种最古老的人类谋求生存和发展的原始智慧。

　　千万不要瞧不起原始智慧，那是从一种极端艰苦的生存环境中长期积累起来的众多发现与创造的结晶，永远具有人类学—社会学意义。

　　人类从世界范围说，不久前发现了七百万年前人类的头骨化石，这是迄今所知最早人类存在的实物证据。从中国境内来讲，也发现了二百万年以内不同阶段古人类存在的化石证据和旧石器时代的大量遗物。大约发展到距今一万年左右全新世开始的时期，中国的旧石器时代结束，进入了一个新的发展时期。就目前所知，中国的新石器文化大约起始于公元前六千多年，实际开始年代还当更早；旧石器时代发展是不平衡的，它在有些地域延续到前两千年左右才告结束。

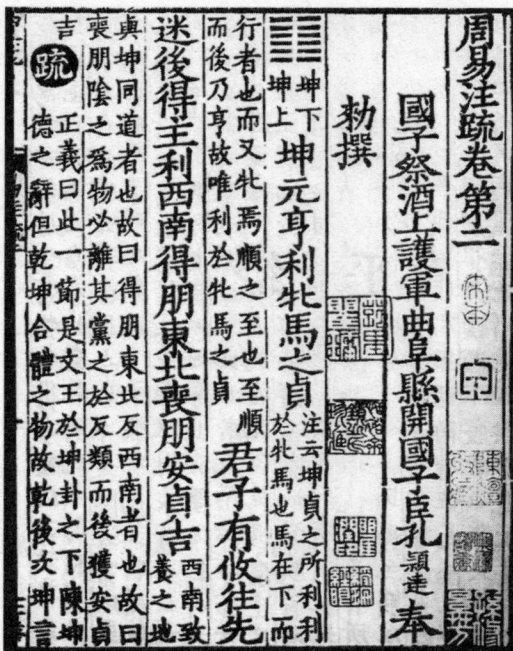

图一·一 《周易注疏》书影

中国新石器文化是中国古代文明的源泉。特别是以中原为核心的一脉相承的新石器文化，与后来青铜时代的商周文化紧密相连，并同周围地区有着密切的交互影响，共同构成中国历史连续发展的具体例证。从大背景来说，《易》的出现和形成，所经历的漫长过程，正好跨越了金石并用的历史时期，但它成熟形态主要是青铜文化的产物。这是对《易》的历史性的基本定位。因此《易》萌芽的时代，是中华文明的黎明时期，是中国先民进入开化的时代。但是中国先祖以《易》为标志的原始智慧，是独特的、神奇的，也是卓越的、深刻的，起点是很高的，以致留下了许多谜，为后人所不解。

## 第二节 《易》的实践起源与学理起源

关于《易》的起源，《易传》中有两段话是最关紧要的。

第一段话说明，《易》是在探索世界的实践认识中起源的——"古者包牺氏之王天下也，仰则观象于天，俯则观法于地，观鸟兽之文与地之宜，近取诸身，远取诸物，于是始作八卦，以通神明之德，以类万物之情"（《系辞传下》）。

这是说，伏羲氏通过细致观察天文、地理、诸物和人身，在文字还没有产生的条件下，运用取象思维方式，经过仰观俯察、远

图一·二　伏羲像

取近取，画出了八卦，发展出易卦。在所有论述《易》起源的文字中，这段话没有神秘性，最具权威性，因为它揭示了《易》起源的实践性根源。

但是，伏羲为什么根据仰观俯察、远取近取就能够画出易卦来呢？这就必须揭示学理上的起源，这样就涉及到第二段话——"河出图，洛出书，圣人则之"（《系辞传上》）。许多易学史家根据这句话认为，伏羲得河图洛书而作易，似乎与仰观俯察那一段话有矛盾，到底哪一段话说明了《易》的起源呢？其实，没有矛盾，它们都说明了《易》的起源。

为什么河图洛书对易卦起源具有如此重要的意义呢？这是因为，这两个图已经发现了自然数的奇偶性和它与阴阳的关联性；表现在图上，凡奇数画白圈（阳），凡偶数画黑圈（阴）。也就是说，这两幅图第一次表示出"阳奇阴偶"的学理。有了这个学理，伏羲才能把筮数转化为易卦，不懂得这个原理，数字始终是数字，而不是易卦。

需要说明的是，关于"河图洛书"，见诸文字的史料较早，而见诸图像的资料较晚，但都是为探索上古史而提供的考证资料，别无依据，只能据信。

上述两段话结合起来，就能说明伏羲创立《易》不仅有实践的起源，也有了学理上的起源。

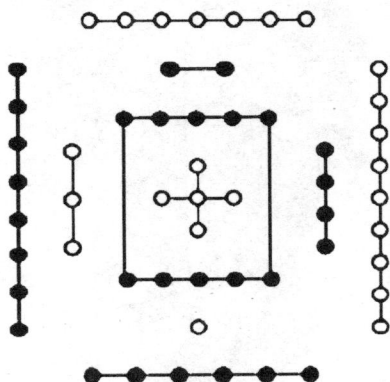

图一·三　河图

有些易学家以为这两段话对说明《易》的起源有矛盾，是没有理解到，只有将二者结合起来才能从实践与学理上完整地说明《易》的起源。

《汉书·律历志》上说："自伏羲画八卦，由数起。"三国时数学家刘徽在为《九章算术注》写的序言中，也把伏羲画八卦看做是古代数学的起源。可见，《易》的起源和古代数学的起源具有一致性。

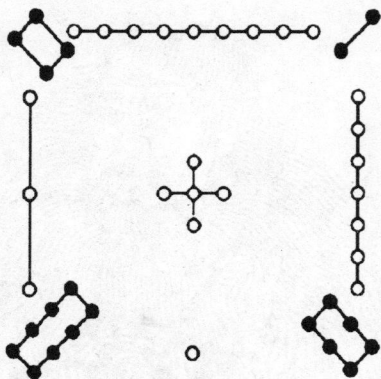

图一·四　洛书图

## 第三节　易卦的前身是数字卦

易卦的起源一直没有找到考古的依据，直到上个世纪 80 年代，由于考古学家张政烺先生从出土的甲骨、铜器、陶器和石器、玉器、竹简上，发现了数字卦以后，这个问题才基本获得解决。

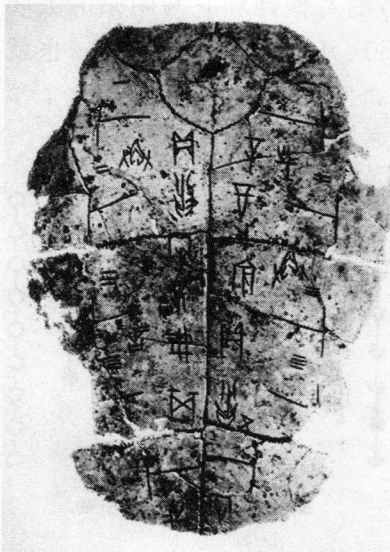

图一·五　记数甲骨文

张政烺先生指出："1979 年江苏海安县青墩遗址发掘、出土骨角和鹿角枝上有易卦刻文八个，如三五三三六四（艮下，乾上，遁）六二三五三一（兑下，震上，归妹）。其所使用的数目字有二、三、四，为前举三十二条考古材料所无，说明它的原始性。这是长江下游新石器时代文化，无论其绝对年代早晚如何，在易卦发展史上应属早期形式，可以据以探

寻易卦起源地点问题"①。

此后,经过多位专家的搜集研究,已经发现了一百多个数字卦,大多数是六爻卦(属于重卦范畴),少量是三爻卦(属于单卦范畴)。从涉及的数字看,1~9九个自然数都有,越向后发展,数字逐渐简化,二、三、四几个契刻时容易混淆的数字不再出现;直到晚期,变成只用一、六(∧)两个数字,从卦画上向(——)阳爻、(——)阴爻符号靠近。数字卦的破解,是对易卦起源问题的重大突破。②

图一·六 数字卦

由于崧泽文化中的六爻数字卦年代约在五千五百年前,下距大量出现数字卦的晚商和周初,约有两千多年。这并非数字卦出现的上限,但大体上接近传说中的伏羲时代,这就不仅证实了易卦起源于历数和筮数的事实,也证实了六爻卦的历史悠久。数字卦的早期出现,也增强了伏羲画卦起于数的可信度。

图一·七 九宫幻方图

不过,在我看来,在远古时代,数起源于生活中对计算的需要。氏族里有几个人,食物有多少,这是首先要计算的数。对先民最关紧要的数,首先不是筮数,而是物质生活中的计数,进而是对人的生存有直接关系的历数。通过历数测算和计算,才使先民的数学知识和计数能力得到了显著提高,现实生活是产生数和计数能力的基础。我认为,随着人类对历

① 张政烺:《试释周初青铜器铭文中的易卦》,《考古学报》1980年第4期。

② 姜广辉:《"文王演〈周易〉"新说》,《哲学研究》1997年第3期。此文对张政烺先生发现数字卦给予高度评价。

数认识能力和计算能力的提高,才有可能把这种认识成果应用到占卜的筮数上来,因此与其说易卦产生于筮数,不如说产生于历数更准确。《易传》中讲筮数和筮法的主要是关于"大衍之数"部分,其中在叙述筮法中反复联系"四时"、"置闰"、"再闰"等,这就是筮数来源于历数的证明。在易学的后期发展中,也基本上是随同历法的一次次改进而发展的,始终同历法保持着密切的联系。

数字卦是筮数,在 1~9 的自然数中,以六个数组成不重复的字符串有多少? 这是个不难计算的组合数学题,用组合公式(略)计算可得六万零四百八十个数字卦。这超出规范化的六十四卦近千倍,这对刚刚学会简单计数的初民无异于天文数字,把它应用于占筮,几乎是不可穷尽的,因而也就没有实用价值。那就必然要求简化。从已知数字卦发展的情况看,简化的思路是两条:一条是把容易混淆计数的二、三、四,三个用线条契刻的数精简掉;二是必须发现数的奇偶性,不论数字大小,只要分出奇数和偶数,就能保证全排列出来的只有六十四个不重复组合。就是说"数的奇偶性",是确保数字卦不论列数多少却只有六十四个卦的关键。

张先生在论文中把一串串六个数字转换为一个个易卦形式,依据的原则是"阳奇阴偶"法则。诚如前面所说,这个法则是由河图洛书体现出来的。古文献中最早记载"河图"的是《尚书·顾命篇》,记载周代前期的事情,特别是其中对河图没有具体描述,不知数字怎样分

图一·八 《尚书》书影

布。从后来的文献分析看,伏羲效法的河图洛书,不仅已经认识到数的奇偶性,而且能够把它和阴阳特性(黑白点)联系起来。就是说,形成六十四卦体系的核心原理"阳奇阴偶",大约在六千多年前已经确立。

但是这仍然属于传说和文献的模糊记载,就我所知,至今尚未得到考古的确切证明,依然是一个有待证明的问题。所以,我在前面只能说起源问题只是"基本获得解决"。因为要毫无疑义地确认那些出土的数字串是数字卦,还缺少一个关键性环节,就是发现"阳奇阴偶"法则的考古证据,所以不能无条件地、理所当然地应用"阳奇阴偶"法则,把数字卦转换成易卦。按照欧洲数学史的记载,最先发现奇数和偶数的人是毕达哥拉斯,相当于孔子生活的时代。中国体现了"阳奇阴偶"法则的河图洛书早了他约四千多年。实际上数字阴阳五行化的河图洛书晚出,这是解决《易》起源的一个关键性难题,也是学术界向数字卦提出质疑的关键问题。

仅以商代甲骨文为例,其中已用十进制记数,已发现最大数字为三万。十进位的位值制在商代已经出现,如用一、二、三、四、五、六、七、八、九、十、百、千、万等的组合来记三万以内的自然数。这是有甲骨文为证据的非封顶纪录,就是说当时关于数的知识起码如此。

## 第四节　原始思维的进化是易卦产生的心理基础

易卦产生的心理基础是它所凭借的原始思维。按照人类原始思维的进化,初级阶段主要是"实像(实象)思维",这时人认识客观世界和自我,主要靠直接体认到的物象、现象进行直觉思考。例如,要把木棍装到打了孔的石器上,他要反复比量孔的大小和木棍的粗细,经过多次反复加工、比量、修正,才能最后做到合适。实像思维的特点,是思考时不能离开实物,随时可以从实物那里直接感受实像,作为其思考的直接形象材料,现在的幼童仍然常这样思考问题。这是思维发展的初级阶段。有这种思维能力的先民常常会把现象

关联视为因果关系,而忽略事物之间的本质联系。例如,一个人在阳光下的影子,他的头影被另一个人的脚踩住很久,第二天他头痛了,就会归罪于你头一天踩了他的头影造成的。这当然不能认识事物的本质。但是,实像思维既然是思维,在许多条件下是可以直观地反映事物本质联系的,因此不能一概否定之。

发展到形象思维则不同,它可以把来自实物的形象、现象储存到头脑里,凭借记忆中的形象与表象进行思考,这时的思维水平又进了一步。创立易卦的取象思维,主要是实象思维和形象思维的结合。

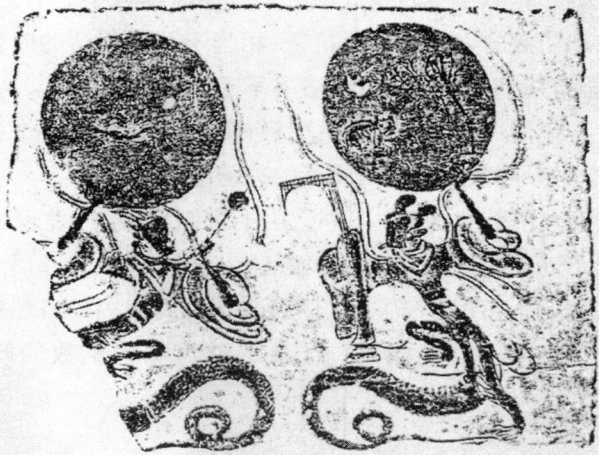

图一·九 伏羲女娲像(四川崇庆出土)

至于抽象思维则更进一步,可以在实象思维、形象思维的基础上,凭借语言文字和较为抽象的概念进行思考,反映事物的本质和规律性的认识。抽象思维中主要是逻辑思维和辩证思维,这都是思维的高级形式。但是必须指出,既然都是思维,不管哪一种思维形式,都能够在一定程度上深入到现象内部反映事物的本质,只是反映的方式和水平有所不同罢了。

易卦的卦象系统,具有很强的表意与象征功能,也能达到一定的近似于有文字概念的抽象思维水平。所以有了文字以后,用文字概念的抽象思维来理解无文字的象数思维成果,反而要"得意忘象"

才能破译。但是得意后可以忘象,而不能丢象。因为所得之意符合不符合象,还要用象来检验、来纠正。

从原始思维发展的进程看,处在新石器后期的部落首领伏羲,是有能力画出八卦的,他用一种取象思维,画出反映天、地、雷、风、水、火、山、泽的八卦,以至于把它们重叠起来,发现六十四卦自然体系,都是并不超越思维发展阶段的。从出土的相当于这一时期的数字卦看(最早如崧泽文化),主要是六爻卦,都属于重卦。这可以证明那时是能够产生出六爻卦的。

直接的考古证据暂时提供不出,但间接的考古证明可以参考。现有考古资料证明,大约和传说中伏羲相近的时期,浙江余姚的河姆渡人、陕西西安的半坡人以及山东和江苏北部的大汶口人,就已经有了长方形、三角形、菱形、圆形、球形、圆柱形等几何观念,并已经掌握了一定的比较复杂的数目观念和计数能力。

卦象符号的出现,反映了形成文字的需要,也无意中规定了象形文字的发展方向。因为象形文字诞生的心理基础也是取象思维。越象形,就越具有图画性,象形实际上是图画性的简约方式。出土的甲骨文中,大多是象形文字,少量的是图像文字,反而图像文字最难识别。因为图画、图像所表达的意涵过于丰富,可以是相关意义的各种文字,表意具有多向性和不确定性。八卦与六十四卦的象,从表意需要和反映形式两个方面催生了象形文字的诞生。这可是个了不起的历史贡献。

## 第五节　阴阳观念早期出现的考古证据

问题是伏羲能够创造出表示阴阳爻的卦画吗?从现有文献资料看,阴阳观念晚出,大约在西周后期,明确运用阴阳观念分析地震一类自然现象,似乎处于起始阶段。但把阴阳作为自然现象也有较早的材料,见诸文字的是《诗·大雅·公刘》:"相其阴阳,观其流泉。"公刘是后稷的曾孙,周族的首领,在夏朝时率领周族由邰迁豳(在今陕西彬县东北),"相其阴阳,观其流泉"是观察地形水利,开垦种植,安定居处,为周人初步定居并发展农业进行实地考察。如果

图一·一〇 《诗经》诗意图(局部)

说伏羲那个时代就能出现阴阳观念,单凭文献,距离伏羲遥远得多。这就需要看考古发现,能不能找到一些证据。

其实,初民仰观俯察最容易发现的规律性现象,就是日光的向背与寒暑的交替,因为它反复出现。呈现在先民面前的大千世界,显而易见的规律性现象并不很多,只有同他们生存攸关的日光向背、寒暑交替以及与此相关联的自然现象,会具有优先感受性。其他如风雨、雷电、水火之类的自然现象,尽管随机性很强,但对初民的生存意义也会由于其巨大干预作用而和阴阳规律结合起来加以反映,并将其普遍规律推展到万事万物上。因此,即使仅凭经验积累形成的判断也会由此应运而生。

我曾经考查过中国阴阳观念的形成,考证过大汶口文化出土的陶尊上的刻画,一个是一个圆圈下有一个火形的云气,象征光焰高照的太阳,我识读为"阳"字。"阳,高明也。"(《说文》)这个刻画象形符合《说文》对"阳"为"高明"的定义。

另一个是上面这个字下画有一座五峰山,中间的云气将山和太阳隔开,我识读为"阴"字。① "阴,暗也。从阜,从会。"(《说文》)从阜,表明阴与山冈地形有关,从会,是发 yin 之声。云气将照射到山冈的阳

---

① 刘蔚华:《儒学与未来》,齐鲁书社 2002 年 3 月版,第 194～205 页。

光遮蔽了,自然为"暗",故读阴,同样是符合《说文》定义的。"阴"为云覆日,"阳"为日出,高明也。这两个刻画字都是符合此义的。

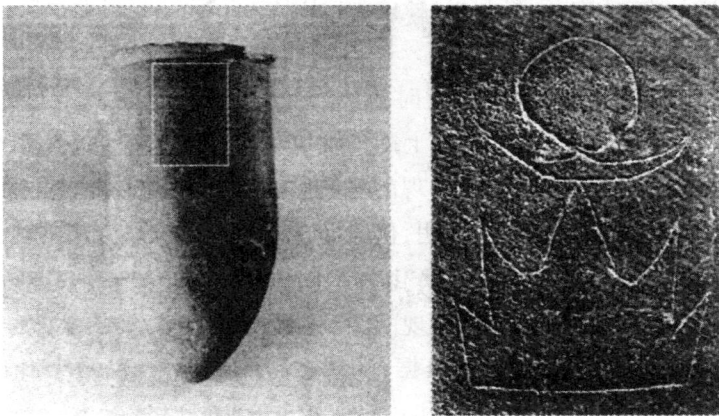

图一·一一　大汶口陶尊与阴字的刻画

此外,相同的陶尊上还有"斧、钺"两个象形图案,这四个陶尊是远古时期的用于祭祀的礼器,四个符号分刻在尖底陶尊腹部,表现了当时人崇拜的观念——代表权力的"斧钺",代表观念的"阴阳"。这两样,对于原始社会解体,向阶级社会过渡,国家开始萌芽的漫长过程说,无异都是新生事物,值得高度崇敬,所以制作为礼器。

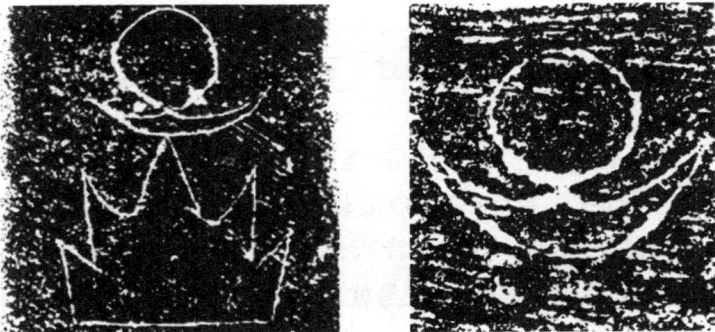

图一·一二　阴(左)阳(右)刻画拓片

于省吾先生考为"旦"字,唐兰先生考为"炅",读为热字。四个重要的图像文字,他们二位只识读了一个,并且没有发现特殊含义。

但是他们的释读，把汉字起源的时间提前了两千多年，这是极为重要的。① 然而，多个陶尊反复出现这几个图像文字，其含义肯定是不一般的。我认为，连贯起来，释读为"阴阳"、"斧钺"是最能反映其重大意义的。

三皇五帝都是首领化的时代标志。伏羲时代大约时值距今七千至五千年左右。这些陶尊上的图像文字正值这个时期，唐兰先生认为是六千年前中国文字出现的考古证据。我同意这个时间厘定。按照我的意见，这些文字表明，伏羲时代晚期已经产生了阴阳观念，把这种陶尊上的象形图案简化为阳：——，阴：— —，是完全可能的。这是与此同时或先后出现的数字卦向符号卦发展的必然结果。易学史家希望发现直接的证据，从现在考古发现来看，数字卦将数码逐步缩小到一和八（或一和六），取数的奇偶特性实际上已经凸现出来；单就其形状说，"一"同阳爻已经趋同，而"八"（或六）字的古写（∧、＞＜），也和阴爻趋同，只是还没有用文字明确表述出来。这个历史细节只有留待考古学家去发现了，但结论可以从数字卦发展趋势逻辑地得出来。令人惊奇的是这一切都在人类的童年时期做出来了，这正是激励着人们不倦地探索《易》蕴的魅力所在。

# 第六节　三易总其成于《周易》

伏羲创立了《易》卦后，经过一系列中间环节向它的成熟化、规范化发展。

上古三代传有三易，夏代是《连山易》、商代是《归藏易》，周代是《周易》。《周礼·春宫·宗伯》记载："太卜掌三易之法，一曰连山，二曰归藏，三曰周易。其经卦皆八，其别皆六十有四。"《山海经》和郑玄《易赞》、《易论》都认为三易就是三代之易。因《连山》、《归藏》原典早佚，故"易"的代表作唯有《周易》存世。《周易》之名，就是周

---

① 1973 年于省吾考释大汶口文化陶尊刻符"☺"为"旦"。1975 年唐兰在《从大汶口文化的陶器文字看我国最早文化的年代》一文中，将大汶口陶文认定为"炅"，此后还有不少学者作了其他各种释读。

代的《易》,不必听信东汉郑玄说的是"周普"之《易》。

原始的《连山》、《归藏》久已失传。史载孔子到宋国看到《坤乾》,一般认为可能是当时存世的《归藏》,当然此书也没有存留下来。

汉初桓谭在其《新论》中对三易有过更为详细的说法:"《易》一曰《连山》,二曰《归藏》,三曰《周易》。《连山》八万言,《归藏》四千三百言。《连山》藏于兰台,《归藏》藏于太卜。"言之凿凿,说明汉初还有三易的典籍存在,尽管未必是原典,但这些书和论述它的《新论》,以后也都佚失了。

值得庆幸的是从晋代发现汲冢竹书以来,直到近数十年来的考古发现,不断有古《易》的简帛出土,使早已失传的《归藏》略现眉目。1993 年湖北江陵王家台 15

图一·一三　连山易卦象图

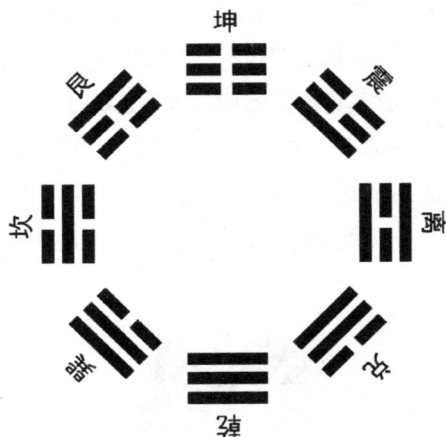

图一·一四　归藏易卦象图

号秦墓《易占》竹简出土后,王明钦、连劭名、李家浩诸先生都率先著文,认为是《归藏易》残卷的现世,引起了学术界广泛关注和兴趣。清朝马国翰有古易的辑佚本,可备参考。从已经发现有关三易的材料看,可以肯定《周易》是古《易》的完成形态。

根据司马迁在《史记》中言,周文王在殷末曾被纣王囚禁在今河南羑里七年,文王这时只是一个诸侯,称为周侯或西伯,他在狱中演易并给易卦系了辞。因为后人从所系的辞中发现有文王死后的事,

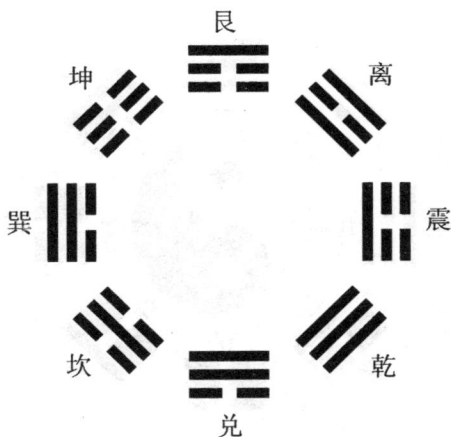

图一·一五　周易卦象图

就断定是文王系了卦辞,周公旦系了爻辞。《易》从此结束了无文字的历史,由此《易》发展成为《周易》。

人们怀疑文王和周公曾为《周易》系辞的说法,主要是因为此说由司马迁首先提出,不知其所据。恰好马王堆汉墓帛书《要》篇披露了一段孔子和子贡谈论《周易》的对话。孔子说:"文王仁,不得其志以成其虑。纣乃无道,文王作。讳而避咎,然后《易》始兴也。"所以,孔子晚年喜好《周易》就是因为"喜其辞"的缘故。这里透露出《易》由于文王的"作""以成其虑"、"讳而避咎"完成了《周易》系辞的工作,然后才使《易》兴盛起来。看来,孔子对文王被囚为《易》系辞一事是确信的。这也证明了司马迁所说不妄。

按此说,《周易》是在殷代晚期、周代初期形成的。从现存《易经》内容看,大体符合这一时代的推定。但是,《周易》在王朝内部和封国里流传开来,却要晚得多。所以有人以《左传》中首先出现《周易》书名作为其成书的时间,忽略了文王周公系辞后形成了《周易》至流传到诸侯卿士史官能用以占卦,需要一个漫长的过程。有的人因为看到出土的竹简中数字卦时值战国中后期还有,就断言《周

图一·一六　文王像

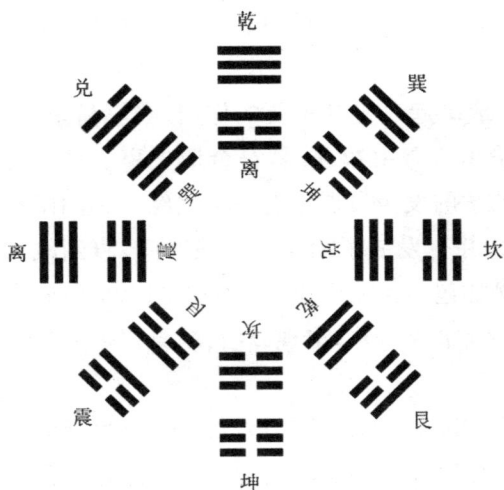

图一·一七　伏羲文王八卦交迭图

易》成书更晚。这些都是一些个别现象，不能作为根据。

至于文王究竟是不是重演了八卦和六十四卦？我想这和在此以前就有了六爻数字卦，和三易"经卦皆八"、"别卦皆六十有四"的说法，并不冲突。因为大约自唐宋以来就不断有易学家说过，特别是宋代邵雍明确指出，伏羲画的八卦和重的六十四卦是先天卦，体现了易卦的自然顺序，未加人为排列的寓意卦序；而文王所推演的是后天卦，是依据一定的观念人工排列出来的寓意卦序。不仅卦的方位排列不同，其包含的义理也有发展。这说明，周易经过文王的重演和系辞（包括周公系爻辞），不能因为此前出现了六位数字卦和"别卦"而成为问题，只是在解释上需要说明新的情况。

数字卦经过长期演变，由繁琐、众多、无序状态走向简化，又通过数的奇偶性与阴阳属性的结合，必定会形成非文字的易象系统。这可能就是《左传·昭公二年》晋国韩宣子在鲁国看到并极力赞扬的《易象》，大约是文王观象系辞前的《易象》原本之一。很多人读史都提出过，这里所说的《易象》到底是什么书？《左传》杜预注，认为是《易传》中的象辞文本。有的猜想是系了辞的原本《易经》，尽管当时还没有经这一说。如果把这个本子理解为文王据以系辞的原本《易象》，似乎更合乎逻辑。《易象》系了辞之后就是《周易》；这里说的《易象》是形成《周易》的前身，所以韩宣子盛赞文王与周公之德，是有深义的。

《周易》系辞一事，如此大费周章，前面述及桓谭在其《新论》中所言四千多字的《归藏》和八万言的《连山》，又是何许人系的辞呢？

这可能更是历史的悬案。但是，由此也可以反证，有字的《归藏》、《连山》是不可信的。

数字卦在《周易》的形成中起过极其重要的作用，对三易来说，也是如此。《汉书》说伏羲画八卦由数起，是符合历史事实的。可见，易的发生发展和古代数学的发生发展结有不解之缘。在阴阳易出现以后，数字卦依然和它并行发展了相当长一段时间，直到战国后期依然在筮占中出现，例如包山楚简中用数字记录的六个双卦占例，就说明数字卦大概到完整的《周易》出现以后，易卦仍可用数字卦的形式来推演和纪录。

《周易》的形成起到了统整易学的作用，因为它是《易》发展的完善形态，成熟的标志。就好像以往的易学的诸种发展线路最终都归结为《周易》，都是在为《周易》的成熟做准备——可谓古易条条道路通《周易》。

关于《周易》的形成还有一说，就是认为可能出自史官的占筮资料的汇编，并非文王周公之作。他们的依据是《周礼》中明文规定："凡卜筮，既事，则系币，以比其命。岁终，则计其占之中否。"（《春官·宗伯》）在当时"凡国之大事，先筮而后卜"的体制下，几乎任何一桩需要计议之事，都要经过卜筮，因而也都被史官（包括卜官）记录下来，定期整理，在王室内部公布，

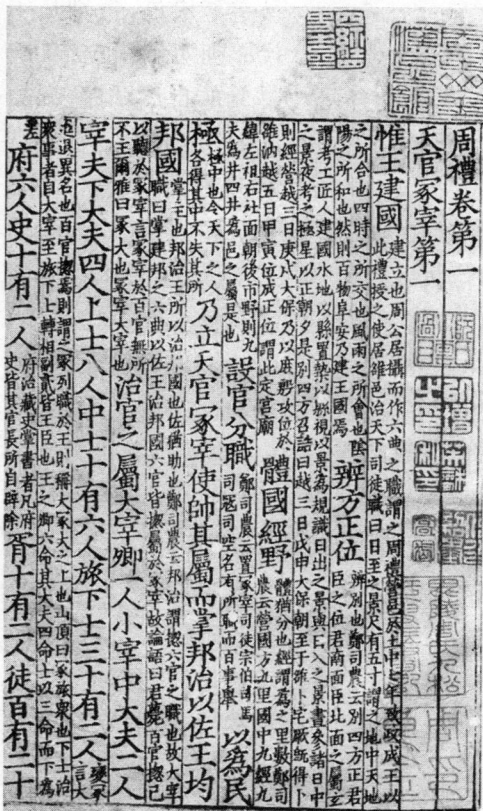

图一·一八 《周礼》书影

以验证其准确程度,做出结论。这是当时决策的一种法定的程序。周文王和周公在系辞时,肯定会利用这些材料中有价值的、能够说明卦象的内容。我们今日验之于卦爻辞,确有不少关于史事、天象、灾情、物候、民俗和故事的系统完整的记录。因此,这一说法有一定的根据,但它只能说明文王和周公系辞并非凭空创作,而是有现实来源的,他们也参考了一定的卜筮档案材料,但它却推翻不了他们为《易》系辞的结论。

《周易》在汉代成为五经之首,被尊为大道之原,地位十分显赫,确乎是三易同源,存乎一经了。

# 第二章

# 变易之经,教化之典

## ——《周易》的性质

### 第一节 "人更三圣,世历三古"

关于《周易》的形成,上一章讲了三代有三《易》之说。涉及《周易》的制作者,同样是个很复杂的问题。

《汉书·艺文志》概括为:"人更三圣,世历三古。"意思是说,《易》的产生和发展,直到最后形成《周易》,不是形成于一时一人之手,而是经历了三个时代圣人的连续创作。上古时,伏羲开创了《易》;中古时,周文王重新演《易》并系了辞;近古时,孔子著《易传》,对《周易》作了权威性解释。这里亮出了"三圣"的传承系列,构成了易学的"道统",意在说明《周易》来历不凡,是中国最负盛名

图二·一 孔子像

的圣人之作,因而在中国的文化史上居于显赫的主流地位。

后人领会这一说法,应对三圣之说,做双方面的理解,首先应当肯定此三圣确实和《易》学的创始与发展有密切关系;其次要理解只有此三圣配受不同时期创作《易》的殊荣,他们是创兴易学的三位主要代表人物,构成了易学史上的标界人物。

如果认真考察起来,《易》和《周易》的著作权应归于谁,都还有些具体问题。

例如,不少人怀疑,伏羲是六千多年前的传说人物,那时能有创立《易》的能力吗?如果还原到考古发现的河姆渡文化、仰韶文化来考察,那时的杰出首领能够创作出《易》来吗?

对文王系辞也有怀疑,发现其中涉及文王以后之事,显然爻辞非文王所系,于是便加上了周公系爻辞,子继父业,也是可以接受的一种说法。特别是,周公是中国礼乐文化的开创者,系爻辞不会成为问题。但有些人仍觉得不可信,认为从卦文看,断定是由周代掌管卜筮的史官将积存的筮词汇编而成,不必确定为圣哲所为。但不少学者认为,系辞语气有王者之风,"云从龙、风从虎",王者出场自有一番非同寻常的风云。由此看,为《易》系辞,非一般卜筮史官所能为。

图二·二 欧阳修像

说到《易传》,西汉学者大都确信是孔子所撰,但从欧阳修之后,特别是近代不少学者经过考证,认为《易传》非孔子所撰。孔子晚年确实很看重《易》教,对《易传》的形成,在思想上和学

理上都有过重要影响，但孔子"述而不作"，真正撰写《易传》的当属孔子后学。对其形成时间，一般认为是战国中期以后的作品。

这里需要指出，吉林大学已故老教授金景芳先生坚信《易传》是孔子的代表作；而台湾陈鼓应教授则相反，坚持认为，《易传》是道家的著作，其中主要论点属于道家。这些高论，都可成为一家之言。

关于《易传》解说《易经》的情况，本书将在后面专门评述。

"人更三圣，世历三古"之说，是个传统说法。多数学者不否定它，是因为《易》学的产生、发展和传播，的确和这三位圣人有密切的历史联系，也和他们在中国历史上的主要贡献相融通，使《易》与三圣联结起来，相互推重，收相得益彰之功，何乐而不为哉！

至于其他许多怀疑的看法，非无的放矢之议，属持之有故之论，在学术上应予存疑备考，切不可简单否定。

## 第二节 "卜筮之书"不是对《周易》的准确定性

《周易》是什么性质的书，这既是个客观存在的问题，又有个看问题的视角差异的问题。

说《周易》是历史的客观存在，是指那本经历了数千年、记载着六十四卦内容的古老典籍，是所有研易者共同面对的一部古书，它已经成为一种历史的存在，大家探讨的对象是相同的、确定的，不同意见非由研究的对象不同所产生。那么为什么对同一对象的定性会不同呢？原因之一，就是由于研究的视角不同。

历史上判定《周易》性质的说法，并不统一，主要有"卜筮之书"、"哲学之书"、"历史之书"、"帝王之术"数种说法。今人除了以上说法外，还有"科学之书"、"辩证法书"、"辞典之书"及"百科全书"诸种新说。这里确有"见仁见智"的问题。因此我在给《周易》定性时，更侧重于从看问题的视角上来探讨。

至于对《周易》中的《易传》，多数学者定性为哲学之书，是比较一致的。当然，也有一些学者认为，《易传》中固然讲了不少哲理，但真正系统论述"卜筮之术"的当属《易传》，实际上也存在着定性的问

图二·三　刻有卜辞的兽骨

题。如果将《易经》定性为"卜筮之书",即便承认《易传》为"哲学之书",也只能算作"卜筮的哲学之书",二者的定性是不可能截然分开的。我在这里侧重于探讨《易经》的定性,这是发生争论的焦点。

《易》的内容,主要由四大要素构成,即易象、易数、易理、筮占,简称为:象、数、理、占。舍其一,就不是完整的《易》。但是要给《易》,特别是《周易》定性,就不能仅仅依据其中的一个要素——占,来概括全书的性质。只能说《易》、《周易》有一个功能是筮占。

本书不否认《周易》确有此功能,也不否认其中所讲的象、数、理和占有一定的内在联系,但认为要给整个《易》、《周易》作出定性,讲《周易》是"卜筮之书",至少有以偏概全的缺陷。其实,卜是卜,筮是筮;卜观兆,筮取数,它们的法式并不相同。严格说,《周易》与卜术没有必然联系,硬说《周易》是"卜筮"之书,起码有一半是说错了。

看一部书的性质,主要应当看其核心观念,看其精神实质,看其社会效果。《易经》六十四卦所传扬的核心观念是阴阳变易的精神,其精神实质在于德化人生、德化社会,不论象、数、理、占,都是如此,都承担着对统治者的道化作用和对民人的教化作用,其社会效果亦复如此。即使只说它所进行的占筮,也不过是进行道化与教化的一种手段而已。历来统治者如此重视和崇奉《周易》,将其作为最重要的经典,其真正的意义就在于此。

有一位懂汉学的外国友人不无揶揄地问我:"你们三代圣人不

知奋斗了多少岁月,难道就是为了搞出一本算卦书?"我回答说:"先生,你错了,《周易》是一部阐述变化之道的书,是一部进行社会教化的书。算卦,那只是一种手段,一种形式而已。"他点点头,表示同意。他拿出一本用英文翻译《周易》的书指给我看,说:"喏,我们就是把书名译为'变化之书'的(《THE BOOK OF CHANGES》)。"看来,这样翻译是真正领会了《周易》的精神实质的。

但是必须指出,这个译本是英国的传教士汉学家利雅各(James Legge,1814~1897)翻译的《I Ching:Book of Changes》的副题,另一本是德国传教士汉学家卫礼贤(Richard Wilhelm,1873~1930)翻译的《The I Ching or Book

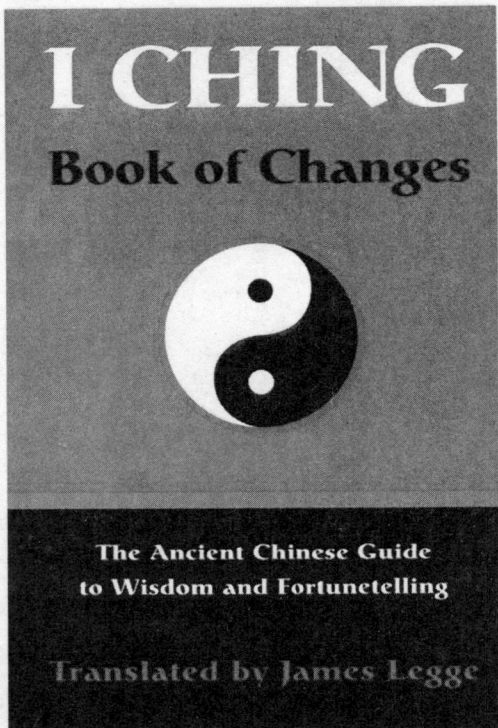

图二·四　詹姆士·利雅各英译本《易经》书影

of Changes》,是这个德文本转译为英文的。由于都加注了《THE BOOK OF CHANGES》作为副题,代表了两位著名汉学家对《易》学精神的正确理解,这样就在以后成为西方认识《周易》的主题了。然而近半个世纪以来,中国的易学著作却过多地宣扬了《周易》是卜筮经典,所谓预测学甚嚣尘上,反而使西方人在理解《周易》典籍的性质上出现了更多的误解,较为普遍地以为《周易》就是专讲风水、占卜的吉卜赛式的游方巫术之类。这纯粹是对中国最古老经典的糟蹋。因此,必须严肃地指出,不改变这种状况,《周易》和易学就会以一种扭曲的形象走向世界,中国也会由此以擅长游方巫术的国度走向世界。所以,至少在学术界应当把这个名正过来:《周易》是专讲

变化之道的经典,是教化之书、文化之书。

不是把传统的算卦术改个名,叫"预测学"就能正名的。有位老者问"周易预测学家":"你搞的是什么?"回答说:"人生预测学。"又问:"要不要钱?"答:"我们是有偿咨询。"问:"既然要钱,你还不如干脆说算命更好。这个老百姓懂,也愿意算一算。你羞羞答答地说'预测学',反而使生意不好做了!"这是当前社会的一种观感。

说《周易》是讲变化的书,这是有历史根据的。《易纬·乾凿度》开头就说:"孔子曰:易者,易也,变易也,不易也。"唐孔颖达在他的《周易正义》中说:"郑玄依此义作《易赞》及《易论》云:'易一名而含三义,易简一也,变易二也,不易三也。'"这就是著名的"易含三义"的原理。

其一,《易》的道理是简易的,并不是繁琐的学问,而是抓住了宇宙根本原理简明而易于把握的道理——"简易"是易的第一要义。

其二,《易》的核心观点是变易,揭示了宇宙与万事万物永恒变化的规律,即宇宙是处于永不停止地运动、变化、发展、演化、生成中的。孔颖达在《周易正义》中就曾指出:"夫易者,变化之总名,改换之殊称。"——"变易"是易的第二要义。

其三,《易》的上述特性和规律,永远如此,它本身是不会改变的,这是确定不移之理,就是说可变性的规律本身是不变易的,现代哲学中把这种特性叫做"常住性",中国哲学把它叫做"常道",说的都是永恒范畴——"不易"是易的第三要义。

古老的《周易》对自身理论体现出这三个要义,说出了真正构成完整理论体系的学说,必须具备的这三个最基本的品格。显然,这对鉴定任何新理论体系都是适用的。这是很了不起的认识。在《易》的三义中,变易是《易》的灵魂。三义中并没有卜筮一义。

我们把《周易》定性为言明变化之道的书,进行社会教化之书,是一点也不言过其实的。

回顾《周易》被看做"筮书"的历史,与《周易》呈现出来的可操作的表面功能是占筮,直接有关,而正式的占筮又是一种有筮仪、有程式的活动,从外观上很容易被当成是表现《周易》性质的唯一的东西。至于它对统治者的道化作用和对民众的教化作用,迂回曲折地

体现着它对思想意识的指导作用,则主要表现在观念领域和实践行为中,是潜藏于《周易》的深层功用,并非显而易见。因此很容易不被当作《周易》最本质的功用。

一种能够激发人们思考、在认识上能产生诸多启示的智慧一经问世,往往会因为人们信赖这种智慧的博大精深,而被用于预测事物发展的前景,被广泛用于推演象征意义而释疑解惑,这就是一种占卜行为。并不是这种智慧本身属于占卜,而是对这种智慧做了占卜的应用。产生于中东、盛行于欧洲的塔罗牌占卜,就是利用古代数学逻辑和七十八张牌,其中二十二张王牌(大阿卡纳,义为奥秘库)和五十六张小阿卡纳牌构成,每张牌都有正反义,很讲究牌义与放牌位置的关系,使全部牌含有无数象征意义,可以进行无限推演,用以回答问卜者各种疑难。这和《周易》中演化出卜筮功能的情况非常相似。《左传》、《国语》中记载的二十二个筮例和易论,表明当

事人是把《周易》作为筮书使用的,只有少数几例是引用易理说理的。《管子·山权数》明确说:"易者所以守凶吉成败也,卜者卜凶吉利害也。"但是从当时对筮卦的分析看,主要是讲了一些处事的道理,它所起的道化与教化作用仍然是十分明显的。

由于卦象的象征意义具有不确定的特点,给了卦师随意发挥的可能,并力图把捕捉到的一些模糊印象,尽量做到自圆其说,以满

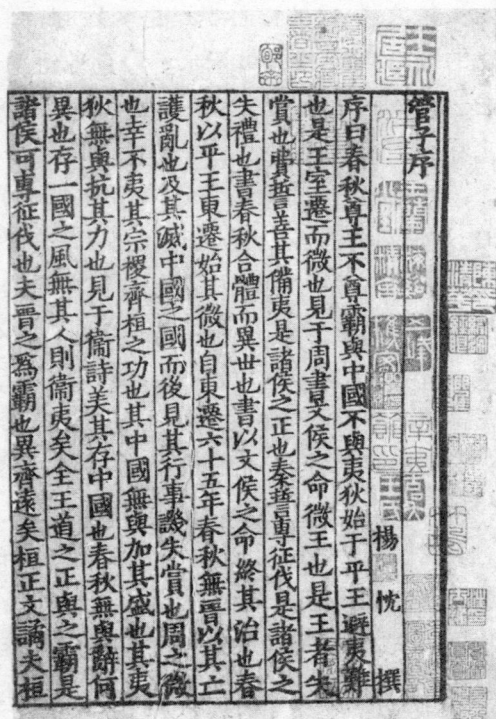

图二·五 《管子》书影

足求卜者期望获得预言的诉求。但仰仗卦爻辞的含义启示，由于它涵盖范围有限，难以时时处处正好切入所遇现实问题，因而答疑一般都偏于讲说一些大道理，而不能切于实用。《左传》中关于陈完后代将有齐国的预言，若干年后得到应验，显然有家族内部造作的痕迹，不足取信，而其他筮例正好表明了用《周易》占卜偏于说教的特点。从单纯算卦来说，这又是它不及那些民间筮法的一个短处。随着春秋时期疑天鄙卜思想的兴起，许多士人越来越怀疑和漠视占卜解惑的效能了。所以，汉代以后，易卦的筮法越来越向远离《周易》的方向发展，名为《周易》算卦者，实际上已经流变为江湖游方职业卜师了，而这些筮法实际上已经和《周易》没有多少实质性联系了。如果请一位"周易预测师"来讲《周易》，除了能讲些算卦的技术性知识外，是什么也讲不清楚的，因为算卦术早已和易学分道扬镳了。

图二·六　秦始皇焚书坑儒图

秦始皇焚书坑儒时，由于李斯的作用，把《周易》定为"卜筮之书"，使《周易》逃过秦火之劫。汉代班固沿用这个老的说法，在《汉书·律历志》中称"易为卜筮之书"。但是，随着易学中义理学派的逐步兴起，这个结论越来越不被接受，王弼、孔颖达、二程多不承认这一结论。以后朱熹试图建构将义理与象数综合起来的易学，在《朱子语类》中重新把"易本卜筮之书"的结论，当做原则

加以坚持，并按照这个调子撰写了《周易本义》、《易学启蒙》等书，这实际上是一种倒退。他的本意是为了防止有些易学家随意用自己的思想附会卦文，歪曲了易卦的本义，但他又不得不承认在《易经》中确实是"说尽天下后世无穷无尽事理。只一两字，便是一个道理"。可见，朱熹在给《易经》定性时，内心是矛盾的。其实，多数易学家并不认同这个结论。从孔子在《易传》中说的话就能看出，《周易》中的卜筮功能，不过是古代进行教化的"神道设教"而已。他自己读《易》，"韦编三绝"，对自己而言，"可以无大过"；对他人而言，学《易》则可立心有恒而"不占"。在考古出土的马王堆帛书《要》中，子贡转述了孔子向弟子们讲的一段话："德行亡者，神灵之趋；智谋远者，卜筮之繁。"丧失德行者才祈求神灵，智谋浅薄而远离实际者才频繁地进行卜筮。孔子接着又讲了研究《易》以后对这个问题的看法，说："君子德行焉求福，故祭祀而寡也；仁义焉求吉，故卜筮而希也。祝巫卜筮其后乎！"意思是说，君子注重德行还用专门去求福么，所以去祭祀就不多；讲求仁义的人还用专门求吉么，所以去卜筮就稀少了。在习《易》时，请祝巫卜筮就显得落后了！

图二·七　孟子像

史称孟子知易而不言《易》，当然更不言占。《荀子·大略》则明确说"善为易者不占"，即知易用易达到了高明境界，则无需占卜。庄子评价《周易》时讲的是"《易》以道阴阳"，并非说"《易》以道卜筮"。王弼、二程等义理派兴起后，大都是"不尚其占"的。特别是《礼记·王制》曰："假于鬼神、时日、卜筮以疑众，杀。"更是用刑律突出了《易》为教化之书的意义。郭店楚简中《语丛一》评价："《易》所以会天道人道

也。"《史记·太史公自序》对《周易》的评价是"《易》著天地阴阳
四时五行,故长于变"。这些说法,都是对《易》的性质的一种界
定。

尤其值得提出的是,《说卦传》中指出:《周易》的最高宗旨在于
"穷理、尽性,以至于命",这就很好地说明了它的性质。"穷理"就是
要对世界万事万物穷究深藏其中的道理,认识其本质和规律性,这
是进行科学认识的任务,属于理性范畴。"尽性"就是尽人的本性,
要追求人性的自我实现。儒家的主流意识是"人性本善",主张"性
恶"者也是主张"化性起伪"的;本善也好、起伪也好,都追求自我实
现、内在超越,方为尽性。"以至于命",就是最终达到知晓"天命",
天不言,无从知晓天之所命,那就是要通晓民众要求、社会需要、历
史使命,为天降大任而奋斗亦足矣!

有人会说,这是《易传》的思想,不能直接论证《易经》。这样说
是不对的,因为《易传》说的这些话,都在于阐明《易经》本身的思想,
即便对《易经》的思想有发展,也说明《易传》所开辟的研究《易经》
的道路和方法,是正确的;后学者不应当舍弃这条道路。

# 第三节　占卜是进行教化谋求
共识的手段

古代社会决定邦国大事,国王、贵族、庶人要取得思想上的
一致,举行占卜之礼是协调各方达成共识的一种手段。《尚书·
洪范》中说过:"汝则有大疑,谋及乃心,谋及卿士,谋及庶人,谋
及卜筮。汝则从,龟从,筮从,卿士从,庶民从,是之谓大同。"有
人说,《洪范》没有讲到《易》,其实它讲到"筮",就是讲了《易》。
《慎子·威德》说:"故著龟,所以立公识也。"它看到了卜筮对谋
求共识的作用。古代人认为"神谋鬼谋"是公正的,就是认为卜
筮似乎摆脱了当权者的私利和个人独断。

古代的王公大臣把《周易》作为占卜的圣书,实际上让人一进入
《周易》设计的卦爻系统,也就进入了统治者进行教化的系统。不管
你用何种方法来"设卦取爻",从表面上看,成卦都是非常超然的"随

机现象"，似乎纯属偶然性起作用，摆脱了人为造作的因素，给人以非常客观的虚假外观。在古人的心目中，这样利用随机出现与偶然天成之卦，可以被看成是"天意的指引"、"神明的预示"。但是，易卦系统中早已包含的精神资源，已经似乎先验地规定了各种可能组合出来的答案。这样一种求取答案的方式，最容易取得占卜者的信赖，因而教化的效果也最佳。一个简单的道理，就是易卦不可能向占卜者提示超出易卦精神资源的答案。这个以《未济卦》为结尾的易卦体系，似乎是完全开放的、不可穷尽的巨系统，实际上只是在思想上为占卜者提供了一个可以无限循环推演的而实际内容封闭的体系。在易卦系统已有的内涵中，不论怎样推演，都不可能提供它自身没有的、超越其自身的新认识。因此，靠易卦占卜，统治者决策也好，百姓卜问吉凶祸福也好，它所能提供的只是易卦资源能够派生的若干可能性提示，那是或然率，而非先知未来现实性的东西。如果占卜者把提示的结果，确信为准会发生的现实性来对待，一定会发生严重行为失误。

这就说明，设卦是为了进行教化，不是为了提供新知，也不可能据以趋吉避凶。历史上有这样的例子：

汉武帝要发动抗击匈奴的战争，要各家占卜高手预测吉凶，占卜的结果五花八门，任何一家都不足采信，只好靠身边重臣一起来谋略。这即是一个占卜无效的例子。

成吉思汗领兵西征，以少量兵力击溃强大数倍的敌军，为了鼓舞将士的战斗意志和必胜信心，声言要用十五个铜钱占卜决定，只要出现全部一色的"阳面"，就发起进攻；如有一个是"阴面"的，就决定退避。军师在木盘上一把撒出十五个铜钱后，立

图二·八 成吉思汗像

即命令匠人将铜钱全都牢牢钉在木盘上，然后查验，果然全是阳面。强兵悍将，信心百倍，一举击溃了强敌，从此进军所向披靡。这是一个占卜有效的例子。至于其中的奥妙，我想聪明的读者一定会不言而喻的。

《易传》有云："形而上者谓之道，形而下者谓之器。"看《周易》也应是如此，从形而上者观之，所见为变化之书、教化之书是也；从形而下者观之，所见则只有卜筮之书是也。我以为，还是作形而上观比较能反映它的本质。

# 第三章

## 观变于阴阳而立卦，
## 发挥于刚柔而生爻

——《易经》的基本内容与结构

### 第一节　领悟卦爻的深义

"观变于阴阳而立卦，发挥于刚柔而生爻"，这两句话是《易传·说卦》对《易经》内容的简明概括。突出了《易经》内容是通过卦爻反映出来的特点。《易传》在分析卦象时侧重于辨别其阴阳的特性，在分析爻象时则着重辨别其刚柔的特性。其实，二者是关联的。

《易经》的卦，有统一的格式，每卦都有独特的符号系统和文辞系统，包括卦序、卦象（卦画）、卦名、卦辞。卦中含爻，是对卦的内容的解析，爻中包括爻象、爻名（爻题）、爻辞、断辞等。要读懂《易经》，最重要的就是要读懂卦（爻）的意思。

这就需要能够领悟卦爻象的寓意，并通晓其推演过程中的表意，这是一种特殊的表意符号，是文字产生前的信息显示，研易者一般都要花费许多心力去推敲捉摸，破解其中的含义。

此外，就是要读懂卦爻辞中那些古奥的文辞，明了其中所分析的生活内容和思想内容，其中包含有丰富的哲学思想与伦理道德、文学艺术、社会生活、历史事件及为人处世等多方面文化内涵。这便是它运用辩证法阐述各方面思想、进行教化的基本内容。需要指出的是，研易者要善于把象和辞联系起来解卦，不使它们脱节，这要

些真功夫。

读通了易卦，就能发现，每一卦都有一个主题，各爻之间按着发展顺序很有逻辑性地阐明或暗喻一种观点和思想。如同猜谜一样，需要细心地加以领悟才能体认出其中的奥义，同时也给了阅读者探幽解密、见仁见智、各自发挥、驰骋想象的空间。这正是《易经》难懂的地方，也是它吸引人的魅力所在。从这方面说，它鼓动着人们开启慧眼拾珠捡玉，善于发现隐藏其中的智慧、思想方法，并运用它认识其他事物，以拓展认识成果。

当然，这里说的不是算卦，因为算卦跳不出易卦的框框，它说"凶"，你不能改说"吉"，它说"不利涉大川"，你不能鼓励卜者远行，因为这已经被限制死了。但运用其思想方法认识事物，则可增长智慧。

关于易卦的具体内容，本书将在六十四卦释义中详加解析。我建议读者最好找一本传统解卦的书对照着阅读，看本书对各卦的解析是否有些道理，并借以激发自己的悟性。

## 第二节 《易经》结构依据的
## 原理原则(上)

《易传》解说《易经》，比较深刻地揭示了构造易卦的基本原理，为后人理解与分析易卦提供了基础理论，但也有与正解擦肩而过的现象，并非领悟《易经》的唯一解，只能作为重要参考。所幸我们今天没有古代经学的那种"紧箍咒"，一旦"解经不合传"就被视为离经叛道或违背师门，轻则被革去五经博士的头衔，重则蒙受牢狱之苦。因此，我们尽可以采取合则采纳，不合则扬弃的办法来对待它。

关于《易经》创制的原理，参考《易传》加上我们自己的领悟，简单地说，就是和"一、二、三、四、六、八、六十四"几个数字有关。分论如下：

"一"是"太极"。

什么是太极？先儒说法不一。虞翻说太极是"太一"，韩康伯说太极是"无称之称"，孔颖达说"太极即是太初太一也"，苏东坡说太

极是"有物之先也",朱熹说"太极者,理也",来知德说太极是"至极之理也",焦循说"太极犹言大中也",郭店楚简《易传》又把太极改称为"大恒"。各家解释虽有不同,实际所指都把太极理解为生成天地人物的本体。因此,我们可以把"太极"定义为宇宙生成的本体,是派生天地万物及人类的总根源。古人把它理解为混沌未分的物质性元气或精神性"至理",都承认它具有派生一切、分化为万物的功能,而其自身却是绝对统一的,故为"一"。如下图:

道家一般把宇宙本体理解为"无",以无为本,因此不能说本体为"一",因为"一"是"有",而"有生于无"。为了从理论上回答道家的诘难,到宋代出现了比太极更为本原的概念"无极",其实这是叠床架屋。按道家的逻辑,实际上"无"不应构成为"极",既然构成了"极",就应当属于

图三·一 太极图

"有"。所以用"无极"追溯太极的本原,不能被多数学者所认同,仅备为一说而已。

"生生之谓《易》"的概念,宣示了太极的大化功能,集中体现了中国古代宇宙生成论的世界观。这种观念把宇宙演化看成是由简单到复杂、从低级到高级的生成序列,本质上是一种生命哲学。这种宇宙观,认为大自然具有无限的生命力,有无穷无尽的造化功能。从《易传》肯定"天地之大德曰生"起,到强调乾坤具有"大生"、"广生"的属性(德性),这种生成论宇宙观,在漫长的历史中,经过了多代思想家、哲学家及宗教家的反复论证,已经在中国人心目中成为非常牢固的观念,甚至直到孙中山的"生元学说",一脉相承。以至于在近代西学传入时,中国人从众多新学中首选的学说,是"生物进

化论"和"社会达尔文主义",使严复的《天演论》红极一时。其实起作用的,仍然是几千年来对中国人影响最大的思想观念——生、生命、生成宇宙观。

大写的"生"是至高无上的宇宙机能,自身拥有无穷无尽的能量,它是成就一切的建设性原动力。这样,便从文化的起点上,同宇宙创成论的观点,或神创宇宙的观点,分道扬镳了。在上帝创造世界和大自然造化一切两种观点之间,一般说,中国

图三·二　孙中山先生像

人更容易接受后者。这种观念使中国人天然倾向于无神论,即使在有神观念中,也会青睐泛神论、自然神论、多神论或尊天神学之类。这是萌生于《易经》的文化素质所使然。

太极为宇宙演化的起点,既是实在的,也是逻辑的。这一宇宙观,即使在今日,也并不落伍。流行于世界的"宇宙大爆炸论"也承认宇宙爆炸的奇点,它是构成宇宙无限膨胀的能量的原点。现在,科学家又发现宇宙"暗物质"和"暗能量"在宇宙总体中占据绝大部分,它可能是提供宇宙无限能量之源。这些科学的与哲学的新论点,对把握了易学核心观点的中国人来,并不感到意外,它都能和太极为宇宙生成的本体观念联系起来、一致起来。

按照《周易》宇宙观来理解,宇宙是在旋转中生成一切的,像太极图所表示的那样。所谓"宇宙大爆炸",不应该是一种线性膨胀,而应是巨时空的旋转,在大旋转中同样会出现"宇宙背景辐射"和"绝对温度3°K"这些用来证明"宇宙大爆炸"的典型现象。

"二"是阴阳。

《易传》从《易经》的深邃思想中发现了宇宙的生成序列。首先是

第三章　观变于阴阳而立卦,发挥于刚柔而生爻

"太极生两仪"之说,表现在卦画中就是阴(－－)阳(—)为两仪;表现为爻数,按照"用九"和"用六"的规定,阳爻统称为九,阴爻统称为六,体现了象和数的基础性结合。"一阴一阳之谓道",是"易道"中最重要的概念。毛泽东称之为中国古代的"两点论",是辩证法的核心。

图三·三　毛泽东主席与著名物理学家钱学森亲切交谈

　　阴阳之巨目是天地,中国人所理解的天,实际上就是大地以外的整个宇宙,包括可见部分和不可见部分。按照现代宇宙学观点,中国古代人所理解的"厚德载物"的大地,都是指地球。其实它也是宇宙天体之一,运行在太阳系的内层轨道上;离开置身于地球的立场来说,它理应属于天的一部分,只是从人的对象化生存环境而言,和地外天体相对区分开来。因此地是阴,是温顺的,涵育万物和人类的母体,以此作为和天相对应的范畴。严格说来,地球作为天体的一部分,说它属于阳也未尝不可。同样,所谓纯阳之天,其中存在大量类地的天体,如九大行星和矮行星,说它属于阴也未尝不可。如果要进一步引申,从微观看,原子核属阳,围绕它的电子则属阴。大到宇观来看,分阴分阳,小到微观,也分阴分阳。这表明,依据《周易》这一观点,物质的阴阳特性,是无限可分的。它随同物质间的关系而变化其阴阳属性的,那就要看在什么层次、什么关系中属于阴

或阳,从而形成了阴阳转化的观点。如果说光是光子(粒)的运动,是阳性的;那么它作为光线(波),则属于阴性的。同是光,就有了阴阳的对偶属性,这是所谓"波粒二象性"难以理解的原因。这类观念和易卦中的阴阳观念都具有同构性。

阴阳之细目,在《周易》中划分得更为具体,日月、山泽、男女、寒暑、冬夏、南北、腹背、表里、言行等等,都分属于阳和阴。阴阳处于永无休止的矛盾运动变化之中。说"一阴一阳之谓道",从它的存在形式看,是形而下的;从它推动一切事物的运动变化的规律性而言,则是形而上的,需要从具体事物的运动变化中经过抽象去把握。

阴阳对偶律是辩证法中对立统一规律的古老观念。它为认识提供了可以深入事物本质的分析方法,具有重要的方法论意义。但《周易》受到古代等级制度影响,并不等同地看待阴阳,有明显的重阳轻阴、天尊地卑、重男轻女的倾向,这是不可取的。

太极分为阴阳,就动态化了。阴阳两仪互抱,不是直径切割半圆式的关系,而是以 S 形太极曲线相互拥抱,就构成了一切事物旋转的运动态势,这本身就揭示了一种运动的普遍形式。请看宇宙中银河系和其他漩涡星系共同运行的形态,就是一个广袤无垠的太极两仪浑圆图(见右图)。

"三"是"三才之道"。

从易卦的结构内容中,可以分析出八卦与六十四卦里从下到上的三爻(上、中、下)或六爻中,含有天道(上两爻)、人道(中两爻)和地道(下两爻)。依《易传》的解释,天道讲的是阴阳;地道讲的是刚

图三·四　漩涡星系的太极两仪图

图三·五　周公像

柔;人道讲的是仁义。对照卦爻辞的内容,这一解释大体符合结构的特征,故被称为三才之道,又称"三极之道"。人立天地之间,是宇宙间顶天立地的主体,但不是支配天地的主体,而是适应和生存于天地间能动的依存性主体。因此《周易》中的一切道理都是围绕着人这个依存性主体展开的:既没有人对自然的妄自尊大,也不是低级动物般无能为力。《周易》在三才之中,尤重人道。这是易卦为什么确定三爻或六爻的依据。人在三才间,以大人或圣人之德为最高境界,那就是《文言传》中所体悟到的天人哲理:

　　夫大人者,与天地合其德,与日月合其明,与四时合其序,与鬼神合其吉凶。先天而天弗违,后天而奉天时。天且弗违,而况于人乎? 况于鬼神乎?

　　《易经》对人与自然的关系,的确只说到德与天齐的高度,丝毫没有凌驾于天地之上的企图。这种观念影响了每一代的哲人,诸如:他们提出"敬天保民"(周公)、"人与天调"(管子)、"天生德于予"(孔子)、"万物皆备于我"(孟子)、"制天命而用之"(荀子)、"天地与我并生"(庄子)、"人与天地参"(《中庸》)等等,都没有越出三才之道的范畴,体现了人与自然和谐的理想。

　　"四"是四象。

　　"太极生两仪,两仪生四象",是由阴阳爻到形成八卦的过渡环节。其表现在卦画中,是阴阳两仪初次交感而形成两爻卦体,虽不见于《易经》六十四卦中,它却是由阴阳两仪推演八卦和六十四卦的一个必经的逻辑环节。四象为太阳、太阴、少阳、少阴的两爻卦,其形如:

$$\equiv\quad\equiv\quad\equiv\quad\equiv$$

图三·六　四象符号

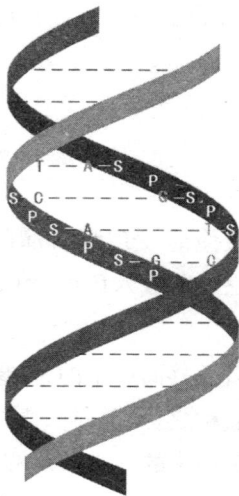

四象在原理上象征：时间——春夏秋冬四时，空间——东南西北四方，也被中医用于划分人体经络系统等。它表现为筮数，太阳为九，少阳为七；太阴为六，少阴为八。这是在揲筮时区别变爻（九、六）和不变爻（七、八）时使用的四象之数。

图三·七　DNA 模型图(左)与 DNA 示意图(右)

将四象原理用于分析 DNA 双螺旋结构，就可以发现，它的四个碱基 A、T、C、G 相当于四象，按"三联体"所排列出来的六十四个遗传密码子，和六十四卦客观存在着对应关系。这是很奇妙的，由此也可以看出四象原理存在的价值。

## 第三节　《易经》结构依据的原理原则(下)

这一节，继续介绍易卦结构的原理原则。

"八"是指八卦。

八卦是构成易卦体系的逻辑基石。八卦的取象含义，是理解易卦体系内蕴的基本依据。八卦是由阴阳两爻按三才之道的关系排列出来的三爻卦，在构思上它体现了天地人的关系，简约而言，即天人关系。

伏羲画八卦，作为中国的初始文明，是源自先民对世界万物和自身的深刻观察和取象感悟而来的。其卦象如下：

乾☰取象天，坤☷取象地，震☳取象雷，巽☴取象风，
坎☵取象水，离☲取象火，艮☶取象山，兑☱取象泽。

为了好记，人们给八卦编了一个表现其特征的顺口溜：

乾三连，坤六断，

震仰盂，艮覆碗，

离中虚，坎中满，

兑上缺，巽下断。

读者可对照上面所列卦象便能发现顺口溜的形容是准确的。其中说"坤六断"是比喻坤卦三爻断成六段的意思，不是说八卦中的坤卦有六个断爻。

这八个卦画，是先于卦爻辞而产生的，借象以表意。文字产生后，才逐步发展到给八卦命名，称之为：乾、坤、震、巽、坎、离、艮、兑。如果系辞以前已有卦名，也只是口头的。卦象能够用文字命名、解义，实际上要经过"翻译"过程，是用文字对"象"的翻译。其主要根据就是这八个卦象所代表的基本含义，由它们派生出易卦中更多而复杂的象征意义。它们代表着八种自然现象：即天、地、雷、风、水、火、山、泽，并用以代表八种情性事物：即健、顺、动、入、陷、丽、止、悦等含义。因此，八卦取象含义和象征性状便构成了易卦意义系统的元素。

经卦其数虽有八，但它根本原理还是阴阳，所以说："乾坤，其易之门邪！乾，阳物也；坤，阴物也。阴阳合德，而刚柔有体；以体天地之撰，以通神明之德。其称名也杂而不越。"（《系辞传下》）这里，把乾坤作为《周易》的门户，乾是阳性事物的总代表，坤是阴性事物的总代表。阴阳本性互相配合，而阳刚阴柔各具性状，以体现天地万物的异同，会同神妙变化的性质。尽管六十四卦名目繁杂却不会超出阴阳变化的本性。

在八卦中，乾坤代表天地，是太极造化功能的主要承担者、体现者，因而成为万物生成的父体和母体。其余六卦，号为"乾坤六子"，是由乾坤派生的子女。震为长男，坎为中男，艮为少男；巽为长女，离为中女，兑为少女。其中的特点是"阳卦多阴，阴卦多阳"（《易传·系辞传下》），这是指的卦中的阴阳爻数，呈现反置。如震、坎、艮三个阳卦，三爻中都是二阴一阳；巽、离、兑三个阴卦，三爻中都是二阳一阴。对此，《系辞下传》的解释是，因为"阳卦奇，阴卦偶"所要求的。这可以把九、六分别代入阴阳卦，就可以发现二阴一阳的阳卦，都是二十一（奇

数);二阳一阴的阴卦,都是二十四(偶数)。这说明,卦象要受到易数的制约。制约的结果就出现了与现实的反差。如:坎取象水,象征陷坑、阴暗,是阳卦;离取象火,象征太阳、闪电、光明,却被定为阴卦,似乎和实际存在的水火特性有悖,在创卦时可能出现了水火卦象的倒错,或为服从于卦爻象数逻辑的需要,不得不予以反置。这可能算是一个千古疑案,或者另有深义而未为我知焉!

关于太极生两仪、四象、八卦及其自然顺序(即所谓先天八卦)如下图:

乾 1　　兑 2　　离 3　　震 4　　巽 5　　坎 6　　艮 7　　坤 8

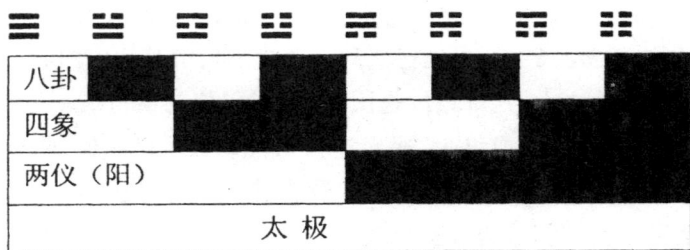

图三·八　太极—八卦示意图

"六"是六爻。

六爻代表了易卦的完满形式。每卦六个爻,从下向上数,分为:初爻、二爻、三爻、四爻、五爻、上爻,由六爻按三才之道建构出六十四卦体系。它和三才对应:初、二爻为地道,三、四爻为人道;五、上爻为天道,分别在相应的爻辞中体现其与三才的联系性。《系辞传下》说:

> 易之为书也,广大悉备。有天道焉,有人道焉,有地道焉。兼三才而两之,故六。六者非它也,三才之道也。

三爻卦和六爻卦都分成三层,象征天地人。在《易经》中有自觉的显现,这无疑含有哲理。因为卦的爻数规定了卦的总数,阴阳六爻是二的六次方,共六十四卦。如果为了增加卦的总数,把六爻增加成八爻,那就有二的八次方二百五十六个卦,卦是多了,但是没有意义。这说明易卦不是数字游戏,可以随意增减。

在六爻之间,有五层关系:

一是两爻相邻为"比";初、三、五，二、四、上，两组三爻之间有相"应"关系;上爻对下爻为"乘"，下爻对上爻为"承"。根据乘承比应可以分析出六爻之间的矛盾、依存、制约、增强、减弱的关系。例如:《既济卦》(䷾)是水在火上，正好形成一阴一阳的交错排列，呈现出阴阳爻两两相比;三个阴爻乘在三个阳爻之上;反之，三个阳爻承三个阴爻，这是承乘的关系;初与四、二与五、三与上都是异性相应的关系。这样，就在六爻间形成比应承乘的最佳结构，所以《既济》是象征完成、成功含义的卦。

二是六爻的排列，体现了事物发展的顺序和程度，一般说:初爻是初始奠基，二爻生长发展，三爻小有成就，四爻强劲成长，五爻大有成就，上爻极点转化;可通过爻辞有序排列理解其相应内涵。

三是六爻之中，凡奇数位是阳位，阳居阳位为得位居正，如被阴爻居之则认为不正，或讥为"小人道长";凡偶数位是阴位，阴居阴位也是得位居正，如被阳爻所居，则被看成是屈居，不能得志，喻为"君子道消"。得位与否，也称当位或不当位。

四是六爻中很重视"中位"，具有很强的"求中求正"意向。在卦中表现出格外看重上下卦的中位，即五位和二位，爻居中位是得位居中。特别在古代，还把卦的爻位比附等级制度中的地位，如初爻为庶民位，二爻为卿士位，三爻为达官位，四爻为君王身边的重臣位或分封国诸侯位，五位为君主位或天子位，上位为宗庙位。因此阳爻居五位，即达到所谓"九五之尊"。

五是六爻中的初、二、三爻为下卦，又名内卦、贞卦;四、五、上爻为上卦，又名外卦、悔卦。下卦多主我、主内，上卦多主客、主外。分析卦时，需要考察上下卦之间的关系。例如，泰卦(䷊)是上坤下乾，坤阴下降，乾阳上升，形成交流，发生交感，属于和谐、顺利、畅通的关系。反之，上乾下坤，是否卦(䷋)，坤阴下沉，乾阳上升，造成上下两卦向分离相斥的方向运行，反映出闭塞、隔绝、不通的关系。但对偶的卦在周流中，可以转化，故有"否极泰来"这一成语。这说明，八卦原始取象所代表的含义，在解卦中有重要作用。

这五层含义不能机械地套用，只是大体上体现在易卦之中，并非每一卦都全面体现这些原则，需要灵活的领会运用，作为解卦的

参考。

"六十四"是指全部易卦。

易卦由阴阳两爻按六爻不重复的全排列,就产生了六十四个卦。这是《易经》的全部内容。六十四卦是个完整的易卦系统。由乾坤卦开始,它是易卦的门户;运行至《既济》和《未济》结尾。《易经》分为上下两篇,上篇三十卦,下篇三十四卦,合为六十四卦,每卦六爻,共三百八十四爻。

八卦被称为"经卦"、"单卦",六十四卦被称为"别卦"、"重卦"。这个体系,具有完满自足不停滞的特性,乾坤为首,表示易卦是由天地推动的强大的生成系统,六十四卦便是它们生成的可以包罗万象的模拟体系,特别以《既济卦》象征着"完成"之后,又以《未济卦》象征"未完成"作最终结尾,意味着卦体的无限循环往复而不断上升发展的过程,《未济》预示了易卦的不可穷尽。这个构想是辩证的。

传世本《易经》,六十四卦的排列有明确的顺序。《易传·序卦传》对一卦转向另一卦有一个因果性说明,一般都接受这个顺序。但易学发展中也演变出另类的排列顺序,例如按八卦分类形成"八宫"卦序,1973年出土的马王堆帛书《易》就是这样排卦序的。由于易卦实际运用当中,每一卦都可和任何一卦发生联系,并推演它们之间的组合意义,因此不可能按固定顺序推演卦变,不同的排序只对易卦体系的总体理解有不同意义。只要卦爻辞没有

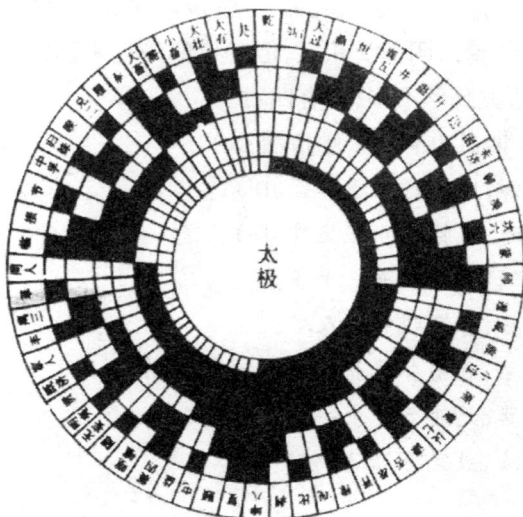

图三·九　六十四卦阴阳分布图

变,对具体解卦不会发生很大影响。

对通行易卦体系的排序,唐人孔颖达有过"二二相偶,非覆即变"的形象概括,符合六十四卦卦画排列的特点。所谓"二二相偶",是指出六十四卦按卦象划分为三十二对,它们都是对偶卦,如我们前边列举的乾卦和坤卦、泰卦和否卦等就是其中的对偶卦。所谓"非覆即变",是指这三十

图三·一〇　先天六十四卦阴阳分布圆图·

二对中,每对卦画用两种方式来表示:一种是完全颠倒,卦形相反。例如:《需卦》(䷄)和《讼卦》(䷅),《师卦》(䷆)和《比卦》(䷇),卦形正好相反,颠倒过来就是对偶卦,故为"覆"。这样的对偶卦,共有二十八对。另一种方式,是阴阳爻互变,它们的卦形并不相反,而是阴爻变为阳爻,阳爻变为阴爻。例如:《乾卦》(䷀)和《坤卦》(䷁),《颐卦》(䷚)和《大过卦》(䷛),阴阳爻相反,但卦形颠倒过来仍然是它自身,这属于"变"。这类卦形不多,只有四对。

为了便于记忆,六十四卦也有一个顺口溜:

乾坤屯蒙需讼师,比小畜兮履泰否(pǐ),
同人大有谦豫随,蛊临观兮噬嗑贲(bì),
剥复无妄大畜颐,大过坎离三十齐。
咸恒遁兮和大壮,晋及明夷家人睽,
蹇解损益夬姤萃,升困井革鼎震遂,
艮渐归妹丰旅巽,兑涣节兮中孚至,
小过既济兼未济,数完下经三十四。①

————————

① 见朱熹《周易本义》卷首《卦歌》。

以上这些原理原则,是阅读《周易》必须知道的常识,不掌握它,就不容易读懂易卦。读懂了易卦,反观这些原则,可能又会觉得这些常识不免有些肤浅。其中有些规定并非都经得起理性的推考,而不乏有人类童年思维幼稚的痕迹,姑妄知之可也。

| 下卦<br>上卦 | 天 | 泽 | 火 | 雷 | 风 | 水 | 山 | 地 |
|---|---|---|---|---|---|---|---|---|
| 天 | 乾 | 履 | 同人 | 无妄 | 姤 | 讼 | 遁 | 否 |
| 泽 | 夬 | 兑 | 革 | 随 | 大过 | 困 | 咸 | 萃 |
| 火 | 大有 | 睽 | 离 | 噬嗑 | 鼎 | 未济 | 旅 | 晋 |
| 雷 | 大壮 | 归妹 | 丰 | 震 | 恒 | 解 | 小过 | 豫 |
| 风 | 小畜 | 中孚 | 家人 | 益 | 巽 | 涣 | 渐 | 观 |
| 水 | 需 | 节 | 既济 | 屯 | 井 | 坎 | 蹇 | 比 |
| 山 | 大畜 | 损 | 贲 | 颐 | 蛊 | 蒙 | 艮 | 剥 |
| 地 | 泰 | 临 | 明夷 | 复 | 升 | 师 | 谦 | 坤 |

图三·一一　先天六十四卦方图①

第三章　观变于阴阳而立卦,发挥于刚柔而生爻

① 　上述易图吸取网上易图,略有变通,仅表谢意。

# 第四章

## 《易传》的问世

### 第一节 "天子失官",私学兴起

《周易》形成后,由周王室掌管,不及诸侯。大约到西周后期、春秋时期,已经见用于诸侯卿士之家,其中有些内容已不为后人所尽知而亟须解释了。

《周易》原本内容,只限于六十四卦的卦象、爻象与卦辞、爻辞。从春秋末期开始,随着"天子失官","学在官府"的局面被打破,《诗》、《书》、《礼》、《乐》、《易》、《春秋》这些官方典籍,开始流传到

图四·一 孔子讲学图

民间,出现了文化下移的趋势。

在此情况下,孔子创办的私学才有可能列为课目,据以教授,并颇负盛名,因而没有几年,贵族子弟也送来受业。孔子传授"六艺",在历史上一直有两种说法:一是认为"六艺"指"礼、乐、射、御、书、数";一是认为"六艺"指《诗》《书》《礼》《乐》《易》《春秋》",此"六艺"到战国后期已被称为"六经"①。此"六经"中,除《乐经》佚失外,其余五经都保留下来,在西汉时立于官学,将学有专长者聘为五经博士。因为孔子办私学讲授了这些课目,立为官学后,也就成为我国传统文化的基本经籍。孔子不仅保存了国典,还为传播这些文化典籍培养了一大批学子,影响深远,这是孔子对中国固有文化传承作出的伟大贡献。

图四·二 司马迁像

司马迁说,孔子晚年特别喜欢《易》,这在《论语》中已有反映。孔子说:"加我数年,五十以学《易》,可以无大过矣!"(《述而》)这里表现了孔子深入研究易学后,有一种抓《易》教很晚的后悔之情。马王堆出土的帛书《要》

---

① 关于"六经"和孔子进行经教的记载,主要有以下两条材料:一是《庄子·天运篇》记孔子对老聃言:"丘治《诗》《书》《礼》《乐》《易》《春秋》六经以为文。"这里直接提出了六经。二是《礼记·经解篇》,在论经教时列举了《诗》《书》《礼》《乐》《易》《春秋》的教化,这里是间接提出了六经。对此,历史上有人怀疑文献晚出,以为不可据信。1998年公开发布了《郭店楚墓竹简》,其年代已被确认在孟子之前,有两则材料可以佐证:1.《郭店楚墓竹简·语丛一》:"《易》所以会天道、人道也;《诗》所以会古今之恃也者;《春秋》所以会古今之事也;《礼》,交之行述也;《乐》,或生或教者也;……者也。"2.《郭店楚墓竹简·六德》说:"夫夫,妇妇,父父,子子,君君,臣臣,六者各行其职而亡由作也。观诸《诗》《书》则亦在矣,观诸《礼》《乐》则亦在矣,观诸《易》《春秋》则亦在矣。"表明早期儒家已经进行这六方面教育,至于孔子时是不是开始叫"经",是次要的。

中记述:"夫子老而好《易》,居则在席,行则在橐(囊)。"几乎到了形影不离的地步。

孔子的教学内容是很灵活的,他研究什么,就教什么。孔子晚年,大约在他周游列国前后,已把《周易》列入教授弟子学业的内容。

图四·三 孔子读《易》韦编三绝图

孔子的教学多采取讨论式、启发式,他不仅进行讲解,师生还常常对六十四卦内容进行讨论。《要》中就记录了一段他和子贡辩论《易》的精彩情节。从其辩论内容来看,大约像子贡这样的早期弟子,未能受到孔子的《易》教,子贡不赞成孔子进行这一教育,生怕把高雅的儒学沦为祝巫之学,因而引用孔子早年反对祝巫的言论,反驳孔子。他虽受到了孔子的反批评,却并没有表示要放弃自己的看法。从这里透露出早期弟子对《周易》的态度。看来,孔子的《易》教主要是在后期弟子中进行的,他向弟子们讲述了许多自己研究《周易》的心得体会和认识成果,为后来形成《易传》打下了思想基础。

第四章 《易传》的问世

# 第二节 孔子导演了《易传》

《易传》是成书于战国时期的一部解说和发挥《易经》思想的论文集,其学说本于孔子,具体成于孔子后学之手。《易传》共七种十篇,分为:《彖传》上下篇、《象传》上下篇、《文言传》、《系辞传》上下篇、《说卦传》、《序卦传》和《杂卦传》。自汉代起,它们又被称为"十翼"，誉为使《易》得以翱翔的十个翅膀。

随着汉代经学的兴起，《周易》被官方定为《易经》，《易传》附于《易经》之后①，仍统称为《周易》；于是，其中的《易传》也和《易经》一起被列为五经之首，就是说《易传》这时也取得了"经"的地位。由此，它对《易经》的解说，便具有了权威性，成为一种经典的解释。此后的易学家大多自觉据守《易传》之论，甚至出现了以传代经或强经合传的倾向。因为《易经》对古人来说，也很难懂，必须借助《易传》的解释，从而使其格外受到重视。

图四·四　孔子删述六经图

汉唐学者对《易传》作于孔子是深信不疑的。易学史虽有"人更三圣，世历三古"之说，实际上最受看重的是近古，即后圣孔子，号称"集大成者"。《易传》解释《易经》的无比权威性，实际上是建筑在从汉代兴起的对孔子崇拜的基础上的。自北宋欧阳修作《易童子问》对《易传》是否孔子所作及其中内容存在抵牾现象提出质疑以

① 《易传》诞生后，和《易经》是不相混的，各自独立成书。西汉将《易》列为官学后，开始在官方出版的《易经》中将《易传》附在《易经》之后，这是《易传》附经的第一步；古文《易》费直开始将《彖传》、《象传》附于经文卦爻辞之后，开始打破经传不相混的格局，是为第二步；到郑玄、王弼注释《易经》时，又将《彖传》、《象传》直接附在各卦爻辞下，直接连结，实现了经传进一步相混，只是在乾卦中仍附在全卦之后，这一体例成为传世的定本。它的好处是读起来方便；最大的坏处是将解经凝固化，以传解经之弊盛行。

来，开一代独立思考之新风，也助长了"疑古"学风的兴起，使越来越多学者觉得质疑有理，开始认为《易传》不是孔子亲作，而是其后学所为。所以，这个聚讼纷纭的《易传》著作权问题，至今仍难定论。主要是，孔子作《易传》一说，至宋已流传千余年，一旦此说动摇，战国以降的易学史都需改写，这可是牵动很大的事，许多人难以接受，是可以理解的。因为如此重要的易学经典不出于圣人之手，"人更三圣"一说就要落空，《易传》的价值也会随之降低，对儒学和易学都会产生不利影响。当然，主要问题还是对《易传》非孔子所作的证伪，多带有推测与假说的性质，尚缺乏强有力的、具有突破性的历史证据。

回眸这段历史，最早谈及孔子与《易传》关系的文献是《史记·孔子世家》，这是被认为孔子作《易传》的主要依据。司马迁说："孔子晚而喜《易》，序《彖》、《系》、《象》、《说卦》、《文言》。"在这里，一般都把这个"序"字理解为"作"。唐代张守节《史记正义》解释说：这里的"序"是"《序》，《易·序卦》也"。这是为了把《序卦传》也理解在孔子"作"的范围，但却弄巧成拙了。他对《史记》这样标点，文辞反而不通；因为这样一来，司马迁的意思变成了"《易》、《序》、《彖》、《系》、《象》、《说卦》、《文言》"，统统是"孔子晚而喜"的对象，更没有"作"的意思了。司马迁著《史记》，遣词造句很讲究分寸，如果他认为孔子作了《易传》，就不会用一个含糊的"序"字来代替。可见关键是如何理解这

图四·五　《史记》书影

第四章　《易传》的问世

个"序"字。

其实，序就是叙。按《说文》解，序与叙通。"叙，次第也。""百揆时叙"（《虞书》）、"行其秩叙"（《周礼·宫伯》）、"四时不失其叙"（《淮南子·本经训》）都是叙与序通用的。而序与叙都有叙述、叙说之义。司马迁用了一个"序"字，说明了《易传》之文来源于孔子对《易》的叙说，也就是《易传》来自孔子对《易》的"述而不作"。用现在人们能够理解的意思说，就是《易传》是在孔子导演下成为解《易》之书的。

《汉书·艺文志》的记载是："文王……作上下篇，孔氏为之《彖》、《象》、《系辞》、《文言》、《序卦》之属十篇。"

所谓"为之"也很含糊，显然不同于他前面所肯定的文王之"作"，但又不能说《易传》与孔子无关，相反还关系很大，不是作的"为之"，就是"述而不作"之义。唯有《易纬·乾坤凿度》卷下载明：孔子"五十究易，作十翼"，与《史记》所述之"序"和《汉书》所述"为之"不同，但一般都不把它作为信据看待。

我们说，可以确信，孔子导演了《易传》的创作，这主要表现在他对《易》的叙说、讲授上。这从马王堆帛书《易传》和记载孔子易说的几篇出土文献中，可以得到佐证。

1973 年底，在湖南省长沙市东郊的马王堆三号汉墓中，出土了帛书，约十二万余字。其中有六篇易传，约一万六千

图四·六　长沙马王堆汉墓出土帛画

多字。1992年帛书《系辞》的照片和释文公开发表，随后国内外易学专家又对《二三子》、《衷》、《要》、《缪和》、《昭力》等佚文作了释文，多数是记录孔子讲《易》的言论，其中有许多话和今本《易传》中的文字大致相同，有的是意思相同，有的则属于新见。由此可以看出，孔门后学正是依据孔子关于《易》的叙说，经过消化、整理、加工写成《易传》的。它的形成方式和《论语》的编纂十分相似。由此，说孔子导演了《易传》，是比较确当的。

仅以帛书《要》为例，其中有这样一段话：

> 夫子曰："《易》之为书也，广大悉备。有天道焉，有人道焉，有地道焉。兼三才而两之，故六。六者非它也，三才之道也。道有变动，故曰爻。爻有等，故曰物。物相杂，故曰文。文不当，故吉凶生焉。"

这同今本《系辞传下》第十章的文字几乎完全相同。当然，这里有些字是经过校释者据今本《系辞传》填补的，但填补的字数和阙文字数恰好相等，残文与填补文字衔接通顺，表明填补是可信的。但这些话，在《系辞传下》并没有标明是"夫子曰"，在这里却提示了此话的来源，按照史籍中"夫子"称谓的通例，证明此语是出自孔子的。

又如：

> 夫子曰："危者，安其位者也；亡者，保其存者也；乱者，有其治也。是故君子安不忘危，存不忘亡，治不忘乱。是以身安而国家可保也。《易》曰：'其亡其亡，系于苞桑。'"①

此节内容见于今本《系辞传下》第五章第六节。此外近似《易传》内容的文字还有许多，不一一列举。《要》似乎属于听孔子讲《易》的笔记，有些论点成为门人撰写《易传》的素材，其中有些是原文引用，有些是转述意思，有些则没有出现在《易传》之中。因此《要》还不是《易传》某一篇章的蓝本，当然更不是它的祖本，而是它的素材。《要》被传抄为帛书，说明它已独立成篇，单独流传于社会。由此可以证明孔子易学思想和《易传》的渊源关系。

---

① 释文有数家，互有出入，本文引自郭沂《帛书〈要〉篇考释》（释文原加校勘符号从略），《周易研究》2004年第4期。

# 第三节 《易传》解易的主要内容

《易传》七种十篇的简要内容如下：

## (一)《彖传》的形式和内容

《彖传》分上下篇。彖字，本义为断语，判断，裁决。用于易卦，是《易传》解释卦义的文字，包括解释卦名、卦辞，因而有时又把卦辞称为彖辞。这常会使初学易者弄不清"彖辞"是指卦辞，还是指《彖传》。这从内容上是可以区分开来的。例如，古书中常有"彖曰"，这是指"《彖传》上说"，如果是指某一卦的卦辞说，则是"某卦彖辞曰"，必须列出单指的那一卦，这样就区分开了。《彖传》也解释卦象，但多采取《象传》的补充形式，力避重复。这个特点恰好表明，《彖传》作者先看到《象传》中的《大象传》。可见，《象传》成篇可能早于《彖传》。由此《彖传》剖析卦象侧重于卦德，分析卦爻的刚柔特性和卦时特点，特别注重强调某卦的"时义大矣哉"，这几乎成了它的口头禅了。《彖传》和《象传》对卦象的解释似有所分工，与之配合而不作简单重复。

《易经》有六十四卦，"彖传"之辞也有六十四条；《易经》分上下经，《彖传》也随之分上下篇，随卦而行。《彖传》对每一卦所下断语，具有从总体上给卦定性的含义，指出每一卦的特点，或主吉，或主凶，或有吉有凶，相互转换，或不涉吉凶而对行为有所提示，种种。《易经》中的吉凶判断，实质上是价值判断的一种形式，不必把它做神秘化的理解。因此，研易者一般对《彖传》之言都很重视，它虽然解释的是卦辞，但对理解爻辞亦有启示作用，因为卦辞的含义分别体现在爻辞之中。

《彖传》成篇，从其思想的时代背景上看，大约在战国中期前后，因为这时的儒家后学多受到稷下学百家争鸣的浸润，各家思想在碰撞中亦有互相吸收，使他们在思想上接受了道家和阴阳家的一些影响，例如孟子也讲"寡欲"，荀子大谈"阴阳大化"，在儒家后学创作《易传》时反映出一定的兼容并包的思想特征。这正是战国中后期在稷下学风影响下形成的思想特征。

《象传》内容基本上提纲挈领地反映了《易经》各卦的主要思想，表现了《象传》作者对《易经》各卦主题的把握。该传作者一般倾向于概述宏大主题，文字优美，气势恢宏。以《乾》、《坤》两卦为典型，这一特点表现最为突出。

《象》曰：大哉乾元，万物资始，乃统天。云行雨施，品物流形，大明终始，六位时成，时乘六龙以御天。乾道变化，各正性命，保合太和，乃利贞。首出庶物，万国咸宁。

《象传》解释《乾》的卦辞"元亨利贞"时说，因为伟大的天创始了万物，所以一切事物都统属于天（释乾之元）。云在飘动，喜雨普降，万物品类繁多而生生不息，太阳（大明）周而复始地运行，乾卦六个阳爻与时迁移，如同由六条龙负载着它，体现着天道的通行无阻（释乾之亨）。乾道处于不停的变化之中，规范着万物的存在和人类的生存（各正性

图四·七　荀子像

命），确保普遍和谐（太和）以达到美利天下和持守纯正（释乾之利与贞）。它（乾道）首先成就了万物，并使万国得到安宁。这简直就是一首对天道生成万物与人类的伟大功能的赞美诗。

至于《坤》卦的《象传》则把笔墨集中于赞颂："至哉坤元，万物资生，乃顺承天。"下面的文字仍不少，但中心思想始终放在大地所具有的母性柔顺的特性上。我们从这两卦最著名的"象传"之辞中就可领略它的思想路向。

**（二）《象传》的形式和主要内容**

《象传》是专门解释卦象和爻象的文字，同时也就从象的角度解释了卦名卦辞和卦义。一般把解释六十四卦卦象的文辞叫做《大象传》，共有六十四条；解释爻象（包括两条"用爻"）的文辞叫做《小象传》，共有三百八十六条。《象传》也随《易经》上下经分为上下篇。

《易传》附经以后,《大象传》各条内容附在每一卦卦辞下,放在《彖传》之后;《小象传》各条内容附在各爻辞之下。这是《象传》的体例。《象传》共同的特点是文辞言简意赅,一般都能切中要害,点明卦爻象与卦爻义的特点。文字明快,并不费解。因为它直接连接在爻辞之下,常常使读者成为理解卦爻辞的直接依据,这种形式是造成以传代经的重要原因。

《大象传》重视揭示上下卦的卦德、代表含义与象征意义。如《乾卦》的卦德是刚健,"《象》曰:天行健,君子以自强不息。"刻画了乾的刚健精神,君子应效法天道运行而自强不息。帛书《易》干脆把《乾卦》命名为《健》,说明《乾卦》最基本的特征就是"健"、"刚健"。

《坤卦》的卦德是承天柔顺,"《象》曰:地势坤,君子以厚德载物"。这里的"地势"不是指地形高低方圆,而是指大地的情势,是就其德性而言的。她的柔顺表现为无比宽厚的涵容品质,繁殖并承载着万物,大地也是人类的母亲。《乾》、《坤》两卦《大象传》中最著名的两句话,许多人认为它代表了炎黄族群的伟大民族精神,予以高度评价,清华大学至今把它作为培养新型学子的校训。

这两条主要是解释卦德,其余象辞多结合分析卦象,但都着眼于揭示卦义。

例如《大有卦》,卦象是乾下离上。"《象》曰:火在天上,大有。君子以遏恶扬善,顺天休命。"即火在天上,犹如一轮红日,普照天下,拥有万物,以形容"大有"之象;值此世道昌明之时,君子应当发扬正气,抑制邪恶,顺应时代进步的要求。

《大象传》的基本特点是借象颂德,体现了孔子"观卦"注重"德义"的蕴涵。

《小象传》比较具体,除了体现《大象传》的主旨和进行德教外,还担负着解释每一爻具体含义的任务,是帮助读者看懂易卦,排除各种障碍的指导文字。有的讲爻位特征,有的借爻说理,有的疏通文字,训释词汇,有的则突出卦义主题,等等。

例如,《剥卦》是上艮下坤,一阳在上、五阴在下,阳被阴剥蚀将尽。爻辞:"六四,剥床以肤,凶。"小象辞:"剥床以肤,切近灾也。""床"抽象地说,是指被阴剥蚀的阳体的象征物,无需理解为实在的

床铺,那样就理解死了。本书对此卦另有新解,下编会说到。单分析此爻,当阴对阳体的剥蚀过程达到六四爻位时,已剥蚀到阳体的肌肤。为什么说"凶"呢?因为这时已"切近灾也"。

阅读《易经》不能理解得太死,例如有的卦文中说"载鬼一车",是拿"鬼"比车上坐着的人,活像些鬼。如果他说的是打仗,那就是来了一车"鬼子兵"。他要是说举行婚礼(婚媾),那就是宾客化妆成鬼相、滑稽相,以表示喜庆。读《易》需要《易传》文字的帮忙,但完全可以脱离开它驰骋自己思维与想象的翅膀。《易传》的文字可以参考,主要靠自己活泼地理解卦义,只要不违背易卦自身的逻辑。

《象传》的缺陷正在于它过于突出政治,所有的解释都力求德义挂帅,这是使它有时会跑题、出现强解的一个原因。

### (三)《文言传》的形式和内容

《文言传》仅解释《乾》、《坤》两卦的卦爻辞,列于今本《周易》这两卦的《彖传》与《象传》之后。因《乾》、《坤》是易卦的门户,又代表天地,是万物生成的本体。《易传》通过"文言"加强了对此两卦德性深意的解说,但其华丽的文辞更侧重于赞美和修饰,是锦上添花之笔。因为这两卦经过《彖》、《象》的解释基本上已经清楚,《文言传》再作进一步解释便有重复和多余之感。此传作者可能是为了避免这种观感,便刻意堆砌华丽辞藻,力图另辟蹊径,拔高意境,反而给人以弄姿的感觉。我本人就是这样感受的,因此我对《文言传》的印象平平。

例如,《乾文言》在解说卦辞"元、亨、利、贞"时说:

> 元者,善之长也;亨者,嘉之会也;利者,义之和也;贞者,事之干也。君子体仁足以长人;嘉会足以合礼;利物足以和义;贞固足以干事。君子行此四德者,故曰:"乾:元、亨、利、贞。"

本来对元、亨、利、贞通俗解释就是创始、亨通、广利、纯正的意思。李鼎祚《周易集解》引《子夏传》,认为元亨利贞的意思是:"元,始也。亨,通也。利,和也。贞,正也。"这是解易者多数人的质朴认识。

但《文言传》却借助《左传·襄公九年》记载的当时人们对元亨利贞解释的一段话(除"善之长"原为"体之长"外,其他无甚区别),

反而把含义搞模糊了。《文言传》这段话的实际作用在于把天的"四德"具化为君子的"四德":仁、礼、义、正。其实,这样的意思在《彖》、《象》解释之后,已经得到明确,无需画蛇添足。

在《乾》卦爻辞中的《文言传》,文字多很拖沓,没有精彩之笔,仅为配合九五爻辞系有一段大人之德可与天地参的议论,相当精彩。摘录如下:

> 夫大人者,与天地合其德,与日月合其明,与四时合其序,与鬼神合其吉凶。先天而天弗违,后天而奉天时。天且弗违,而况于人乎!况于鬼神乎!

儒家认为大人是知天命的圣智者,他们具有高贵的天德。前面的几句比较好理解,主要是先天后天之说需要解释。所谓"先天而天弗违"是说大人走在天时之前开创一种伟大事业,天是不会违背他的。"后天而奉天时"是说大人所做的事业虽然没有超前,但他一定能够做到合乎天时,得到天助。下面说,大人的事业既然天都不会违背他,何况是人和鬼神呢!

图四·八 孔子读易有感图

这段话有唯心主义的夸张,但他说出了儒家天人合一的理想境界和人格境界,代表了中国哲学所追求的终极境界,是极其高超的。实事求是地说,这是一种不可能企及的神秘境界,唯有在内心修养中去做无尽的追求,因而它实际上是一种至高无上的精神境界。一些算卦师傅喜欢背诵这段话,以便向求占者显示自己有高德大法,

博取信赖。但如果把天德理解为自然与社会的客观规律,人们把自觉地按照客观规律办事的胸襟,提到这种"天人合一"的境界,那将是我们获得的巨大精神财富。

**(四)《系辞传》的形式和内容**

《系辞传》是《易传》中的第四种传文,分为上下篇,它的任务是通论《易经》之易道和易卦的筮法大义。在《易传》中讲筮法讲得最系统、详明的就数此传。此传取名《系辞》同文王"观象系辞"之义不同,那是为《易经》写作卦爻辞,这里的含义是系统解说《易经》,即对《易经》作出全面阐发的一种理论解说。

《系辞传》从总体上看,是有系统的言论,但局部也有上下文联系不明的瑕疵。这可能和流传中出现错简和编连不当有关。朱熹在其《周易本义》中把《系辞传》上下篇各分十二章,此后易家多守此法。因下篇较短,也有的只分为九章。这样就可以分章明义,窥其全貌。

《系辞传》讲述了《易》的起源、传承,着重阐述《易经》的性质、原理、功用,概述了易卦的一般知识。远古筮法门类繁多,曾有多种,大多失传,这里保留下一种"大衍之术",属于易卦的古筮法,介绍明晰完整,构成了后期新筮法产生的基础。今日仍可依法操作,只是过于繁杂。

《周易》的几个重要原理就是在《系辞传》中讲的。它们是:太极原理,阴阳原理,天地定位原理,天地大德曰生原理,三极(三才)之道原理,形上形下道器原理,往来不穷、变化有常原理,极深研几、见微知著原理,原始反终、彰往察来原理,阴阳不测谓神原理,大衍之数筮法原理,天地奇偶原理,穷理尽性至于命原理,等等,内容极为丰富。《易传》在讲述原理中,重点分析了一些卦爻之义,以助理解,其中突出了以德解卦和溯源于古代生活的旨趣,具有示范作用。

易卦原理,因第三章已经作过较为详细论述,这里不再一一列举。

**(五)《说卦传》形式和内容**

《说卦传》是《易传》十篇中的第五篇,如果说,《系辞传》是总论《易经》之文,那么,《说卦传》则是总论八卦之文,由于八卦在六十

卦中居于经卦地位,因此总论八卦对理解《易经》也是基础。

《说卦传》着重阐明了四个问题:

首先,是八卦的性质。《说卦传》明确承认是在神明暗助之下运用蓍草进行占筮而形成的卦爻,但是这里所谓"神明"和"顺性命之理"是一致的,就是要顺应天命和人性的基本要求。从有神论来看,周代的至上神已经不是人格化至上神——天帝,而是一种较为抽象的冥冥中起着支配作用的法则——天命。这里说的神明,也不是人格神灵的意志,而是人不能随意左右的、客观存在的命运。这成为后来算卦探测的主要缘由。今人所谓的"预测学",测的就是这种命运。在古人的体验中意识到有一种异己的左右着人的命运的力量,确实存在着,不以人们的意志为转移。你叫它是规律也好,或称为神明也罢,总之它是存在于人的生活之中,漠视与否认它,都不能避开它发挥的作用。为了探测这种异己的力量和作用,据说百年生的蓍草和千年生的龟龟具有灵性,用适当的方法,求卦问卜,它们就会告诉你。正是由于这样的认识,人们从而产生了算卦的需要。

单说筮,就是以阳奇阴偶立卦,按照刚柔关系定爻,卦中的象数系统能够"和顺于道德而理于义",这是一个由象数而形成义理的过程。也就是说,靠着卦的"象、数、理"系统就能推知天命、命运或发展的机遇。这里重申了《系辞传》已经讲过的"穷理尽性以至于命"的最高宗旨。什么是"性"、"命"?《伊川易传》解释为:"天所赋为命,物所受为性",其意思按照我们的理解,就是指人作为天地生成的万物之一,其生命本质是自然赋予的,表现在人的本性之中。人要实现自己的生命价值,对外就要通过穷究事物之理、对内就要实现人性的内在超越,以成就认知与践履天命(客观规律)的终极追求。

其二,在阐明上述原理的基础上,根据"顺性命之理"引申出"三才之道",把《系辞传》讲到的"三极之道"加以具体表述,"立天之道曰阴与阳,立地之道曰柔与刚,立人之道曰仁与义"。这样,《易传》中反复强调的"穷理尽性以至于命"最高宗旨便落到了实处。

其三,《说卦传》讲了两个不同八卦定位系统,一种是"天地定

位,山泽通气,雷风
相薄,水火不相射,
八卦相错"。经后
人研究,认为这个
八卦定位系统是
"先天八卦方位",
体现了八卦自然排
列的顺序和方位
(见右图)。

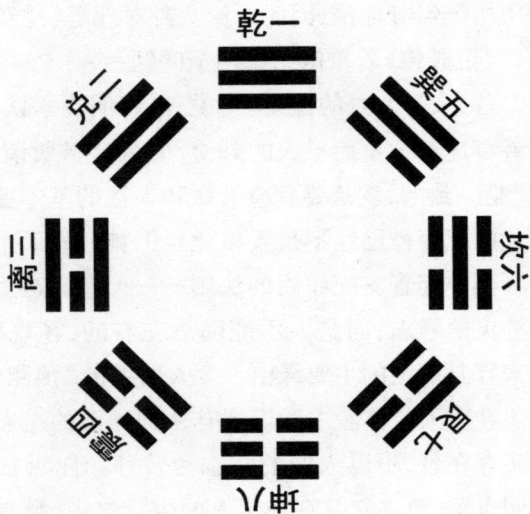

图四·九　先天八卦方位图

宋代邵雍认为
这是伏羲的先天八
卦方位图,它的作
用是不受人为的卦

序排列的影响,完全按照易卦自身符号的内在逻辑形成的卦系和方
位排列。我们试验过,只要给出规定好的条件,计算机就能够自动
排列出卦系和方位,与先天图一致。这说明它确实是一种自然秩
序。

另一种是"帝出乎震,齐乎巽,相见乎离,致役乎坤,说(悦)言乎
兑,战乎乾,劳乎坎,成言乎艮"。下文继续说:震东方也,巽东南也,
离南方之卦也,乾西北之卦也,坎正北方之卦也,艮东北之卦也,没有
明说坤卦和兑卦的方位,却有暗示,说坤是"万物皆致养"之地,兑卦处
"正秋也",按上面提出八卦的先后顺序可以确定这两卦的方位,即坤
在西南,兑在正西。这是古人当时所理解的八卦特性和八方的对应关
系,用今日中国的地理分布和经济发达状况相关性来衡量,未必吻合。
经后人研究,认为这是按人为因素排列的八卦方位,区别于"先天八卦
方位"的自然顺序,而称之为"后天八卦方位"。按邵雍的观点,先天八
卦和六十四卦是伏羲所创自然卦序;后天八卦和六十四卦是文王系辞
后所创的人文卦序。后期占筮多用"后天八卦方位",因为它便于"纳
甲",配以干支、五行,运用五行生克制化一套原理,适合于新筮法的要
求(后天八卦方位图见下页图四·一一)。

对《说卦传》讲述的"后天八卦方位图"这段话,金景芳、吕绍纲

图四·一〇　邵雍像

段传文的寓意很好理解，无需多加解释。至于其确定象征意义的理由是否充分？它们之间有没有内在联系？这样取象是不是科学？等等，对易卦原创者来说都不是重要问题。正如冯友兰先生说的："《周易》是宇宙代数学"，你只管代就行了。比如

二教授的认识有所不同，他们在《周易全解·说卦传》中认为："'帝出乎震'至'劳乎坎，成言乎艮'，似乎是《连山》易的正文。"是"孔子保留《连山》遗说"一例。历史上干宝也有此说。此说如能成立，则为重要发现。但作者对此话被释为"后天八卦方位"说，未作回应，不知如何看待。一般认为"后天八卦方位"说是文王与孔子的卦位说，与《连山》易相去甚远。再说《连山易》是什么人、什么时候系的辞，没有任何可资证明的史料。显然，这里有值得深究的学术问题。

其四，《说卦传》展开介绍了八卦取象的多义性。八卦除了取象于"天、地、雷、风、水、火、山、泽"这八个基本含义外，还分别有许多分类含义，这一

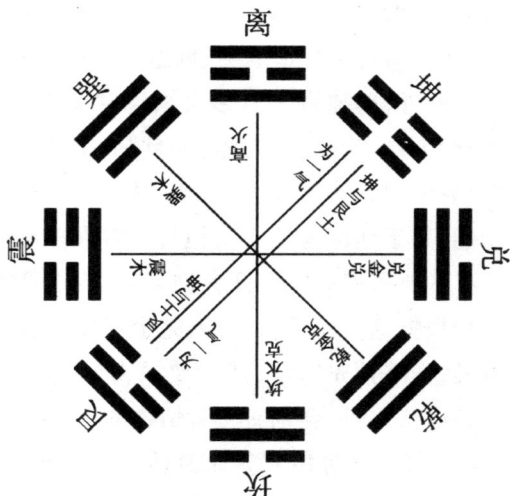

图四·一一　后天八卦方位图

你想问病,用乾卦象征头,代进去算一算,是可以求得一个答案的。但你不能在同一类筮问中让乾卦既代表头,又代表脚趾,那样就会混乱,卦就会"无可奉告"了。

八卦有其基本的特性,这是判断卦义的一个依据:"乾,健也;坤,顺也;震,动也;巽,入也;坎,陷也;离,丽也;艮,止也;兑,说(悦)也。"这些被称为卦德,不是随意加给卦的,是《说卦传》作者从所有易卦的实际运用的筮例中统计归纳出来的。例如,凡是有"巽"的卦中,总有许多和"入"有关的含义。其他也是如此。再如,如果占问到牲畜,八卦分别代表什么呢?《说卦传》说:"乾为马,坤为牛,震为龙,巽为鸡,坎为豕,离为雉,艮为狗,兑为羊。"龙似乎更重要,为什么不让乾代表呢,乾卦中讲了那么多龙,这里怎么让震代表呢?这里可能把龙和打雷下雨联系起来了!兑为什么代表羊呢?可能因为"兑"字上面也长着两只角吧!这类问题,无须深究。

在身体方面,"乾为首,坤为腹,震为足,巽为股,坎为耳,离为目,艮为手,兑为口。"在家庭关系方面:"乾天也,故称乎父,坤地也,故称乎母;震一索而得男,故谓之长男;巽一索而得女,故谓之长女;坎再索而得男,故谓之中男;离再索而得女,故谓之中女;艮三索而得男,故谓之少男;兑三索而得女,故谓之少女。"乾坤为父母,其余为六子,体现了乾道成男、坤道成女的含义。

此外,单独讲一卦多义来说,"乾为天、为圜、为君、为父、为玉、为金、为寒、为冰、为大赤、为良马、为瘠马、为驳马、为木果。""坤为地、为母、为布、为釜、为吝啬、为均、为子母牛、为大舆、为文、为众、为柄,其于地也为黑。"其他卦也有许多象征含义,这里不繁引用。

八卦可以如此象征各种事物,不正是体现了易道"广大悉备"了吗!根据这一原理,占卦人完全可以在占卦前自行规定八卦的象征意义,作好预先约定,然后要求占卦先生依据自己规定的象征意义来解占得之卦,会别有一番情趣的。

**(六)《序卦传》与《杂卦传》**

《序卦传》与《杂卦传》都属于"十翼"的文字,从另一侧面充实了《易传》解易的内容。

《序卦传》是专门解释六十四卦排列顺序的论文,一卦挨着一卦

是什么道理？按照作者论说的意图，在于说明通行本《周易》六十四卦的排列是有逻辑联系的，不是随意编排的。由这一卦转向另一卦，都有因果关系的链条连接在一起。例如，文中说：

> 有天地，然后万物生焉。盈天地之间者唯万物，故受之以屯；屯者盈也，屯者物之始生也。物生必蒙，故受之以蒙；蒙者蒙也，物之稚也。物稚不可不养也，故受之以需；需者饮食之道也。饮食必有讼，故受之以讼。讼必有众起，故受之以师；师者众也。众必有所比，故受之以比；比者比也……

《序卦传》的文字很通俗，一看便懂，只需对其作些理论上的分析。从卦序看，卦链起始于"屯"，表明作者认为"乾坤"代表天地，是易卦的门户，应当是不证自明的道理，有点《几何原本》中"公理"的性质，所以就用"有天地，然后万物生焉"开篇，把"天地"作为逻辑起点，在作者看来，是理所当然的。其实从整本书的理论看，这里实质上是以"有太极，然后乾坤生焉"的潜台词开始的。每一卦前，先联系前一卦的含义，指出其特点和不足，然后接下去便是"故受之以"下一卦，借此阐明各卦的特点，如"屯者盈也"、"师者众也"等，看起来环环相扣，甚是紧密。其实也常有勉强的论证。这可能就是一些易学家嫌其"肤浅"的原因。例如，"饮食必有讼，故受之以讼"，就比较勉强，饮食在食物不多的情况下，可能会引起争讼，这是有的，但绝非必然，故受之以讼便理由不充分；再说，"讼"的起因是多种多样的，不必只归结为饮食，这就显得肤浅了。这样的例子在《序卦传》中不少，读者自会搜求，无需一一列举。这表明，《序卦传》的卦链带有形式论证，并非全建筑在内在联系的基础上。从哲学上看，《序卦传》力图形成普遍联系和内在联系的观点。其实，作为普遍联系则有之，作为内在联系，则不尽然。

《易经》下篇，从"咸"、"恒"起始，传文说：

> 有天地，然后有万物；有万物，然后有男女；有男女，然后有夫妇；有夫妇，然后有父子；有父子，然后有君臣；有君臣，然后有上下；有上下，然后礼仪有所错。夫妇之道，不可以不久也，故受之以恒；恒者久也。物不可以久居其所，故受之以遯；遯者退也……

这里又是从"有天地"论起,仍然把"天地"作为下篇的逻辑起点。它不是按照紧接乾卦的逻辑,引出下一卦,在下篇开头,不提上篇结尾的"离卦",从而引出下篇的"咸"卦,而是重新起头,仍从"有天地"说起,但对"咸"卦却没有论及,而是讲了一大段由夫妇父子到君臣上下的"礼仪"之道。这在宗法社会犹如"天地"之道那么重要。这里也有形式联系的表现,如:"夫妇之道,不可以不久也,故受之以恒;恒者久也。"这里说的是对的,所强调的"恒久"是指夫妇的家庭关系而言,的确是美德。但下面把话题一转变成了房屋不能"久居"之义,因而说:"物不可以久居其所,故受之以遁;遁者退也。"实质上这叫逻辑上的偷换命题。

但是,《序卦传》在理论上也有独特的贡献,其精义主要有三点:

一是充分肯定了"盈天地之间者唯万物"的唯物观点,这在《易传》唯心主义体系中,犹如一颗耀眼的流星,划过天空。并且能够肯定到"唯万物"程度,是很独特的,好像作者是有意向易学唯心论提出挑战似的。

二是论证了天地万物和人类,存在着普遍联系和相互转化的观点,也涉及相辅相成、物极必反的矛盾观。为《易传》增添了辩证法的精彩成分。

三是这里在讲卦序时又普遍点出了各个卦的特点、要义,文辞简练,观点鲜明,对我们理解易卦很有帮助。

《杂卦传》和《序卦传》一样,文字简短,并不晦涩,比较好懂,且韵文排比,朗朗上口,便于记诵。但有几个特点需要剖析如下:

乾刚坤柔;比乐师忧。临观之义,或与或求。屯见而不失其居,蒙杂而著。震起也,艮止也。损益,盛衰之始也。大畜时也,无妄灾也。萃聚,而升不来也。谦轻,而豫怠也。噬嗑食也,贲无色也。兑见(现),而巽伏也。随无故也,蛊则饬也……

从上面的引文可以看出,一是按孔颖达所述,六十四卦可分为三十二对卦,其卦形特点是"两两相耦,非覆即变",如:

比卦(☵)和师卦(☷)的卦象,就是相互颠倒,这种关系叫"覆"。另一种关系如:乾卦(☰)和坤卦(☷)的卦象,是阴阳爻全部不同,这种关系叫"变",即阴阳互变。大体上三十二对卦,不出这两

种情况,故称为"两两相耦,非覆即变"。孔颖达的这一概括是准确的。《杂卦传》用简短的文字表述了易卦的这一特点。

二是《杂卦传》没有严格遵守《序卦传》的卦序阐述各对偶卦,而是另作了排比,可能是为了便于押韵,做了改变;也可能是《杂卦传》作者没有读到《序卦传》单独写作了《杂卦传》,所以出现了不一致。这说明《杂卦传》和《序卦传》是背靠背产生的特点。

三是《杂卦传》排比的最后八个卦,可能竹简错排,它们之间背离了"两两相耦,非覆即变"的原则。汉代郑玄首先表示怀疑:"自此以下,卦意不协,以错乱失正。"(《周易集解》)但他并没有予以改正。后来有多位易学家做过改排的工作,仍存有问题。经宋人蔡渊既注意押韵,又突出相耦与覆变关系,重排之后,得到了较广泛的赞同。我们引用其重排后的文字如下:

> 大过颠也,颐养正也。既济定也,未济男之穷也。归妹女之终也,渐女归待男行也。姤遇也,柔遇刚也;夬决也,刚决柔也。君子道长,小人道忧也。

改排后的文字似乎更通顺了,韵也协调了,并继续体现了没按《序卦传》的顺序排列的思路。有些易学家认为,蔡渊的这样排卦,可能符合原貌。

四是《杂卦传》的重要作用在于突出了各个卦的卦义和卦德,使读者便于把握其要义。例如,《明夷》卦一直是比较难解之卦,因卦中涉及"箕子",是人是物,歧义迭出。一般都把它当成是殷末遭受纣王迫害的贤臣箕子来串讲卦义的,但《杂卦传》却把"明夷"解释成"明夷,诛也",是光明灭了的意思,"夷"有灭之意。这样,就给另作解释提供了可能。本书在解卦中,就把《明夷》解释成一个忽明忽暗的像个翻转的箕子,"垂其翼"而飞行之物。这是和传统解释截然不同的一种新解,读者看解卦部分自会发现,和贤者箕子毫无关系。

至此,本书对《易传》的介绍和评论就告一段落了。

# 第五章

# 《易传》解经的贡献与局限

《易传》作为儒家经典,在文化思想理论上的建树是多方面的,本文着重讨论它在解释《易经》方面所做出的主要贡献,也指出其局限,和易学界同仁商量。

## 第一节 《易传》对《易经》的形上学建构

《易经》六十四卦大部分内容说的都是具体问题,即使在明显属于寓意天道的地方,也往往借助于天象气象四时物候之类偏于形象的东西,本身没有形成形上学的体系。例如《乾卦》是最重要的首卦,它把一切最重要的义涵都寓于"龙"的形象之中,你从处于潜伏状态的龙,经飞天之龙到达"亢龙有悔",乃至"群龙无首"的状态,能理解到什么就是什么。理解成活的龙灯漫天飞舞也行,理解为一年四季阳气的消长变化也罢,或理解为苍龙七宿的升腾降落亦可,只要说得通就算一解。因为,"象者,像也"。所以,自古以来,《易》解五花八门,见仁见智,悉听尊便。

但是,《易传》不同,它从具体的事物中领悟出抽象的道理,从形象的表面看出内在的本质,从非文字系统识别出用文字可以说清的哲理。这既是对《易经》的深刻理解,又是再创造。例如,《易经》中并没有说明阴阳两爻是怎么来的。但是《易传》作者却能够从阴阳两爻逻辑起点上找到更为本原的"太极",然后揭示出太极的生成序列,从而形成:太极—两仪—四象—八卦—重卦—六十四卦的体系,

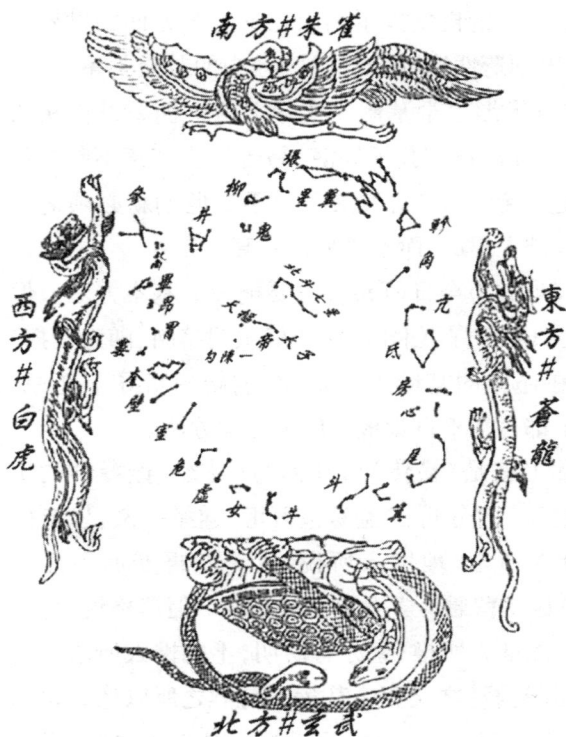

图五·一　四象星宿图

这就是形上学的建构之一。我说"形上学",而不说它是"形而上学",是因为在近半个世纪以来,"形而上学"已经被理解成反辩证法的思想体系,"形上学"则不同,它是一种理论上的合理抽象,是对提升到本质和规律性上阐明问题的构建。

分析《易传》揭示《易经》思想体系结构的基本方法是两点:

一是还原主义的方法:追溯结果的根源,重演历史,然后将历史的转化为逻辑结构的条理。所谓"重演",就是要设身处地再走一遍,起码要在思维中经历原创过程,这样可以避免肤浅的想当然。事实上所谓还原不可能是绝对地机械地还原,只是对历史状态的合理模拟,有如身临其境一般,这样,认识自然会得到深化,再现历史现象的合理性。但是,还原必须符合历史主义。

二是创新主义的方法:对一种历史现象和意识,一旦做到近似于还原,就不能停留在原有的状态下,一定要克服其古时草创的粗糙、简陋和原始面貌,给予新的包装,并在原有基础上提高。例如在《易传》中,能够把三爻的单卦和六爻的重卦,在爻位的上中下体现了天道、人道、地道"三才"或"三极"之道,不仅需要从大量爻辞中分析概括和发现各爻位关系的实质,从而提示出其中暗含的天、地、人

三者关系的象征意义,而且借机发挥了儒家在这三个方面的世界观和价值观。这本身不仅创造性地解释了《易经》中的卦爻关系,而且也为儒家道德伦理构筑了形上学基础。实际上这个创新过程从伏羲画八卦开始,到文王系辞,再到孔子导演《易传》,是持续不断进行的,每一环上都是通过创新,才丰富发展了易学。但创新必须适合原有的基础,在原有基础上提高,而不是另搞一套。

这两种方法,也应当成为今日研易者需要把握的基本方法。但是"还原"不能导致复旧和保守,创新不能变成主观臆断、随意发挥。二者应当有机结合,在还原的基础上创新,在创新的指导下还原。研易凡有成就者,大半都自觉不自觉地运用了此类方法。

研易的历史,实际上就是《易传》所开创的《易经》诠释学的历史。按照《四库全书总目》的分析:"盖易包万汇,遂举一义,皆有所通,数惟人所推,象惟人所取,理惟人所说,故一变再变而不已。"(《五经总义类后案》)这是精通易学者道出的秘辛。但严格说,易并非如此。数有所定,不能惟人所推;象亦有所明,不能惟人所取。凡惟人所推取者,一定同《易经》之义相去甚远。易学之所以像一块泥巴,任人捏来捏去,改塑而又改塑,恰好是没有得其真义,就是说并不科学。因此,恕我直言,易书虽多,堪用者几稀!

《四库全书》编纂者将古代易学的发展概括为"两派六宗",即象数派和义理派,分别下含:占卜、造化、禨祥宗,和儒理、老庄、史事宗。今日易学出现的所谓科学易、人文易、考古易、预测易种种,似乎也可包括在"两派六宗"之中。其实,有的能包括进去,如所谓预测易,基本上没有超越古代占卜的窠臼,还是那一套;有的则不能,如科学易,你能列入哪一宗? 又如人文易,今天的人文还能属于儒乎? 道乎? 全球化条件下的人文主义,如何与治易结合,是个需要精心探讨的全新问题,即使选择了儒宗、道宗的优秀成果,也必非旧瓶能装下的新酒。考古易似属史事易,但考古易所运用的手段和分析的武器,远非旧史学所能包含。这些都是很有前途的新易学研究领域。

# 第二节　充分开掘了《易经》德性
## 资源并使其光大

《易传》以德性之知研读《易经》，十分敏锐地释放出潜藏在六十四卦中的德性之光，极大地增强了易卦伦理道德的教化功能。例如，在《系辞传下》一口气讲了九卦之德：

> 是故，履，德之基也；谦，德之柄也；复，德之本也；恒，德之固也；损，德之修也；益，德之裕也；困，德之辨也；井，德之地也；巽，德之制也。

每一卦都有特定德性含义。如此重视易之德化社会和人生的意义，在其他著作中，实属罕见。这正是历代政权，所以对易高度尊崇和极端重视的原因。

《易传》诠释的《易经》，是重视人的命运的。这历来是吸引人的一个重要因素，也是实施教化的一个有利因素。因为没有比利用命

图五·二　秋富读易图（宋）

运观念,承诺趋吉避凶的观念更容易因势利导地进行教化的了。单就其算命功能而言,它的社会学意义,在中国是一种自我解脱、求取安慰、寻找出路、进行自救的行为策划,尽管它是唯心主义的,其本身并不能产生实际效果的空洞预想,但它具有很强的心理调适功能,一般无害于社会的安定和秩序。算命历来是可供统治者利用的工具。在新的历史条件下,尽管所谓预测易难以归入新的学科范畴,其所以仍会存留下去,不在于它究竟有多少真理,而在于它如何适应现代人生活的新的精神需求,同时也是一种不可少的精神消费,可借以增强现代人的德性意识。它在这个领域中,还是会与时俱进的。许多当代"预测学"者,往往是很新潮的。

关于《易传》有意识突出《易经》的德性资源,在马王堆出土帛书《要》中有一段孔子的出色话语为证。如下:

子曰:"《易》,我后其祝卜矣,我观其德义耳也。幽赞而达乎数,明数而达乎德,有仁存者而义行之耳。赞而不达于数,则其为之巫;数而不达于德,则其为之史。史巫之筮,向之而未也,好之而非也。后世之士疑丘者,或以《易》乎! 吾求其德而已,吾与史巫同途而殊归者也。君子德行焉求福,故祭祀而寡也;仁义焉求吉,故卜筮而希也。祝巫卜筮其后乎!"

他的意思是说:对于《易》,我是把它祝卜的功能放在次要地位上的,我所考察的主要是它的德义。《易》的内容包含了三个方面:由内心领悟以通达它的数;明白了数,便可进一步通晓它的德。德性需要以仁来存养它,用义来实行它。只是赞颂《易》而不晓达数的,就会成为"巫";知晓了数而不通达德的,就会成为"史"。史与巫所做的占筮,虽然向往《易》,却没有真正通达《易》的要旨在德;虽然爱好《易》,却与《易》之德相悖。后代学人可能会怀疑我孔丘的,大概就是因为我这样对待《易》吧! 我不过是追求《易》之德义而已,我和史、巫们是同途而殊归。也就是说,所依据的虽然都是同一部《易》,但我和他们的追求与归宿,都是不同的。君子是用自己的德行来求幸福的,所以他参加祭祀的机会就不会多;他们是用实行仁义来求吉祥的,所以进行卜筮就稀少了。总之,我是把《易》的祝巫卜筮之用放在相当靠后的位置上的!

这是孔子在受到子贡对他"老而好易"并对后期门徒进行《易》教质疑时说的话,也可以说,这是孔子和盘托出了他导演《易传》的指导思想。其精神基本上体现了他一贯的主张:"不语怪力乱神"、"敬鬼神而远之",表现在对待《易》上,就是敬《周易》之德而远卜筮。这是《易传》问世以来儒家的一个鲜明的传统。

## 第三节　唯心主义体系中闪现　　唯物主义与辩证法精义

应当指出,《易传》对《易经》的解说,基本上是建立在唯心主义体系上的。它反复强调的"穷理尽性以至于命"的总体性哲学命题,体现了儒家唯心主义天命观和君子道德观,其中也不乏鬼神观念和神明意识,"自天佑之,吉无不利"的天命论和宿命论思想都是很突出的。因此,从世界观体系上说,它是适应于占筮宿命观和趋吉避凶神明保佑观念的。对此,毋庸怀疑,亦毋庸讳言!

图五·三　松荫论道图(宋)

但是,它的确发现了存在于《易经》中宇宙生成论世界观,并用许多篇幅加以论证,为《易传》构成了一个副主题,形成了一条带有朴素唯物主义特征的思想线索。这是构成研究和解释《易经》两条内在矛盾的思想线索,或者说矛盾的学术理路。

这两种基本思想观点一直混杂在一起,随着论述问题的需要,不断转移论题论旨,因而也往往引出一些截然不同的结论。这正是研究《周易》的一种独特的现象,也是经常引起学术争鸣的内在原因。其中的经验,就是不要孤立地强调哪一面,而要细心地加以剥离。

单就《周易》经传中包含的唯物主义和辩证法的资源看,是十分丰富的。丰富的辩证法思想是《周易》认识论的精髓,这里是大可以采掘的富矿。

"阴阳不测之谓神"、"一阴一阳之谓道"是《周易》著名的哲学论断,体现了"运动变易"的道理。《周易》认为宇宙在动,万物在变,而且运动变化是极其复杂,难以预测的。故《易·说卦》曰:"神也者,妙万物而为言者也。"这里把万物变化的神妙莫测形容为神。

《周易》还认为事物的变化是无止境的,如《序卦》说:"物不可穷也",因而"物"之变化也是不可穷尽的。《易传》还认识到,事物的运动变化来自于事物的内部,亦即来自于事物对立面之间的相互作用。具体所指,即天地阴阳的对立统一。《易·系辞》曰:"在天成象,在地成形,变化见矣。"任何成象、成形的东西,都会变化无穷。"刚柔相推,变在其中矣。"不论矛盾双方作用力量的强弱,它们"相推"的结果,都会发生内部变化。《系辞传》总起来说:"乾坤成列而易立乎其中矣",这个"易"就是指变化,就是说没有矛盾便没有对立,也就没有运动变化和发展。"乾坤成列"指生成万物,就把变化的规律"立乎其中"了,肯定了变化规律为万物所固有。

《周易》的辩证观,不限于阐述事物的运动变化与发展,也认识到事物之间不是孤立的,而是互相联系的。例如,《既济卦》强调水火互济的关系,因此《序卦传》曰:"有过物者必济,故受之以既济。"这里说的"过物"是指能够作用于他物的,一定会发生相济功能。"风马牛不相及",不是它们没有作用或不能发生作用,而是它们之

间彼此不能"过物",因此也就没有什么关系。这是对普遍联系的观点的一个出色的发挥。《未济》同是水火,但由于水在下、火在上,水火不能"过物",因而就变成闭塞不通、难以成功之卦。这是很有见地的。

《周易》之《泰卦》和《既济卦》类似,都体现了阴阳和谐、平衡,故曰:"天地受泰,万物通也"(《泰卦》),"初吉,柔得中也"(《既济》)。在《易传》中讲联系是有条件的,表现为对时与位的规定,也就是要体现时间和空间的要求。这也是一个很深刻的见解。《周易》认为宇宙万物是在运动中产生的,而运动是永恒的,互相联系着的,运动也会产生生命,生命的运动一旦停止,生命也就终结。低级物态,只是做无意识的运动而已,而人这种高级生命的运动则不同,他不能消极被动地随遇而安,他有终极关怀,要做到"穷理尽性以至于命"。这更是一种运动的高级与特殊的形式。显然,《易传》的解说,使古老的《易经》在哲理化的道路上飞跃了。

说到这里,忽然使我想起,上个世纪五六十年代,在山东曾有李景春先生着力于挖掘《周易》的辩证法遗产,常常用毛泽东哲学思想来观照。当时著名左派学者关锋曾经不讲和李先生是老朋友的情面,予以批判。一个要挖掘其中的唯物主义与辩证法因素,一个狠批其中的唯心主义与形而上学的糟粕,各是其所是,各非其所非,彼此各持一端,结果可想而知,自然是"左方"取胜,亮出"红牌",将李景春先生罚出场外。其实,毛泽东早就有言:唯心主义一万年以后还有。研究《周易》,唯心与唯物、形而上学与辩证法,都可以平等地研究和争鸣,无需亮那红牌与黄牌!这也是多年来从学术批判中总结出来的一条经验。

## 第四节 《易传》至今是 解释《易经》的好书

《易经》难解,如果没有《易传》发现《易经》中各种秘蕴,没有总结出其中的原理、原则、方法、体例、辞义、形式、特征等,予以详尽的解说,的确就像一部"天书"、"秘籍",至今人们也不一定能看得懂,

其最终的命运就是失传。历史上曾经出现过的远古典籍,据说有《三坟》、《五典》、《八索》、《九丘》,如果确实有过,大概都是由于后人无法看得懂,派不上用场,结果都失传了。《易传》的问世,对《易经》无疑具有抢救、诠释、保存、发扬之功。为此,汉初出现了传经热潮,伏生授《尚书》、田何传《易》。

图五·四 伏生授经图

研究《易经》不能脱离《易传》开辟的发展高雅文化的路向,不然,它就有可能沦落为江湖易,变成传播封建迷信的糟粕。《周易》是文化瑰宝,还是文化垃圾,其间仅距一步之遥。凡爱护《周易》者,莫不慎之又慎乎!

易学领域,数千年来一直是人们倾注研究力量最多的领域,也是一个并没有止息的百家争鸣的园地,只是有时高时低的区别而已。可能由于它同各个时代的主流政治保持着一定的距离,它只是远距离地关注时政,而不作近距离地干预,不像儒家极力褒扬"王道"而据理反击"霸道"那样,因而这个争鸣的园地一直开放着,相对来说处于较为宽松的舆论环境之中,这也促成了易学的发展。在先秦,大概就是由于易学不曾阻挡过秦始皇武力统一全国的进程,因而"焚书"之劫,自然可以免去。

这样的学问,似乎没有天敌,不怕天灾人祸,似乎可以万世长存,但也潜藏着危险,那便是自暴自弃,或被捧杀!

# 第五节 《易传》解说《易经》的局限

这种局限性主要表现为，太突出儒家观点，因此王权思想、宗法观念、等级观念、男女不平等观念、重德而鄙薄科技和重道轻器观念，十分突出，在思维方式上以朴素辩证法顶替形式逻辑的推演，也至为明显。中国不缺少辩证法思想的资源，这几乎成为中国思想史的土特产，《周易》辩证法、道家辩证法、儒家教育辩证法、孙子辩证法、墨学辩证法、法家历史辩证法等等，都可以独立成史，内容极为丰富。这本来是值得自豪的事，但是，因此而缺乏形式逻辑的早期发育，以致至今仍比较缺乏逻辑理性和实验理性。有些学者对此不以为然，振振有词，强行辩护，其实大可不必。为此，弘扬《周易》的学问，一定要知自己之所短。

《易传》在解释易卦方面也存在牵强附会、强以为说的败笔和缺陷。例如，古今学者多次批评的《序卦传》中一段很重要的话，却是非常幼稚的推理。其曰："有天地，然后有万物；有万物，然后有男女；有男女，然后有夫妇；有夫妇，然后有父子；有父子然后有君臣；有君臣，然后有上下；有上下，然后礼仪有所错。"这是一种直线式的简单推理形式，实在没有什么深意。先"有"什么，"然后"必有什么，都非必然。从"有万物"到"礼仪有所错"，论证变得牵强附会，使得"礼仪"的推出，有一

图五·五 民间双鱼太极图吉祥物

种穿靴戴帽的感觉。这不过是儒家突出政治的一种做法罢了。

在解卦方面，也有强为之说。例如，《乾卦》的龙，本义是指苍龙星宿（相当于西方的天蝎星座）中的阿尔法星，中国名为大火，是农耕文化中指挥农耕的季候星。苍龙七宿的出没，是古代农人生产活动最重要的参照系统，《乾卦》六爻的顺序恰好是龙星宿从地平线下渐渐升起，直到中天，然后又头朝下渐渐隐没，至今这一过程，仍可通过观察验证。但《易传》对这一卦的解释，依我看基本上都是错的。他们居然没有和天象历法联系起来加以理解。又如《丰卦》，是一次古代日全食的最佳纪录，恐怕在世界上如此早的日全食纪录也是绝无仅有的。但是《易传》却作了错误的解说，《序卦传》说："得其所归者必大，故受之以丰。"完全不着边际。《彖传》似乎有所认识，讲到"日中则昃，月盈则食"，但把话题一转而为"王假之，尚大也"，不得要领。而《象传》却说："雷电皆至，丰。君子以折狱致刑。"与日全食完全无关。这说明，《易传》作者多是不懂自然科学的，即便有些懂得，也是对自然现象漠不关心者。《易传》中的这些局限，自然都是应当扬弃的东西。

所以，我主张《易经》与《易传》分治，不相混淆，在充分理解《易传》和接受前人治易经验和教训的基础上，对《易经》进行独立思考，运用现代科学和现代哲学的新知识，走出经学，走出神学，走出占筮，反映时代要求，对《易经》进行科学的再诠释，以建构新时代的大易学。

# 第六章

# 《易纬》解释《易经》的贡献及其神秘主义

我们说,应当建立大易学概念。首先就要做到没有门户之见,不要武断排斥异样观点,对历史上的各家学派尤应如此。不要因为自己今日所持观点与之不合,就采取粗暴的态度去剪裁取舍历史上的学说。对历史上的文化产品,可以批评,但不要扼杀,留待后人评说。历史经验反复证明,这样做的结果,最终会被历史证明是对的、有益的。

值得提出的是,出现在《易传》之后的另一部综合解易之书《易纬》,在历史上尽管被研易典籍多次引用,却遭到易学主流的排斥。《四库全书》虽收入了《易纬》,却被打入另册,置于"易类"附录,不作为正文对待。这样处理,显然是不恰当的。

本书打破这种传统格局,把它列在《易传》之后,谈谈它对解释《易经》所作的贡献,对其神秘主义糟粕也予以适当评说。

## 第一节 《易纬》的成书

如同《易传》一样,《易纬》成书于何时,作者是谁,也是一个难以简单厘定的问题。从《易纬》所反映的内容看,它披露了许多上古史中的资料,文字力求简古,文意玄奥难明,尽量给人以来源久远的印象,以至于对产生《易纬》的年代,说法很不一致。台湾学者吕凯在

其《郑玄之谶纬学》一书中将纬书起源列举十余种观点，一一加以辨析。钟肇鹏在其《谶纬论略》书中则列举十二种说法，详细予以评述。林忠军在《〈易纬〉导读》中又将上述多种说法加以概括，摘其要者，列出其中比较典型的五种：一是出于孔子之前者，二是起于周秦者，三是作于孔子及其弟子者，四是成书于西汉末年者，五是出于古代太史之手者等。① 时间跨度很大，从太古到西汉末。这说明《易纬》的出现，在和《易传》竞先方面，是成功的，已经使研究者弄不清成书于何时了。

实际上，这是一部以道家为主的模仿儒家口吻写出的解《易》著作，表面上神化孔子，实质上却神化了黄老道家，其中宣扬的多半是黄老的思想。论时间大约在武帝后期至昭帝后期，略晚于孟喜京房易学盛行之时。《易纬》各篇成文的时间不一，最晚者当在《周易参同契》之前。

图六·一　刘邦像

汉初，有七十余年，统治者在意识形态上选择了道家黄老学说，作为指导思想。高帝不敬儒生是出了名的，溺儒冠之举，活画出立国之君的草莽风格。从他开始已倾向于黄老，吕后、惠、文、景直至窦太后，都信奉黄老。特别是文景之治，乃是黄老之治的成功样板。在群臣中，萧何、张良、曹参、陈平以及陆贾等，大多力赞黄老之学。即使信奉儒家的政治人物，在讲述儒家之道时也要奉承几句黄老。这对汉初恢复经济，休养生息，医治好社会创伤，大有益处。

战国后期经过长期战争，国家归于一统，人民未及安居乐业，又遭到秦酷政摧残；秦末农民起义虽推翻了暴秦，但国家已经残破不

---

①　林忠军：《〈易纬〉导读》，齐鲁书社 2002 年 11 月版，第 11～13 页。

堪；随之六国贵族掀起复国风潮，楚汉相争接踵而至，社会又一次陷入战乱。西汉是在长期生灵涂炭中立国的，图存尚且困难，兴国之望更是渺茫。新王朝只有实行道家的"宽缓之政"才有希望恢复生机。

《老子》说："我无为而民自化，我好静而民自正，我无事而民自富，我无欲而民自朴。"(《五十七章》)这一思想仿佛一剂良药，以"道法自然"的精神，治理大伤了元气而处于奄奄一息的社会，充分仰赖社会机体自我修复的功能，成为当时重建新王朝最明智的战略。文景之治使汉朝从一片荒芜中崛起，黄老之治为开创有汉一代盛世大显了身手。

秦的速亡，显示出法家不行了，至少专用苛刑重罚那一套统治术不行了；而儒家经过"焚坑"之后，尚处于复苏状态，为新王朝服务的理论准备还没有做好；这时擅长于社会养生术的道家之学，特别是黄老新道学，就成为统治者的首选。汉初七十多年的实践，特别是文景之治卓有成效，为黄老道家记下了头功。

但是，随着汉朝社会的进一步发展，汉武帝主政面临着对要内继续增强国力、平抑地方割据势力、重建郡县制的中央集权的"大一统"政治体制，对外根本解决匈奴内侵的威胁，黄老的清静无为之治，已不能适应他全面建设一个强大国家的需要。从窦太后之死，汉武帝接受董仲舒"天人三策"的建议，作为转机，内政厉行"更化"，实行"罢黜百家，独尊儒术"，作为政治思想，黄老之学也处在被"更化"、"罢黜"之列，而儒家学说则一跃而升为官学。这是中国古代政治史与思想史上的一个重大转折。道家、黄老一度受到汉初统治者的青睐，但并没有取得

图六·二　董仲舒像

"独尊"与"官学"的法权地位。这使得道家在以后的日子里,只能走向创立本土宗教的道路,以保持其仅次于官学的显要地位。

儒家学说的官学化,使它无需走宗教化的路。道家学说失去了意识形态的首选地位,而又不甘于沉沦,便自动选择了宗教化道路,这也符合其本具的出世态度和理论上追求精神超越的素质,使它原有的人文关怀向着得道成仙升华。因此,从汉初黄老失去统治意识之桂冠时起,便开始大力发展其修炼之"玄览内学",一步一步向着宗教化迈进。从此开始奠定道家文化在中国历史上处于二线的格局。

正是在这种情况下,黄老道家在解《易》这块阵地上,同儒家对《易经》的诠释问题展开了微妙而激烈的竞争,于是促成了《易纬》的问世。它担负的任务,不在于高高竖起道家或黄老的旗帜,而是立足于宣扬以道家为主的易学思想,传播比《易传》更深刻的新天道观、宇宙论和方法论。

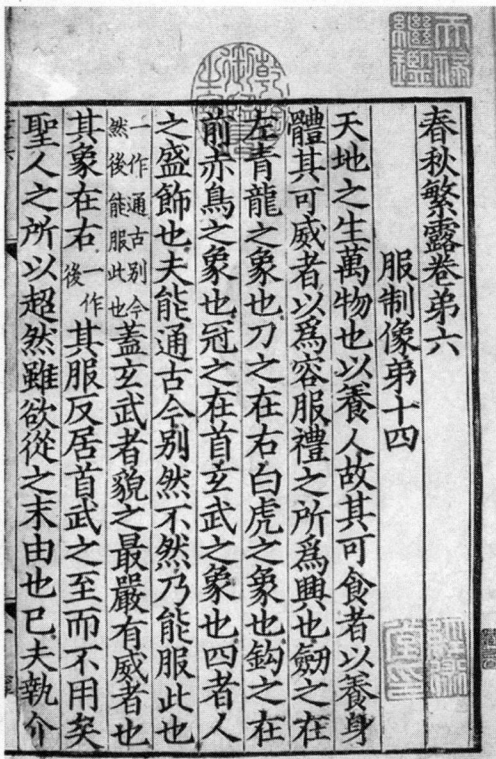

图六·三 《春秋繁露》书影

黄老提出以"天"和"道"为理论根据的思想,一是为了适合于论证政治制度合理性与合法性的需要;二是为了更好地以普遍性思想形式来影响社会。《易传》利用解《易》首先发展了旧的天命观,将其改造为新的天命论思想形式;道家向以抽象思维见长,则需借解《易》将旧的天道观改造为新的天道观,以适应大一统的政治制度的合理性与合法性论证的需要。《易纬》的问世正是承担着这个历史任务的。

如果说汉初统治者选择了黄老，没有选择儒家，是第一轮较量的话，那么董仲舒的《春秋繁露》和刘安的《淮南鸿烈》的较量，则是第二轮。如今，《易纬》与《易传》在解《易》上的较量则是第三轮。因此在某种意义上说，它是在"独尊儒术"后，黄老和儒家进行理论较量的继续。

# 第二节　《易纬》诠释《易经》的贡献

汉武帝在选择意识形态上，历来人们比较注意的是他开创了两千多年的"独尊儒术"的历史，却较少注意到他还有另一面，就是为道家发展为道教铺平了道路。道家学说演变为道教，需要有过渡性中介环节。当黄老之学不能成为"官学"时，汉武帝在实行"独尊儒术"的同时，也表现出对"成仙得道"和"长生不死"的浓厚兴趣，并开始扶持方仙道、黄老道，让他们在宫廷内部和贵族阶层中有广阔的传道空间，使道家学说得以和修道练气一套神仙方术相结合，为道教的最终形成作了必要的铺垫。

**图六·四　汉武帝像**

汉武帝元鼎四年（前113年），汾阴方士于土中得宝鼎来献，说黄帝当年也得宝鼎，广事封禅，常与神会；又言黄帝为五城十二楼以候神人，并能且战且学仙，然后与神通，最后骑龙上天飞升。汉武帝听后十分羡慕，感叹地说："嗟呼！诚得如黄帝，吾视去妻子如脱屣

耳!"(《资治通鉴·汉纪十二》)这时,帝王群臣业已把黄帝老子奉为神明。

《后汉书》记载,"汉自武帝颇好方术,天下怀协道艺之士,莫不负策抵掌,顺风而届焉"(《方术列传上》)。崇尚神仙方术,在武帝之后形成一代风气。

在这样一种文化大背景下,谶纬之学开始成长发育起来。在东汉,谶纬已广泛流行。《后汉书》记载,当时有所谓风角、遁甲、七政、元气、六日七分、逢占、日者、挺专、须臾、孤虚之术,都属于神仙方术之类。"谶"是巫师、方士制作的隐喻与预言,常以符文等形式出现。例如,"谶记曰:'刘秀发兵捕不道,卯金修德为天子。'秀犹固辞,至于再,至于三。群下金曰:'皇天大命,不可稽留。'敢不敬承!"(《后汉书·光武帝纪上》)刘秀就这样称帝了。

"纬"是与"经"相对应的著作。所谓纬学,在官学中立有多少经,便有多少纬随之。比之于纺织,必须有经有纬方能织成锦绣。纬书以诠释经书为务,如四库馆臣所言:"纬者经之流,衍及旁义。"(《四库全书总目》卷六)当时形成了"七纬":包括《易纬》、《书纬》、《诗纬》、《礼纬》、《乐纬》、《孝经纬》、《春秋纬》,其中除少量科技内容外,多数散布了迷信观念。前有武帝崇方术,后有新莽和光武帝信谶纬,官方还专门为此举行过盛大祭祀与庆典,以隆重其事。知识分子中对谶纬有研究者得封大官,像桓谭、尹敏等反对这种迷信的良臣,却屡受严厉处罚。这种反常恰恰表现了当政者的扶持态度。

《易经》已有《易传》的解释列于官学,那么《易纬》便另起炉灶再作一番新解,连《易传》也解释在里面,这样可以比一比那个解释得更好。

《易纬》的规模似乎比《易传》更大,有《乾凿度》、《乾坤凿度》、《稽览图》、《辨终备》、《通卦验》、《乾元序制记》、《是类谋》、《坤灵图》八种十二卷。《乾凿度》是它的主要代表作。从这些篇名可以看出它的艰涩,以《乾凿度》为例,在《乾坤凿度上》有一解释:

乾者,乾天也;乾,训健,壮健不息,日行一度。凿者,开也,圣人开作。度者,度路,又道。圣人凿开天路,显彰化源。

这里逐字逐句解释了"乾凿度"的意思是圣人凿开天路,以彰显造化的本源。其他篇名也大都有一个晦涩而神圣的含义。此书问世后,汉代著名经学家郑玄很看重《易纬》,为其作注,这样就更增强了它的影响力。

《易纬》诠释《易经》,确有其独特之处,其受重视的程度,在西汉后期至东汉,几乎有超过《易传》的趋势。它对解《易》主要有以下五点贡献:

**(一)运用《老子》"有生于无"(《第四十章》)的宇宙观,重新解释《易传》太极宇宙生成论,对"太极—两仪—四象—八卦—万物"的生成序列,作了修正和补充**

太极作为宇宙万物的本体,在《易传》中是被理解为可无限分解的混沌的一。这个生成序列,实际上是从有到有的。在道家看来,把"有"作为本体在理论上存在两个基本缺陷:一是这样就使本体被"有限性"所束缚,它同其他万有相比,并不更为优越;二是没有指明太极本体的形和质,它何以具有无限分化的能力?它从哪里得到适于万化的质料?

图六·五 《道德经》书影

黄老道家对太极生成序列作了改造。它在"太极"之上使用了"太易"、"太初"、"太始"、"太素"四个本体性演化的概念。《乾凿度上》指出:

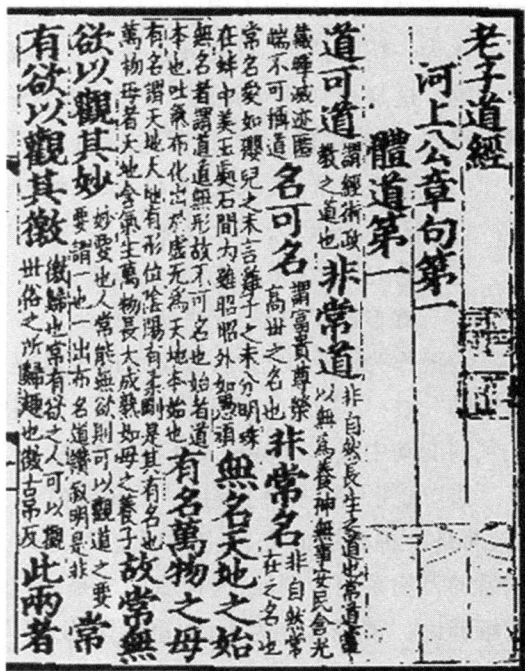

> 夫有形生于无形,乾坤安从生? 故曰:有太易、有太初、有太始、有太素也。太易者,未见气也;太初者,气之始也;太始者,形之始也;太素者,质之始也。气形质具而未离,故曰浑沦。浑沦者,言万物相浑成而未相离。

这里把本体自身形成的过程交待得很清晰。"无"怎样变成"有"的? 这里指出,"从无入有"是经过了"未见气"—"气之始"—"形之始"—"质之始"一系列过渡环节,才成为"浑沦"而构成为本体的。"浑沦"之所以能够生成万物,是因为"浑沦"中孕育着万物的种子,这时"万物相浑成而未相离"才具备作为本体的条件。

这种"浑沦"就是太极,也就是说,太极是一种浑沦的气机,用今天的话说,就是宇宙间无限强大的生成能量,并在太极中已经蕴含了分化为一切的信息,只要外在条件一具备,就会分别生成各种具体事物。这显然比简单地讲"太极—两仪—四象—八卦—万物"要精微得多、深刻得多。《乾坤凿度》卷上说:

> 太易始著,太极成;太极成,乾坤行。
>
> 天本一而立,一为数源。
>
> 易起无,从无入有,有理若形,形及于变而象,象而后数。
>
> 有形始于弗形,有法始于弗法。

太极作为浑沦状态,从数量角度说就是一、浑沦的一,就是黄老常说的"太一",是派生一切数的本源。其中蕴含着事物之"理",并在气的变动中成形、成象、表征数量关系。

讲"气变"是《易纬》辩证法的重要特征。但"气变"不能胡乱地变,而是一种有序的变,气变中含有物之理、变之理,才会变成相互联系的万物系列。例如,为什么同样是元气,能变成不同的天和地? 它解释说:"清轻者上为天,浊重者下为地。"它用"清浊"来区别,既符合人们的感官经验,又有一定的理论性。因为天和地的物质密度是有差别的,按照现今的宇宙膨胀模型,宇宙的密度在膨胀中趋向于稀薄,至于会不会在遥远的将来宇宙出现一个反过程,膨胀过头的宇宙会塌缩成异常致密的物质块,或变成只进不出的"黑洞",以至于出现宇宙演化的超巨性、无限性循环,"黑洞"吸收了充足的宇宙能量后又达到了另一次新的"大爆炸"的临界,现代宇宙学也说不

清楚。

中国古代涉及宇宙生成问题时,有一套论证方法是相当完备的。它的自然本源概念主要是物质性的气、元气。这种元气本体,既是离散性、实体性物质形态,又是连续性、弥漫性场形态;它既是宏观性存在,又是微观性存在。"太易"演化为"太初",宇宙本体开始"得元气,澄阴阳,正易大行,万汇生"(《乾坤凿度》卷上),这里又把太极生两仪以下的演化过程说得很细致。本体之元气经过"澄阴阳"区分出清轻者和重浊者,天地就分开来了。它大行易道的结果就是万物的生成过程,

图六·六　孔子见老子图(汉画像石,局部)

而万物在分化前它的种子已经汇聚在元气之中,是一种"万汇"的"浑沦"状态。这和上帝设计了一切、创造了一切的说法不同,这里把宇宙万有的"设计和创造"权交给了元气自然本体,是自然的演化。到底哪一种认识更接近于真理? 这本质上属于信仰问题,因为这都是对存在现象的不同解释,谁也无法重演给人看,以求实证。

《易纬》在分析生成过程时,力求回答出演化的内在机制。不管它说得是否正确,但是这种方法论是有深刻创意的。如果运用现今的宇宙学知识来衡量,能够生成一切的物质本源主要取决于宇宙能量,物质只是这种能量的载体,宇宙的演化,实质上是宇宙能量的有规律的运动。载体是死的,能量使它活起来。所谓"宇宙大爆炸"是形成现今宇宙状态的根本原因。"宇宙大爆炸"的过程,是构成宇宙始初能量的自我分裂与合成的过程。在中国,不论是老子的"道生

一，一生二，二生三，三生万物"，或《周易》的"太极—两仪—四象—八卦—万物"，或《易纬》的"太易—太初—太始—太素—浑沦—天地—万物"，都是揭示宇宙始初无限大能量的无限分裂演化的过程，这些古老说法同现有科学宇宙论的说法，虽不能说"古已有之"，却可以说是兼容而不相悖的。古老说法能够包容现今的说法，就是它的生命力所在。用《易纬》和《易传》共同阐明的宇宙生成论看如今的"宇宙大爆炸论"，所谓爆炸也就是生成过程，这个过程是在不停地旋转中运行的。以此而论，宇宙的生成膨胀不是直线式的爆炸，而应当是螺旋式的大旋转。所以，从根本上说不是宇宙大爆炸，而应是宇宙大旋转。

**（二）易学中最流行的《易》有"三义"之说来自《易纬》**

前面我们已经引用并解释过这个原理，这里再引用分析如下：

> 孔子曰："《易》者，易也，变易也，不易也，管三成为道德苞籥。"（《乾凿度》卷上）

意思是，易道是简易的、变易的，也是不可更易的。管，统帅也，苞有集中之义，籥，把握要领，连起来就是统帅此三义以成为易道与易德的要旨。孔子在西汉已登上至圣的宝座，这是托名孔子讲的话。易道为什么是"简易"的呢？根据郑玄注，是因为"易"是"寂然无为"的。说到这，就露出了道家的面貌。说到"变易"，《易纬》认为，"变易也者，其气也。"因为易道的物质与能量的根源是"气"，郑注："物得以自动"，这是物的本性，元气的本性。《易纬》解释说，就天道而言，"天地不变，不能通气，五行迭终，四时更废"；就人道而言，验之以君臣之道，则"君臣不变，不能成朝"；验之以家道，则"夫妇不变，不能成家"——任何事物都要通过变易才能成为那个事物。可见，《易纬》在"三义"中是突出变易，以变易为本的。它又说：

> 不易也者，其位也。天在上，地在下，君南面，臣北面，父坐子伏，此其不易也。

> 故易者，所以经天地，理人伦，而明王道。是故八卦以建五气，以立五常，以之行。象法乾坤，顺阴阳，以正君臣父子夫妇之义。（《乾凿度》卷上）

> 未尽大道，各不知其自性。（《乾坤凿度》卷上）

黄老很强调事物本身具有的"自性",而不是来自外加的东西。黄老是产生于战国中期齐国稷下学中的新道家学派,他们既保留着道家学统的基本原理原则,又广泛摄取各家思想的养分,一方面吸取了儒家适合于新兴封建社会的伦理道德学说的一些思想,另一方面又从法家那里吸取了适合于新兴封建制度的法治思想,也吸收了阴阳五行学派的一些基本学说,以致使它在战国后期成为颇引人注目的显学之一。在汉初,特别是文景之治中为大一统的第二帝国(秦为第一帝国)的复兴,做出了特有的贡献。因此,这使得它在论述社会问题时往往以当政者的姿态说话。所谓"建五气"、"立五常"、"以正君臣父子夫妇之义",就是以当政者姿态说的话。这些话也见于《京房易传》,是晚于京房的一个例证。

《易纬》对于《易》之三义的论述,成为易学领域公认的经典言论之一。

**(三)积极尝试运用易学理论解决社会现实问题,突出表现在健全天文、历法、物候之学,并有所建树**

在易学界有一个奇怪的现象,就是义理学派鄙薄将易学理论应用于天文历法的尝试。是由于它偏重于象数吗?还是因为它联系了古代自然科学,抑或是它运用了许多生僻而古怪的词汇,故作艰深、故弄玄虚?依我看,扫象不论的义理派,始自王弼,其实他是没有看懂西汉以来兴起的象数派的著作,把义理派所理解的《周易》变成了纯粹的人文易,但运用自然科学解说《易经》也有义理,只是历史上似乎并没有承认有属于自然科学的义理派。沈括在他的《梦溪笔谈》中专论过"象数",依我看也讲了不少义理,但有谁把他列入义理派呢!其实,王弼易学也是据象讲义理的,完全扫象不论是不可能的,只不过他用的是简单的象数,扫的是他不大懂的汉代象数而已。

汉代易学中出现了许多新学派,例如,卦气说、爻辰说、纳甲说等等。其实它们都是为了将易学应用于解决现实问题而涌现出来的学派。例如卦气说,主要是运用易卦来推算一年四季节气,从而推衍对人事、社会生活、家庭关系和身体健康的影响,这里面有算卦的内容,但早期卦气说主要不是用于算卦,而是用于历法,及于农业

生产的。汉宣帝时,孟喜是汉代卦气说的主要代表,不仅提出了十二月卦,还用六十四卦三百八十四爻来推算一年、四时、二十四节气、七十二候、三百六十日和置闰等一系列制作历法的问题。当时的卦气学说大大推动了汉代的历法研究,刘歆的《三统历》和东汉的《乾象历》以及后来出现的许多新历法,都曾受到卦气研究的深刻影响。

从尧开始,把制定历法"敬授民时"作为国家的首要政务,因为这在古代是直接影响国计民生的大问题。从史籍中常可以看到一再申述:春耕、夏长、秋收、冬藏之类的常识,如此简单的常识,难道古人不懂吗?不是不懂,而是古代的历法不太准确,历法上所授之时和实际时节错位,时有发生。按历法处在夏季,实际上已经到了隆冬季节,六月下起了鹅毛大雪。在历法错置、节令不准的情况下,先民可以根据经验判断春天来到了,该播种了;农作物还处在生长季节,不到收割之时,还不属于秋收时节。先民可以根据农事经验校正历法的差错。因此这时制定准确的历法,授以确切的时令,是一件非常重要的事情。

图六·七 牛耕图(汉画像石)

清惠栋综合汉代卦气学时转述:"《周易参同契》曰:'君子居室,顺阴阳节,藏器俟时,勿违卦月,谨候日辰,审察消息,纤芥不正,悔吝为贼,二至改度,乖错委曲,隆冬大暑,盛夏霜雪,二分纵横,不应漏刻,水旱相伐,风雨不节,蝗虫涌沸,群异旁出。'此言卦气不效,则分至寒温皆失其度也。"他认为这是由于君王"失道妄行,则卦气悖

乱"造成的(《易汉学》卷一《卦气图说》)。由此可以看出研究卦气的重要性。

《易纬·通卦验》云:"惊蛰大壮初九候,桃始华,不华仓库多火。""姤上九候,蝉始鸣,不鸣国多妖言。"这是通过物候说明,该出现的物候届时没有出现,就会有灾情发生,也会引发舆论哗然。

《周易》有一套符号系统,对于核算和配置节奏性强、周期性明显的事物,有特殊功用,因此在汉代首先被用于天文历算,发挥了独特的作用。其典型事例是汉代发明了"卦气说"、"爻辰说"和"纳甲说"。这些学说基本属于当时"今文经学"的范围,并且都综合进了《易纬》之中。特别是当其发明者的著述散佚之后,学者多从《易纬》中了解这些代表性言论。因而《易纬》有传承之功。

汉易中当以"卦气说"影响最大。此说创自汉初易学家孟喜和京房。所谓"卦气",是指易卦和节气相配,形成"卦气"系列,使人感觉易卦可以准确推算一年的节气。这是一个了不起的发现。

按照《易纬》的排列:冬至日在坎;春分日在震;夏至日在离;秋分日在兑。四正之卦,卦有六爻,爻主一气。余六十卦,卦主六日七分,八十分日之七。岁十二月,计三百六十五日四分日之一。六十而一周。这是一个完整的表述,但需要解释。

卦画本身有象数,卦的排列讲方位,是个时间

图六·八 十二月卦圆图

和空间图式。把春夏秋冬(四季)和东南西北(四方)纳入震离兑坎四正卦之中,震(东)代表春分,兑(西)代表秋分;离(南)代表夏至,坎(北)代表冬至。由此二分二至就定出来了。把八卦的单卦提升为重卦计算,震离兑坎四个重卦共有二十四爻,可配以一年的二十四节气。除震离兑坎"四正卦"外,其余六十卦每卦分别值"六日七

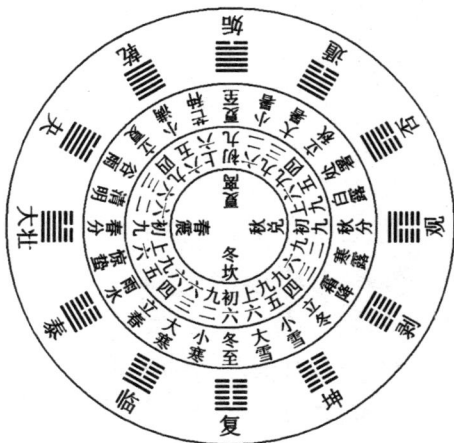

分"，一年加起来为三百六十五又四分之一日，正好一年。这个历算构成了汉代"太初历"对岁时的计算。卦气说还将二十四节气按每节分成三候（称"三微"），把一年物候细分为七十二候，即"五日有一候，十五日成一气"。二十四节气的四正卦爻安排：

冬至：十一月中，坎初六；

小寒：十二月节，坎九二；

大寒：十二月中，坎六三；

立春：正月节，坎六四；

雨水：正月中，坎九五；

惊蛰：二月节，坎上六。

春分：二月中，震初九；

清明：三月节，震六二；

谷雨：三月中，震六三；

立夏：四月节，震九四；

小满：四月中，震六五；

芒种：五月节，震上六。

夏至：五月中，离初九；

小暑：六月节，离六二；

大暑：六月中，离九三；

立秋：七月节，离九四；

处暑：七月中，离六五；

白露：八月节，离上九。

秋分：八月中，兑初九；

寒露：九月节，兑九二；

霜降：九月中，兑六三；

立冬：十月节，兑九四；

小雪：十月中，兑九五；

大雪：十一月节，兑上六。

《易纬》除四正卦（震兑离坎）外，其余六十卦在一年中用事，五个卦值事一月，分配如下：

十一月：未济、蹇、颐、中孚、复；

十二月：屯、谦、睽、升、临；

正月：小过、蒙、益、渐、泰；

二月：需、随、晋、解、大壮；

三月：豫、讼、蛊、革、夬；

四月：旅、师、比、小畜、乾；

五月：大有、家人、井、咸、姤；

六月：鼎、丰、涣、履、遯；

七月：恒、节、同人、损、否；

八月：巽、萃、大畜、贲、观；

九月：归妹、无妄、明夷、困、剥；

十月：艮、既济、噬嗑、大过、坤。

这些用事于每个月的卦，《易纬》又将其划分为不同等级，十分繁琐，无需详述。需要突出的是《稽览图》中提到的"天子月卦"，按照阴阳爻的有序排列，从初爻开始，排序如下：

复卦▤为十一月，　　姤卦▤为五月，

临卦▤为十二月，　　遯卦▤为六月，

泰卦▤为一月，　　　否卦▤为七月，

大壮▤为二月，　　　观卦▤为八月，

夬卦▤为三月，　　　剥卦▤为九月，

乾卦▤为四月，　　　坤卦▤为十月。

你从阴阳爻的排列顺序看，消长变化是很清楚的，一目了然。这十二卦为十二月主卦，又称十二辟卦，辟是君的意思，所以称天子卦。以这十二卦分配于十二月，可以表示十二个月中阴阳盛衰之象。其余每五卦用事一个月关于诸侯、公卿、大夫之分配，在卦象上就没有如此明显的特征来加以区分了。简单说，这就是"卦气"。

《易纬》中，也载有爻辰说，是另一套纳地支计历方法。以乾坤两卦的十二爻，配合子丑寅卯辰巳午未申酉戌亥十二辰，名为爻辰。《乾凿度》说：

> 乾阳也，坤阴也，并治而交错行。乾贞于十一月子，左行阳时六。坤贞于六月未，右行阴时六。以奉顺成其岁，岁终，次从于屯、蒙，屯、蒙主岁。

蒙,屯接替乾、坤值岁。依郑玄的注释看,这一易历之法相当繁琐。每双对偶卦分值一岁,六十四卦分为三十二对偶卦,轮值一遍历时三十二年。它说:"法于乾坤,三十二岁期而周,六十四卦,三百八十四爻,万一千五百二十析,复从于贞。"这种历法久已失去现实意义,连郑玄的解释,后人已经怀疑其正确性,故对其中的细节无需深究。

但需要看到,将易学应用于历法的尝试在历史上是起了积极作用的。玛雅人曾有一套金星历法,相当准确,不知其对地球人有何用处,后经专家研究发现是用来校正主用历法的,是地球历的参校系统。在《易纬》中由于热衷于易历,也有关于"以太岁纪岁,七十六年为一纪,二十纪为一部首"的历法,并设计了一套校正现用历法的方法,类似于玛雅人的金星历法的功用。这些尝试对改进历法显然是有价值的。

至于《易纬》中所反映的纳甲说,实际创自京房,其主要特点是在易卦中纳入天干地支系统,丰富了易卦的象数系统,使用这些符号更适合于排序列阵的需要。前面说的"卦气说"已经开创了纳支的作法,所以纳甲主要把天干也分成阴阳属性分别按一定规则配给易卦的各个爻,使每一卦按六个爻配以干支编号,并给原来的易卦增添了干支所带入的新属性,以后还发展为配上用神和"世"、"应",借以论断易卦中的生克制化、吉凶休咎关系等,推进了《周易》的形式化发展。而《易经》的经文,即六十四卦的卦爻辞,因有比较具体的含义,越来越在形式化中退居次要地位,原有的易象所具有的取象意义也在失去分量,一套新纳入的符号系统及其所带进来的意义,逐渐发挥着主导作用。这套方法,后来成为对大衍筮法的变革,使其在占卦中更加方便有效。算命先生需要格外熟练把握的是这套方法,这里就不作介绍了。

**(四)《易纬》解释《易经》提出了一些新论点,丰富了易说**

这里仅根据《乾凿度》列举十端比较突出的新论点如下:

1.它认为,易卦中的阴阳爻都处于运动变化之中,但它们运动的特点不同,主要表现为"阳动而进,阴动而退",体现在数中,就是阳爻由七进九,而阴爻是由八退六,因为九、六才是动爻。

2.《易传》中讲三才之道,在一卦中,上两爻代表天道,中两爻代表人道,下两爻代表地道。《易纬》在肯定三才之道的同时,又说"三画已下为地,四画已上为天",用以突出三才中的天地之道。

3.《易传》说"形而上者谓之道",《易纬》则说"易,一阴一阳,合而为十五之谓道",由此提出了九宫数,横竖斜各相加之和为十五,是个九宫幻方。它认为这是易之道。

4.《易纬》把"大衍之数五十"解释为:"十个天干"加"十二辰"再加"二十八宿",合为五十,成为一说。由此看出,有些学者怀疑大衍之数就是天地之数五十有五,而不是五十。这里至少在可以用《易纬》的这一说为《易传》的大衍说不误做一佐证。

5.《易经》为什么分为上下经两篇?它说:"故易卦六十四,分而为上下,象阴阳也。"即上经为阳,下经为阴。

6. 关于数的奇数和偶数的区分,它说"阳道纯而奇,阴道不纯而偶"。以纯与不纯区分阴阳的特性,在当时属于新论点。

7. 按照卦中的阴阳盛衰断吉凶,"方盛则托吉,将衰则寄凶。"它用了一个"方"、"将",以表示依据盛衰的苗头看吉凶的向度,强调了以象断卦,开启了主要不凭借卦爻辞论休咎的趋势。

8."帝乙归妹"卦中的帝乙是商汤,不是传统说的商纣王的父王那个帝乙,指出这是同朝帝王的重名号。

9."易有君人五号也",在易卦中视不同情况有五种对帝王的称号:"帝者,天称也;王者,美行也;天子者,爵号也;大君者,与上行异也;大人者,圣明德备也。"这些称号是为了"变文以著名,题德以别操"。这样的解释有助于理解卦爻辞的含义。

10. 六爻卦的六个爻位,《易纬》作了一个反映等级制度的划分,它说:"故易始于一,分于二,通于三,□于四,盛于五,终于上。初为元士,二为大夫,三为三公,四为诸侯,五为天子,上为宗庙。"这样划分,对后世易学区别爻义,颇有影响。

《易纬》其他篇目,这类观点还有一些,不再一一列举。

**(五)《易纬》中保留了一些久已失传的历史信息,有珍贵的史料参考价值**

关于三皇五帝的一些历史传说资料,这里常有一些不同于其他

典籍的说法，
当另有来源。
这里也提到或
引用一些不为
人知的古代典
籍，如《万形
经》、《考灵
经》、《八文大
籀》、《河图皇
参持》、《洛书
灵准听》等，都

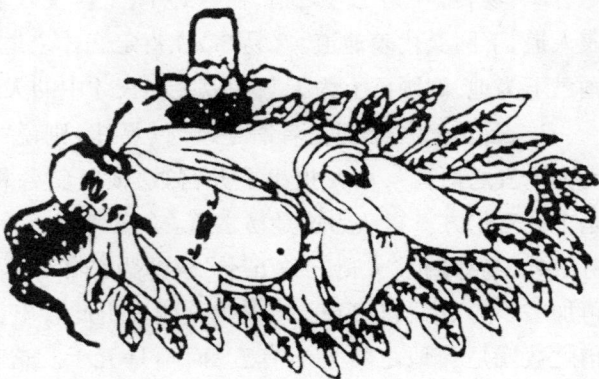

图六·九　陈抟睡功图

是《易纬》作者阅读并引用的书籍，反映出道家系统内部可能有玄秘的传承，以至于老子做周柱史时掌握的易图，竟会辗转传承千余年到宋初从陈抟手中传出。当然也不排除有些新奇资料出于好事者的杜撰，宜加鉴别才是。

　　《易纬》的出现，对易学界起到了开阔视野的作用，增长了关于易学的知识，尤其是象数与天文历法方面的知识，也是研究术数的必要门径。诚如刘师培所言，读《易纬》可有"五善"："是曰补史，其善一也"；"是曰考地，其善二也"；"是曰测天，其善三也"；"是曰考文，其善四也"；"是曰征礼，其善五也"（《左庵外集》卷三，《论易纬》）。就是说，无论从补历史资料的阙闻，或是考察古代地理的区域划分与失载的地名，或是增长天文历法、气象物候的新奇知识，或考释古代文字的训诂，或是考证古代礼仪等等，都能提供不可多得的参考资料。刘师培的这个评价是中肯的。

# 第三节　《易纬》中的神秘主义

　　《易纬》的问世，在一定意义上说，起到了补充《易传》的一些作用，有些方面是对《易传》理论有所加深。最明显的就是它提出了元气自然论的宇宙生成观，在中国哲学史和思想史上，是有其独特地位的。

但是,《易纬》的出现,使《周易》向术数跨近了一大步,或者说使《周易》向神秘主义迈进了。这是它在思想文化领域给后世留下的最主要的糟粕。

**其一,运用自然知识解释社会现象,将人道简单归结为天地之道,是《易纬》产生神秘主义的认识论根源**

《易纬》把《周易》知识应用于研究天文、地理、历法、气象、物候,探讨这些领域中的自然奥秘、科学问题,本身是无可非议的,它在这方面的贡献应当加以肯定。但是,在主要靠天吃饭的古代农耕社会,自然变化特别是天候、气象、历法对人民的社会生活的影响巨大,这使他们误把社会现象无条件地归结为自然现象的后果,这样必然会模糊事物之间的内在联系,混乱了因果关系;以至于把本来属于自然的知识看得神奇非凡,甚至理解为有意志的超现实力量,有可以在冥冥中依据善恶标准起主宰和制裁作用的神灵,那就一定会导致迷信;同时也错误地理解了自然知识本身。这种状况在《易纬》中并不少见。下面摘引部分资料予以证明:

《乾元序制记》:"候卦要法,谨察卦用事日分数,当寒者寒,当暑者暑,当风者风,当雨者雨,此平法。"这显然是依据气象和天候而言的。所谓"候卦"就是指卦气,前面已经说过"六十卦用事",它是轮流值事有明确时日划分的,该是"寒、暑、风、雨"各有时令,当与不当,依时令而定。如果出现了不当的情况,如:"冬荣实物不成,夏寒伤生,冬温伤成,日月不明,四时失序,万物散去。"又说:"冬温伤藏,日月不明,四时失序,万民散失,有受者。"这都是四时失序的严重后果,冬天太暖和、夏天太寒冷,既会伤害农作物,影响收成,又会造成不能收藏,因而出现了"万物散去"和"万民散失"的灾难。其中特别指出,百姓散失后,会被别人收留去,那样当政者就会招致丧亡的命运。《易纬》作者把这种问题的出现归罪于当政者失政造成的,因此寄希望于贤明的执政。它说,如果"贤子继世而立,有灾方来,豫畜而待之,此所谓转祸为福,天灾虽至,万民无饥寒之色"。

这是以贤者继任来因应天灾的做法。通常的关键是实行贤明的政策,不一定非要新人继任不可。由此在遇到四时失序的情况,就一定要采取开明的对应之策。如:"秋不霜,行春令,缓刑罚;冬不

图六·一〇　流民图（明吴臣作，局部）

冰，行秋令，兔有罪；春冻不解，必有受命所亡。"从这里可以看出，灾变说和谴告论的背后是天命，前面说民散失"有受者"，即受天命者去收留散民。这里又说，"必有受命所亡"，郑玄注："谓受命之君所诛灭"。纲上到如此程度，足以使不受命的当政者出一身冷汗！

上面是讲天灾的可怕，也讲人祸的无情。如果统治者"奢侈过度，刑罚妄行，百姓急不足，困饥作奢，此受命所行。辟杀之法，……非受命所亡也。"老百姓忍受"困饥"，统治者却把财富用于奢侈（作奢），这是君（辟）自杀之法，不属于上面那些"受命所亡"的原因造成的，而是自取灭亡。郑玄注："（政治）常不清明，非受命所亡，言此君臣自相杀之候（征候）。"统治者存心腐败，就等于统治者君臣之间的自相残杀。《易纬》是运用了神秘主义思想来谴告当政者的。

**其二，这些灾异性谴告，在王权无限制膨胀的时代，也起着以天的权威限制王权异化的作用**

这就是当时"屈君以伸天"的用意所在。士人一般不敢冒犯王者，只有利用迷信手段，借自然灾异谴告、恫吓与劝诫最高统治者，但是中毒最深的却是多数群众。

《是类谋》：引《洛书灵准听》的话说："阳孽有七妖，阴怡有八裁（灾）。"认为阴阳失衡，消息反常，在一年之中，月月如此，就有七妖八灾之变。此篇侧重于占星术，以岁星、北斗、荧惑、日月、房心、虚张、箕箎、参昴等（全是星名），其中有吉星，有灾星。它们的出没、运行，都和社会的兴衰、治乱以及人间的吉凶、祸福有关。

该篇下面一段韵文,专言灾异:

> 五星合,狼狐张,昼视无日,虹霓煌煌,夜视无月,彗第将将。当藏者出,当出者消,危处易期。泰山失金鸡,西岳亡玉羊。鸡失羊亡,臣从恣,主方佯。

这段文字有谶语的一些特点,十分晦涩。大意是说,天上的五星聚合一处,而兵宿的星张狂地行动起来,白天看不见太阳,虹霓反而十分辉煌,夜间看不见月亮,彗第灾星却很亮堂,应该冬眠的却爬了出来,应该出现的雷鸣却销声匿迹,节令移时物候颠倒。泰山失去了它的祥瑞金鸡,华山丧失了它的精灵玉羊,众臣肆意妄为,国君毫无主张。显然,国家已处于昏乱的危险状态。这里既讲到星象的异常,又讲到东岳和西岳的失神,同时又落脚于政事的昏暗,描绘了一幅大难将要临头的景象。

它又说:

> 上无乾,下无星,天地昧昧,履践冰。民衣雾,主吸霜,间可倚杆,于何藏。不知夏,不知冬。不见父,不见兄。望之莫莫,视之盲盲。贤人颉顼,咽舌吟,或席喘。

这也是一段类似预言式谴告,讲的还是灾异的征兆。大意说:上没有天,下没有星,天地昏暗,脚踩冰川。民众惟以薄雾为衣,主上只可吸食霜露,他们之间没有多少差别,无处可以藏匿。不知是夏还是冬天,见不到慈祥的父亲和友爱的兄弟,天地一片昏暗,什么都看不见。贤能之人戒惧难言,像咽下了自己的舌头,说不出话来,或者枯坐在那里喘息。这里用天地的昏暗喻政治的昏暗,最后点出了贤哲无言,是因为堵塞了言路。不过这些谴告都是在神秘主义旗号下提出的。并且在下面继续说出:

> 兵关寒,河数强,钩铃灭,祺羊明,伦世师,惠人出。其王可谏者全,不移者亡。录图世谶,易尝丧责,帝逢臣,有可以道消,力政敕德行,仁义藏。去世淫嬉,佞诌勿行。
> 皆所以亡之象也。

这里又是运用占星术说明几个与兵灾有关的星宿有异常征候,人伦之师、能救度王者于星灾的贤惠之人将会出现,王者接受进谏可以保全,不能更改转移其旧策者败亡。收录图谶之言,就不会丧

失责己之心,帝王得到良臣辅佐,便可以道消灾,全力推行德政,保持仁义,汰去荒淫嬉戏,使奸佞不行于世。这就是转祸为福的举措。

这些建立在迷信基础上的图谶之言,虽系劝诫当世,但其基本理论是错误的,不可取的。

**其三,藏谶于纬,是《易纬》神秘主义的重要表现**

历史上有人常说,谶是谶,纬是纬,不容混淆。这是从严格区分谶纬含义来说的,并没有错。但是,它们之间确有难以分割的联系。单从纬书言,往往是藏谶于纬,也是不可否认的事实。它们在神秘主义的旗帜下,往往是联手行事的,相互都可借重。

《是类谋》篇,表述文意的格式都是带有谶语特点的,它说的是历史事实,却往往以预言的形式出现。例如它说:

斗佾之世,卯金刀用治,谟修六史,宗术孔书。

皇政毁道,散命名胡;秘之隐在文,未消于乱。

藏设世表,待人味思。帝必有察,握神嬉,世主永味,神以知来。命机之运,由孔出,天心表标,悉如河洛命纪,通终命苞。

其大意是说,第一段:"斗佾(gé,合作)之世"指太平盛世,必须有刘姓的帝王来治理,总结六代的历史(大约是指夏、商、西周、东周、秦至汉代),在道术上须尊崇孔子。实际上说的是汉室历史,却用隐语秘意形式,以示神秘。第二段:秦始皇焚书坑儒,毁弃政道,胡亥失去了天命,但是他们并不能真正销毁典籍,却被隐秘地藏了起来,还会再度现世。这是说秦始皇焚书坑儒的实际效果,并没有达到目的。第三段:历代帝王的世系藏于图书之中,等待圣人出现来体味其中的深意。当今的帝王必能体察图书之言,可以通神与之喜庆,永远体味其中的深意,如同神一样知道未来。命运的机枢,天的心意,都由孔圣人标示而出,故能兴河图洛书之数,契合其旨,最终体现天命的根本。谶语的制作者一般借谶达到两个目的,一是为谶语中的遵奉者假颁天命,如这里主要是崇奉刘皇和吹捧孔子;二是为谶语制作者自己飞黄腾达创造机会。

上面的转述,只能近似地反映其原文中的一些意思。仅此,我们就能够意会藏谶于纬的神秘性了。

**其四,《易纬》中的神秘主义推动了黄老道的迅速宗教化**

图六·一一　黄帝像

黄老道在东汉形成,成为道教形成中最先出现的教派。它们最先神化的是黄帝,前文已经说过方士向汉武帝宣传黄帝且战且修,终于成仙飞升的故事。到了东汉为创立宗教,必须加速神化老子。因为所谓"黄老",实际上黄帝是挂名的,是虚拟的教主,真正需要突出的是老子,因为其思想基础是老子的道家学说。

所以,东汉桓帝时期(147～167年),老子又被进一步神化,桓帝身为皇帝却如同神仙方士道教徒一样,将老子请上

神坛隆重祭祀。"延熹中,桓帝事黄老道,悉毁诸房祀。"(《后汉书·王涣传》)这是"黄老道"的名称正式出现在史书上的开端。历史学家一般把这个事例作为黄老之术正式发展为黄老道的标志。

《易纬》思想对黄老道影响巨大。这里有一个实例可以证明这种关系。东汉桓帝永兴元年,即公元153年,当时的益州太守王阜,作为黄老道的信徒,出于对日渐兴起的道教不同寻常的感悟,专门撰写了《老子圣母碑》,在碑文中把老子颂扬为宇宙的创始神:

老子者,道也。乃生于无形之先,起于太初之前,行于太素之元,浮游六虚,出入幽冥,观混合之未别,窥清浊之未分。

熟悉《易纬》者,一眼就能看出,这些话来自《易纬》,把宇宙生成演化的自然功能,由太易、太初、太始、太素、浑沦至清浊剖判,统统归为太上老君的神力。这个《老子圣母碑》是当时黄老道思想的典型表现,他们神化老子的显著标志是把老子和道合一,进而把老子抬上创世纪的神座。

这里,显然有《易纬》的一份功劳。

# 第七章

# 易学流派及其主要代表作

前面,我们在对易学溯源时,已经探讨了易的起源和上古三代《易》的传说,也讲到了《易经》、《易传》和《易纬》成书及其流传的问题,对易学发展的早期脉络有了初步的了解。本章则侧重介绍秦汉以后易学发展的历史线索及其主要代表作,目的在于为进一步研修易学打下基础,并形成自行选择《易》作进修的能力。

## 第一节　易学三派多系发展的格局

对清代以前易学发展的历史脉络,《四库全书总目提要·易类》曾经有过一个概括的介绍,它说:

> 易之为书,推天道以明人事者也。《左传》所记诸占,盖犹太卜之遗法。汉儒言象数,去古未远也。一变而为京焦,入于禨祥。再变而为陈邵,务穷造化,易遂不切于民用。王弼尽黜象数,说以老庄。一变而胡瑗程子,始阐明儒理。再变而李光、杨万里,又参证史事。易遂日启其论端。此两派六宗已互相攻驳。又易道广大,无所不包,旁及天文、地理、乐律、兵法、韵学、算术,以逮方外之炉火,皆可援易以为说,而好异者又援以入易,故易说愈繁。

这段话比较简明地说明了易学发展的历史线索和派别。它主要指出《易经》成书后发展的几个大的阶段:

一是春秋时期,是历史文献出现《周易》的时期,以《左传》、《国

语》为底本记载的诸侯贵族运用《周易》论事和占筮的情况,可能运用的是周王朝"太卜的遗法",当时的《周易》在前圣"观象系辞"完成后,所言象数与义理,处于原初结合状态,学理未行分化,尚能体现"推天道以明人事"的要求。

二是进入汉代以后,因离古代未远,先圣依据象数确定义理,系了卦爻辞,对如何理解和运用数术是易学界主要关注的课题,因此在从昭帝时期开始,孟喜及以后的京房,突出了象数,用于天文、历法、气象、物候和占验人事等方面,形成了当时的学术风气,使易象数学获得长足发展,并分化为象数历算宗即卦气爻辰说(以孟喜为代表)、机祥宗即灾异说(以京房、焦赣为代表)、造化宗即先天象数之说(以后来宋初陈抟、邵雍为代表),这些易学流派的出现,越来越脱离

图七·一　老子出关图

实际,已不切合"推天道以明人事"的需要。

三是入魏以后,王弼注《易》"尽黜象数",突出了易学中的义理之学,却杂入老庄思想,使易学成为魏晋玄学的理论基础。当时把《易经》和《老子》、《庄子》合称"三玄"。《易经》在汉代已经成为"五经之首",这时又成为"三玄之冠"。玄学易开创了义理学中的老庄一宗,实际上是道家宗;进入宋代,义理派又出现了以胡瑗、程颐为代表的儒家理学一宗,再变而成以史说易的流派。因为早有古文经学"六经皆史"的说法,《易经》中的卦、爻辞,具有历史含义,有些

就是历史事件的记录。《淮南子》一书就有过《易》为"上古史"之说，这是孟、京象数出现以前就有的观点。到了南宋李光著《读易详说》、杨万里著《诚斋易传》，创成以史证易与借易证史的一宗。

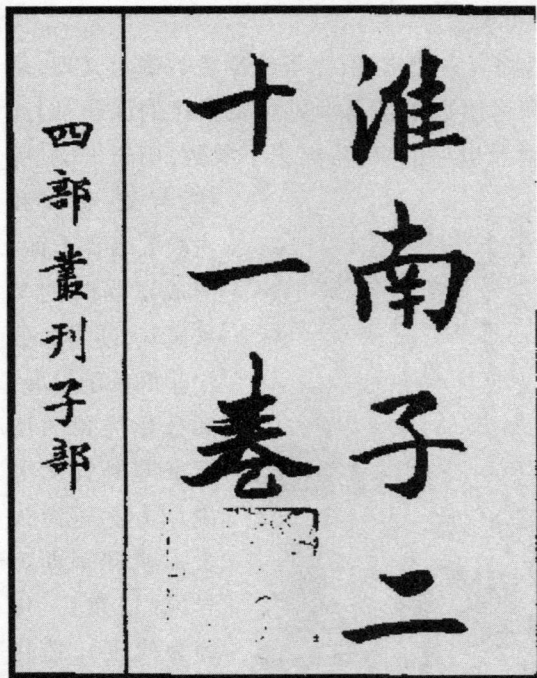

四部丛刊子部

淮南子二十一卷

图七·二　《淮南子》书影

象数派中主要是历算宗、机祥宗、造化宗，义理派中主要是老庄宗、理学宗、证史宗诸家，其余则是将易学应用于天文、地理、乐律、兵法、韵学、算术，以及炼丹术等许多领域，各创其说，并把所创新说又引进易学，从而使得"易说愈繁"。

这一描述，大体是符合易学发展的历史的，但两派六宗的归纳未必能够反映易学发展全面复杂的情况，该作者基本上站在"推天道以明人事"的立场上品评易学流派的，有些评价未必全都确当。例如，把易学用于历算，有利于"敬授民时"，未必不切民用。又如，《易经》中确有历史事件的记录，证史未必不妥。易学应用于各个相关领域，拓展了易学研究的空间，有利于易学研究的应用化、多样化、多元化，使易学的视野拓宽，未必不是好事。当然，这一概括也存在挂一漏万的情况，例如颇有影响的朱熹、来知德的易学兼综象数、义理的特点就没有被概括进去。

以今天计算机知识看，《周易》的象数和义理的属性，实际上是表达《周易》思想的多种语言形式，一种是算法语言，主要是易数系统，不过比较简单，没有超出初等数学的范畴，我曾经写过一篇《谈

《易数之谜》,对这一系统作了初步分析①;一种是符号语言,主要是易象系统,完全可以运用国际流行的符号语义哲学、符号逻辑理论进行研究,必有所创获;再有一种就是文字语言系统,就是汉字系统,古人在训诂音韵考据方面用功甚勤,成果积累丰富。这三套语言系统构成了《周易》完整的意义系统。科学地研究《周易》,必须启动这三套系统才能全面揭示《周易》的丰富内涵,缺一不可。不是很多人有志于破译《周易》密码吗? 你只用一种语言怎么能行呢? 这是一个大工程,必须组织多方面的专家协作攻关,才能综合得解。对待古人分类研究《周易》的这一侧面、那一侧面,只要做出了成绩,我们都应当持欢迎态度,而不是简单地肯定这一派、否定那一派。因此,我一直持有这样的观点:象数派与义理派之争,可以休矣!

易学研究绵延数千年,在不同历史时期,易学的范式也在不断转换,这是一种包容广大的学说必然要经历的阶段,学说总体上是在这种研究范式的转型中获得进步的。学派多不是坏事,而是推动学术进步必要的杠杆。因此不论是象数派,还是义理派,不论它们是结合发展,还是分别发展,都对发展易学起了一定的推动作用。因此,站在这一边攻驳另一边,持不两立的态度,都是狭隘的、有害的。我十分欣赏余敦康先生的看法。他说:"实际上,在各派易学中,象数模式与义理内涵作为形式与内容是统一而不可分地紧密结合在一起的,讲义理,不能脱离象数形式,讲象数,目的在于阐发义理内容,这是易学区别于其他各种哲学的基本特征。"这一看法无疑是公允的。②

但易学的实际发展,往往不能顾及周全,四平八稳,面面俱到。要做出成绩,总是会有所侧重,会有自己擅长的方面。因此,在易学发展的长河中,终究会出现一些基本的流派。依我所见,自汉以降,易学派别主要是三种类型:象数型、义理型和筮占型。诚如《易传》

---

① 刘蔚华:《谈易数之谜》,《中国哲学》第六辑,中国社会科学院历史所主编。

② 余敦康:《京房易学的象数模式与义理内涵》,《国际易经网》2002-3-30。

所言:"《易》有圣人之道四焉:以言者尚其辞,以动者尚其变,以制器者尚其象,以卜筮者尚其占。""是故君子所居而安者,《易》之象也。所乐而玩者,爻之辞也。是故君子居则观其象,而玩其辞;动则观其变,而玩其占。"(《系辞传上》)《易传》早已预计到,研究易学在对待其象、辞、占上,或者说在对待象数、义理和筮占上,会各有所侧重的,侧重的结果就出现了尚象的象数型、尚辞的义理型、尚占的筮占型易学流派。一般把筮占型和象数型视为一类,实际上它们之间是不容混淆的。例如,张衡可以算作象数派易学家,朱熹是兼综义理和象数的易学家,但他们都不是筮占家,因为筮占家是既要利用象数,又要利用义理的,它本身是个独立的派别。

历史上形成了以象数学为主流的易汉学和以义理学为主流的易宋学。到了清代,在乾嘉学派形成以后,试图形成区别于上述两种类型的治学道路,走朴学之路,实际上仍然是或倾向于汉易象数,如惠栋、张惠言等,或倾向于宋易义理,如江永、焦循、戴震等,而王夫之可以算是新起的象数、义理兼综派。但清儒普遍具有扎实的考据、训诂、古音韵功夫,并在《四库全书》学风引领之下,对以往易学成果进行了资料整理、辑佚和学术研究的综合性工作,对后世的学术产生了积极的影响。使易学出现了继汉、宋之后的第三次高潮。清代学术主流是朴学,主张学问重史实依据,解经由文字入手,以音韵通训诂、训诂通义理,对易学多注重义理而又不偏废象数,或采取对二者依违之间。

图七·三 王夫之像

在汉代易学象数系统中,虞翻的易说保存最多,唐代李鼎祚《周易集解》曾广为收录。清代易学研究者崇尚汉学,

有的十分推崇虞翻,形成了所谓的"虞氏学"。对此,焦循曾提出批评,他的易学标志着清代中期易学的转向,力图跨出划分象数与义理的旧轨,从分析易卦的结构下手,以推演易学,虽然别具一格,但本质上仍属于更新象数的一派。

我国近现代易学,是在清代易学研究的基础上发展起来的,虽有许多革新,但依然不出三派即象数、义理与筮占一分为三的格局,只是随着近代以来自然科学与社会科学发展的进路,增添了更多的分系,例如所谓"哲学易"、"科学易"、"人文易"、"考古易"、"预测易"、"环境易"、"建筑易"、"养生易"、"管理易"、"股市易"等等,系分虽多,但在理论上始终不离上述三派的藩篱。同时,易学只要分化为学派,便一定有兼综派产生;学派的具体划分不同,兼综派的特点也不同,然而真正能够做到全方位的兼综派而无所侧重,是不可能的。

三派而多系,是当前我国易学的基本格局,表现了易学研究的多元化,但适合于21世纪需要的易学新态势尚处于酝酿之中,整个易学正面临着重大突破的前夜。这是我对当代易学形势的估计,时代呼唤易学的新人辈出!

## 第二节　推荐几种易学主要代表作

要深入研究易学,必须精读几部代表性著作。经过认真挑选,我愿向读者推荐以下几部可以进一步用来研修易学的主要著作和参考书。

特推荐古今十套书,以书所反映内容的历史先后为序。

### (一)《周易郑康成注》与《新本郑氏周易》

在传世的《周易》著作中,号称较早的本子是《子夏易传》,经考实系托名伪作,不可信。余下比较早的本子就数郑玄所注《周易》,名为《周易郑康成注》仅存一卷,系宋代王应麟编。王应麟是淳祐元年进士,官至礼部尚书,其注易原书九卷,散佚,至宋《崇文总目》仅载一卷,可领略汉易古义。王应麟在此书《原跋》中说:"应麟读易之暇辑为此编,庶几先儒象数之学,犹有考焉。"

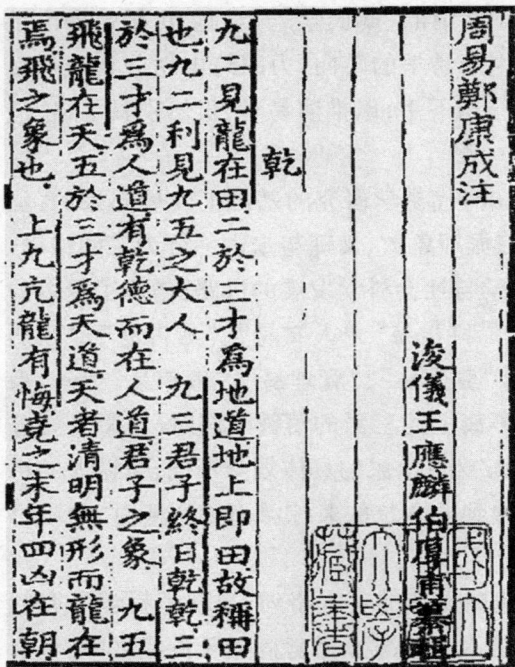

图七·四 《周易郑康成注》书影

《新本郑氏周易》三卷，系清惠栋所辑，以增补前书。四库馆臣说：此书"考核精密，实胜原书"，并赞扬说："应麟固郑氏之功臣，栋之是编亦可谓王氏之功臣矣。"合此二书可以考见汉易的一些原始面貌。

**（二）《马王堆帛书周易经传释文》（廖名春释文）**

我国近数十年来，易学考古成果异常丰富，研究易学的人，应当普遍关注，层出不穷的新发现已经刷新了易学发展的历史。学者王先胜在网上发表洋洋大观的《揭开易学界的神秘面纱——当代中国易学研究反思录》，连载二十一期，很值得一读。他有理有据地批评了易学界不重视考古成果、甚至闹笑话的种种情况。文中分析和反思了当代中国易学研究存在的五大弊端：一是公理婆理，是非难分；二是不近考古，自断生路；三是思维僵化，不讲学理；四是关门研学，自我陶醉；五是主观臆断，妄说盛行。全文指名道姓地评述了当代一百二十余位易学家、考古学家及中国文化研究者的研究成果或观点，发人深思。① 本书支持他的高见，特地列出考古发现的易作，作为向读者推荐的重要阅读著作。

目前发现的与易有关的简帛书籍有：长沙马王堆帛书《周易》经

----

① 王先胜：《揭开易学界的神秘面纱——当代中国易学研究反思录》，《国际财经网》2004-3-21起连载。

传;安徽阜阳双古堆汉简《周易》;上海博物馆藏战国楚竹书《周易》;香港中文大学文物馆藏楚简《周易》及与《周易》有直接关系的湖北江陵王家台秦简《归藏》等。这些竹帛《周易》,情况复杂,内容丰富,表现千姿百态,颇耐人寻思,都是珍贵文物,已经构成了学者研究易学的新领域。

在诸多竹帛《易》书中,本书仅介绍《马王堆帛书周易经传释文》(已收入《续修四库全书》第一册,上海古籍出版社,1995 年出版),作为竹帛《周易》的代表作。

1973 年 12 月,从中国湖南省长沙市的马王堆第三号汉墓出土了大量的帛书、竹简和木简。马王堆汉墓帛书《周易》由《六十四卦》和《易传》六篇构成,包括《二三子问》、《系辞》、《衷》、《要》、《昭力》、《穆和》,是汉文帝前期的抄本。《易经》的分宫编排和经传中的部分文字,多与传世本有所不同,对研究易学发展的历史尤具重要意义。

现今已经出版了多部注释此书的著作,可以与《续修四库全书》本对照阅读。

### (三)王弼、韩康伯、孔颖达:《周易注》与《周易正义》

《周易注》十卷,魏王弼撰,晋韩康伯注,王弼系山阳高平人,官至尚书郎,年二十四岁即去世。他是开创义理易学的领头人。此书特点如四库提要云:"廓除象数,使易不杂于谶纬,实弼之功。全废象数,使易遂入于老庄者,亦弼之过。"

《周易正义》十卷,魏王弼撰,晋韩康伯注,唐孔颖达疏,这是了解古易义理派主要代表作

图七·五 王弼像

之一。王弼易学问世后，产生了重要影响，随后便有晋顾夷（悦之）著文诘难，也有王俭、颜延年加以反驳，"以后此扬彼抑，互诘不休"，引起了易学界的争论。孔颖达"奉诏作疏，始专崇王注而众说皆废"。至此，郑氏象数易几近微绝。《周易正义》已收入《十三经注疏》，为官定易书，使义理易学达到兴盛之势，但全弃郑说，有些汉易古义也有难以解通的问题。所以，为了回避郑说，也有使诠释流于空疏之弊。《周易正义》是学者研读《周易》义理派重要著作之一。

**（四）李鼎祚：《周易集解》**

《周易集解》十七卷，唐李鼎祚撰，李氏在《唐书》中无传，官微仅为秘书省著作郎，生平事迹不详，据考为天宝以后人，此书在《新唐书·艺文志》始载十七卷，卷帙齐全。有的版本是十卷，并无佚失，因附有《略例》一卷，别有《索隐》六卷，合为十七卷，由于编次不同所致。其书仍用王弼本，惟以《序卦传》随附六十四卦之首，与王本有所不同。其中注释凡采子夏、孟喜、焦赣、京房、马融、荀爽、郑玄、刘表、何晏、宋衷、虞翻、陆绩、干宝、王肃、王弼、姚信、张璠、向秀、王凯、韩康伯、崔憬、崔觐，直到孔颖达等汉唐各代三十五家易说，可以说是现在能够见到的收集早期《周易》学说相当齐全的易学著作。作者在《原序》中对这一特点自豪地说："采群贤之遗言，集虞翻、荀爽三十余家，刊辅嗣（王弼）之野文，补康成（郑玄）之逸象。"四库馆臣评价说："盖王学既盛，汉易遂亡千百年后学者得考见画卦之本旨者，惟赖此书之存矣，是真可宝之古籍也。"这个评价是中肯的，因此我们也在此向读者力荐此书，可作为了解唐以前早期易说的主要研修典籍。

**（五）程颐：《伊川易传》**

《伊川易传》四卷，宋程颐撰。程颐年少时曾经先后师从周敦颐、胡瑗学《易》，不久后便成为知名易学家，终身研易不辍，经过长期准备，及至六十岁时着手著《伊川易传》。据《程氏遗书》云："吾四十岁以前读诵，五十以前研究其义，六十以前反复绎绎，六十以后著书。"（卷二四，页三一四）经八年写作，终于成书。因北宋末年官场党争激烈，导致哲宗、徽宗两朝曾下诏销毁伊川文字，禁绝其讲学授徒，不仅程的处境恶劣，甚至门弟子亦人人自危，使书终未能刊行。

程氏拟再用"十年之功",精心修改,于七十岁以后出书,但时年已垂暮力衰,只好将其书授门人张绎。张绎不久也卒,书遂散亡。据程颐门人杨时《跋》云:"伊川先生著《易传》,方草具,未及成书,而先生得疾,将启手足,以其书授门人张绎,未几,绎卒,故其书散亡,学者所传无善本。政和之初,予友谢显道得其书于京师,示予,错乱重复,几不

图七·六 程颐像

可读。东归待次毗陵,乃始校定,去其重复,逾年而始完。"(《经义考》卷二十引)杨时完成修订《伊川易传》,得以刊行。

此书是继王弼《周易注》之后的又一部义理派名著,它是以理学思想解经的成功之作,被多数儒家学者视为《易》学之正宗。程颐取义理释《易》之法,于此尤看重王弼、胡瑗、王安石三家《易》说。清代顾炎武、黄宗羲高度评价《伊川易传》,以其为义理易学的巅峰之作。在元明清三朝,立于官学六百余年,至今仍属必读之书。

## (六)朱熹:《周易本义》与《易学启蒙》

南宋朱熹撰:《周易本义》十二卷,注《易经》上下经二卷,释《易传》十翼各自为卷,共十卷。《四库全书》收入两种版本,一为朱熹撰《原本周易本义》,一为朱熹撰、明成矩编《别本周易本义》,卷帙相同,编次略有区别。长期以来,两部《本义》同时流传,各承所好。朱熹撰写此书以"易本卜筮之书"为准则释义,文字简明易懂,书前附有九幅易图,卷末附有《易赞》五首、《筮仪》一篇,是兼重象数与义理的重要代表作之一,颇受历代读者重视。据顾炎武《日知录》云,元朝颁布五经天下儒学,《易》兼用程、朱二氏,各自为书。至明永乐修大全时,朱书卷次割裂附于程书卷后。明成矩编《别本周易本义》将《筮仪》提前,列于解经之前;又加上了八卦与六十四卦《卦歌》和《上

图七·七 朱熹像

下经卦变歌》列在易图之后,《筮仪》之前。清初编《周易折中》时方突出朱之《本义》,兼采程传。由于程传属于单纯突出儒家义理的《易》书,朱之《本义》兼采义理与象数,虽对程传多有赞誉,但在解易中与程传多有不同,使崇儒学者对二书褒贬取舍不一。依我所见,程、朱同属理学一代著名宗师,仅就借易阐明儒理品评之,程传比朱义为醇;朱义不排斥象数,解易较程传为新,但过于偏重筮占,有流俗之嫌。

《易学启蒙》是朱熹作的普及易学的著作,学易者入门之书,也是阅读朱子《本义》的预备知识。其写作的旨意同于《本义》,比较通俗易懂。其中易理多得之于邵雍易学,重视先天之学,全书分为四篇,一个附论:《本图书第一》、《原卦画第二》、《明蓍策第三》、《考变占第四》、《附论》。此书一出,成为初学易者的必读书,而《本义》则成为其进阶之书,实配成一套。《易学启蒙》一书已被清《周易折中》收录,列于《易传》之后,形似《易》之“后传”。

附:来知德《周易集注》

《周易集注》十六卷,明来知德撰,他是嘉靖壬子举人,因父母病,侍养未仕,于深山研《易》数十年,终于成为明代著名理学家,易学大师。所著《周易集注》为其主要代表作,以象数结合义理注释《易经》,富于独创,被当世称为“绝学”,享誉易学界。

其学以致知为本,尽伦为要。苦研《周易》二十九载,于万历二十六年(1598),著成《周易集注》刊行。该书强调研易必须以象数为宗,将理、气、象数相统一,专取《系辞》中错综其数以论易象。以象

数阐释义理,以义理印证象数。重视在先天太极图、先天八卦图基础上,阐扬"阴阳对侍,阴阳平衡"理论和朴实的辩证易学观点。他反对朱熹"未有天地之先,毕竟先有此理"之说,批评其"说得不是",因为"有物方有理"。对于象,他持"象犹镜也,有镜则万物毕照"的反映论观点。四库馆臣评其书说:他在深山中,"精思易理,……阅二十九年而成此书","自成一说,当时推为绝学",其所述易理"较先儒为详尽耳,其《自序》乃自高位置……师心自悟,偶有所得,遽夜郎自大哉。故百余年来信其说者颇多,攻其书者亦不少"。来知德是一位自学成才的著名易学家,功名仅及举人,一生不仕,但自视甚高,几近狂妄,这是一般自学成才者深恐被人看不起而先声夺人的一种常见的表现,后人读其书,只品评其学,对古人之傲不必计较可也。

此书在注《易》书中,颇具特色,可资参考。本书因自限推荐十套易书,虽不把此书作为正式推荐书目,但仍以为不作涉及,甚为可惜,故特将此书附此推出,列朱熹之后,以备参考。

### (七)李光地:《周易折中》

《周易折中》即由康熙皇帝下诏御纂,文渊阁大学士李光地总裁修订的一部易学权威性书籍。书前有一短序曰:

> 易学之广大悉备,秦汉而后无复得其精微矣!至有宋以来,周邵程张阐发其奥,唯朱子兼象数天理,违众而定之,五百余年无复同异。宋元明至于我朝,因先儒已开之微旨,或有议论已见,渐至启后人之疑。朕自弱龄留心经义,五十余年未尝少辍,但知诸书大全之驳杂,奈非专经之纯熟。深知大学士李光地素学有本,易理精详,特命修《周易折中》。

这个序说明了康熙下诏修纂《周易折中》的意图和要求,至康熙五十四年(1715)春书成,刊行天下。该书尊程氏易传、朱熹本义,又广收各家易说,专列"集说",折中诸说,以"案"的方式予以评说取裁,全书于卷首以"纲领"形式分三篇阐明理解易学的必备知识和阅读此书的"义例",下分八卷详解《易经》上下经六十四卦;将《易传》独立出来单列,从第九卷至第十八卷,解说《十翼》;第十九至二十一卷为《易学启蒙》及《〈启蒙〉附论》;第二十二卷载《〈序卦〉、〈杂卦》

明义》,于篇末"因程(颐)胡(炳文)之说而详推二篇之所以类序错综者,目曰《明义》以附焉",借以专解《序卦》与《杂卦》的圣人之旨。《周易折中》是坚持"十翼"为孔子所作的,不采纳欧阳修疑《传》的看法。

在清初,几朝皇帝都十分重视研读《周易》,把它看成是满人入关后接受汉人文化的关键性典籍,同时也是笼络汉族知识精英的重大措施。一方面大兴文字狱,坚决镇压抗清活动,另一方面就是大力弘扬汉族文化,包括编纂大型《四库全书》,都是当时殚心竭虑图治的基本方略。顺治十三年十二月十五日,曾下诏敕大学士傅以渐、日讲官曹本荣,对易学要"采择折衷诸论,简切洞达,辑成一编,昭示来兹。"至顺治十五年十月,傅以渐奏报《易经通注》撰成。此后,于康熙二十二年十二月十八日又下诏日讲官牛钮、孙在丰奉敕撰《日讲易经解义》。这两部书都收入《四库全书》易类,但最终以《周易折中》最受康熙和乾隆的看重。

《周易折中》问世,担负着总结易学诠释史的使命,其所持"折中"之义,不是搞模棱两可的折衷主义的意思,而是放宽视野,择采众说,使自己的见解力求公允客观,不带门户之见,选择最佳解释。但实际上,《周易折中》是尊程朱易说而偏重于朱学并有所发挥,兼综象数义理而略侧重于义理。据其孙李清植所纂辑《文贞公年谱》"七十三岁"条说:

> 公自十八岁即玩心于《易》,至是而年七十三矣,前后凡易稿数十次。是时方承修《周易折中》,荟萃自汉迄明诸儒之说,凡三百余家,采撷精纯,刊取领要,镕铸百氏,陶冶千载,《易》之道于是大备。

李氏在纂《周易折中》前已撰有《周易通论》、《周易观象大指》、《周易观象》及《象数拾遗》,对于易学早有深厚的造诣和学术积累,唯对《周易折中》一书用功更为勤谨,因皇命在身,不敢稍有疏忽。七十二岁奉旨,七十四岁修成,成书迅速,未及两年,积学宏发,是其平生《易》学思想的结晶。因此可以认定,此书是汇聚了古代易学成果的集大成之作。在易学领域,它有承前启后之功,因此成为后世许多习易者首读之书。

高亨【著】

周易大传今注

齐鲁书社

图七·八 《周易大传今注》书影

## （八）高亨：《周易古经今注》、《周易大传今注》

《周易古经今注》、《周易大传今注》是山东大学已故教授，著名易学家、古文字学家高亨先生的力作。他早年师从王国维、梁启超，继乾嘉学派遗风，倾全力研究先秦诸子与《周易》。其治《易》，一改前人"以传解经，经传互解"的旧习，坚持经传各解，将《周易古经》与《周易大传》分注，各自成书，不相混淆，开创了我国现代《周易》"义理派"而不废象数的研究新方法，深受学界的推崇。

这两部著作，多次在中华书局、齐鲁书社再版，现在已列入"十五"国家重点出版规划项目，以《高亨著作集林》为名，由清华大学出版社出版发行。两书载于《集林》第一、第二卷。

## （九）金景芳、吕绍纲：《周易全解》

《周易全解》是吉林大学已故教授、著名历史学家金景芳先生和他的高弟子吕绍纲教授合著，他们都是我国现代治《易》多年的易学家。他们在《原序》中明确说明自己治易"恪遵孔子作《易大传》所开辟的道路"，虽不否认《周易》是卜筮之书，而着眼却不在卜筮，而在其内部所蕴藏的思想，反对宣扬迷信观念，宣传科学真理。其次，订正一些《易大传》中长期被错解的内容，力求还其本来面目。例如，作者力主"大衍之数"应是"五十有五"，而不是"五十"之说。作者认为，"《周易》一书的精华所在在于思想，而思想则主要寓于六十四卦的结构之中"。对待易象，认为采取王弼的"得意忘象，得象忘言"的办法是不可取的，应当把卦的性质和卦的取象区分开来。作者通过运用马克思主义来理解《周易》中的疑难问题，对经传一些问题的

解释,有许多独到见解,该书在上海古籍出版社出版发行后,已经在学界产生了不小的影响。

### (十)朱伯崑:《易学哲学史》

《易学哲学史》是北京大学教授、著名中国哲学史家和易学家朱伯崑先生著,这是我国目前仅有的一部四卷本关于易学发展的通史性专著,它反映了《周易》诞生以来易学发展的历史全貌,作者运用马克思主义哲学指导研究,对易学史上的复杂问题,进行了深入细致的论述,概括了一些推进易学发展的带有规律性的思维经验。提示了易学进一步发展的方向性见解。无论对研究中国哲学史和研究《易》学理论,都有重要的参考价值。

此书已经列入《东方文化集成》系列,由昆仑出版社出版。分为四编:第一编为先秦时期,第二编为汉唐时期,第三编为两宋时期,第四编为明清时期。

学易,不可只读诠释《周易》的著作,必须配合阅读把握易学史全貌的著作,方不致坠入五里云雾。朱伯崑著《易学哲学史》当为首选。

学《易》难,又不难,难在遇难而退,不能坚持。一切学术堂奥之门,都是向有志者敞开的!

# 下　编

# 第 八 章

## 《易经》上经新解

### 第一节　简要说明

历来注释《周易章句》都免不了考据训诂一套精审而又繁琐的功夫,对于初学者很不方便。即便是专业学者,也往往为了弄清文字的特殊含义,不得不岔出去鉴别所作的训释是否合理。再加上易家派别很多,能在一些关键词语上取得共识,并不容易。这是初学《周易》的人不得不中途辍学的一个原因。

本书为了帮助初学者直接领略原文的基本含义,尽量运用平实的语言、通俗易懂的文字,省略考证训诂的过程,直接对《经》与《传》原文进行释义,有些地方进行了意译,一般不说明这样做的依据和理由。当然,这样释义,可能会反映笔者个人的学术观点,而不利于全面理解原文,但这不要紧,读者一旦进入了易学的堂奥,自己就会有独立的判断,那时就会有自己的学术立场,这是常有的情形。

《易经》以古代筮占之书的形式出现,整个结构表现为六十四个卦。每一卦有六爻,爻分阴(－－)、阳(一)。《经》文以"九"称阳爻,以"六"称阴爻。标示六爻的顺序是从下往上数,如《乾卦》全阳,依次是"初九、九二、九三、九四、九五、上九";坤卦全阴,是"初六、六

二、六三、六四、六五、上六";《泰卦》是阴阳爻交错的卦,是"初九、九二、九三、六四、六五、上六"等。

卦有卦画、卦名、卦辞;爻有爻画、爻名、爻辞。高亨先生把"爻名"称作"爻题",已被广泛接受。本书认为称为"爻名"可以和"卦名"对应,比较合适。如果把"爻名"称作"爻题",和"卦名"就不能对应,显得有些不伦不类。为了卦爻对应,以统一叫做"卦名"、"爻名"为宜。如果单说"六二",你不知道是哪一卦的"爻名",前面必须先标明"卦名"就知道了,如《坤卦》六二,就一目了然了。

卦辞较为简明,一般在于说明卦义和主题以及该卦的主要功用,总共六十四条。爻辞共三百八十四条,再加二条用爻辞,是三百八十六条。它构成了各卦内容的主要部分。每卦六爻,有爻画、爻名与爻辞,一般依据所述内容按时间先后或逻辑层次,由下而上排序。

卦爻辞中又分筮辞与非筮辞两类。筮辞是占筮的内容和占筮结果的文辞;非筮辞是作者依据卦象记事或记言,以表示作者的思想、主张、情状,这些内容比较重要。

本书对卦的诠释,依次出现卦画、卦名、卦辞及爻辞;下分"释义"和"解析"两个步骤,合并为"解说"。"释义"侧重于解释卦爻原义,"解析"侧重于解说疑难。其所以取目为"易卦新解"是在吸收前人成果的基础上,着重阐述解卦的新认识,抛砖引玉,以期聆听至论也。

# 第二节 乾卦、坤卦、屯卦、蒙卦

## ䷀ 乾为天 乾上乾下

第一卦 乾:元亨利贞。

初九:潜龙,勿用。

九二:见龙在田,利见大人。

九三:君子终日乾乾,夕惕若,厉无咎。

九四:或跃在渊,无咎。

九五:飞龙在天,利见大人。

上九：亢龙有悔。

用九：见群龙无首，吉。

[解说]

卦名是乾，取象天。卦辞：元，亨，利，贞。象征天是一切事物初始的根源（元），天道运行畅通无阻（亨），永远不会止息，造成普遍和谐顺利（利）、完美纯正的境界（贞）。这是天的本质属性。此卦为大吉大利的卦。《易传》的《文言传》把这四项称为《乾卦》的"四德"，因为它很圆满，被认为是对卦的最高评价。

以下是爻辞，卦爻都是由下向上数，分别为初、二、三、四、五、上，每一卦的爻名、爻辞都如此排列。

第一阳爻：潜伏的龙，暂时没有发挥作用。

第二阳爻：龙出现在田野上空，有利于进见大人物。

第三阳爻：注重进德修业的君子始终会勤奋努力，到了夜晚也要警惕自省，严肃处世待人，就不会发生灾祸。

第四阳爻：龙或许要跃进到天渊（天河），没有灾祸。

第五阳爻：龙飞腾在天空中，有利于会见大人物。

第六阳爻：龙已经升腾到极顶，它就只能懊悔地退缩了。

用九：古代占卦中，用"大衍占法"拿五十根蓍草推算一卦的卦画时，只出现四个余数，换算出九、七的为阳爻，八、六的为阴爻。其中九和六代表老阳和老阴，都是变

图八·一 龙纹铜镜拓片

爻,七、八代表少阳和少阴,不是变爻。但在六十四卦中,乾坤卦的六个爻都是变爻,这样才能组合出其余的六十二卦,所以乾卦每一爻都"用九",不用七;坤卦的每爻都"用六",不用八。只有乾坤两卦中的爻辞中加了一条用九或用六的附加爻。"用九"的意思是《乾卦》的全部阳爻都是九、为变爻。其余的卦都不加用爻,虽然也都以九和六来标明阳爻和阴爻,没有把不变的阴爻和阳爻标为八、七,这是为了统一体例,但其中的九、六,有的是变爻,有的则不是。占者在成卦时能够分得清楚。

"用九"爻所说的"群龙无首",一般的解释是六个阳爻出齐了,是六条龙,算是"群龙"。为什么"无首"呢?因为《乾卦》到"上九"已经成为"有悔"的"亢龙",发展过头了,所以这时六条龙一齐出现,谁也不是领头的龙了,而是"无首"的"群龙"。这句话已经成为一句成语,大体上也是这个意思,龙各自逞能,越多越无首。其实,这里说的不是这个意思,下面我会提到这个问题。

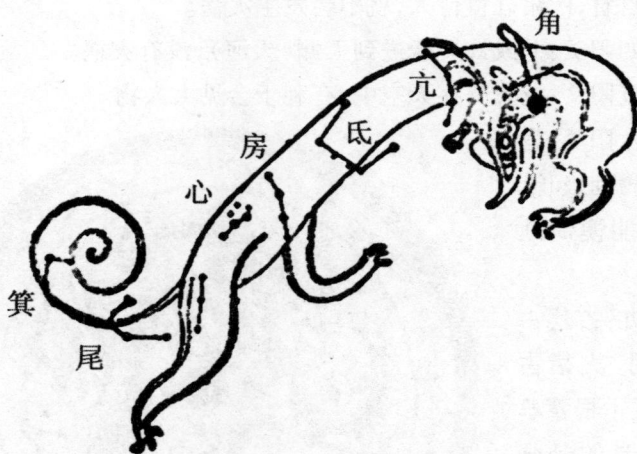

图八·二　龙宿天象图

《周易》中《乾》、《坤》两卦,是集中反映其作者宇宙观中取象天和地的、以表现宏观世界的为首之卦,乾坤的对立统一,派生出其余的六十二卦。因此在理解这两卦时,必须把他们看成整个易卦的基础和母体来认识,才能够准确把握。

　　《乾卦》中的龙，绝大多数注《易》者都说是象征阳气的神物之龙，是一种图腾动物的龙，于是就把所有卦爻辞意都作了牵强的解释，完全反映不出其中的逻辑性。如果把龙理解为东方七宿的龙星座（基本上相当于西方的天蝎星座），就很清楚这一卦是随季节变化的龙星座的天象变化的完整记录。

　　中国有所谓"二月二，龙抬头"的谚语，所说的龙就是指龙星座。龙抬头之前的龙星，主星大火（心宿二）还没有露出地平线，人们先看到的是龙星座的角宿。《乾卦》中一开始先讲"潜龙"，是指龙星座还在地平线以下，只有龙星座最前边的代表龙的角和触须的两颗弱星升了上来，整个龙星座还没有升起来。故称为"潜龙"。

　　"见（现）龙在田"是龙星座开始升上天空，但并不很高，只是在田野南方的上空。

　　"或跃在渊"是指龙星座的天区转向天河附近，渊是指天渊，即天河、银河星汉；不是一条活泼乱跳的龙刚刚升到田野上空，又钻进地面的水潭中去了，那样就不合逻辑了。

　　"飞龙在天"是指龙星座升到了苍穹的最高处了。它向北移动达到了极限。

　　"亢龙有悔"，是指龙星座升高到极限后，它就要从天区西边渐渐向下落去。

　　"见群龙无首"，是说龙星座由于季节变化，龙星的头部（即天蝎星座的阿尔法星，中国叫做大火、大辰）向地平线下落去，而龙星座的尾宿这时尚在天区，还能看到，这时龙星座的群星中已经看不见代表龙心的红色主星（大火）了，龙头不见了。这是龙星座从东方出现，在南方天区上升，到最后从西方天区落下，大约经历半年时间的全过程。至今这个天象的运行，仍然可以看到它的这一变化过程，是完全可以通过观察得到验证的。

　　朱骏声著《六十四卦经解》中把《乾卦》的六个爻都标明了时间，就是从阴历的一月至六月，如果把"用九"作为七月看，在"见群龙无首"时，正好在七月，这和《诗经》中的"七月流火"的记载，正好是一致的。《乾卦》爻辞的排列顺序完全符合龙星运行的自然秩序，绝非偶然的巧合。

　　"用九"爻说的是"见"群龙无首,是仰观天象所见,这时的龙星宿的首部的几颗星已经落入地平线以下,看不见了,然而它尾部的几颗星还留在地平线以上,能够看得见,故为"无首"。这是"七月流火"以后龙星宿在天区的情景。

　　这样解读《乾卦》的科学内涵就要真实得多、丰富得多,其认知价值与科学意义也重大得多。古人理解为阳气的变化,也才有天象历法的确凿根据。至于其中夹杂了一些断占话语,如"元,亨,利,贞"、"勿用"、"利见大人"、"君子终日乾乾,夕惕若,厉无咎"、"有悔"、"吉"之类,正表明古贤在编辑《周易》时,是反映其世界观和价值观的。他们对特定事物的哲学观点是渗透在其中的,尽管这些伦理教训并非天象自身所具有,但也谈不上纯属迷信,其人文价值是可以一目了然的。诚然,并不是所有的卦都能还原其原始的面貌,但笔者坚信《周易》中的神秘性正是表现了它的原始性,都有其世俗性与客观性的来源。研究《周易》最主要的任务就是要发现和感悟其世俗性与客观性的来源。

　　易卦创始时古人能有龙星座的认识吗?有的。1977 年,湖北发掘出一座战国曾侯乙墓,其中乙 66 号箱盖上绘有一幅彩色的天文图,画面中间是篆书"斗"字,它的十字笔画分别向东西南北延伸,指向二十八宿四官的四颗主宿,在四周完整清晰地写着二十八宿的名称。曾侯乙墓的年代是在公元前 433 年左右。随后河南三门峡上村岭也出土了春秋时期的虢国铜镜,铜镜背面的图案几乎与曾侯乙墓的图案完全一样。这两幅图的出土,证明了公元前五世纪初或更早,中国已经有了完整的二十八宿体系。这可以定为下限,其上限还要早得多。再就是距今约七千年的河南省濮阳龙虎、北斗墓的发现。属于新石器时代仰韶文化中期,濮阳 45 号墓,墓主人头居南、足朝北,其东为一蚌壳塑龙像,张牙舞爪,栩栩如生;其西为蚌壳塑虎像,缓步平视,威风凛凛;其北为蚌壳塑三角形和人的两根胫骨构成的图案。初步形成了左青龙、右白虎的表征天象的习俗,南北二象的形象尚不够明晰。由此可见,将乾卦之龙理解为龙星宿是有充分根据的。

　　但是,到春秋末期,孔子那个时代,对《乾卦》所说的龙是青龙星宿,在士大夫中已无人知晓了。《左传·昭公二十九年》记载了魏献

子和蔡墨讨论《乾卦》的一次有趣的谈话,魏献子问"现在为什么见不到龙呢?"蔡墨回答说:"在《乾卦》中几个爻里都说到龙的各种形态,如果说没有龙,'谁能物之'?"即谁能模拟它的形状呢?这说明,在这时魏献之的疑问,蔡墨已经回答不了了。他们已经不知道《乾卦》与青龙星宿的关系了。

## ䷁ 坤为地　坤上坤下

第二卦 坤:元,亨,利牝马之贞。君子有攸往,先迷,后得主,利。西南得朋,东北丧朋。安,贞吉。

初六:履霜,坚冰至。

六二:直,方,大。不习,无不利。

六三:含章可贞。或从王事,无成有终。

六四:括囊,无咎无誉。

六五:黄裳,元吉。

上六:战龙于野,其血玄黄。

用六:利永贞。

[解说]

《坤卦》的卦象是两个单卦坤的重叠,六个阴爻。全卦表征大地,它是地上一切事物和生命产生和发展的根源、基础,元具有始因的意思,亨有生成的内涵,不必凡亨皆笼统地训为通或享,这里具体讲的

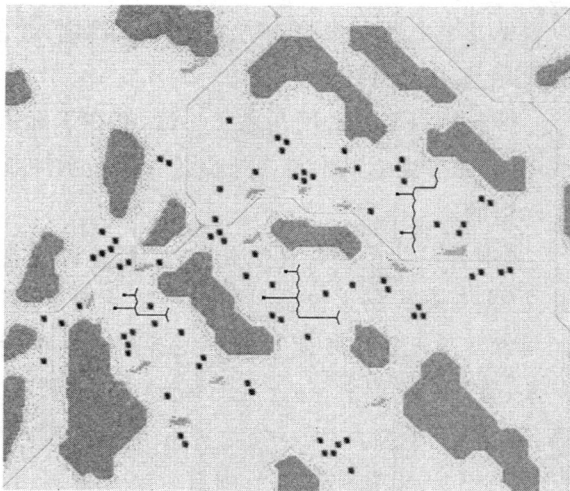

图八·三　高空看雪原

就是指大地生成万物与生命的母性功能。如同柔顺健行的母马，利于繁殖后代并长于奔跑的本性一样。《坤卦》用母马形象地比喻大地的属性，并讲了一个故事，说君子骑着母马远行，母马一开始迷失了方向，但最终还是帮助君子找到了主人。行旅中在西南方向得到了财物，又在东北方向失去了财物，惟有回到家才能使心地纯正，生活安稳下来。结果是吉利的。

"元亨，利牝马之贞"是讲大地属性的卦辞，后面讲的都是断占辞，记录了一次行商的经历。

第一阴爻：冬季降霜以后，冰冻的日子就快要到了。

第二阴爻：冬天的大地呈现出平直、方正、辽阔的景象。尽管人们对这种单调的地貌不习惯，但并没有什么害处。

第三阴爻：积雪覆盖的大地，饱含着来年繁盛的精华，这是可以期盼的。人们利用冬闲季节可以从事王公的差役，即便办不成很多大事，但终究会有收到好结果的。

第四阴爻：大地冻结得紧缩起来，像收紧的口袋。人们不会因此而赞誉它，也不会产生害处。

第五阴爻：大地开始化冻，土壤逐渐松软，露出一片黄裙子般的膏壤橙色。这是大吉大利的。

第六阴爻：冬季结束时分，春季已经来临，阳气回升，黄昏时，可以看见龙星出现在田野南方的上空，那颗血红色的大火星，在玄黄的天际，显得格外耀眼。

坤卦用六与乾卦用九之义一致，都在于标示其六爻皆属于老阴或老阳，是变爻。其断辞"利永贞"，是表示坤卦所反映的自然法则是永恒的。

《坤卦》，既然公认说它是大地，那就应当集中到大地上来理解卦义，也只有如此才能引申出对地道的理解。仔细分析坤卦，它讲的内容实际上是接着龙星落下以后的后半年，特别是冬季的天象、气象、物候与地貌来说的，但没有像《乾卦》那么系统完整。它从"履霜，坚冰至"起始，农历一般在阴历八月时已经进入"白露"节气，阴气开始回升，植物叶面上的细露常结成薄霜，以后经寒露、霜降、小雪、大雪、小寒、大寒到达严冬季节。这时大地天寒地冻，各种植物

图八·四　履霜坚冰至

都已肃杀,土地裸露在外面,光秃秃的,显现出大地的"直、方、大"的面貌,这种地貌在植物繁盛的夏秋季节是不容易看出来的。"不习,无不利"之义也有很多解释。其实这里说的是这种大地"直、方、大"单调的地貌,给刚刚经历了夏秋植被繁茂景象的人们一种不习惯的苍凉的陌生感,但冬季的严寒,可以减少虫灾,对将来植物的生长并不是什么坏事。

接下来说,大地虽然显得一片肃杀景象,但是它依然潜藏着勃勃生机,体现着"含章"之义。拨开厚厚的积雪,下面已经有鲜嫩草芽在萌生,未来的植物繁盛缤纷的景象,正深藏在大地之中。这不是"含章"么!虽然冬天时"无成",但是会"有终"的。春天一到,一切繁盛的景象又会到来。在农闲季节可以"从王事",作祭祀、练兵和进行各种修筑备耕的事情。"括囊"一般都是说把口袋收紧,从而引申为君子说话要谨慎,不要惹是生非。这种解释除了鼓励谨小慎微以外,说不上有什么积极意义。我认为,这里是说,天地之间因为天寒地冻变得紧缩起来,表示冬季进入了最寒冷的阶段。"括囊"是对严寒的一种非常生动的感受和描写。连《象传》也说这时是"天地闭",但其得出的结论却是"盖言谨也"。《易传》及以后的多数注易家对易卦往往注意于一字一句地解释和发挥,并过于重视对准他们所热衷的政治伦理观念解读,全然不顾全卦的内在逻辑,对于卦

中反映出来的真实的认知内容不屑一顾。这可能是使易长期成为谜的一个重要原因。对此,笔者深不以为然!

随"括囊"之后,便提出"黄裳",这也常被解释为穿上黄色的裤子或裙子,体现着"君道""臣道"云云,没有什么深意。我认为这是讲大地即将回春,地面上冻结的土壤开始松散开来,呈现出一片橙黄色景象,如同穿上了黄色的地衣一样,膏壤千里,等待耕耘。《周礼·冬官·画贵》所载:"土以黄,象其方。天时变,火(大火)以圜(还)。山以章,水以龙。"表现"四时五色之位"。同篇还指出:"天谓之玄,地谓之黄。"这些旁证正说明这里的"黄裳"是指土地披上了黄装之义。其中所言之"火以圜(还)"、"水以龙"恰好接着"龙战于野,其血玄黄",同《乾卦》的"潜龙"接上茬。因为龙星中最为中国古人看重的大火,这时回还了。《象传》认为"龙战于野,其道穷也"。其实"龙战于野"之时,正是"见龙在田"之日,其道非但不穷,而是该"利见大人"去啦!如果是说坤道穷了,其实大地"含章"就要光化天下了!

历代治易者都把"黄裳,元吉"解释为"黄帝垂衣裳而天下治",其实"黄裳"与"黄帝"没有任何关系。

《坤卦》描写的是大约八月至立春这半年的天象、地貌和物候。时间上和《乾卦》是衔接与交错的。似乎可以说,"卦气"从《易》开创之时,就寓于其中了。卦中所说的自然现象,直到今天的北方平原地区仍然可以见到。至于儒家高扬的"厚德载物"与"柔顺承天"之地道,也只有在认识了大地的实情后,才有可能寓意其中。

《乾》、《坤》两卦,是易六十四卦体系的起点、门户与基础,是易卦系列生成的父母之体。它集中反映的是天地阴阳的对立统一,相辅相成的自然秩序、自然法则,为人类生活与社会存在、发展,提供了必要前提。这是具有永恒意义的。"用六:利永贞"的意义正在于此。

## 水雷屯 坎上震下

第三卦 屯:元亨,利贞。勿用有攸往,利建侯。

初九:磐桓,利居贞,利建侯。

六二:屯如邅如,乘马班如。匪寇婚媾,女子贞,不字,十年乃字。

六三:即鹿无虞,惟入于林中,君子几,不如舍,往吝。

六四:乘马班如,求婚媾,往吉,无不利。

九五:屯其膏,小贞吉,大贞凶。

上六:乘马班如,泣血涟如。

[解说]

《屯卦》是由上坎下震两个单卦组成,有云集于上、雷动于下之象,坎为水,又有雷雨交加之象。屯是继《乾》、《坤》母体卦之后的第一派生卦,象征着天地合德,将对天下有一番创始的大作为。以《乾卦》中配用的"元亨利贞"作为《屯卦》的卦辞,足见此卦的重要。但按照传统,一般在《乾卦》,是把四者分开来注,即"元、亨、利、贞",述以四德,示意显赫;其他各卦凡用到此四德者,都注为"元亨,利贞"二德,借以区别。

天地生成万物,表现在自然界,就是万物竞生;表现在社会,则是建国承家。这是《屯卦》反映出来的重大主题和首要使命,也是易卦通过《屯卦》所奠定的社会价值基础。

《易经》是靠着"生成观"把自然法则和社会法则连接起来的。有天地的交合,才有自然万物的生成,才有人类社会与国家的兴起。《屯卦》是易卦由表达自然意向转向表达社会意向的开端。"屯"字有萌生、蓄积和草创的含义。因此卦辞表示,无需远离自己立足的基地而他往,就在自己生息的家园实现建国承家的任务。

第一阳爻:守持住基业,安心留在家园,做好开国建制管理社会的大事。"磐桓"二字有滞留、反复之义,表达了创业的艰难。

第二阴爻:开创事业,每前进一步都很困难,骑着马也跑不快。组织家庭,既不能用抢婚来解决,又不愿把自家的女子嫁出去,即便嫁了人也要多年后才能繁衍生育。

第三阴爻:狩猎野鹿,没有管林人来指引,想贸然追入深林中去捕猎,机警的君子认为不如舍弃为好,追下去有危险。

第四阴爻:为了成家,骑着马缓步地去求婚,得到了成功,没有不顺利的。

第五阳爻:聚集了财富,吃肥美食物,办小事吉利,办大事有凶险。

第六阴爻:骑着马踟蹰不前,伤心痛哭,血泪涟涟。

图八·五　乘马班如图

从卦象上看,坎上震下,坎义为险,震义为动,动于险中,必然艰难。从字义来看,"屯"字有植物萌生而受到压抑的象形。全卦具有生成维艰含义。一般被引申为必须创业、然而艰难的辩证寓意。

《屯卦》两次明确标示"利建侯",这是《屯卦》定下的战略目标;另外处屯之时,正是利于"建侯"的时机。所以古人常把此卦理解为"建国之卦"或"得国之卦",再加上它无保留地用"元亨,利贞"予以盛赞,使这一卦处于仅次于《乾》、《坤》两卦的地位。但在爻辞中为什么体现出来的却主要是徘徊难进、行路踌躇、逡巡不前、"十年乃字"、"既鹿无虞",乃至"泣血涟如"之类的丧气话呢?因此,许多解易家干脆把它叫做"屯难之卦",成了困难与灾难的同义词。回答这个问题要抓住一句关键的话:"勿用有攸往",这是"利建侯"的一条行动原则,就是要坚守基业,不辱使命。初九爻,只要做到"磐桓"、"居贞",尚且"利建侯"。卦中的主人翁却老是想做"有攸往"的事,

卦中三次提出"乘马班如",完全违背了既定的行动原则。所以,最后只能落得"泣血涟如"!《屯卦》之教在于要人们坚贞地为实现大目标奋斗,不要被那些琐碎小事所困扰而裹足不前,例如想"即鹿入林"。因此,这一卦无论对治国、齐家、兴业和个人修养都有指导意义。

爻辞的写法是反衬法。卦辞提示"勿用有攸往",而爻辞反过来写,偏要"有攸往",不断乘马出行,结果很糟糕。教化之意,十分明显。

## ☶ 山水蒙 艮上坎下

第四卦 蒙:亨。匪我求童蒙,童蒙求我;初筮告,再、三渎,渎则不告。利贞。

初六:发蒙,利用刑人,用说桎梏;以往吝。

九二:包蒙吉;纳妇吉;子克家。

六三:勿用娶女;见金夫,不有躬,无攸利。

六四:困蒙,吝。

六五:童蒙,吉。

上九:击蒙;不利为寇,利御寇。

[解说]

《蒙》的卦象是艮上坎下,其象征意义,《彖传》说是"山下有险",《象传》则说是"山下出泉",对下卦的坎在此卦中的作用,估价略有不同。有险就应该止,有泉则应该启。释义的方向便会有差别,我在这里取其开启疏通之义。"蒙"字的本义是杂草丛生,植被萌生的原始状态,是茂密而杂乱。《蒙卦》的主题是启蒙,要改变这种原始状态。多数解易者取此义,但也有的释为开荒,属于改造自然的行为,歧义很大。就启蒙而言,卦中涉及多方面的含义,但主要对象是年轻一代。上面《屯卦》所示建国承家之难,在《蒙卦》中着重用年轻一代的启蒙来解决。先后卦是呼应的。

卦辞所说:《蒙卦》是通达的卦。不是我求蒙童,而是蒙童来求

我。用占筮启蒙,初问时要讲明白,一而再、再而三轻率地问卜,就不严肃了,不必告诉。这样有利于占问。看来先民是把占筮作为启蒙方式的,放在卦辞中首先提出了这一原则。这后来成为一种占卦的规矩,即占卦不能过三。

第一阴爻:发动启蒙时,可以利用负刑罪人的教训来启发大家,要给他们除去枷锁,但不要让他们随意走动,那样不利于安全。

第二阳爻:启蒙中要有包容心,在家里要宽容妻子,儿子才会撑起你的家庭。

第三阴爻:不要娶这样的女人:她一味追求有钱有势的男人,而自己却不勤俭恭谨。这种人没有什么好处。

第四阴爻:让蒙昧的人自己感到困惑,他就再也混不下去了。

第五阴爻:对幼童正面启发,是最好的办法。

第六阳爻:扫除了愚昧,人就不会为盗,却有利于防止盗寇。

图八·六　启蒙幼童图

注释这一卦,历来歧义不少。对"蒙"字理解不一,有的理解为对人启蒙,注重启发教育;有的则理解为对荒野的开垦,辟草莱以利民生。具体内容分歧更多。例如对于"利用刑人"一句,有的释为启蒙可以用体罚手段,刑人就是打人;有的释为利用典型教育启蒙,刑人就是人的典型事迹；主张开垦荒地的，则认为刑人是奴隶，利用他们作为垦荒的主力。同样对于"见金夫"，或认为是有钱的男人，或解为强壮美貌的男人，或带着武器的男人。对"不有躬"也是如此，训释为不能躬行，不能恭敬，不守妇道，违背礼仪，躬是身体，不有躬是丧失生命，等等。上述各解，歧义迭出，大相径庭。如此纷繁的解释在易注中比比皆是，无怪乎人们见易畏难了。

此中定位的关键，是哪一种解释更符合此卦的内在逻辑，要重视全卦意义的关联，不可孤立作解。《蒙卦》围绕启蒙问题非常有秩序地列出：发蒙、包蒙、困蒙、童蒙、击蒙，一步深入一步。卦爻辞中列举了占筮告问、反面教员、善择配偶、包容关怀、困而励学、正面启发与扫除愚昧等，都是启蒙的必要形式，反映了先民开发民智、砥砺教育、通达民情，走向文明的历史经验和价值取向。

## 第三节　需卦、讼卦、师卦、比卦

### ䷄ 水天需　坎上乾下

第五卦 需：有孚，光亨，贞吉。利涉大川。

初九：需于郊，利用恒，无咎。

九二：需于沙，小有言，终吉。

九三：需于泥，致寇至。

六四：需于血，出自穴。

九五：需于酒食，贞吉。

上六：入于穴，有不速之客三人来，敬之终吉。

[解说]

"需"是卦名，卦象是上坎下乾，坎为水、为云，乾为天，《象传》训坎为陷，"需，须也；险在前也。刚健而不陷，其义不困穷矣。"意思是刚健的乾面前遇到险境，只有等待才不会困穷。《象传》以坎为云，取象"云上于天，需；君子以饮食宴乐"。两传义有不同。

"需"字的直接含义是需要和满足需要，亦可引申为须，具有等

待之义。我们这里取需要与满足需要为主题，仅以危险为副题，因为满足需要的活动必有风险，这在生活资料极不丰富的上古时代，是司空见惯的现象。多数解易者将此卦定位为等待，可能是受了《象传》训需为须的影响。

卦辞：人有需求是确定无疑的，但要光明正大地享有，坚守正道是吉祥的，可以远涉大川去求得。

第一阳爻：开发郊外的土地，能持久地满足人们的需求，没有害处。

第二阳爻：如果从沙地来求取，可能引起议论，结局还是好的。

第三阳爻：求之于沼泽，会陷入泥潭，招致盗匪的抢掠。

第四阴爻：想血食猎物，要到山穴去捕获。

第五阳爻：如能得到酒食的享用，真是求之不得！

第六阴爻：进入洞穴，意外地来了三个陌生人，只要礼貌地对待他们，大家相安无事。

图八·七 古人宴饮图

《帛书易传》中孔子曾说《需卦》所言乃"饮食之道"，《系辞传》、《伊川易传》和康熙御纂的《周易折中》引用多人易注大多持此说。但在注释每一爻辞时，又全以阳刚遇险必须待机而进为主旨，只有在解释"需于酒食"时才透出"饮食之道"的含义。我们这里是把"饮食之道"扩大为满足需要来理解全卦的。此卦一再重复说"需于郊"、"需于沙"、"需于泥"、"需于血"、"需于酒食"，排列很整齐，借以说明满足需要的不同方式和多种途径及其产生的结果。由此可以体悟先

民寻求满足需要以自养的复杂情况与艰苦努力。但多数解易者把此卦的主体不看成是先民，而是能够自动运行的《乾卦》三爻，是依据乾之刚爻离坎陷的远近来理解各爻的逻辑关系的，依次是进到郊外、近水的泥沙、出入于洞穴，是《乾卦》阳爻险极而出血，不是先民为了自养陷入了沼泽、出入于洞穴，也不是先民处于险境时招致匪寇与不速之客，而认为是爻位不正而有"寇至"，因有《乾卦》三阳进逼《坎卦》的上六阴爻才"有不速之客三人来"。这样理解易卦必然远离了此卦所反映的历史真实，当然也就不可能剥去其神秘的外衣。

其中有些字也必须灵活地理解，要针对语境逻辑地感悟其切近的含义，例如，"有孚"，有的理解为抓到俘虏或奴隶，有的则训为有诚信，不管是否切合上下文意，就会给读者莫名其妙之感。本文把它训释为"确定无疑"，这和"诚信"之意本质上是一致的。"需于血"一般都解释为"出血"，问题是"出血"也属于需要吗，或属于等待吗？这样理解语义似乎不通。本文认为，卦中的五个"需于"都及于特定的对象，不能违反它的逻辑。那么这个"血"，显然不是"需"的主体流出的，而是主体所需的或者是主体所等待的。这里的血只能是所需对象的血，显然是泛指血食、肉食。近似原始人茹毛饮血之义。而这种可供人食用的动物出自山穴之中。这样理解能够符合上下文意。先民生活的时代，获得食物和日用，常常发生争斗抢夺，大家都取自于自然，没有严格所属的含义，因而出现"寇至"、"不速之客来"是毫不奇怪的。

这样理解，反而会逻辑地引出下一卦《讼》来，因为有争，便有讼；有争讼便需要法制。正如荀子所说："人生而有欲，欲而不得，则不能无求。求而无度量分界，则不能不争。"(《荀子·礼论》)礼法制度之必要，就在于确立"度量分界"，以养人之欲而息争。

## 天水讼　乾上坎下

第六卦 讼：有孚窒，惕中吉，终凶；利见大人，不利涉大川。

初六：不永所事；小有言，终吉。

九二：不克讼，归而逋，其邑人三百户，无眚。

六三：食旧德，贞厉，终吉；或从王事，无成。

九四：不克讼；复即命，渝，安贞吉。

九五：讼，元吉。

上九：或锡之鞶带，终朝三褫之。

**[解说]**

《讼卦》是象征诉讼的卦，是《易经》最先接触到法制的一卦，其中记录了古代对打官司的看法，涉及诉讼的起因、过程和结局。

卦辞着重说明诉讼的出现，是因为维持人与人正常关系的诚信、德行遭到了阻断、闭塞所致，只有人人戒惧警觉地持守中和之道，不要偏激，才会吉祥如意。如果一遇争执就非打官司不可，终究有凶险。遇到问题可以求助于德望高的大人物指导解决，但不必外出远涉大河去寻求帮助，那样对自己不利。

《彖传》从卦象上说明"讼"的起因在于"上刚下险，险而健，讼"。从九二爻说明"刚来而得中也"，利用爻位说来解释"'终凶'，讼不可成也"。《象传》则用上下卦寓意"天与水违行，讼；君子以作事谋始"。两卦之间，天在上，属于纯阳之体，呈上升之势；水在下，有润下的特性，上下卦出现相反的行动，背道而驰，形成诉讼。君子防止成讼的办法是做事要有好的开始。这是《彖》、《象》的解释。

第一阴爻，不要坚持发生争执的事，纵然小有言语不和，终究是吉利的。

第二阳爻，是刚爻居柔中之位，显示出官司没有打赢，"归而逋"也就是逃而归，自己还拥有"邑人三百户"的小邑，不会造成灾祸。

第三阴爻，是说为了争取胜诉，或减少损失，在诉讼中人们往往会采取两种办法：一是"食旧德"，吃老本，包含多种内容，如凭借已有的社会地位、过去的功劳、祖上留下来的庇荫等等；二是"或从王事"，借为王公任事服役以争取宽佑和支持。比较起来，这两种办法前者有效，因为"旧德"影响日久，虽然形势严峻，但终究是吉利的；而那种临时抱王脚的行为，则难得有成。

第四阳爻，打官司再度失利，经过反复斟酌，放弃原定的诉求，

安守本分,结果是吉利的。

第五阳爻,占据了上卦的卦主位置,显示了诉讼的成功,这是诉讼的一种最好结局。当然是大吉大利的。《象传》认为《讼卦》把"元吉"之讼,放在九五爻上,从爻位说看是体现了"中正"之意,诉讼有了公正的判决。

第六阳爻,是《讼卦》的结尾,主要说明诉讼的结局不外乎两种:一是赏,"或锡之鞶带",如同赐给装饰华丽皮带的官服那样;二是罚,"终朝三褫之",如同一天三次把你的官服扒下那样。这是对赏罚所举的例子,属于形象的形容,不必实有其事。开头一个"或"字表示了这是可能性。所以不必像多数易学家所误解的那样:赏给胜诉者以官服,然后又一日三次罚他脱下官服。然而《象传》也做了这样的理解,故说"以讼受服,亦不足敬也。"其实,这里用赐服与褫服来形象地比喻赏和罚是诉讼的两种必然结果。只要争端进入诉讼程序,最后必须明确赏罚。

诉讼是怎样发生的?卦辞用"有孚窒"说明根源,这样说是正确的,归结为诚信的丧失和闭塞,这是从人与人的关系中找起讼原因。《象传》说的"上刚下险"和《象传》说的

图八·八 辨讼图

"天与水违行"，都不是真正的原因，只具有象征意义。

《讼卦》透露出一种慎讼观念，反对滥诉，起讼之初，要"不永所事"；诉讼失利，可以"归而逋"或"复即命，渝"；解决争端要依靠德高望重的大人物的指导等等，都体现了中国人非不得已不打官司的传统心理特征。

《讼卦》把公正地判案放在至高无上的位置，居九五独尊的地位。暗示了诉讼中最常遇到的干扰是凭借"旧德"和"王事"影响断案，前者还可以考虑，后者不能让他有成。诉讼的结果要达到明辨是非，赏善罚恶的目的。

总之，《讼卦》所蕴涵的这些观念与精神，至今仍有重要的借鉴意义。

## ☷☵ 地水师 坤上坎下

第七卦 师：贞，丈人吉，无咎。

初六：师出以律，否臧凶。

九二：在师，中吉，无咎，王三锡（同赐）命。

六三：师或舆尸，凶。

六四：师左次，无咎。

六五：田有禽，利执言，无咎。长子帅师，弟子舆尸，贞凶。

上六：大君有命，开国承家，小人勿用。

[解说]

《师卦》代表军队，卦象是地上积水，象征地面上聚集了一种像水一样可以进行冲击的力量。卦辞说，必须坚持正义的方向而又内部稳固，由经验丰富的长者统领军队是吉祥的，可以避免灾难。

《象传》说："师，众也；贞，正也；能以众正，可以王矣。刚中而应，行险而顺，以此毒天下，而民从之，吉又何咎矣。"意思是说，《师卦》之义在于聚众，统领众人从事正义行动，这样可以成就王业。六爻中只有一个阳爻，占据了下（内）卦九二显要位置，显示出《师卦》具有"刚中"即内部巩固而又能四方呼应的特征，虽然《坎卦》有险阻

含义,但坤有平顺之义,呈现出"行险而顺"的处境。如果王公能够在政治上这样治理天下,民众会服从,当然是吉利而没有灾祸的。

《象传》:"地中有水,师;君子以容民畜众。"上卦为坤代表地,下卦为坎代表水,地下储存着水,如同国家有军队。兵形如水,行于地中。君子要这样容纳民众储备兵力。

第一阴爻:出师征战,必须树立严明的法度纪律,军纪松懈必定凶险。

第二阳爻:将在军中,正确指挥,吉祥,没有灾祸;君王多次嘉奖授命。

第三阴爻:(遇到强敌)拼死进攻会增加伤亡,极其凶险。

第四阴爻:在积极防御中进攻,就能转危为安、没有灾祸。

图八·九　水陆攻战图(采自战国铜纹壶,局部)

第五阴爻:占据外卦中位,在对敌中又处于主导地位,敌人偷袭阵地,像田中钻进了野禽,利于抓获俘虏审问他们,使其不能为害。让杰出的人指挥军队,让辅助人员运送阵亡的人,脱离危险。

第六阴爻:(在战争胜利后,)天子颁布法令,论功行赏,分封诸侯建邦立国,卿士大夫兴家立嗣。没有寸功的人,不予重用。

这一卦,从卦名到内容,都是论述战争,非常简略地描绘了一场战争的典型过程。对此研易者没有多大争议。有些人就联想到武王伐纣,以弱战强,大获全胜,分封天下诸侯大夫

的盛况。甚至有人说，《周易》写的是周朝取代殷商立国的历史，当然这一卦就成了此说的主要论据之一。问题是要不要如此对号入座，倒是很值得研究的。

卦辞中一开始就提出"贞"，有占问之意，类似于《孙子兵法》中说的军事行动前的"庙算"，用今天的话说，就是要制定作战方略。接着就提出选择军队的统帅，必须是有卓越指挥才能和德望高的"丈人"，丈人为成熟老练之人。随后便提出了出师必须严明法纪，盛壮军威。这可以说是全面抓住了整军作战的三大要素：选将帅、定战计、立军威。

治军打仗的其他要策也没有放过。以九二阳爻居于内卦主爻中位，对全卦具有主宰作用，也是战局中制胜的关键环节，此爻辞着重强调将帅要坚守在军中，不许脱离军旅，对待士卒要宽严得当、指挥作战要正确，皆符合"中"的标准。做到这样很不容易，《象传》赞为"承天宠"、"怀万邦"，既得到上天的宠爱，又获得天下万国的拥护。这样军队自然是吉祥如意而没有灾祸的。军队要打胜仗，一定要和君王保持密切联系，君王要多奖励军队，军队要忠实执行王命。

六三爻为内卦上爻、六四爻为外卦下爻，上下卦之间呈短兵相接之势，前者之"师"主攻，车载尸体，牺牲很大；后者之"师"主守，以左军御敌。这两个爻辞点明了作战中应遵循的攻守原则和奇正规律。

六五爻与九二爻相应，讲的都是克敌制胜的主要策略，最后阐明战争胜利后，据功行赏、分封邦家的壮举。

解析此卦有歧义的是对几个概念理解不同，如"舆尸"，一说是指出兵时军中车载先祖牌位的一种仪仗，以励军死战，而不是指车载死尸，以喻战争中的重大牺牲。不过说用牌位激励军中士气，为什么一定会"凶"，就说不通了。应当是助军显出神威才对，但爻辞中没有这个意思，所以此说值得怀疑。

对于"师左次"的解释也有不同，有的当做布军退却，有的认为是让左军驻守在高地上策应等等。大多反映出对古代军制和军阵不大了解所致。春秋以前，军制尚未发展为三军，主要由右军和左军组成，统帅领右军，由左军来护卫。右军为正，左军为奇。以后发展为三军建制，统帅在中军，形成了左右军或前后军护卫中军的格

局。因此"师左次"是让左军在靠近敌军方向设营垒屯驻以防御敌军的进犯,并能在右军掩护下随机出击敌军,这是古代早期常用的一种车步协同作战的战阵。所以,《象传》说这样布军万无一失(无咎),因为"未失常也"。

六五:"田有禽,利执言",一般解释也各不相同,主要是讲战争,突然提出田里有禽,似乎义不相接。实际上这里是比喻阵地上出现了敌人,如同田中钻进了猎物,"利执言"就是把他们抓起来加以审问的意思。这很合乎逻辑。

"长子帅师,弟子舆尸,贞凶。"这里的长子与弟子主要是一个年龄、战斗素养、作战能力和在军中地位不同的概念,让年幼没有战斗经验的人运送尸体,这样安排是很危险的。卦辞中说"贞,丈人吉",这里说到"长子帅师,弟子舆尸",为什么反而"贞凶"呢?一个是"丈人",并不等同于"长子",可能是更高于后者的概念;"帅师"层次并不高,不见得就是做统帅指挥战斗,而只是参与战斗的意思。读《管子》可以发现,直到管仲时"帅"是受到"连长"管辖的小职务,就是明证。我在理解此卦时不采取凡是"贞"必训为正、正道或贞问、占问,而是灵活地领会其相近的意思。"贞"是属于认识范畴中的概念,训为正、守正之类,是指心正为贞;训为贞问或占问之类,不离认识上的询问之意,都和认识有关。在此,前一个贞,我把它占问的含义引申为军事行动前的"庙算",属于作军事计划;后一个贞,则引申为"这样安排",体现为一种打算、意向。

整个师卦,寥寥数语,不仅描述了战争的整个过程,还微妙地指明了最重要的兵法原则,堪称是对古代战争经验高度精练的总结。

## ䷇ 水地比 坎上坤下

第八卦 比:吉。原筮元永贞,无咎。不宁方来,后夫凶。

初六:有孚比之,无咎;有孚盈缶,终来有他,吉。

六二:比之自内,贞吉。

六三:比之匪人。

六四:外比之,贞吉。

九五：显比，王用三驱，失前禽。邑人不诫，吉。

上六：比之无首，凶。

[解说]

《比卦》是象征人与人、群与群、国与国之间的亲善与互助、团结与友谊的卦。天涯若比邻之比也。卦象是坎上坤下，取象于水在地面上流动，寓意水润泽土地的亲和关系。这在农耕文明中是一幅水土融和可以获得好收成的美好图景。

卦辞说，建立亲善与友谊是吉祥的。头人（元）运用你们的龟卜神筮去安排好正当而持久的友善吧，那样做是不会带来灾祸的。不安宁的方国也来结盟修好，生怕落在后面会遭遇凶险。

《彖传》以九五阳爻占据上卦中位（"刚中"），把以下四个阴爻（初六至六四）与之相应，称为"下顺从也"，借以说明这种亲比关系。《象传》则以"地上有水"来比附这种关系，借以申述"先王以建万国，亲诸侯"之义。这样解释都符合卦义。

第一阴爻，建立亲睦关系之初，要显示结好的诚信，不会发生灾祸；这种诚信越显示得充分，如同把美酒储满瓦罐那样，终会招致更多的朋友前来结好，这是吉祥的。

第二阴爻，加强内部团结，首先要正己是吉祥的。《象传》说："比之自内，不自失也。"如果内部不团结而要结好外方，那是一种"自失"行为。

第三阴爻，（切勿）结交了不合适的人。

第四阴爻，正当（贞）地对外结交友人（友邦），是吉祥的。

第五阳爻，公开地结交友邦，如同大王狩猎那样，三面包围，一面开放，宁肯让前面的猎物逃逸，也不要封死。这样天下臣民就不用提防你，这是吉祥的。《象传》说："显比之吉，位正中也。舍逆取顺，失前禽也。邑人不诫，上使中也。"这是比卦最吉的一条爻辞，处于九五尊位，舍去上六相逆的阴爻，从爻象上表现了"失前禽"之意，"邑人不诫"，反映了在上位者驱使下民是得当（中）的。

第六阴爻，排除了首领的亲密，是危险的。或者说，没有领导的结盟，危险。

图八·一〇　邻里和睦图（杨鸿山作）

　　把《比卦》的主题解读为寓有亲善、团结、友谊、结盟等含义，多数解易者的认识基本上是一致的。解卦中存在异议和难点之处主要有以下几点：

　　"原筮元永贞"，对于"原筮"，《周易集解》引干宝语，认为依据《周礼》三卜一曰"原兆"，是指"卜也"。此解推定"原筮"属于早于筮卦的龟卜，但这里说的是"筮"不是卜，所以这样解释显得牵强。《尚书·洪范》曾言及"谋及卜筮，龟从筮从"，是列举古老的"卜筮"来理解"原筮"似比较合适。因《尔雅·释言》有云"原，再也"，于是把"原筮"做"再筮"解，以表示慎重。其实既从龟又从筮，岂不更显慎重？"元"一般做国邦的元首或原始部落的头人解。"永"有长久、持久、长远之意，"贞"在这里有遵循正道之意。因此我们把这句话释义为"头人（元）运用你们的龟卜神筮去安排好正当而持久的友善吧"。虽是句子长些，但与义切近。

　　"不宁方来，后夫凶。"这个命题，有实指和虚指两重含义，古代易家大多都按实指来解释，认为是指不安宁、不稳定或不大友好的方国前来表示亲睦，后来晚到的方国将会有凶险。我大体也取此

意,这是实指。但实际上这是一个富有哲理性的抽象命题,其义类似于《坤卦》中的"履霜坚冰至",体现了辩证思维观念。其含义可以被理解为:不安宁刚刚来到,随后会有更大的凶险。这样理解并不违背古汉语的规则。这个命题,有一定的哲理性。

《比卦》对于结交亲睦关系作了相当全面地分析。例如,卦辞是全卦的主题,立意高远,提到国家安全的高度,充分揭示了国与国之间建立亲睦关系的战略意义;而亲睦关系的基础是彼此的诚信,一开头就便指明了国家内部的巩固团结和国家之间相互亲善的关系,并着重指出内外的亲比团结都要求防止结交"匪(非)人"的问题;比的最高要求是"显比",即公开的正大光明地结成广泛的同盟,但不要试图网罗一切,搞暗中勾结,这样可以做到使所有臣民完全放心,没有戒惧。《比卦》对建立亲比关系最后的告诫是不可"比之无首",这个"首"字,含义很深很广,可以理解为首领、核心、前提、原则、纲领等等,或诸义兼而有之。这样一套统战方略、外交韬略还缺少什么呢?

## 第四节　小畜卦、履卦、泰卦、否卦

### ䷈ 风天小畜　巽上乾下

第九卦 小畜:亨。密云不雨,自我西郊。

初九,复自道,何其咎? 吉。

九二,牵复,吉。

九三,舆说(脱)辐,夫妻反目。

六四,有孚;血(恤)去惕出,无咎。

九五,有孚挛如,富以其邻。

上九,既雨既处,尚德载;妇贞厉,月几望;君子征凶。

[解说]

卦名"小畜",畜有养的含义,不同于积蓄之蓄。《小畜》表达了创造小康生活、共同富裕的思想,因此此卦首先肯定走小康之路是

通达之路。在农业文明的生活条件下,创造小康生活,非常看重雨水对农作物的天然灌溉,一场喜雨往往会给农人带来一年的富裕生活,相反也会成为一年贫困生活的原由。卦辞中说自己所耕种的西郊,虽然阴云密布,但还没有落下雨水,借以表示对雨水的渴望,也就是对创造小康生活的期待。因此这句话的末尾并没有吉或不吉之类的断占之语。

从卦象看,《彖传》说是"柔得位","刚中","而上下应之"。是亨通之卦。《象传》说是"风行天上",呈现出君子修养"文德"的景象。大体上反映了小康的追求意向。

第一阳爻,坚持走自己的(小畜即小康)之路,会有什么害处呢?是吉利的。

第二阳爻,要带动(牵)众人都走这条路(复),是吉祥的。刚爻占据下卦的中位,有牵动其他爻之象,是"复自道"的扩展。

第三阳爻,在行进中,大车的轮子脱落了辐条,夫妻间互相埋怨,表示走在小康之路上的亲密的人,因遇到困难,如"舆脱辐"那样,内部会出现冲突。这爻是内卦向外卦的转折。

第四阴爻,要拿出诚意,对别人要富于同情心(恤),警惕自己犯错误(惕出),这样就不会有灾祸了。

第五阳爻,大家以诚信(有孚)为基础联合(挛如)起来,走向共同富裕(富以其邻)。这一爻点出了全卦的主题。《象传》也赞扬说:"有孚挛如,不独富也。"可谓点睛之笔。

第六阳爻,喜雨落下了(既雨),人们安居了(既处),崇尚道德之风盛行了(尚德载),正如月儿圆了还会缺,实现女人们的祈求(贞)变得严峻(厉),而男人们出征也很凶险。

畜之义,如何解很重要。《周易集解》引崔觐注云:此卦五阳爻围聚一阴爻六四,是"五阳藏于一阴,故'有所畜矣'。"把畜解为储藏的意思。朱熹的《周易本义》则说"畜,止之义也。"有留驻之义。畜多有蓄义。其实畜的直接含义是养,如同畜士即养士一般。小畜即小养,是一种小康之养。在农业社会,能不能自给自养是最重要的国计民生问题。《小畜卦》所表达的正是初民的这样一种共谋生存之道的思想,表现了小康的愿望。韩康伯曾说,孔子所讲的"庶富

图八·一一　密云不雨图（杨鸿山作）

教"思想"是其义也"。这个领会可能是近于原意的。

　　文中提到"自我西郊"，有些人便想到这是周文王系辞时暗指周的发祥地西岐。其实不必如此对号入座，那样便把解易的思路引向解读西周兴国的历史，越发显得牵强。仅以小小一卦难以说得清楚。如用各卦通盘解说西周兴国史，那《周易》就等于作周史观。那样对易和史都难免发生支离破碎的问题，不可取。

　　"复自道"，有些注易家解释为顺原路回去，本书鉴于前后两个"复"字，如作重复解，全卦的意思变得琐细而不连贯。本书解为"走自己的路"，其含义的分量自不相同。

　　易卦六爻，由初到上，大凡都有循序渐进、是否得位与进退、引斥和有限度发展以及物极则反的道理。这都是易经自身所蕴含的哲理，无需外加，也无须强解。《小畜卦》就是体现这些原理的普通易卦之一。在解卦时，需要用一种力图还原的悟性慧见之力，去把它从前言不搭后语貌似支离的状态中释读出来。这是当代解易者的一项责任。

## ䷉ 天泽履　乾上兑下

　　第十卦　履：履虎尾，不咥人，亨。

初九：素履,往,无咎。

九二：履道坦坦,幽人贞吉。

六三：眇能视,跛能履,履虎尾,咥人,凶。武人为于大君。

九四：履虎尾,愬愬,终吉。

九五：夬履,贞厉。

上九：视履考祥,其旋元吉。


[解说]

从《序卦传》所言:"物畜然后有礼,故受之以履。"足见上一卦确实是说小康的。经济发展之后兴修礼仪,可以看做孔子"庶富教"的思想渊源。这是中国先祖治国安邦一以贯之的政治智慧。所以《伊川易传·履序卦》干脆说:"履,礼也。履,人之所履也。为卦天上泽下,天而在上,泽而处下,上下之分,尊卑之义,礼之当也,礼之本也,常履之道也,故为履。"

履,践履,是实践的意思。在这里,是指实践明上下、等贵贱、严尊卑的礼制。制度是刚性的,人的行为是柔性的。正如《彖传》所说:"履,柔履刚也。说而应乎乾,是以履虎尾,不咥人,亨。刚中正。"所谓"柔履刚"就是人要执行礼制。《象传》曰:"上天下泽,履;君子以辨上下,安民志。"也认为只有"辨上下",才能"安民志",实质上推行礼制是安君上之志。这两传对此卦所解是深得本义的,而程传所言尤近古义。

值得注意的是,此卦把古代礼仪制度及其雏形,即一切社会规范,比喻为"虎尾"。人之所履,有善有不善,故有时"咥人",有时"不咥人"。"咥(dié)人"就是老虎咬人或吃人。俗话说,老虎屁股摸不得,不能不小心从事。卦辞形象生动地勾画了这一主题。

第一阳爻,质朴地践履(规范),只管去做吧,没有灾祸。

第二阳爻,践履规范的大道很平坦,自觉地守持正道更吉祥(贞吉)。幽人,即未被注目、未受到监督的人。幽人坚守正道,无疑是自觉地遵守。《象传》曰:"幽人贞吉,中不自乱也。"行为适中而不自乱,正是自觉的表现。

第三阴爻,(爻辞词义倒装)赳赳武夫当上君王,政策法令严

酷无比,臣民像踩着虎尾要被吃掉那样,急得盲眇之人能看物,瘸腿之人去跋涉,不然有凶险。《象传》曰:"眇能视,不足以有明也。跛能履,不足以与行也。咥人之凶。"恰好说明这种"不足以有明"之视与"不足以与行"之履,是被这类刚愎大君的"咥人之凶"强逼出来的。

第四阳爻,执行规范(由"履虎尾"引申)要小心谨慎、严肃认真(愬愬),终究是吉祥的。

第五阳爻,"夬履"即决履,独断专行。即便坚持了正确主张(贞),也是危险的(厉)。

第六阳爻,践履之终要考察成功(祥)的经验,有普遍参考(其旋)意义的应当视为最有价值(元吉)。

《象传》曰:"元吉在上,大有庆也。"说的也是这个意思。

图八·一二　履者礼也(杨鸿山作)

履卦是一个比较集中讲述推行礼仪制度和社会规范经验的卦文,反映了创立古《易》的先祖们治国安邦的丰富经验和卓越智慧。他们往往就十分严肃的生存发展的大问题,用轻松诙谐的语言,极其形象生动地表达出深邃的思想。大体用这样几种方式:一是用形象事例表述抽象命题;二是用个案例证普遍命题;三是用典型表现

以展开不同侧面；四是结合卦爻象体现评价与变化；五是坚持和谐、均衡、中正而因应渐进、有度与转化的原则。

这样就深刻体现出华夏族群繁衍生息、生存发展、亘古绵延的大智慧、大谋略。看起来好像是占卜、算卦、迷信玩意儿，实质上是先祖们为一个古老文明民族的生存发展在制定着不能有误的韬略。人谋鬼谋一齐用，智算庙算都先行。

一向不为易学家十分看重的寻常《履卦》，却娓娓道出一番推行文明制度的大道理。政治统治、社会管理、施行法令、治国安邦，无论对治人者或治于人者来说，都像是一场"履虎尾"的经历，必须谨慎地进行。老虎屁股，摸得好，可以不吃人，摸得不好是要吃人的。这要求你慎治，对国家神器决不可轻率使用。这是我国古老文明中一以贯之的政治理念。

《履卦》用反常的引人注目的方式处理了三个关键性爻辞，一是六三，是五阳环绕中的唯一阴爻，因其柔占刚位，引出了一个对暴君式的统治严声厉色的警告。二是九五，一般阳爻占据君位，多断为大吉大利之卦，但这里却是警告独断专行。即便坚持了正确主张（贞），也是危险的（厉）。套用通常的爻位说，对这一爻是解释不清楚的。三是上九，一般处于末位，不论阴爻阳爻，强弩之末，盛极必反，弱极必殒，多不吉利，但在这里反以总结《履卦》的方式，许以"元吉"作结，成为"大有庆"之爻。分析其卦意，主要在于表达一种政治上抑刚贵柔、具有重德轻刑特征的思想。

## ☷☰ 地天泰　坤上乾下

第十一卦 泰：小往大来，吉亨。

初九：拔茅，茹以其汇，征吉。

九二：包荒，用冯河，不遐遗，朋亡，得（德）尚于中行。

九三：无平不陂，无往不复，艰贞无咎。勿恤其孚，于食有福。

六四：翩翩，不富以其邻，不戒以孚。

六五：帝乙归妹，以祉元吉。

上六:城复于隍,勿用师。自邑告命,贞吝。

**[解说]**

《泰卦》是《易经》中最重要卦之一。它的卦象地在上、天在下,和自然状态中天在上地在下正好相反,体现出阴阳交感的关系。因为在天地间有能量交流和交换的关系,中国古人把这种关系叫做阴气阳气交感。在《易经》中把阴气称做小、把阳气称做大,用大小表示阳刚阴柔的特性。所以,卦辞说"小往大来",就是指天的阳气在下向上升腾,地的阴气在上向下沉降,交流畅通成和,这是吉利亨通的。

第一阳爻,拔茅草,它们的根是连结在一起的。出征打仗也要对敌人连根拔起,这是吉祥的。《易经》作者在这里借茅茹紧密相连的现象,说明天地间阴、阳二气是紧密联系着的。扩而大之,天地交泰,生成万物也是紧密联系着的。这是用形象思维"拔茅茹汇",表述了一个关于事物普遍联系的哲理。

第二阳爻,天覆盖大地,包括四野八荒,人效法阳刚之气,就要果敢行动,像敢于徒手渡过大河那样;效法阴柔之气,就要和顺各方,不遗弃远人,不勾结近人,崇尚中和德行。

第三阳爻,没有只是平坦而无坎坷的路,也没有只能前往而不能回返的路,(在社会生活中)只有坚韧地持守正道才不会蒙难。处泰时节,不用为他人是否诚信而担心,安享自己的幸福生活吧。

第四阴爻,上卦《坤》从六四开始,三个阴爻被下卦《乾》的三个阳爻吸引(异性相吸),翩翩降落,与阳气交和成泰,彼此能量都很充实,无须相互补充,六四阴爻不需要充实临近的六五与上六阴爻(不富以其邻),它们之间的特性是相同的,无须戒备其不足。

第五阴爻,殷纣王的父王帝乙将女儿(公主)下嫁给臣子,使他们得到福祉,大吉大利。男女美满的婚姻也是天地交泰的一种表现。

第六阴爻,城墙倒塌填满了城外的壕沟(隍),已不能动用军队防守,只能在自己的邑里发布命令,即使做得正确也很艰难了。

《泰卦》讲的是天地阴阳的关系,在六十四卦中说的是宏观问题,涉及的是大主题,因而表达出的哲学观点比较多而集中,尤其是

图八·一三　普庆升平图（清张恺等作，局部）

辩证法观念很丰富。由于过去的解易著作大多据守于章句，被一些古奥的词句所苦，常常不能得其要领，把卦文中的意思割裂为互不连贯的文意，读了令人惊诧不已。也不了解先民创立《易》的原始思维已经发展到由实象思维进入形象思维为主、抽象思维为辅的历史阶段，是智慧水平已经达到相当完备的程度。因此，后代研易者，必须掌握这一思维特点，方能从五花八门的形象命题背后领悟到思想与智能的硕果。智慧的水平取决于认识所反映的客观事物的本质和规律性，当然必须凭借概念、抽象思维和理论体系将其揭示出来。但是，在古人认识的发展历史中，许多本质和规律性的反映，是靠形象思维的方式来完成的。这有一个发展过程。因此在我们研读像《周易》这样的古籍时，就必须善于从形象事物和命题背后寻找智慧的、思想的、理性的真谛。这是一个带有方法论意义的问题。既要做历史真实的还原，又要做本质的合乎逻辑的接引。还原而不泥古，接引而不拔高。这是一个需要多代人合智接力做的工作。易学就是这么发展的。不同时代有不同的解读和收益，永无止期！

　　《泰卦》集中表达了阴阳交感、对立面依存与转化的思想；小往大来、无平不陂、无往不复的发展变化的思想；拔茅茹汇的普遍联系的观念；城复于隍、泰极否来的矛盾转化与发生逆转的思想。可以毫不夸张地说，一个《泰卦》可以展开为一部辩证法著作。

　　《彖传》和《象传》对这一卦的解释强调了天地交、上下交、内外交，发现了天地之道与天地之宜对自然与人文的指导意义，对揭示

《泰卦》的哲理有所裨益。

### ䷋ 天地否 乾上坤下

第十二卦 否：否之匪人，不利君子贞；大往小来。

初六，拔茅，茹以其汇，贞吉，亨。

六二，包承，小人吉；大人否亨。

六三，包羞。

九四，有命无咎，畴离祉。

九五，休否，大人吉；其亡其亡，系于苞桑。

上九，倾否；先否后喜。

[解说]

《否卦》是《泰卦》的反卦，卦象相反，是天在上，地在下，与自然状态中天地的分布一样，在卦中却赋予了与《泰卦》相反的含义。《易经》的作者将它命名为"否"（读音 pǐ，），义为闭塞不通。因为天的阳气上升，地的阴气下降，这种状态下的天地之气，不是不运动，而是"大往小来"，做分离排斥的运动，在天地之间出现了背离的关系，呈现出隔绝式封闭。阴阳之气的能量不能交流、不能结合，因而和《泰卦》"小往大来"、天地通流、阴阳和合、生成万物相反，《否卦》是不能生成万物的卦。但不可因此而理解为它是毁灭一切的卦。不能生成万物，不等于毁灭万物，必须分清。在六十四卦周流之中，《否卦》所代表的闭塞不通，是运动过程中的一种状态。否和泰是一对矛盾，总是在运动并处于相互转化的过程之中，属于对立性转化。《否卦》也与其他卦存在转化关系，那属于联系性转化。因此，《易经》作者并没有把《否卦》完全推定为凶卦，这从卦爻辞中是看得出来的。人具有社会性，闭塞不通是一种非人性状态，尤其不适合于担负重要的社会使命，因为社会关系的隔绝，使他们无从发挥积极作用，而这对于那些在社会生活中无足轻重的人可能危害不大。所以，《象传》在解释卦辞时，除了讲了上述意思之外，格外指出否卦状态对人来说是"小人道长，君子道消也"。其实所谓"道长"与"道

"消"的问题,实际上就是对什么人的发展产生了限制束缚的问题。《象传》也说:"天地不交,否;君子以俭德辟难,不可荣以禄。"主张这时君子要退隐,不要贪图荣华富贵。

第一阴爻,拔茅草就可以发现根连着根,物以其类聚集在一起,人能行得正就吉利,行得通。

第二阴爻,对于闭塞容忍承受,不正派的人(小人)能够吉利,正派人(君子)不能吉利顺畅。

图八·一四　剑阁图(清罗聘作,局部)

第三阴爻,容忍闭塞者蒙羞。

第四阳爻,以打通闭塞为己任不会招致灾祸,志同道合者脱离闭塞,一起得到幸福。

第五阳爻,结束闭塞不通状态,君子吉利,但要牢牢记住危殆时刻。

第六阳爻,把《否卦》颠倒过来(就成了《泰卦》),这是先"否"后得到喜悦啊!

《易经》作者通过《否卦》所表述的思想和《泰卦》是一致的,所不同的是它是从反面进行的。两卦合起来,否极泰来或相反,就把向反面转化的思想很自觉地体现了出来了。笔者不认为这是我们赋予《易经》的思想,尽管原作者只表述为"小往大来"或"大往小来",说这就是道出了矛盾转化思想,只不过是反映了问题的实质,并没有为它增加什么,完全是对文本的正常解读。

在这一卦中,比较令人费解的词句不多,"畴离祉"算是一个。畴是分类的意思,这里是指以什么为"命"的同类人,离依然训为脱离,祉

是福祉。我们就释义为"志同道合者脱离闭塞，一起得到幸福"，大体符合原义。

值得指出的是《否卦》只在下卦的六二、六三爻中讲了一些并不严重的不吉的断语，初六是吉的、亨的，上卦三个爻都处在否向泰的转化之中。这说明此卦主要用意在于表述矛盾事物转化的思想。这应当成为我们研习此卦的重点。

# 第五节　同人卦、大有卦、谦卦、豫卦

## ☲ 天火同人 乾上离下

第十三卦 同人：同人于野，亨。利涉大川，利君子贞。

初九：同人于门，无咎。

六二：同人于宗，吝。

九三：伏戎于莽，升其高陵，三岁不兴。

九四：乘其墉，弗克攻，吉。

九五：同人，先号啕而后笑。大师克相遇。

上九：同人于郊，无悔。

[解说]

《同人卦》是继闭塞不通的《否卦》之后转向通和的一卦。同人就是指"和同"的人们，一伙志同道合的人。卦象是天下大火燃烧，景象十分壮观。天是清轻之阳气厚积于上，火具有"炎上"的特性。卦中又藏有《巽卦》（由二、三、四爻组成），作为"互卦"以风助燃，自有一种野火烧不尽的气势。前面的《比卦》有结为亲善关系的含义，卦象是水漫流于大地，和天下大火燃烧正好相映成趣。因此这两卦有相似之处，都反映了一种亲和的人际关系。但又有所不同，《比卦》重于外联，而《同人》则重于内同；前者体现为友谊，后者则引以为同志，是一种内在的凝聚力使他们成为同人。《象传》着重强调"能通天下之志"。《象传》曰："天与火，同人；君子以类族辨物。"说的也是这个意思。在社会生活

中,这两种关系都是必要的。因此卦辞说,这种同人关系是能够经受跋涉荒野与渡过大川严峻考验的,是历尽艰险保证亨通之德,有利于君子维护正道。

第一阳爻,志同道合的人结为同门是可以的,没有什么害处。

第二阴爻,只和同宗族的人结为同人关系,过于狭隘。

第三阳爻,把军队隐伏在丛林中,控制住高高山岭(加以固守防御),长时间不兴兵进攻。

《象传》曰:"伏戎于莽,敌刚也。三岁不兴,安行也。"因为遇到了强敌,必须积极防守,不贸然进攻是安全的行动。把"安行"解释为不敢进攻,与义不符。

第四阳爻,占领了敌方的城池,但不必攻杀城中的百姓,这是吉祥的。

《象传》曰:"乘其墉,义弗克也,其吉,则困而反则也。"军队站在敌人的城墙上,为了义而不去攻克它,用围困把敌方逼向投诚(困而反则)。这是《易》中透露出来的、古已有之的"兵不血刃"与"不战而屈人之兵"的思想。

第五阳爻,同人之师,经过坚苦卓绝的战斗,在大军胜利会师时,激动得先号啕大哭而后喜悦地大笑。

第六阳爻,为寻求(志同道合的)同人,即便踏遍荒郊野外去寻访,也无怨无悔。

图八·一五　田横五百壮士图(徐悲鸿作)

苏东坡认为:"水之于地为比,火之与天为同人。同人与比,相近而不同,不可不察也。比以无所不比为比,而同人以有所不同为同,故君子以类族辨物。"(《东坡易传》)他坚持了中国区分"和同"的传统看法,强调同不是无差别的全同、一同,而是"以有所不同为'同'",这是符合辩证法的。我们在理解同人时,是把志同作为同人的核心特点来看待的。志同为同人,并不强求一切皆同。

"初九:同人于门",一般都按照《象传》"出门同人"来理解,是走出门去找同人的意思。我们把"同人于门"理解为结为"同门"的意思,处在卦的开始,是同人的一种初级形式。不是简单地指地点。

"同人"以志同为特点,这是此卦展开的逻辑核心,志同要经受艰险的考验,要经过战斗的洗礼,志同不能仅仅停留在是同门的水准上,要达到能够打胜仗的军队那样的组织水平与同仇敌忾的意识。因此在这一卦中自然要用军事行动来说明同人的关系。寥寥数语相当完整地揭示了社会生活中的同人关系。

## ䷍ 火天大有 离上乾下

第十四卦 大有:元亨。

初九:无交害,匪咎,艰则无咎。

九二:大车以载,有攸往,无咎。

九三:公用亨于天子,小人弗克。

九四:匪其彭(膨),无咎。

六五:厥孚交如,威如;吉。

上九:自天佑之,吉无不利。

[解说]

《大有卦》取象于火在天上,如同一轮红日,光明高照四方,寓意富有天下。卦象是《同人》上下卦的倒置,而卦义却做了拓展,由志同道合发展为拥有天下。卦辞说富有天下是最大的亨通,似有大一统思想的萌芽。

《序卦传》解释说:"与人同者,物必归焉,故受之以大有。"这说

明《大有》由《同人》而来，它不同于《泰》转变为《否》是对立性转化，这是一种发展性转化。《象传》说：《大有》是六五阴爻"柔得尊位，大中而上下应之"，一个阴爻得到上下五个阳爻的拥戴，因此其卦德是"刚健而文明，应乎天而时行"，属于"元亨"之卦，这里侧重于爻位的分析。《象传》则侧重于卦象分析："火在天上，大有；君子以遏恶扬善，顺天休命。"这两传把《序卦》侧重于讲《大有》为"物"之所"归"，引申为天下广有道德文明，也属于《大有》的含义。可见，《大有》讲的是天子的富有，主要不是讲私家的富有。

第一阳爻，实现富有天下，要从（各个邦国）互不相害做起，自己要从艰苦创业做起，这样绝无祸患。

第二阳爻，用大车装载物资，相互交往，没有灾祸。

第三阳爻，各邦国的公侯享用天子的宴请，小人却不能享用。

第四阳爻，谁也不要扩张（膨胀），就不会有灾祸。

第五阴爻，天子以诚信示天下，又加诸威严，吉利。

第六阳爻，依靠上天保佑，大吉没有不利。

图八·一六　大车以载图（杨鸿山作）

《大有卦》的主题宏大，表现了天子富有四海、一统天下的政治理想，其中讲的"无交害"、"有攸往"、"匪其彭"和"厥孚交如，威如"，都是天子与列国间的关系问题，主要不是指一般的人际关系。因为这里

讲的是王天下的大主题、大事业,能够保佑它的力量,唯有上天。在中国上古时期,上天保佑天下,具体表现于社会,就是人民对王业的支持和拥戴,天总是落脚于民的。民为邦本的思想早已有之。

长期以来,对《大有卦》的注释,着眼的层次过低,大都不提到王天下为"大有"的高度来解说,失之于委琐不经。正如易学家郑汝谐批评的那样:"说易者,其失在于泥爻以求义。"①只见树木,不见森林。

## ䷎ 地山谦　坤上艮下

第十五卦　谦:亨,君子有终。

初六,谦谦君子,用涉大川,吉。

六二:鸣谦,贞吉。

九三:劳谦,君子有终,吉。

六四:无不利,撝谦。

六五:不富以其邻,利用侵伐,无不利。

上六:鸣谦,利用行师,征邑国。

[解说]

《谦卦》是象征谦虚、谦逊的卦。卦象是高大的山,潜藏在地中,形容谦虚、谦逊之德就是把崇高德行和卓越智慧掩藏起来,甘处低下,不以自高显示,犹如"地山谦"那样。《易经》中贯穿着事物发展过度要逆转的思想,引导事物均衡地向前发展。因此在《大有》之后,以《谦》予以调节。卦辞说,谦虚、谦逊能够顺利通达,具备这种品德的君子有前途,"有终"即有好结果,意为前途光明。

第一阴爻,谦恭有加(谦谦)的君子,适合委以重任,这样吉祥。"用涉大川"即用以长途跋涉。意为堪负重任。

第二阴爻,名望很高依然谦逊,这种正直品行是吉祥的。

第三阳爻,劳苦功高依然谦逊的君子,有好结果,吉祥。

第四阴爻,实施谦德,没有什么不利的。撝(huī),施为,形如手

---

① 《周易折中》上,九州出版社,第145页。

在做事。"扬谦",意为实施、实行谦德。

第五阴爻,(帝王之谦)不用财富向邻国炫耀,却可用兵讨伐不驯服者,这样没有什么不利的。阴柔居于六五君位,与九五君位相比,是帝王之谦。

第六阴爻,(君王)声名远播却很谦虚,有利于用兵打仗,征讨不驯服的邑和国。

图八·一七　谦谦君子图(杨鸿山作)

《谦卦》相当全面地表达了先民关于谦虚之德的思想。首先,涉及坚持谦虚之德的意义,在于对个人、对事业、对国家具有"亨",即顺利通达;"有终",有好结果;谦虚的人能够担负重任,办大事,"用涉大川"三方面的重大作用。其次是谦虚的主要表现在名望、功劳和财富三个主要方面,即"鸣谦"、"劳谦"、"不富"。这是最容易产生自傲的基本原因,《谦卦》将其全面列出。其三,还区别了一般人、君子和君王不同层次谦虚的表现。例如"撝谦"是在社会上推行谦德的意思,那是对有权力的、担负教化功能的人说的。其四,谦虚是有度的,不可绝对化,尤其是帝王之谦并不排斥兴师用兵征伐那些敌对的"邑国"。这不属于谦虚范畴的问题。

《谦卦》又一次证明了易卦的内在逻辑是相当周密的,解易者必须用悟性去揭示其内在的逻辑关系,才能深入领悟蕴涵其中的生存

大智慧。而不只是俯拾一些先民遗留下来的奇妙陶片！

值得提出的是，《易经》在多个卦中提到"富以其邻"或"不富以其邻"的话，在不同的卦中具体含义并不完全相同，要随卦义解读。

## ䷏ 雷地豫　震上坤下

第十六卦　豫：利建侯行师。

初六：鸣豫，凶。

六二：介于石，不终日，贞吉。

六三：盱豫，悔。迟有悔。

九四：由豫，大有得。勿疑。朋盍簪。

六五：贞疾，恒不死。

上六：冥豫成，有渝无咎。

[解说]

《豫卦》是象征安乐、欢乐、逸乐、享乐的卦，卦象是雷在大地上轰鸣，雷震动于上，地静顺于下，属于顺动之卦。《彖传》抓住"顺以动"，来说明《豫卦》对自然和社会都有重大"时义"，以时政为例，其表现顺动的特性，就是适宜于立君建侯，行师用兵。此解符合卦辞的意思。"圣人以顺动，则刑罚清而民服。"《彖传》从《豫卦》看出有将社会治理得井然有序的意思，则属于引申，但它并没有揭示其中寓有安乐或欢乐的内涵。《象传》说："雷出地奋，豫。先王以作乐崇德，殷荐之上帝，以配祖考。"它在这里已不把坤地的特性仅仅看做静静地顺受雷动之象，而是以振奋之情，乐于接受雷的震动。它重视的是超越了被动之顺的主动之奋，便有了感奋、激奋、振奋乃至亢奋的含义。这正是制作音乐的源泉。所谓"作乐崇德"，实即"制礼作乐"，把人在欢乐中创作出来的盛大音乐奉献给"上帝"，也用于祭祀先祖。"豫"之义，经两传这么一渲染，大有太平盛世、歌舞升平的气氛。因此人们从这一卦实际感悟到的却是关于安乐之道、反映出中国古老的欢乐文化，并对沉湎于逸乐、享乐的严肃警示。

第一阴爻，自鸣得意地享乐，凶险。

第二阴爻,耿介之志坚如磐石,不到一日的功夫(迅速)就弄明白了安乐之道,正当的欢乐(贞)是吉祥的。

第三阴爻,专注于或沉湎于享乐(盱豫,盱音 xū,上看、盯看),会引出悔恨,迟迟不觉醒会更加悔恨。

第四阳爻,让众人尽情欢乐,大有所获;不用疑虑,这样做,朋友们会像头发被簪子束在一起那样,来参加聚会。

第五阴爻,阴爻处于君位,位虽正(贞),但却是个沉溺于逸乐的柔弱、病态之君,由于有九四阳爻所代表的能够聚众、上下呼应的权臣辅佐,仍可维持常态(恒)而不致死亡,

第六阴爻,阴暗昏昧的逸乐已经形成,只有彻底改变才不会酿成灾祸。

图八·一八　岁朝欢庆图(清姚文瀚作)

《豫卦》对人的欢乐作出了肯定并加以伦理性的限定,否定了享乐主义思想和沉迷于逸乐的腐朽生活方式,它的价值观是提倡积极健康地享有正当而有节制的安乐、逸乐,体现了天下同乐,即"由豫"的治平观念。

《豫卦》在表达这些思想时,是自觉意识,不是后人附会给它的。

把"豫"作为一般的社会安乐来讲,它重视的是建国立君,国家安全与防卫的必要。这主要由卦辞和二、四爻辞体现出来。在讲到正当的欢乐时,它强调的是"由豫",你让大家分享快乐,并且不忘"耿介之志",获得"朋簪之悦"。这些都是正面的引导。反面又有系统的告诫,从"鸣豫"说到"盱豫"、"由豫"、"冥豫",随着爻位变迁而赋予相应的耐人寻味的深刻含义。使人领略之后,深感其思维的缜密。根本不是有些人武断认为的,《易经》只是上古人占卦纪录片断的汇集。

因为:第一,每一卦都有独立的主题,六十四卦间有一个合乎逻辑的、整齐的卦系;这是能够直接从《易经》分析其内涵的,可以参考《易传》,但不能把《易传》作为原始依据。第二,每一卦又有基本反映卦爻象符号系统变化特征的纪事系统和意义系统;以往的注释,对它的文本含义与初始价值,远没有被充分揭示出来。第三,《易经》中每一卦的主题,通过卦爻辞大体都得到了换角度、分层次的相当完整的示义。所示之义往往因文字古奥不得其解。这除了依靠准确的文字训诂功夫以外,重要的是对卦中的逻辑感悟。没有这种逻辑感悟,想破解《易卦》之谜是不可能的。第四,卦的体系百科全书式地涵盖了上古先民得自实践的、对族群生存发展有"恒道"意义的智慧。由于这些真知灼见具有触类旁通、闻一可知十的指导功能,使得它有条件成为人们来此寻求答案的占卦书,而不是相反。连聪明如朱熹这样的大易学家也把《易经》看成算卦书,在他著名的《周易本义》中基本上是针对算卦人解说卦爻辞的,所以在书中津津乐道于:"若占者筮得此爻则吉也⋯⋯"、"此爻戒占者⋯⋯"如何如何。显然,这是一个绵延两三千年的误区。新世纪的解易工作当从此处下手改变。

# 第六节 随卦、蛊卦、临卦、观卦

## 泽雷随 兑上震下

第十七卦 随:元亨,利贞,无咎。

初九:官有渝,贞吉。出门交有功。

六二：系小子，失丈夫。

六三：系丈夫，失小子。随有求得，利居贞。

九四：随有获，贞凶。有孚在道以明，何咎。

九五：孚于嘉，吉。

上六：拘系之，乃从维之。王用亨于西山。

[解说]

《随卦》的主旨是讲归顺、顺从、追随的好处。卦象是兑上震下，雷从泽中响起，足以震惊四方。解易者历来对这一卦的含义说不清楚，认为是讲行商的事，或贩卖、押解奴隶的事，或分别根据爻象割裂卦义乱加猜测，种种情况都有，总之各家所释，难以令人理解。从卦辞看，这是个少有的大吉大利之卦，即归附、顺从能够顺利通达，持守正义，免遭灾祸。

第一阳爻，官府发生了变故，走正道吉祥，走出去结交友邦大有贡献。

第二阴爻，抓住了小头目，跑了大头目。

第三阴爻，抓住了大头目，又跑了小头目；只有追寻并把他们全抓到，大家才能安居乐业。

第四阳爻，追随归服大有收获，但即使坚守正道也是危险的，把诚信明示路人、昭告天下，还会有什么祸害呢！

第五阳爻，主人诚心诚意地嘉奖来归顺的人，吉祥。

第六阳爻，归顺的人把大小头目捆绑起来，押送给新主人，周文王举行胜利的祭祀大典。

我们从《随卦》提供的有限的、然而是完整的信息中，仿佛闻听到古战场上战马的嘶鸣、戈矛的铿锵，在脑海中飘过旌旗落地、丢盔弃甲、狼迹斑斑的史影。这一卦在告诉后人，这里记录了和周文王有关的一桩重要的历史事件，在孔子传易时已不为人所知了。于是我们就遍查周史资料，终于发现《随卦》极有可能反映的是周文王受命后在姜太公辅佐下剿灭密须的历史事件。

当时，密须是周的邻国，十分强悍，对内残暴，对外经常进行武装侵扰，殷纣王利用它监督和遏制周的崛起，周文王把讨伐密须作

图八·一九　古密须国灵台图(杨鸿山作)

为灭商的第一步。在灭密须之前,周已与密须有过多次交锋,终不能获取全胜。如卦中所述,总是"系小子,失丈夫"或"系丈夫,失小子",顾此失彼。后经过反复对密须采取政治攻势,取得其人民的信任。当周兵再次开到密须,还没正式开战,密须的老百姓就先行暴动。他们捆绑着密须的国君和臣僚(即所谓"拘系之"),归附了文王。为庆祝这次征讨的胜利,文王举行了祭祀大典。弄清了密须事件的始末,就很容易解读《随卦》了。

密须古国建邦已久,它本属于黄帝后裔的一支,号称密须氏之国,世居今甘肃灵台县境。商末密须灭国有典型意义,文王灭商先灭密须,这个事件很像《战国策》中讲的商汤灭夏桀先打败密须,借以练兵,然后再来消灭桀相类似。这样就使得这个历史事件成为收入易卦的典型事例,同时又表现了周灭密须是仁义之师所为。依据这一历史事件和《随卦》的情节对勘,完全吻合。

《易传》和后来各家对这一卦的解说,大都不着边际。以这一卦为例,真值得易学家们好好地反思。

## ䷑ 山风蛊　艮上巽下

第十八卦 蛊:元亨。利涉大川;先甲三日,后甲三日。

初六:干父之蛊,有子,考无咎。厉,终吉。

九二：干母之蛊，不可贞。

九三：干父之蛊，小有悔，无大咎。

六四：裕父之蛊，往见吝。

六五：干父之蛊，用誉。

上九：不事王侯，高尚其事。

**[解说]**

《蛊卦》的主旨是讲好事和坏事的相互转化，但侧重于讲坏事转为好事的辩证法。蛊，本义是器物污秽腐烂而生虫，人得了寄生虫疾病，或扩大为中毒、感染病毒而致病也为蛊。但《序卦传》说："以喜随人者必有事，故受之以蛊。蛊者，事也"。《易传》训蛊为事，《彖传》、《象传》和《序卦传》是一致的。《彖》把卦辞"蛊，元亨"所言之事具体化为"天下治也"，"利涉大川"，"往有事也"，"先甲三日，后甲三日"，"终则有始，天行也"。《象》则说："山下有风，蛊。君子以振民育德。"振奋民心和培育社会道德，也是达到"天下治"的事。在《易经》中，凡说"涉大川"大都指过黄河，在远古能够跨过滔滔黄河，那是很大的事。在天干十日中，甲为首日，据郑玄说："甲者，造作新令之日。"先甲三日是辛日，后甲三日是丁日。按照郑玄的解释，"皆为申命令之义"。这一说法可以从《管子》中得到印证，其《四时篇》曰："春三月，以甲、乙之日发五政。夏三月，以丙、丁之日发五政。秋三月，以庚、辛之日发五政。冬三月，以壬、癸之日发五政。"管仲注重"时政"，季节不同，发布政令选择不同的吉日，这里以管子"春三月发政之日"释先甲、后甲，举证甚确。这是那时的一种民俗和政俗。

《易经》作者这样表达此卦，就把一个本来含义很不好的《蛊卦》一变而为顺利通达，可以跨越大河去办事、适合于颁行法令的吉卦，蛊所具有的毒虫的这一令人沮丧的性质被巧妙地化解了，于是坏事变成了好事。这是《易经》作者有意表达的一种辩证观念，属于"易教"的一部分。

为什么《蛊卦》不直接按照虫毒、腐毁之义训释呢？并非因为先秦没有这一含义，其实在《左传》中两次提及《蛊卦》时，都涉及"蛊"

的这层意思。如《左传·昭公元年》：

晋侯求医于秦，秦伯使医视之曰："不可为也"，是谓近女室，疾如蛊……赵孟曰："何为蛊？"对曰："淫溺惑乱之所生也……在《周易》女惑男，风落山谓之蛊。"

另一则，《左传·僖公十五年》：

秦穆公伐晋，卜师徒父占得蛊。卜辞曰："千乘三去，三去之余，获其雄狐。"（卦辞可能取自现已失传的其他占书）断为大吉。后果获晋君。

徒父讲解：巽为风，艮为山，山有木，木为材。今岁正秋，风吹落山木之实，为我所取用。晋为艮，实落材亡，不败何待。

实战中，晋国君战车连坏三次，落入敌手。

这两个卦例，都以惑乱或一方败亡为结局。

另据《周礼·秋官》记载，周朝有"庶士"之职，专门掌管除毒蛊。到了汉代毒蛊盛行，武帝时严厉处置过西汉王宫内部的巫蛊案。郑玄在注《周礼·秋官·庶士》时，专引东汉《贼律》："敢蛊人者及教令者弃市。"以后历朝历代都有专门惩罚施放妖蛊的法律。据《舆地志》载："江南数郡有畜蛊者，主人行之以杀人。行饮食中，人不觉也。"晋以后文献记载有犬蛊、蛇蛊、蜈蚣蛊、猫蛊、蜘蛛蛊等。宋代以后，蛊的种类名目更加繁多，对巫蛊的防范和打击，自商周以来一直为官方和民间高度重视，但因此而得名的《蛊卦》却把它作为"治蛊之事"来讲哲理。

对此，苏东坡的认识是深刻的，在《东坡易传·蛊卦》中说：

器久不用而虫生之，谓之"蛊"。人久宴溺而疾生之，谓之"蛊"。天下久安无为而弊生之，谓之"蛊"。《易》曰"蛊"者，"事"也；夫"蛊"非事也，以天下为无事而不事事，则后将不胜事矣，此"蛊"之所以为"事"也。蛊而昧者乃以"事"为"蛊"，则失之矣。

他把蛊的含义由虫蛊扩大到人体的疾蛊和政治积弊的政蛊。《易》把"蛊"作为"事"的深意在于除蛊。坏事转化为好事的契机正在这里。所以，《蛊卦》的本质是除蛊（即卦中说的干蛊）。准此，卦义就变得容易理解了。

卦辞:除蛊,顺利通达,适合于跨过大河去办事,在夏秋季的辛日和丁日发布新政令。

第一阴爻,纠正父亲的积弊,由儿子继承父业,就不要追究其父,虽艰难,但结局是吉利的。

第二阳爻,纠正母亲的积弊,不可能事事都得到匡正。

第三阳爻,纠正父亲的积弊,小处不如意,大处没有危害。

第四阴爻,容忍与加深父亲的积弊,越往前走越艰难。

第五阴爻,纠正父亲的积弊,要利用父亲的信誉。

第六阳爻,除去积弊不是为了用事王侯,而是为了崇高的事业。

图八·二〇　商鞅舌战图(杨鸿山作)

把《蛊卦》定位为除蛊、干蛊,那么治病救人、补偏救失、除弊兴利、拨乱反正统统属于解读《蛊卦》含义的范围。其适用性是很宽泛的,因而警示的意义也比较重要。

既然《蛊卦》立意是匡正时弊,为什么不直击各种蛊症,而要借子"干父(母)之蛊"来立说呢?这里有两点深意:第一是目的,任何时弊或积弊都是坏事,除蛊是为了把坏事转化为好事,一定要在"转化"上下工夫,而不是用简单的抛弃、破坏、打倒的办法所能奏效。第二是态度,对于时弊或积弊,要正确对待,就得把它看成是"父母之蛊",用儿子使父母"无咎"、"终吉"、"用誉"的办法来促成蛊的转

化,并在完成转化之后,不为自己的飞黄腾达而努力,却为着崇高事业而奋斗。如果人们都能用"干父之蛊"、"干母之蛊"的态度来对待人世间的坏事和消极因素,那就都会达到良性转化的目的。

这些思想并不是我们强加给《易经》的,而是它固有的。我们读《易》的任务就是汲取前人注《易》的成果,加上自己的慧悟,给予合理的解读,准确的诠释。联想到我们今天看待时弊,也应如此。

## ☷ 地泽临　坤上兑下

第十九卦　临:元亨利贞。至于八月有凶。

初九:咸临,贞吉。

九二:咸临,吉,无不利。

六三:甘临,无攸利。既忧之无咎。

六四:至临,无咎。

六五:知临,大君之宜,吉。

上六:敦临,吉,无咎。

[解说]

《临卦》以居高临下之义表达了当时治理与管理社会与国家的观念。这又是一个大主题。卦象是地中有泽,湖泊深嵌地中,坤有临下之势。卦辞说:一年四季(元亨利贞)都很吉顺,但到了八月(周历八月为夏历六月)有凶险。元是开始,亨是成长,利是收获,贞是珍藏,此"卦德"表示了农业文明中春夏秋冬四季的特点,因而也可把"元亨利贞"理解为四季的德性,表现了作物从种到收藏的全过程。

《临卦》提到"至于八月有凶",汉京房由此推测《易经》中已寓有"十二月卦"思想。在六十四卦中按照阴阳爻递变规则,从初爻开始选择出:复(一阳)、临(二阳)、泰(三阳)、大壮(四阳)、夬(五阳)、乾(六阳)至姤(一阴)、遁(二阴)、否(三阴)、观(四阴)、剥(五阴)、坤(六阴),形成阴阳消长的变化周期,称十二辟卦,配合十二个月份,又称十二月卦。《临卦》后八个月变为《观卦》,所谓"有凶",就

是由阳盛转化为阴盛。另一种解释是周历"八月"由于月建不同，实为夏历"六月"，此月辟卦是《遁卦》，恰好两卦的阴阳爻全向反面转化，也属于"有凶"。

如果说《临卦》意在说明治理天下的道理，那么"八月有凶"就没有实质性意义了，只能理解为在一帆风顺的治理中，仍要防止可能产生的风险和波折。《临卦》中也有德治思想，《象传》说得比较清楚："泽上有地，临；君子以教思无穷，容保民无疆。"认为《临卦》体现了君子兴教化、敬德保民的政治理想。

第一阳爻，感化式治理，行得正，吉祥。此"咸"训为感。

第二阳爻，温和式治理，吉祥，没有任何不利。此"咸"训为和，刚爻占柔中之位，感而温和。

第三阴爻，诱惑式治理，没有任何好处，既已忧虑其不良后果，不至于产生祸害。

"甘临"的甘，是甘甜之甘。《象传》曰："甘临，位不当也。既忧之，咎不长也。"东坡说："乐而受之谓之甘。"以不正当的方式造成的"乐而受"，如能认识其不当，消极作用便不会长久。

第四阴爻，务实的治理，绝无害处。六四爻与初九爻相应，"至临"有亲自临事、管理到位之义。

第五阴爻，睿智式治理，是适合于贤明君主的治理方式，必定吉祥。

第六阴爻，总之，敦厚的德治，吉祥无害。

"上六敦临"是《临卦》之终，可视为全卦的总结。

"临"为治，六个爻的排列很整齐，由"咸临"、"咸临"、"甘临"、"至临"、"知临"、"敦临"循序渐进地施行，就可以实现长治久安的目的了。

《临卦》一般被理解为专讲统治艺术的卦，卦辞开宗明义说明了这种统治方式，是行之有效的，用了易卦中最吉利的四个字"元亨利贞"予以肯定。当然，在今天可以把它用于管理，是管理科学的重要资源。卦中依据爻象寓意合理分布了实行治理与管理的几种基本方式：咸临、咸临、甘临、至临、知临，最后以敦临加以概括，所表达的

图八·二一　山林丰茂图

思想是很有逻辑性的，也是相当完整的。其中，唯独否定了甘临方式。在解易卦中，把"甘"训解为"甜头"，就是诱惑；也有训解为钳制，就是强制。不管是哪一种方式，因爻辞中明确说"无攸利"，表示出同"敦临"之义是背道而驰的，因而是否定的。这一卦也可以从管理学一般原理的角度去理解和借鉴。

需要特别提出的是，1973年长沙马王堆汉墓出土的《帛书易经》（简称"帛易"）中有一个《林卦》和今本《易经》的《临卦》相对应。卦爻辞既有相同的内容，又有许多不同的内容。从卦的总体思路来看，《林卦》是一篇表述森林保护的卦文，实用性很强，内容自成体系，有较高的科技史价值。两卦究竟孰先孰后，谁改编了谁，因何作了如此的改编，抑或是两个本子各有来源？从《易卦》的制作来源于仰观俯察、远取诸物、近取诸身、象其物宜来说，《林卦》务实，而《临卦》的内容要抽象得多。《易经》作者为了表现大主题，突出政治含义，将较为务实的《林卦》改编为敬德倾向较为明显的《临卦》，可能性比较大。

有学者主张恢复《林卦》，用以取代《临卦》，笔者以为不可。理由是今本《易经》是历史流传下来的正式刊定本，而"帛易"是古人私人手抄本，尽管有很宝贵的史料价值，但它毕竟不能等同于刊定本。

补救之法,是将"帛易"的《林卦》附录于《临卦》之后,以备参考。今附录其如下:

林。元亨,利贞。至于八月有凶。

初九 禁林:贞吉

九二 禁林。吉,无不利。

六三 甘林。无攸利;既忧之,无咎

六四 至林。无咎。

六五 知林,大君之宜。吉

尚六 敦林。吉,无咎。

这里的八月有凶,是指森林此时会遇有水火灾情。其次是讲封山育林、防止盗伐、适时植树、增长护林知识、切实保护森林等,生动反映了先民育林护林的实践经验和相关规定。至今仍有参考价值。应独立成篇,受到重视。当然,也可以用育林护林比喻国家的治理,从而与《临卦》的含义沟通。

### ䷓ 风地观　巽上坤下

第二十卦 观:盥而不荐,有孚颙若。

初六:童观,小人无咎,君子吝。

六二:窥观,利女贞。

六三:观我生,进退。

六四:观国之光,利用宾于王。

九五:观我生,君子无咎。

上九:观其生,君子无咎。

[解说]

《观卦》是借举行宗庙祭祀之礼,以说明信仰与观念对人生的重要性。所谓观,大观,即信仰与观念是也。取象于风行地上,即在民间流行的风气。在十二月卦中《观卦》是象征八月之卦,四个阴爻在下,二个阳爻在上,虽处于阳气消退趋势,却占据主位和尊位,呈现出下四阴爻柔顺地仰望、响应、扶助与驯服于上二阳爻的态势。从

阴阳爻的能量交流说,这是一个阴阳燮和、能量增强的卦象。良好的信仰与懿德教化,必能增强人生与社会的能量。以此理解卦辞,就是说,对待信仰要像在宗庙里祭祀那样,以无比虔诚与崇敬的心情参加祥和与肃穆的仪式,主祭人净手之后,庄重地将酒盥洒于坛上,然后再奉献上丰盛的贡品。

《彖传》说:"大观在上,顺而巽,中正以观天下。观,盥而不荐,有孚颙若,下观而化也。观天之神道,而四时不忒,圣人以神道设教,而天下服矣。"它强调这种信仰是"大观在上"、展示国家的盛德与社会文明;"下观而化",即用这种文明与盛德化民成俗。为了达到社会教化的目的,可以"以神道设教",把神道作为教化的手段。这里反映出中国传统文化对待宗教的一贯态度。

《观卦》的《彖传》在中国历史上首次提出"圣人以神道设教"的主张,其中所指的"神道",实际上仍不离"四时不忒"的自然法则的天道,它与人格神主宰一切的神灵之道是有区别的。因而使"天下服"的神道之教,也就是周人信奉的天命,还必须由圣人来设定,目的在于兴起教化。鲜明地反映了中国传统文化的非神灵信仰的性质。

《象传》说:"风行地上,观;先王以省方,观民设教。"先王省察四方,依据民情施行教化。对这一卦的理解,两传大体上保持一致。他们设教的终极关怀不是超凡入神,而是由凡入圣。其追求的目标在于兴盛社会文明与道德教化,因此下面的爻辞是带着浓郁的世俗性和伦理性的。

第一阴爻,对宗庙祭祀大典持童稚般的看法和态度,对于一般民众无害,但对君子却有艰困。

第二阴爻,女人不能公开参加宗庙祭祀,她们在门后悄悄观摩祭礼,仍能对她们守贞有利。

第三阴爻,用对待祭礼般虔诚的信仰来省视自身做人的言行,妥善地把握自己的进退。

第四阴爻,以同样的信仰与文明尺度观察国家,在国泰民安、政治清明之时,应当接受王侯的聘用,做王廷的宾客。

第五阳爻,处于尊位的君王,也要以同样的信仰与文明尺度来

检查自己的政绩,体察民情,这样可使身居高位之人免除祸患。

第六阳爻,为了遵奉共同的信仰和文明,瞻仰圣人之德,君子可远离灾祸。

图八·二二 古代帝王祭祀图

历来解读《观卦》,多有歧义。主要原因在于对卦辞具体叙述宗庙祭祀之礼,同以后各爻辞之间究有何种内在联系看不出来。从爻辞的有序排比看,绝非筮词的杂凑。《易经》作者惯于运用取象思维表述一种寓意很深的思想,以致使许多解易大家皓首穷经,力图能够参详其中的秘意,结果是越走越偏,反而把解经变成神秘的幽玄探索。在易学史上,这样的事屡见不鲜。

《观卦》的卦辞形象地描述了一次隆重的宗庙祭祀大典,由观礼的特例引出了一个关乎精神文明建设的普遍性问题。它讲的不是一个具体问题的小观,而是一个国家社会展示文明与信仰的大观,并且分了几个层次,由低到高、由浅入深地分析了这一大观。“童观”代表了孩童与庶民的初级的观点和态度;“窥观”代表了女人和一些被认为见识不广但愿意观瞻礼仪者的观点和态度;观的主人是君子,他们是发扬或破坏一种文明的主要力量。《观卦》中反复要求他们“观我生”,对照标准省察自己的言行,并指出怎样可以避免灾祸。在国家政情良好时,要出来用事。这里不再讲“不事王侯”,而是要做王侯的宾客。但没有停留在这里,九五爻的“观我生”直指君

·171·

王,最高统治者要审查一下自己的政绩,要审视自己的为君之道。最后要上升到圣人之德。这里是用"观其生"提出来的。一般解易之书把这个"其生"解释为君主的"生",其实是不对的。因为从爻位讲,九五是君位,讲君顺理成章。问题是君"观我生",为什么"君子无咎"呢?因为为君王服务的君子,有没有咎,全在君王能不能虚怀若谷地"观我生",否则最先倒霉的就是君子。《易经》作者这样讲,正表现了他思维的深刻性。上九是超越了君位的一爻,如依然在讲观君王之生,就不高明了。这里讲至高而无位的圣人之生,最合乎逻辑。

所以,整个卦文很有序地讲了初级的"童观"、女子的"窥观"、君子的"观我生"、士大夫的"观国之光"、君王的"观我生"和圣人的"观其生",层次非常分明。其中把解易者弄糊涂的主要是两个"观我生"和一个"观其生",到底是指谁?但从不同的爻位级别,就自然能够分辨出它们递进分析的不同含义。

## 第七节 噬嗑卦、贲卦、剥卦、复卦

### 火雷噬嗑 离上震下

第二十一卦 噬嗑:亨。利用狱。

初九:屦校灭趾,无咎。

六二:噬肤灭鼻,无咎。

六三:噬腊肉,遇毒;小吝,无咎。

九四:噬乾胏,得金矢,利艰贞,吉。

六五:噬乾肉,得黄金,贞厉,无咎。

上九:何校灭耳,凶。

[解说]

《噬嗑卦》(噬,shì,嗑,kē,吃的意思)是个没有解释清楚的卦,一般都认为是讲监狱的卦,但是在解说卦爻辞时便矛盾重重,不能自圆其说。首先,整个卦看起来,凶相毕露:灭趾、灭鼻、灭耳,噬肤、

噬肉、噬肺，用狱、屦校、何校，谁占到这一卦都会大惊失色的。然而奇怪的是，整个卦是亨通的，除了上九为凶以外，其余的都是吉、利、无咎之类，六个爻讲了四次无咎。特别是，既然要关犯人，又加以刑罚，甚至被理解为打得皮开肉绽，为什么还款待犯人美味佳肴？卦中的记事与占断词为什么会出现如此大的反差？常常使注易家们顾此失彼。

从《易传》本身对这一卦的解释看，也是歧义迭出。比较有代表性的，如《彖传》曰"颐中有物，曰噬嗑，利用狱也"，《象传》曰"雷电噬嗑，先王以明罚敕法"，《序卦传》曰"可观而后有所合，故受之以噬嗑"，而《杂卦》则说"噬嗑，食也"。

《噬嗑卦》到底说明什么问题？必须从审查"观象系辞"入手，弄通原始含义，然后融会贯通卦义，方能解读清楚，至少不会发生相互抵牾。从卦象看，初上两爻都是刚爻，象征口中上下牙齿咬合，是噬嗑之象。中间四爻，三阴一阳，九四为阳，象征有骨有肉。整个卦是口中咬住带骨之肉，一幅食肉啃骨的景象。卦名"噬嗑"，相当形象地反映了这一内容。

但是为什么卦辞要说"利用狱"呢？从语源学的角度看"狱"这个字，是两个"犬"夹一个"言"字：狱，这是先民在渔猎游牧时用来囚禁猎获野兽的围栏，其中夹个"言"字，是禁声之意，以后才被用来关犯人。不能一看到"狱"字，就一定要理解为关犯人。可见卦辞说的"利用狱"是指关猎获的动物。先民在冬季到来之前要捕猎动物，囚禁起来，适时制作腊肉储备肉食品，以保证顺利过冬，所以亨通。这样理解，就摆脱了关押犯人这一层意思。看一看下面的爻辞解释是不是能说得通：

第一阳爻，把猎获的动物的腿和脚捆绑起来，就不会逃掉了。

第二阴爻，制作肉食品要选取肉质肥厚的部位，剔去肮脏的鼻子，这样做没有坏处。

第三阴爻，腌制和食用腊肉时，会发霉有毒，遇到小挫折，没有大祸害。

第四阳爻，吃带骨头的腊肉要小心，有时会得到打猎时留在肉里的铜箭头，这会有利于改进你的射术，是吉祥的。

第五阴爻,等到可以吃干腊肉时,就可以拿去出卖,得到许多金钱,但要十分小心,不会有灾祸。

第六阳爻,用(何,为荷,持也、用也)校猎(校,木栏,校猎就是用木栏围猎禽兽)方法大量猎杀动物,不剩一耳(禽兽数量词,如一尾、一蹄),那样凶残危险。

这一爻词比较难翻译,多数解易者都把"何校灭耳"当做背负刑枷遮住了耳朵,或刑枷伤害了耳朵,连《象传》也说"何校灭耳,聪不明也。"正像把狱理解为关人的监狱一样,也很容易把"何校灭耳"和一种刑罚联系起来。其实先民常常用围猎方式捕杀禽兽,即校猎,直到汉代还存在"天子校猎"(《汉书·司马相如传》)。把动物关起来也叫"校",如"六厩成校",管理牛羊的人叫"校人"(《周礼·校人》)。

随着生产经验的积累,先民懂得了保护动物生态和自身的利害关系,便不主张超出自身需要、不加选择地捕杀动物。当懂得腌制腊肉并用于交换金钱时,尤其容易出现滥杀动物的问题。上九爻辞提出告诫,是有重要意义的。

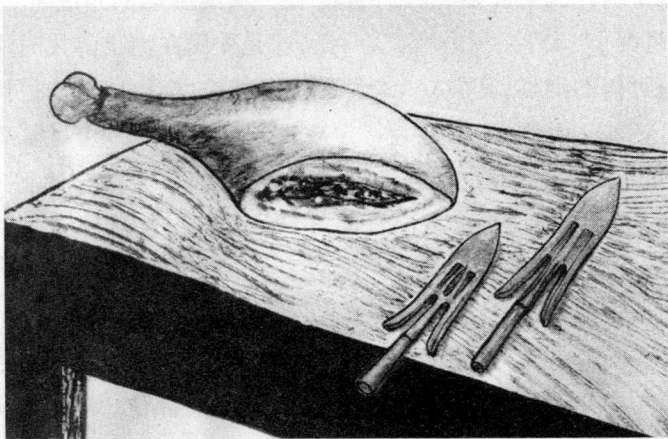

图八·二三 腊肉、箭镞图(杨鸿山作)

值得提出的是,在人类社会发展中,原初用来囚禁动物的狱,后来用于禁闭人了,于是这一卦也变得使许多学者不能恰当地理解了,大家使劲地往刑狱和法制上阐述。有些见解未必没有参考价

值，但要使释义能够再现其本义，就不能无视卦爻的内在逻辑性，只追求堂而皇之的主题强加解释，就会离题千里。《噬嗑卦》是又一个很好的例证。只有作腌制腊肉解，才能合理贯通卦爻词含义。

因此，笔者在这一卦上很难引述和推荐传统易解的论点。我相信，如果请云南宣威、浙江金华、四川、湖南等地制作火腿、腊肉的农家和企业，读过本卦的解释后，他们定会对卦爻辞有更深刻的理解。

## ䷕ 山火贲　艮上离下

第二十二卦 贲：亨。小利，有攸往。

初九：贲其趾，舍车而徒。

六二：贲其须。

九三：贲如濡如，永贞吉。

六四：贲如皤如，白马翰如，匪寇婚媾。

六五：贲于丘园，束帛戋戋，吝，终吉。

上九：白贲，无咎。

[解说]

《贲卦》是《易传》解释得比较好的卦之一。贲，读 bì，在本卦里不读 bēn，与古书中说的"虎贲三千"之"贲"，取义不同，不是奔驰勇武之义，而取文饰、装饰、文采之义。《广雅》："贲，美也。"《说文》："贲，饰也。"《易·序卦传》："贲者，饰也。"意思是一致的。

卦象是艮上离下，山下有火，古人认为这是一幅文饰大自然的图景。本来重峦叠嶂已经很美，黄昏时分又燃起熊熊篝火，映衬着夜幕中郁郁葱葱的群峰，自然更是美不胜收了。先民在创造文字以前，凭借着上艮下离的卦象，就能悠然而生这样一些审美情趣盎然的遐想与直觉，那是很聪慧的。所以，卦辞说这是亨通顺畅的，虽然利益不是很大，但仍然值得人们去向往。

第一阳爻，装饰好自己的脚趾，离开车徒步行走吧。

先民生活在荒野中，往往是赤脚行走，当他们遇有礼仪交往时，首先要修饰双足，特别是脚趾，这是古人的一种礼仪行为、文明

行为。

第二阴爻,还要修饰的是颜面,主要是美化男人的胡须。

这是男人尊严的象征,并不一定是老人才有胡须,成年男子大多较早地蓄起胡须、留起美髯,以表示他们的成熟。

第三阳爻,衣着也要装饰得光彩柔润,风度翩翩,表现出永远坚守正道的气派,这样可以获得吉祥。

整个下卦三爻,都在讲装饰,以体现驯顺地接受上卦的吸引。内外卦处于交感相应的关系之中。

第四阴爻,装束得朴素雅致,一队白马的仪仗,整齐地行进。那不是入侵的敌寇,而是在举行迎娶新人的婚礼。

易卦也是先民早期的文学作品,常有诗情画意之笔,《贲卦》就是其中之一。例如《诗》:"皎皎白驹,贲然来思。"(《小雅·白驹》)二者意境颇为相似。

随着爻位的变动,直到六四爻才点出了所举行的是婚礼,作者选取婚嫁喜事来说明修饰的必要和重要,使人不会厌其虚浮。《象传》在分析六五爻时终于点出了"六五之吉,有喜也"。其实这个吉,六四已经开始了。

第五阴爻,整修新人休憩的丘园,这是一种有假山土岗的宅院,送上一些丝帛衣物,尽管数量不多,略显薄意,但终究是吉祥的。

这一爻是阴居阳位,虽处于中(尊)位,不是阳居尊位,不免有些艰吝,但总体上是吉祥的。

第六阳爻,素朴的装饰,无需华丽的铺张,同样没有什么不好。

解读《贲卦》,理解《象传》很重要。它认为,这一卦呈现出"柔来而文刚"之象,是柔美的离卦文饰坚刚的艮卦,所以是亨通的。易卦为什么要如此看重文饰呢?《象传》回答这个问题,把天文(自然)现象和人文现象结合起来分析,认为《贲卦》所寓意的文饰,"观乎天文,以察时变;观乎人文,以化成天下"。这种文饰正是人类在脱去那层动物之衣后走向文明的开端。这样《贲卦》的价值意义就重大了。

人类开始有文饰的需要是从旧石器转向新石器的过渡阶段——细石器时期开始的。那时在制作石器的工艺上出现了磨制

**图八·二四　古代婚礼图**(年画)

技术,这时出土的原始遗存中开始大量出现经过磨制的玉石与骨质的装饰品,这时的先民佩带各种装饰品,表明他们已经懂得爱美了。文饰使人类的文明史向前跨进了一大步。因此出现文饰对古代文明发展是至关重要的事情。

为什么要选择婚礼来说明文饰的重要呢? 这可能有发生学上的意义,人类对文饰的重视大约起源于两性的爱慕和定情。在动物中雄性的求偶往往取决于自然形体和毛羽等外表的魅力,在自然选择中具有生物学意义。人类则进了一步,不仅要展示自然素质之美,还要展现人为之美。所以,文饰起源于两性的求偶,这是《贲卦》透露给我们的一个重要信息。

我始终认为,《易经》未经《易传》解释前,已经独立地表达了许多原创性的哲学思想,并不只是一种简单的算卦记录、迷信的玩意儿。只有等到《易传》的解释才赋予了它哲理的品格,这是儒家自我抬高的一种说法。我从不否认《易传》的出现对发扬易学确实起了划时代的作用,但不能因此就把《易经》自身对所具有的哲学思想的奠基作用与创始意义评估不足。这也是我写这部《刘蔚华解读周

易》所要反复申明的意思。

《贲卦》就是一个好例子。它为什么在述说文饰的高潮时刻，突然折向张扬素朴的"白贲"呢？是占卦记录的混乱，还是另有深意呢？

我们知道，《易经》作者辩证思维的特点之一，就是防止过度发展，以避免事物向反面转化。《贲卦》之终，不是把装饰推向极致，向奢华虚荣发展，而是收敛为"白贲"，有意防止"贲极"现象的滋生，求得"无咎"足矣！这是此卦有意识地表达出来的一种情愫！

## 山地剥　艮上坤下

第二十三卦 剥：不利有攸往。

初六：剥牀以足，蔑贞凶。

六二：剥牀以辨，蔑贞凶。

六三：剥之，无咎。

六四：剥牀以肤，凶。

六五：贯鱼，以宫人宠，无不利。

上九：硕果不食，君子得舆，小人剥庐。

[解说]

《剥卦》也是一个没有解释清楚的卦。先说卦象，从初爻到五爻全是阴爻，只剩上九一个阳爻，阴爻几乎把阳爻剥蚀殆尽了。在十二月卦中，《剥卦》是象征阴历九月之卦，意味着一年中阳气由盛而衰到了极限，阴爻即将达到全盛，寒冬就要到来。《易经》把这种卦象命名为《剥》，寓意侵蚀、剥落，是贴切的。这个意思，只看卦象就大体可以理解。但是因为卦中三次讲到"剥牀"，"牀"是《剥卦》中的关键词。从《易传》作者起，到历代诸多大易学家，几乎一律理解为是指人们睡觉用的"床铺"，都从这里求解，文字各有不同，但都失之于牵强。

其实这里所讲的"牀"，是指"山体"之牀，即山床，不是床铺之床。卦象是山在地中，山体不断遭到种种自然因素的侵蚀、剥落，山

体之床被削陷,山体滑坡就是一种常见的自然灾害,古代尤甚。山的形态多种多样,但山体是构成山脉的主体,其上堆积着石头为石床,覆盖着土层是土床,河流从上面经过是河床,山谷里积满冰雪为冰床,都是借用"牀"这个字来表述的。对"牀"这样定位,卦就好理解了。

卦辞说,山体剥落了,不利于人们出行。

第一阴爻,山体剥蚀是从山脚开始的,形成塌陷滑坡(蔑),非常危险。

第二阴爻,山体剥蚀到达了山腰,造成严重塌陷滑坡,更加危险。

第三阴爻,山体只是一般的剥蚀,尚不致造成灾害。

第四阴爻,山体剥蚀到腹地,就极为凶险了。

第五阴爻,宫廷里的显贵们,在宫人们的簇拥下,接连不断地离开险境,没有遇险。

第六阳爻,虽有硕果却顾不上吃,君子驾车而行,庶民扒开倒塌的房子救人。

我们如果有过救灾的实践经验,就很容易从这一卦中得到古人曾遭遇的山体滑坡、泥石流灾害,奋力抢救的信息。这种记录古代重大灾害的信息,是值得用卦把它记录并流传后世的。它具有警世意义。至于像有些注解津津乐道的床铺先从哪儿烂起,对睡在床上面的人有何危害之类的细事琐语,是不值得记录在卦中的。

《易经》记录了我国古代文明的足迹,它的许多卦所反映的当是历史现实中的大事,有一定典型意义的事件、观念、现象和故事。它借助这些要素所要表达的思想也不是无足轻重的简单感受。即便其功能主要应对时人占卜之用,也必须具有相当高的参照价值,才能启人疑窦。

流传在先民中的占卜典册,一定不在少数,却只有《易经》最具生命力,就在于它具有上述特性。今人解读它,必须从精神深处设身处地地领悟先民的生活实际,追求复原历史的真实,按照上述特性加上合理的想象和逻辑推理来作出今人的诠释。关于古人解《易》的知识,不容轻视,但又不必据守。

图八·二五　山体滑坡图（杨鸿山作）

看来，《剥卦》又是被多年多人读错了的一个卦。不敢说我在这里解得一定对，但是对《剥卦》的上述解说，在逻辑上能较好地自圆其说，文字上也是说得通的，和卦爻象是能够对得上号的。如能订正陈说，夫复何求！

卦中在说明"剥牀"的程度时用了三个词："以足"，当然是指床脚或山脚，容易理解；"以辨"，程朱都理解为"床干"（《周易折中·剥》），故理解为山体腹地、山腰也是可以的；"以肤"，一般理解为床的皮肤、肌肤，实际上是指覆盖在山体上的壤土和植被。都是指的山床的部位。

此外，历来对六五和上九爻的解释，歧义颇多。我们在这里所理解到的是王公在官人簇拥下有序避难的情景。毕竟这类灾难，对王官的威胁比起民众要小得多，他们不必惊慌失措，可以在平时受宠的官人们簇拥护卫之下，"贯鱼"地脱离险境，即鱼贯而出。宫廷中的这种从容不迫的避难气氛，恰恰和下面那种慌乱逃难气氛形成鲜明的对照。

上九爻所述三件事："硕果不食，君子得舆，小人剥庐"，一般解说都比较混乱，找不到它们之间的内在关联。实际上，这是在灾情发生后，反映不同人的三个特写镜头，一是大家都顾不上吃食，有硕果也不吃;二是有身份的君子得到了车,可以驾车逃离;小人们,即平民百姓房子被山体滑坡、泥石流吞没压塌,下面还有没能逃出来的家人,他们只能不顾危险地去"剥庐"救人。这样理解,就合乎逻辑地再现了一幅避祸救灾的场景。这样全卦顺理成章地得到了解释。

这说明,找对了语境,古奥的语言和卦爻象的示意就变得可以理解了,而且是生动活泼、有血有肉的。

### ☶ 地雷复　坤上震下

第二十四卦 复:亨。出入无疾,朋来无咎。反复其道,七日来复,利有攸往。

初九:不远复,无祗悔,元吉。

六二:休复,吉。

六三:频复,厉无咎。

六四:中行,独复。

六五:敦复,无悔。

上六:迷复,凶,有灾眚。用行师,终有大败;以其国,君凶;至于十年,不克征。

**[解说]**

《复卦》的卦象与《剥卦》正好相反,从卦画的循环演变看,《剥卦》的上九爻消退,就变为全阴爻的《坤卦》;而《坤卦》的初六爻变为阳爻后,就演变为一阳推五阴的《复卦》,又重新开始了阳长阴消的过程。单独把十二月卦拿出来看它的循环,一阳来复是循环的起始,时逢冬至,阴极阳生,剥极复来。所以,这一卦寓意返回、复归、恢复,但不是倒退式复归,而是循环式前进,周期性的运行。

卦辞说,复归很通畅,出入没有障碍,朋友来了也不会招致祸害,反复行走在自己的轨道上,七天可以走一遭,适合于出行。

《象传》说:"复亨;刚反,动而以顺行,是以出入无疾,朋来无咎。反复其道,七日来复,天行也。利有攸往,刚长也。复其见天地之心

乎?"它认为,《复》之所以亨通,是因为阳(刚)返回来了,雷动于下,坤顺于上,所以出入没有障碍,朋友来了也不会招致祸害,反复行走在自己的轨道上,七天可以走一遭,这正是天的运行规律,由于阳气上升,利于有所行动,可见《复》体现了天地的核心法则。

《象传》说:"雷在地中,复;先王以至日闭关,商旅不行,后不省方。"和《彖传》侧重于天道的解说略有不同,《象传》侧重于人事,认为先王依据雷动于地中的时令,在冬至时节停止关口通行,商旅暂时不能进关,王公也停止视察地方。实际上这个解释变成了"不利有攸往",似乎有悖原义。两传解卦,意有出入。

第一阳爻,不从远处返回,不会产生懊悔,大吉大利。

第二阴爻,喜悦地归来,是吉祥的。二爻以阴居阴,又占下卦的中位,迎接初九一阳来复,是吉爻。这里训休为安然,可参见"既见君子,我心则休"(《诗·小雅·菁菁者莪》)。《诗》与《易》系辞的时间相近,其用词可以互证。

第三阴爻,在危急中归来,紧张,但没有灾祸。这里训频为危急,可参见"於乎有哀,国步斯频"(《诗·大雅·桑柔》)。

第四阴爻,行为端正,独自归来。

第五阴爻,敦厚诚实地归来,没有懊悔。

第六阴爻,迷失了归路,凶险,有灾难。发生在行军中,一定会打败仗;出现于治理国家,君王一定凶险;十年之内不能再用兵打仗。

易卦的发展,是先有卦象,后依象系辞的。从《复卦》一阳来复的卦象看,所系卦爻辞是借助人事中归来的六种情况:从近处归来、安然美满地归来、紧急愁苦地归来、选正路独自归来、忠厚老实地归来和迷茫失败地归来,表达了循环往复运行的天道,一旦体现于人事,就如同天有不测风云那样,人有旦夕祸福之虞。任何时候循环往复都不是简单地、一丝不变地重复,即使是周期性的运行,也不会千篇一律地重复。

为了深入理解,需要把《剥》、《复》两卦联系起来辨析。《剥》告诉人,高以下为基,外以内为基。损下灭下,侵蚀基础,难免酿成灾祸;厚下补下,方能巩固根基。处剥之时,人要适时知止,立足于自

**图八·二六　文姬归汉图**

强,才能渡过难关。这是先民在艰难发展中积累的生存智慧,透过《剥卦》淋漓尽致地反映出来。处复之时恰好相反。要懂得一阳复生,是新生力量,在"出入无疾"的情况下,要顺势发展,不要优柔寡断、裹足不前。但是又不可迷复冒进。"不远复",不做远求,知有所止,看到一阳的嫩弱,需要珍惜保护。如《黄帝四经》所讲:"守弱节而坚之"(《十大经·顺道》)。要有自知之明,守住弱节,不回避自己虚弱之处,清醒地面对,悉心使其坚。

两卦虽然不同,但犹如一呼一吸,因而剥复的动力,都是立足自我,不假外求。如果强行用外来的力量代替内在增益其所不能,无论剥与复,都会丧失自身既有的资源,面对冬寒春暖,都将难以得时应对。两卦也都示人,《剥卦》顺而止之,《复卦》顺而行之;顺逆行止,都不能漠视客观条件的限制,处境不论逆顺,因时知忧才能无咎。不知忧惧者,顺逆都将不祥,知忧则可虽危无害。这也是一种生存智慧。

重始慎终是易卦的一贯思想,《剥》、《复》两卦尤为典型。无论一阴之增、一阳之复,都以固下为本,这是重始之义。《剥》以救灾而终,《复》以君凶不征而止,都要求来之不易的善果,则是慎终之义。重始慎终的关键在于因势应时,见几知微,顺时行止,步步为营。处于劣势时,敢于精明地进取;踞有优势时,绝不妄为,方能立足于不败之地。三千多年前的《易经》已经向后人垂示这样多而深刻的教

训,不悉心体悟简约而深邃的易卦中的象与辞,是难识庐山真面的。

# 第八节　无妄卦、大畜卦、颐卦、
# 大过卦、坎卦、离卦

☷ **天雷无妄　乾上震下**

第二十五卦　无妄:元亨,利贞。其匪(非)正有眚,不利有攸往。

初九:无(毋)妄,往吉。

六二:不耕获,不菑畲,则利有攸往。

六三:无妄之灾,或系之牛,行人之得,邑人之灾。

九四:可贞,无咎。

九五:无妄之疾,勿药有喜。

上九:无妄,行有眚,无攸利。

[解说]

解《无妄卦》的关键在于如何理解“无妄”之义。已有的注解,理解为诚实的有之,没有虚妄的、无望的、不荒诞的、不合天命的,都有之。这样对卦的解释便大相径庭。从卦象看,乾土震下,是天底下惊雷滚动,霹雳震响,在这种情景下远古的先民会作何反应? 必然是“不要妄动”,卦名定为“无妄”是贴切的。这个“无妄”即“毋妄”,主要是“不要妄动”的意思,而不是已经做到了“没有虚妄”。不然它一面肯定“无妄:元亨,利贞”,享有《乾卦》的卦德;一面又说“其非正有眚,不利有攸往”。“元亨”了,为什么还不能“有所往”呢?“利贞”了,怎么还是“其非正”呢?

许多注释比较勉强地排解这些纠葛,使人难以信服。但如果把“无”不理解为没有,而理解为不要,可能就“元亨”得多。《东坡易传》发现了这些抵牾,干脆说“‘无妄’为天命也。……故不正者,必有天灾”。“其非正”,不是“无妄”不正,而是有些人属于“不正者”。这是巧妙地回避矛盾的做法。但是追问到底,根据什么说卦辞中说

的"其非正"是另指他人呢？东坡并没有给出说明。

无妄即毋妄，寓不要妄行之义。下卦震代表行动，毋妄是针对有妄才不许妄行的，它不承认无妄是已经没有妄了。单解"妄"，是指虚妄、狂妄、不诚实、妄言妄行、无法无天，以至于引申为盲目的、无根据的、无端的、无辜的等等，都是题中应有之义。这样理解，卦爻辞就都能说得通了。

第一阳爻，不要狂妄，走到那里都吉祥。

第二阴爻，这一爻的爻辞"不耕获，不菑畬"使程朱等理学家颇费周章。菑，zī，垦荒一年为菑。畬，yú，垦荒二年以上的熟田为畬，不耕种而有收成，不开垦而得到熟田，这究竟是有妄呢，还是无妄呢？卦义为什么要肯定不劳而获呢？似乎于理不通。程颐认为"二不"有"不计利"之意，朱熹则认为有"无所为"、"无所冀"之意。而他们的弟子总感到这样解说于理牵强，义犹未明。其实，《易经》的服务对象，主要是王侯和君子，这些人属于剥削者，他们的理就是应当"二不"，这样他们才有功夫"有所往"去干圣贤之事。孟子说的"无君子莫治野人，无野人莫养君子"的道理正是如此。《易经》作者和孟夫子是诚实的，敢于正面肯定不劳而获。

第三阴爻，蒙受莫须有之罪；有人把牛拴在村口路边，过路人把牛牵走了，全村的人遭到怀疑和追究。

第四阳爻，坚持守正，没有灾祸。

第五阳爻，无端地得了疾病，不用吃药，也可以痊愈。

第六阳爻，不要虚妄，不端行为会有祸患，完全没有好处。

读《无妄卦》使许多人觉得别扭，"无妄"的价值取向究竟是正面的、还是负面的？为什么会有"无妄之灾"、"无妄之疾"一类告诫？这说明，解易者不仅要弄懂《易经》说的是什么，还要弄清《易经》怎样表达思想。我读《易经》发现，《老子》说的"正言若反"常常是《易经》说理的表达方式，表现在许多卦中。以本卦为例，当它在肯定"无妄"时，告诫的往往是"有妄"，这里体现了《易经》作者的忧患意识、矛盾转化意识、防范性的预见意识。正因为如此，《易经》的提示才富有启发性，才更加适合于占卜的需要。每一卦都是一个推测事物发展的参照系，也都是预见发展可能性的取象尺度。任何旨在完

成正确认识的、真正的预测功能，都只能提供不虚妄的可能性，而无须奢求预见确定的现实性。即便所提示的可能性相当准确，在实践检验过程中，都会有不同程度的修正。因为任何必然性的再现过程，都不可能完全排除伴随的偶然性因素，何况《易经》的预测方法主要是范本模拟预测方法，它和天文预测日食、月食主要依据日、地、月运行轨道的数据进行精确计算是完全不同的。高明

图八·二七 无妄之灾（元杂剧《窦娥冤》插图）

的算卦先生所提供的结论，脱不出经验预测、模糊预测，或充其量是概率预测的范畴。因此，占卦者能取可为而不迷信的态度，则幸甚！

回过头来看无妄之灾，就比较好理解了。无妄，从本质上说，就是实事求是。实事求是也会有灾吗？这看似一个悖论，实际上在人类社会生活中，却是常态。如果实事求是有损统治者的利益，你坚持实事求是就会遭殃。无妄是个正确原则，但要坚持，就要有不怕灾祸的勇气。这是很辩证的。在政治生活中，能保持"无妄"并不容易。

## 山天大畜　艮上乾下

第二十六卦 大畜：利贞，不家食吉，利涉大川。

初九：有厉，利已。

九二：舆说(脱)辐。

九三：良马逐，利艰贞。日闲舆卫，利有攸往。

六四：童牛之牿，元吉。

六五：豮豕之牙，吉。

上九：何天之衢，亨。

[解说]

这一卦也被许多易学家误解了。从《彖传》、《象传》和《序卦传》就已经开始。先看卦象，是艮上乾下，山中有一片天，人们处在群山环抱之中，向上望去，不能看到广阔无垠的天空，只能看到群峰画出的那一片天，即成语中说的别有洞天。广阔无垠的天空，不能全面展现，被群山限止成一个空域。隐含另谋发展之义，开辟一片新天地。文王系辞时取名为"大畜"，就是在发展农耕经济的同时，也要大规模发展畜牧业。畜牧业相对于农耕主业，别有一番洞天。中国早在上古时期，就有放养六畜，即马、牛、羊、鸡、犬、豕的传统。《大畜卦》中就提到了最有代表性的三种：马、牛、豕。但是奇怪的是，这么明显的事实，许多注释却视而不见，偏偏要大讲几百年后才出现的儒家伦理道德。

《序卦传》解释说："有无妄然后可畜，故受之以大畜。"为什么？崔觐注解说：因为无妄"有诚实可以'中心藏之'，故言'有无妄然后可畜'。"（《周易集解》卷二十六）在这里，畜被定义为藏，由于诚实可以畜藏。畜藏什么呢？《象传》认为，《大畜》象征"日新其德"、"大正""尚贤"。这就是畜所蕴涵的内容。《象传》说："天在山中，大畜；君子以多识前言往行，以畜其德。"据说，这是孔子定下的调，畜者就是从古圣先贤的"前言往行"中积累德性。以后的注释大体不离这个藩篱。程朱的《传》与《本义》更是如此。这样，就离此卦的世俗真义越来越远了。

卦辞说，大规模蓄养牲畜，正确有利的做法是到外面放牧，不要只在家里饲养，走得远远的最有利。

第一阳爻，开始时会有些艰险，随后就有利了。初爻喻开始。

已,为已经之已,事成、事毕之谓。如"且曰吾已"(《左传·昭公十三年》)、"有司已于事而竣"(《国语·齐语》注"毕也")、"已,成也"(《广雅》)。"利已",指事毕获利。

第二阳爻,远途放牧,要防止大车脱了轮子(翻车)。

第三阳爻,骑上骏马追逐离群的牲畜,虽艰苦,但有利;闲时要勤练放牧中驾车和警戒的技能,这样适合于继续前行。

第四阴爻,给小牛的角上绑上牿,安全吉祥。牿,是绑在牛角上使其不能触人的横木,也有保护小牛嫩角的作用。

第五阴爻,驯养野猪,把它阉割之后,即使长着利牙,也很驯良。这是吉祥的。豮,fén,阉割过的猪。《说文解字》:豮,羠豕也。段玉裁注:羠,騬羊也;騬,犗马也;犗,騬牛也。皆去势之谓也。牲畜去势后驯良好养。

第六阳爻,高原上布满山路,像天路一样通达。卦中的"天之衢",是牧民对高原上山路的形容,犹如说"蜀道之难,难于上青天",不必理解为天上的街道。

图八·二八 放牧图(新疆昆仑山岩画,局部)

　　我认为,这样理解《大畜卦》,顺理成章,卦爻辞一气贯通,比较符合初民发展畜牧业的历史实际,不需要去强解。从这里我们也得到了有关古代畜牧业比较典型的信息。除了家禽外,较大的牲畜都要走出小量家养的局限,进行大规模的野外放牧。这种生产经验在当时大概也是需要对部落牧民进行动员和传授的事。卦里讲了许多好处,也有许多叮嘱,反映了当时比较先进的生产经验。也使我们了解到,初民在原始的渔猎采集之后,是经过了半农半牧逐渐分业发展的历史进程。依靠半农经济条件,完全在家中大规模饲养成群的大牲畜是不可能的。所以"不家食"是指的这个。而不是指不吃自家的饭,去做官吃朝中的饭,那是出现了儒家后所追求的目标。

　　注释中也有认识到"大畜"有"大养之义",但想到的却是养士纳贤,或养德纳慧之类雅驯,而且居然不管这些雅驯中为何讲了那么多马牛猪的事,岂不是很不雅吗? 况且这些雅驯多是春秋后期、战国时期才出现的思想和社会现象,提前到商周之际,岂不是太牵强了吗!

　　当然,本人并不反对在引申意义上运用象征的语义功能来解说另一些事物的性质与可能的变化,作一些有根据的类比推理。但那毕竟只是引申和象征,不能同卦中所言事物的本质相混淆。

　　这一卦最难解释的爻辞是上九"何天之衢"。持尚贤进德说者认为:何,荷也;圣贤之人负有开通天路的重任。这样解就显得越发不着边际了。但生活在牧民中的人大都知道,他们有些诙谐的话语,把上高山,叫做上天;从高山上下来,说成从天上来;高耸入云的山路称作天路,等等。回到卦象上说,山在天上,把山路当做天路,有何不可呢?

　　李白的诗《蜀道难》在讲"难于上青天"时,描绘了"连峰去天不盈尺"的天路,不是正可以给我们一点启示么!

## ䷚ 山雷颐　艮上震下

　　第二十七卦 颐:贞吉。观颐,自求口实。

　　初九:舍尔灵龟,观我朵颐,凶。

六二：颠颐，拂经，于丘颐，征凶。

六三：拂颐，贞凶，十年勿用，无攸利。

六四：颠颐吉，虎视眈眈，其欲逐逐，无咎。

六五：拂经，居贞吉，不可涉大川。

上九：由颐，厉吉，利涉大川。

[解说]

《颐卦》是象征赡养、供养、养生的卦，不过它所讲的养生，是群体养生，是先民的生存问题，是群生、民生和社会养生，而不是春秋战国时期各学派建构的旨在个体保健长寿的养生理论。但此卦可以被视为中国传统养生思想的发端，具有开创意义。

《颐卦》的卦象是艮上震下，上下两个阳爻，中间四个阴爻，很像人的一张嘴。两个阳爻，象征上下嘴唇；中间四个阴爻，象征空洞，阴爻为空，另一说象征牙齿——都是想象，皆可备为一说。前面，我们曾解过《噬嗑卦》，也是上下两个阳爻，中间三个阴爻，只有九四一个阳爻，象征口中咀嚼了一块带骨头（九四阳爻）的肉。两卦都象征与吃食有关的内容，但这一卦所关心的是谁养、养谁以及什么是养的正道等社会学问题。

卦辞说，正养吉祥。认识养生之道在于求得自养，要自己解决谋生的手段。

"观"是认识的意思，不限于狭义的观察。"自求口实"不能简单理解为"自求口食"，这个"实"是谋生之"实"，其含义远比单纯的"食"丰富得多。

第一阳爻，把你占卜用的灵龟藏在房舍里，专门来看我吃食的模样，对你不吉利。

"舍"，不是舍弃，而是珍惜地供养在房舍里，自己不去谋食，却羡慕地观看别人吃饭，这样对待自养是危险的。"舍"的本义是房舍，变义是舍弃，即捨，在本义可解通时不取变义。

第二阴爻，要求部族或国家给予自己最高的赡养，是违背常规的，走到那里都有凶险。

"颠"是颠峰之颠，这里不当颠倒讲。"颠，顶也。"（《说文》）从

爻象看,在卦爻中,阴必应于阳。六二可应之阳爻,只有初九或上九。"颠颐"可训"顶颐"(上养)或"倒颐"(下养)。这里不是六二颠倒过来下养初九,而是要求超越常规"于丘颐",由上九来给予高水平的供养,这样才属于不正常。"丘"为上端、高端,"丘颐"即"顶颐"。因为六二与上九不相应,故凶。

第三阴爻,放弃必要的赡养,即便行为端正也有凶险,会长时间得不到供养,对生存是有害无利的。

"拂颐"是"颠颐"的反面,有放弃、取消之义,和追求高端颐养的"颠颐",是两个极端。《颐卦》的内卦三爻都是凶险的,外卦三爻全是吉利的,是其特点。

第四阴爻,对下实行供养,吉利;即使他们密切关注,欲望强烈也没有祸害。六四的"颠颐"有颠倒的意思,是下养初九,阴阳承乘相应,得吉;和六二"颠颐"要求上养不同,故遇凶。

第五阴爻,即使违背了常规,安居养正为吉,但不利于渡过大河。

第六阳爻,因顺自然的赡养,虽然危厉,但吉祥,适合于渡过大河。

图八·二九　年丰图(杨鸿山作)

很合乎逻辑地释义此卦，并不容易。和出土的帛书、竹书《易经》比较，此卦异字歧义最多。有些歧异之处根源于抄写者对卦爻文义的不能准确理解。依据传世的通行本《易经》，能解通此卦者寥寥无几，因为卦文中有许多难以疏通的提法。如都同意"颐者，养也"，但养指什么？多数认为是讲养生，但是，卦中真正涉及养生的内容并没有，却有吃食时面部姿态的形容。许多易学家对此考证甚详，津津乐道。因此，我在解此卦时，养取赡养、供养，其次才讲到养生，主要考虑后来的养生学受到此卦一定的影响。要说养生，此卦讲的是大养生，即初民的生存，也就是道家说的"养生以经世，抱德以终年"的民众养生，是解决人口问题的养生。这是本书给《颐卦》的定位。

卦中同是讲"颠颐"、"拂颐"，为什么有吉有凶，截然相反？当然和所处爻位不同有关。要看是否相应，但同时也会反过来影响词义。如六二"颠颐"和初九是比乘的关系，由它下养初九，不应当遇凶。可见六二"颠颐"是要求上九养自己。这个"颠"是顶端的意思，不是颠倒的意思。因此我们就把六四的"颠颐"和六二的"颠颐"做了不同的训释。多数《易》注都是把"颠颐"固定为颠倒颐养的意思，于易理不通，于逻辑也不顺。

对"舍尔灵龟"的解释，多数《易》注都作舍弃你的灵龟讲，有的还以灵龟可以长久不食为理由来训解，但是为什么要丢掉不吃食的灵龟，去看别人吃饭呢？其中没有必然联系。特别是在极端重视灵龟的历史时期，为了看别人吃饭而舍弃灵龟，是不可能的。因此本书把舍解释为藏在房舍是符合历史实际的。

《颐卦》讲养的真谛，主要在自养，即"自求口实"；最后提出"由颐"，是对自养的扶持。"由"有顺应自然、不加以限制之意，相信放开民众的手脚，民众自己会富裕起来，他们能够自己养自己；同时卦中又透露出上对下养的思想，主要表现在上卦三爻中。因此，这是一个注重群生与民生之养生的易卦，可以引申为讲"富民"的卦。

## ䷛ 泽风大过　兑上巽下

第二十八卦 大过：栋桡，利有攸往，亨。

初六：藉用白茅，无咎。

九二：枯杨生稊，老夫得其女妻，无不利。

九三：栋桡，凶。

九四：栋隆，吉；有它，吝。

九五：枯杨生华，老妇得士夫，无咎无誉。

上六：过涉灭顶，凶，无咎。

[解说]

《大过卦》的卦象是兑上巽下，兑为泽，巽为木、为风，湖水淹没了树木，寓意过头。"大过"之义是太过，过分，有违常态。《伊川易传》："大过所以次颐也，为卦上兑下巽，泽在木上，灭木也。泽者润养于木，乃至灭没于木，为大过之义。大过者，阳过也。"此卦与《颐卦》相反，是上下两个阴爻，中间四个阳爻，阳多阴少。圣人之道是中道、常道，而大过是"过于常"的。对此大多数《易》注，基本上一致，但在具体解释卦文时，仍有所不同，大多依据卦象来释义。

卦辞说，大过，房顶的栋梁弯曲了，以卦象表示，因四阳居中，上下两个阴爻过于孱弱，不堪重负，形成"栋桡"。但是不要紧，阳爻虽过，而占据二五中位，呈上兑喜悦、下巽顺动之状，没有危险，仍然出行有利，通达。

第一阴爻，藉茅是古代的一种祭礼，即用茅草垫祭品，以表示对神的敬意。另一说是用白茅作为坐垫，无害。

第二阳爻，枯萎的杨树生出了嫩芽，老头子得到一个年轻姑娘为妻，没有什么不利的。

第三阳爻，房屋的栋梁弯曲了，凶险。

第四阳爻，房屋的栋梁隆起了，吉祥，但仍有其他麻烦。

第五阳爻，枯萎的杨树生出了花朵，老妇得到一个年轻男士做丈夫，没有坏处，也无须夸耀。

第六阴爻，过河灭了顶，很危险，但没有遇难。

解析《大过卦》，既无历史原型可考，也无抽象概念需要剖析，卦中利用举例的办法来说明"过于常"的太过现象。

卦辞说房屋横梁已经弯曲，按照常理，应当加固后再离家外出，

但却判断为"利有攸往,亨"。这本身就是"过于常"的,是表现反常的第一个例子。

用枯杨生芽、老夫得到少妻说明太过,是反常的第二个例子。

九三爻,是阳占阳位居正,判断栋桡凶险,是正常的,与卦辞判断"栋桡,利有攸往,亨",显然是不同的。正常的以为凶,反常的以为亨。这正是《大过》所要突显之义。

九四爻,是阳爻

图八·三〇　枯杨生华图（杨鸿山作）

占阴位,不正,爻辞由前面的"栋桡"变为"栋隆",加剧了反常,反而吉祥,这是第三个反常的例子。

九五阳爻居于尊位,却出现枯杨开花、老妇配年轻丈夫,这是列举反常现象的第四个例子。

上六是更加虚弱的一个阴爻,处于《大过》之终,直接点出了"过涉灭顶"的卦象主题,全卦用了四个反常现象的事例来生动地突显"过于常"的主题,并且是过常得吉,反常无咎。在一些特殊情况下,正常不过分反而有凶险,危言危行却获得吉祥如意。这是一种辩证思维,它启示人们在特殊条件下,处大过之时,必定是非常时期,可以不必循规蹈矩,不妨超越常规行事,反而能够取得好效果。但自己要以乐观的态度(如上卦《兑》),谦虚顺动的方法(如下卦《巽》),妥善处理面临的问题,最终不会酿成大祸、蒙受更大的损失。

无怪乎,《彖传》赞曰:"大过之时义大矣哉!"《象传》也说:"泽灭木,大过;君子以独立不惧,遁世无闷。"

## ䷜ 坎为水　坎上坎下

第二十九卦　习坎,有孚,维心亨,行有尚。

初六:习坎,入于坎窞,凶。

九二:坎有险,求小得。

六三:来之坎坎,险且枕,入于坎窞,勿用。

六四:樽酒,簋贰,用缶,纳约自牖;终无咎。

九五:坎不盈,祗既平,无咎。

上六:系用徽纆,寘于丛棘,三岁不得,凶。

[解说]

《坎卦》由单卦坎重叠为双卦后,取名为"习坎"。"习"之义是重叠,习坎就是陷坑连着陷坑,陷坑套着陷坑,非常危险。卦中列举的坎陷,有深坑、泥沼、牢狱、谷底几种最典型的坎陷情况,结合爻辞便可以发现其不同指谓。

卦辞说,习坎是重险之地,要确信其危险的严重性,时时放在心上,这样才能通行无虞。

第一阴爻,处重险之地,落入深坑,非常危险。

初六处于坎陷之底,称为"坎窞(dàn)",意为深坑。

第二阳爻,遇到坎险,不要慌张,要一点一点脱离险境。

"求小得"就是不要急切追求大得,期望一举脱离陷阱,要争取积累小得,谨慎小心地一步一步转危为安。

第三阴爻,陷入了泥沼,进退都十分危险,连手中的支撑物也用不上了,最终会没入深潭。

此爻阴居阳位不正,又处于内卦之末,格外凶险。"且枕"之枕是垫底的木头,如枕木、手杖之类,即各种支撑物。

第四阴爻,探牢狱,把一樽(zūn)酒,两簋(guǐ)饭,用陶缶(fǒu)装好,从窗口送进去,这样做不会惹祸。

这是一个典型的给收监的犯人送饭的情节，不是送礼或祭祀行为。

第五阳爻，处在坎陷之中，深坑中的泥水没有漫溢出来，还保持水平状态，就没有更大危险。

此爻阳刚处尊位，虽未脱离陷阱，但已无咎，算是最好的结果了。"祇既平"的"祇"，程、朱都作"抵"讲，抵达之义。

第六阴爻，用粗大绳索捆绑起来，放置在棘荆丛中，三年不得脱身，凶险。"徽，三股绳也。"（《说文》）纆（mò），也是粗大的绳索。"寘(zhì)，置也。"（《说文新附》）此爻也是说牢狱。

图八·三一　长江源沼泽地

《坎卦》在释义时遇到几个关键问题，需要解析如下：

首先，坎与习坎有什么不同？坎是八卦中的象征水的单卦；当单坎重叠为双坎的重卦后，卦名命为"习坎"。八卦中的其他卦在重卦后，都不加"习"字，惟有坎加"习"字，它的深意在于单坎象征水，重卦习坎则象征带泥水的陷坑，是一种特别危险的境地。"习"字的意思是重复出现，"学而时习"，就是要求重复温习。"习坎"之义就是陷坑加陷坑，陷坑套陷坑，一连串的陷阱。为了区别单坎与重坎象征意义的不同，特专名为"习坎"。这个含义许多易学家没有注意到，都说不清楚坎与习坎有什么不同。高亨先生曾认为"习"为衍

文,但出土帛书《易》专有《习赣》即《习坎》,说明习字早已有之,不是衍文。

其次,对于坎陷的认识,究竟指什么?各家侧重不一,有训为深坑的,有训为山涧谷底的,也有训为牢狱、水牢的,总之希望把坎陷具体化。其实,依靠单一的具体化,反而难以疏通文字,也不符合卦的多象性原则。说得越狭窄,卦的参照价值越低,合理地扩大卦意的外延,是做卦者的期望。因此,笔者以为依据卦爻辞的内容看,此卦所列举的坎陷有深坑、泥沼、牢狱、谷底几种最典型的坎陷。因为此卦的卦爻辞不是取材于典型的历史事件、历史典故,而是表达了对待各种坎陷的一种经验与智慧,应依据文辞来理解其具体指向,不必将坎陷的含义固定化、一体化,那样解释卦爻辞意蕴反而会牵强附会。

## ☲ 离为火　离上离下

第三十卦 离:利贞,亨;畜牝牛,吉。

初九,履错然,敬之,无咎。

六二,黄离,元吉。

九三,日昃之离,不鼓缶而歌,则大耋之嗟,凶。

九四,突如其来如,焚如,死如,弃如。

六五,出涕沱若,戚嗟若,吉。

上九,王用出征,有嘉折首,获匪其丑,无咎。

[解说]

《离卦》是两个火叠加在一起,显得特别明丽辉煌,象征附丽之义。它本身不是指特定的美丽对象,如花朵、美人等,而是指附着在各种事物上光彩夺目的美丽形式与属性,都属于离,它是一种附丽特性。它不是哲学上说的对象范畴,而是属性范畴,可以附丽于各种对象。所以,这一卦所列举的附丽现象是多种多样的,不是原始思维的杂乱无章,而是附丽应有的含义。

卦辞说,《离卦》,有利于坚守正道,这样必然亨通;如同畜养柔

顺的母牛,吉祥。

要坚守的"正道"不是抽象空洞的,它要通过具体的事物来体现。大概先民把守正道和养母牛看成是同等重要且有关联的事情,这正是原始思维发展到形象思维的反映。在原始思维进化中,大体经历了实象思维、形象思维、抽象思维(逻辑思维与辩证思维)等发展阶段,在易卦中则已经走出早期原始思维阶段,呈现出思维发展阶段的综合和水平多元的特点。这正是解析《易经》的复杂性所在。

第一阳爻,绣鞋的花纹交错,恭敬地接受,没有害处。

第二阴爻,阳光把世界照耀得一片金黄,大吉。

第三阳爻,夕阳西下余晖惨淡,人们无心去鼓盆而歌,招致了老人的叹息,凶险。耋,dié,七八十岁的老人。嗟,jiē,叹息。

第四阳爻,突然电光一闪,房屋燃起大火,人被烧死,活着的人弃家而逃。

第五阴爻,天灾过后,人们痛哭流涕,为救灾而悲伤叹息,吉祥。

第六阳爻,君王率兵出征,悬赏斩获敌军首领者、俘获敌军士卒者,一律嘉奖。这样没有祸患。

图八·三二　落日余晖图(杨鸿山作)

《离卦》的卦文一气呵成,始终围绕附丽特性展开。有些文辞如果被理解错了,就会把卦解释得支离破碎,不知所云。

《离卦》突显附丽,为什么要讲养母牛呢? 只要了解初民把畜牧

业作为生存的主要手段之一,就会理解他们对温顺、多子、多奶的母牛的珍爱,把它看得很美。因此"畜牝牛"就成为一种对其生活的附丽。

这一卦最难解的是"履错然"。一般都把"履错然"解释为"走路的脚步错乱",这样就很难和《离卦》的主旨拉上关系,既然《离卦》所凸现的是附丽之义,将履理解为鞋子是完全符合词义的。绣鞋就是对履的附丽。《离卦》的第一爻是阳处正位,从脚说起,穿着一双美丽的绣鞋出场,很好地体现了附丽之义。

那时有绣鞋吗?中国古代很早就产生了纹绣,如《尚书》中就提到"𫄨绣"(《书·益稷》)。郑玄注:"刺者为绣。"《诗经》中也有"黻衣绣裳"的句子(《诗·秦风·终南》)。易卦中出现绣履是不奇怪的。

刺绣中出现了一个词叫做"绣错",即将色彩错杂绣出华美的绣面。直到南宋时,诗人黄任在《西湖杂诗》中还用这个词写下这样的诗句:"珍重游人入画图,楼台绣错与茵铺。"这里的绣错,形容杭州绣品如锦绣交错;茵铺,如铺绿草地毯。因此"履错然"指绣鞋的花纹交错,是可以肯定的。这当然是附丽。

《离卦》中另一个难点是"突如其来如,焚如,死如,弃如"。这说的是什么?为什么突然蒙难?又和附丽之义有什么关系?很像遭到了异族的入侵。大多解易者往这方面使劲。这样难免离题。有没有属于附丽的灾害,和离又有关系?这样自然就会发现足以引起以上灾害的是闪电。离为闪电,于是起火、死人、弃家一系列现象的突如其来地发生,便顺理成章了。

附丽也会有灾害,是附丽之灾。自然灾害往往是壮丽的。

第四爻和第五爻的文义自然贯通,衔接紧密。在遭灾之后,什么能够附丽灾情呢?人们的感情。在这种情况下,"出涕沱若,戚嗟若"的描写,几乎是文艺性的附丽,可以唤起社会广泛的同情。

第六爻,君王率兵出征能附丽什么?能附丽国家和君王,同时爻辞中出现的嘉奖又是对出征的附丽,对君主统帅智慧的附丽。

《易经》上经共三十卦,到此为止。

# 第九章

## 《易经》下经新解

### 第一节　咸卦、恒卦、遯卦、大壮卦

☱☶ 泽山咸　兑上艮下

第三十一卦 咸：亨，利贞。取女吉。

初六：咸其拇。

六二：咸其腓，（躁）凶；居吉。

九三：咸其股，执其随，往吝。

九四：贞吉，悔亡。憧憧往来，朋从尔思。

九五：咸其脢，无悔。

上六：咸其辅、颊、舌。

**[解说]**

《易经》按照传统版本分为上、下经。上经由《乾》、《坤》开头，终于《坎》、《离》，共三十卦；下经由《咸》、《恒》起始，终于《既济》、《未济》，共三十四卦，合计六十四卦。

《咸卦》的卦象是兑上艮下，兑为泽，为喜悦，为柔顺，为少女；艮为山，为可止，为刚健，为少男。男下女，寓意为少男拜倒在少女之前，向少女求婚、求爱。上古时代，性爱并不是一个难以启齿的话题，《咸卦》在述说性爱时不行回避，写得很直白、朴实。

此卦的关键词是卦名"咸"，《易传》以《彖传》为代表训为："咸，感也。柔上而刚下，二气感应以相与。止而说（悦），男下女。"实质

上，这就是当时所能做到的极其含糊的性描写。

这个"咸"不是事物之间一般的感应，而是少男少女之间的性感应，因此它不能应用于一般非性爱感应上。这就是此卦卦名为什么叫"咸卦"而不叫"感卦"的原因。

卦辞说，男女之间的性感应是相通的，但守正有利，男人应当把心爱的女人娶回家为妻，这样吉祥。

第一阴爻，爱抚她的脚指头。

这是现代性科学所谓的"性前戏"，此卦初六爻，由脚趾而始。在云南原始民族的遗习中，还有走婚制的遗风。一个少男看上了一个少女，就到少女所住"女房"门外去求爱，在没有得到允许前，唱着情歌以表达倾慕之心，少女被打动之后，要试探青年是否真心，便从门里伸出一只脚来，表示初步接受他来求爱之意。姑娘能从他的抚摩中体味到来者的真情或假意，随后决定是不是接纳他为自己的性伴侣。所以，可能在古代"咸其拇"，也是男性向女性求爱的一种方式。

第二阴爻，抚摩她的小腿肚，由于急躁妄动，引起反感就凶险了，只要安居静处，善于等待，便可被接受，吉祥。

原文"咸其腓，凶；居吉。"这里的凶和吉是对偶范畴，引起的原因必定相反，"居吉"则必"躁"凶，故在六二爻辞中试加一（躁）字，以全其义。

第三阳爻，爱抚她的大腿，扶住她的膝盖儿，继续往下进行恐怕要遇到艰难了。

这里"随"释为"膝盖"的观点，采取李镜池的看法，不过，李先生认为"咸"是伤害的意思，此爻是伤害大腿之义。本书仅取其对"随"的诠释，不取"咸"是伤害之意。

上卦主要写少男的求爱行为，冒着不被接受的风险。所谓"性前戏"至此结束。

第四阳爻，忠贞使婚姻吉祥，远离一切悔恨，二人憧憧地往来摇曳不定，伴随着心中燃烧的爱情。

训释这一爻时绝大多数易作都采取了"王顾左右而言他"的注释方式，不愿意挑明是怎么回事。"憧（chōng）意不定也。"（《说

文》)有的词典干脆注上"憧憧，往来不定，摇曳不定貌"。其实这是先民流传下来的一个性教育的卦文，《易经》作者是坦荡直白的写下了人类曾经崇拜过的性事，并且写得很有文采。当写到关键处："贞吉悔亡。憧憧往来，朋从尔思。"用了诗一般的语言，予以描述，后人又何必要对这些话忧心"憧憧"呢！

第五阳爻，爱抚她背脊肉(脊椎两旁的肉)吧，免得将来后悔。

第六阴爻，亲吻她的脸颊、嘴唇和舌头。

这大概就是所谓的"性后戏"吧。

图九·一　举案齐眉图(杨鸿山作)

读了这一卦，读者大概能够领略《易经》这部书的瑰异和神秘了吧。它犹如一部反映初民生活的全方位扫描式的记录片，同时又有展现他们精神领域的百科全书式的特写镜头，而《咸卦》就是他们表现自己性生活的一个特写。历来解易者都明白此卦描述的是性爱，自从渗入儒家伦理精神后，在转述此卦卦义时，大都作了掩盖性的修饰，模糊了原文中直白的形式，增添了道德说教的内容，以表述得越益晦涩为高，以便与"首经"的地位相符，使它能登皇皇大雅之堂。但对《咸卦》是讲性爱与"夫妇之道"的主题，却都是明确的，有共识的。

《彖传》对《咸卦》的解释，肯定《咸，感也》。此卦是讲男女"二气感应以相与"的行为。随后便大讲天地生成万物、圣人感应天下的大道理,但毕竟还是含蓄地承认了这是讲性爱的卦。

荀子比较直率,敢于说出:"《易》之《咸》,见夫妇。夫妇之道,不可不正也,君臣父子之本也。咸,感也,以高下下,以男下女,柔上而刚下。"(《荀子·大略》)尽管是讲了夫妇感应之事,但重点在强调"不可不正"上。大约就在这时,逐步形成的《易传》给解释《易经》定了调,成为日后解释《易经》的主流学术。例如,韩康伯就说过:"夫妇之象,莫美乎斯。人伦之道,莫大乎夫妇。"(《周易集解·卷三十一》)

理学发轫后,《伊川易传》认为《咸卦》是"男女交合而成夫妇","少女少男也,男女相感之深,莫如少者,故二少为咸也"。朱熹在其《本义》中指出,男女婚姻之时,少男少女"交相感应","得男女之正"(《周易折中》卷五)。当弟子不满意已有的注释时,一再追问"憧憧往来,朋从尔思"是什么意思时,朱熹的回答躲躲闪闪,很难让弟子信服。

大家都知道此卦讲的是"夫妇",但一加上"之道",性爱的述说也就变调了。《咸卦》诞生后,由直白的性爱描写经过了漫长封建社会的伦理包装,来到现代,应当还它的直白的历史面貌。但也要理解古圣先贤润色历史文献的那番良苦用心。就像传统父母,怕孩子学坏,不敢对子女进行性教育一样。

《咸卦》卦辞所反映的先民婚姻关系,显然已经超越了群婚与走婚阶段,一夫一妻制初步形成,但男尊女卑的传统在此卦似乎尚不明显。女方要嫁到男方家中为"取女"。从这一卦看,这时还保留着以性爱为基础的婚姻,还没有介入其他外在因素。但又不是无原则地提倡性爱至上,已经提出了要求:"利贞"。如果性爱不守正道,就不利。对正当性爱与邪恶淫乱作了初步的区别。这个要求,是易卦作者提出的,那时还没有产生儒家。因此《易经》已有属于自己的伦理观念。后来儒家提倡的"贞操"、"守节"、"三从四德"之类观念,都和《易经》没有关系。

## ䷟ 雷风恒　震上巽下

第三十二卦 恒：亨，无咎，利贞，利有攸往。

初六：浚恒，贞凶，无攸利。

九二：悔亡。

九三：不恒其德，或承之羞，贞吝。

九四：田无禽。

六五：恒其德，贞，妇人吉，夫子凶。

上六：振恒，凶。

[解说]

《恒卦》的卦象是震上巽下，雷风相与，助威长势，相得益彰，作为自然现象是恒久性的；作为人事，是象征长男与长女结合为夫妇，由成年男女组成家庭，刚柔相应，美满长久。所以《序卦传》说："夫妇之道，不可不久也，故受之以恒。恒者，久也。"《易经》讲夫妇之道的卦主要是《咸卦》，其次则是《恒卦》，前一卦主要讲夫妇以性爱为基础，相互情投意合；后一卦则突出成熟的男女结合为家庭，不能只有性爱，还必须志同道合，有牢固维系家庭的恒常之道。这种恒常之道，从内外卦象上表现为"男主外"，"女主内"。意思是说，男女互相吸引而成夫妇是体现《咸卦》之义，而夫妇组成家庭的巩固之道却要恒久保持。

当然，《恒卦》所表达的永恒性范畴，不限于家庭，也有阐明一切恒久现象的一般意义。对此，《象传》作了很好的解说："恒，久也。刚上而柔下，雷风相与，巽而动，刚柔皆应，恒。"这是从家庭这种具体现象引申出的恒久之理；又说："恒亨无咎，利贞；久于其道也，天地之道，恒久而不已也。利有攸往，终则有始也。日月得天而能久照，四时变化而能久成"，这是从自然规律说明它所体现的恒久之理；又说："圣人久于其道而天下化成，观其所恒而天地万物之情可见矣！"这是扩大到社会文明达到"化成天下"，就必须要求天下长久地遵行圣道。《象传》依据"雷风，恒"的卦象，领悟到"君子以立不易方"恒守至道的品质。

卦辞的意思是说,恒久之道是畅通无阻的,没有灾祸,利于守正,利于出行办事。

第一阴爻,深挖不止,结果必然凶险,没有任何好处。

第二阳爻,悔恨自行消失了。

这一爻,只有断占词"悔亡",没有列出判据,查《帛书周易》也是如此,疑此爻久已缺文。

第三阳爻,不能长久保持美德,总会不断蒙受羞辱,结果必然处境艰难。

第四阳爻,田野狩猎,没有捕获任何禽兽。

第五阴爻,长久保持自己顺从的美德,永远坚守正道;这对女人吉祥,对男人则有凶险。

阴居阳位,虽尊不正,故所言之德,为柔顺服从之德,实为女德、妇德。在宗法社会中,往往对依附于男性的女性吉祥,而对需要独立自主品德的男子反而不吉。这里的"夫子"不是指所有的男人,而是指有一定阅历、成就、成熟的,有一定社会地位的男人,即对那些"需要独立自主品德的男子"而言。在广泛存在人身依附关系的社会中,"柔顺服从之德",实际上就是统治者所倡导的"民德",是要求民众遵守的德行,并不需要统治者去遵守,这里已有所表现了。

第六阴爻,背离或推翻恒久性,很危险。

"振恒"之振,通震,有震动、颠覆、振除之义。

图九·二　愚公移山图(徐悲鸿作)

　　我认为《恒卦》在易卦中是系辞当中写得比较差的一卦,表明系辞者对永恒性范畴认识得不像其他范畴那么清楚、深刻。我怀疑九二爻有阙遗,是从逻辑推测而言的,有待于证明。

　　在事物的发展中,变易是恒久性的,不变是暂时性的。但是,"事物总在运动"这条规律却是不变的真理。因此"变易"与"不易"在《易经》中都可以表述永恒性范畴。这样,我们就能够理解,为什么"浚恒"会遇"凶"? 那是因为形式上把"恒"当成"永远挖掘不止",一定要碰壁。又如,"不恒其德"为什么"贞吝",而"恒其德"为什么又"妇人吉,夫子凶"呢? 从上面我们依据爻位分析出"妇德",这种恒德对"夫子"反而是"凶"的;不恒反而不一定有害。这说明,要论"恒"的是什么德,要看是不是与其有关之德——恒与不恒是有条件的。

　　初六和九四是相应之爻,但都发生错位,阴占阳位,阳占阴位。因此,无论是不停地挖坑或常出去打猎,都是无效劳碌,结果全落了空。这说明,自然之恒,不受人们意志的影响,是为天道之恒;社会之恒,则需要因对象来辩证地把握,不可一概而论。

　　上六是《恒卦》之终,"振恒"出现,恒久性原则被颠覆,结果必然是最凶险的。这也是对否定恒久性原则的一个警示。这一爻和初六爻,《帛书周易》都是"夐恒",夐有两音两义:(1) xiòng,远的意思。如:"平沙无垠,夐不见人。"(2) xuàn,营求的意思,用来替换"浚恒"和"振恒",都未能显其深义。可能古人授《易》多属于口授,传《易》者凭记忆背诵,受《易》者根据所听词句笔录,由于浚、振与夐音近而误录,它们的意思又有些关联,受《易》者便根据自己的理解选择字词无意中舛换了文字。因此,有些学者一见到出土的竹帛之书上有异字,便以为必有深义,其实未必如此。以此卦为例,用"夐恒"替换"浚恒",从语义价值而言,在初六爻就讲深挖或远求,属于"平移",未见有所加深或削弱。但在《恒卦》之终,再讲远求恒久和背离恒久的意思可就大不一样了,所以这显然是一种误解和削弱。在此,我建议有些同人,不要从出土文献中发现了一点新异特征和模糊信息,就轻言"要改写历史"!

## ☰☷ 天山遁　乾上艮下

第三十三卦 遁：亨，小利贞。

初六：遁尾，厉，勿用有攸往。

六二：执之用黄牛之革，莫之胜说。

九三：系遁，有疾厉，畜臣妾吉。

九四：好遁，君子吉，小人否。

九五：嘉遁，贞吉。

上九：肥遁，无不利。

[解说]

《遁卦》的"遁"，古同"遯"。卦象是天下有山，旷野无人，有隐遁之象；从爻象看，是四阳压二阴，表面上阳处盛势，却正在消退；阴势虽弱，但推进势头正猛。阴长阳消的结果，终将出现全是阴爻的《坤卦》。因此这卦处于隐遁状态的是阳爻，但阴爻在阳爻重压下，也有逃逸的可能。那样卦爻的运势，就发生逆转。把握了这个特点，就能比较准确理解卦文。

卦中的"遁"不是一义到底，而是随爻变化，涉及三重含义：被迫逃亡之遁，主动隐退之遁，富贵隐逸之遁。因为《易经》的崇阳观念，总是对阳消过程抱着回护的态度，不可能把这一过程一律视为逃亡。特别是在上卦（乾）里，多有善言。

卦辞说，隐遁，是行得通的，只对小事有利。

第一阴爻，逃亡中落到了后边（尾），非常危险，最好不要再走了。

第二阴爻，抓住逃亡者，用黄牛皮条捆绑起来，就不能挣脱了。

第三阳爻，逃亡者被拴住后，会引起疾病，那样危险，不如像对待家奴（臣妾）那样蓄养他们，可以吉祥。

第四阳爻，主动隐退是好的隐遁办法，这对君子吉利，对小人不利。

第五阳爻，功成名就、急流勇退是最佳的隐退办法，这样做吉祥。

第六阳爻,得到富贵后隐逸,没有任何不利。

图九·三　高卧图(明朱瞻基作)

"观象系辞"时,为什么要把天下有山定为《遁卦》呢?这需要设身处地地想象。天底下大山连绵,天空寥廓,丛山高耸,引人遐想,仿佛置身其中的人是与世隔绝、很难寻觅得到的,悠然产生一种深山掩人的遁世之感。当初识读此卦象者,大概就是根据这种意境为它命名的吧!

在社会人生中,遁有各式各样的遁法。《易经》作者根据卦中爻象的不同,分解"遁"的含义,系上相应的辞,以便使后人一看到这一卦象,就会联想到"遁世",从而理解遁的不同含义。因此,我们在注释卦的时候,最好能够身临其境地在心理上重新经历这一过程。不妨全然把自己当成周文王,面对上古流传下来的一套易象,要求自己为它系辞。这样你将怎么办呢?我用这个办法启迪自己的"识卦灵感",常使自己有新的感受。当自己想的和卦爻辞不一致时,就要仔细找出双方差别的原因,从而加深自己对卦文的理解。研究古代的东西,特别是远古精神领域的东西,如能使自己的认识尽可能模拟近似于古人的认识过程,那将是大有裨益的。

卦原名"遯",本义是指猪逃跑了,所以有学者认为这一卦是讲小猪的。易卦的主题一般都比较大,并选择比较典型的事、物、象,加以说明。即便常会涉及一些具体细节,也往往都是和具现一个较

大主题相联系的。因此,没有深意地为单讲小猪专立一卦不大可能,这一卦和小猪其实一点关系都没有。

下卦的三爻,是讲逃遁的三种情况:初六"遁尾"是逃晚了;六二"执之"是逃亡被抓住;九三"系遁"是还没有来得及逃走就被拴住。三种情况都有凶险,但处置方法各有不同。上卦三爻,是吉祥的隐遁,也有三种情况:九四"好遁"是主动隐退,有君子之风;九五"嘉遁",是见好就收,有贡献的、受到嘉奖的隐遁;上九"肥遁",可以享受到美满生活的隐遁。

《遁卦》对社会生活中存在的隐遁现象作出了全面的刻画,您认为还缺什么吗?

## ䷡ 雷天大壮　震上乾下

第三十四卦 大壮:利贞

初九,壮于趾,征凶,有孚。

九二,贞吉。

九三,小人用壮,君子用罔;贞厉,羝羊触藩,羸其角。

九四,贞吉悔亡;藩决不羸,壮于大舆之輹。

六五,丧羊于易,无悔。

上六,羝羊触藩,不能退,不能遂,无攸利;艰则吉。

[解说]

遥看高天之上,电闪雷鸣,大雨滂沱,顷刻将至。这是一幅多么壮美的景象。雷天《大壮卦》大概就是这么被"观象系辞"的。观象所引起的共同感受,也往往会产生相同的话语,此乃语境所使然。

《象传》的作者大概也是这样感受的,故曰:"大壮:大者,壮也。刚以动,故壮。"从爻象看,《大壮卦》恰与《遁卦》相反,是四阳推二阴,阳刚壮盛,阴爻处在消退之中,阳势前景甚佳。

《大壮卦》寓意壮丽、强盛、正大光明。因此卦辞说,壮丽、强盛,有利于推展正义事业。

《象传》格外重视"推展正义事业"的意境,曰:"雷在天上,大壮;

君子以非礼弗履。"为什么天上雷鸣,会使人想到自己的行动要合乎礼呢?这是因为,一身正气的人,往往有"迅雷不惊"的心理品质;心地纯正,无所畏惧。不像心怀鬼胎的人,"闻雷必惊"。古今之人,心态是相通的。

第一阳爻,凭着脚趾强壮冒进(征),肯定(有孚)凶险。

阳刚盛壮从初爻上突出表现出来,并立即付诸行动,结局一定不好。这爻警告:即便从事正义事业,不蓄积强大力量,不足以获胜。仅"壮于趾"是不够的。

第二阳爻,坚持正确方向才能吉祥。

"贞吉"的贞,在卦文中出现,多具有正道和占问的含义,此外也有引申为坚贞、纯真、珍贵之义。这需要意会,不可死译,而这里是守正吉祥的意思。当然,用现代语表述为"坚持正确方向才能吉祥",也并不牵强。

第三阳爻,强壮之时,小人只用力于有形(用壮),君子则用力于无形(用罔);用壮即使做对了也危险,就像好斗的山羊,用它强壮的犄角硬撞坚固的篱笆,被夹住犄角拉不出来那样。

此爻主要说明处壮之时,君子与小人对待强盛的力量,有不同态度:小人是拼力斗狠,君子则运用智谋,如孙子所说,"上兵伐谋"。兵形如水,聚力于无形,方显强大。

第四阳爻,守正吉祥,可消除悔恨;篱笆裂开,羝羊犄角已被放出,轴辕坚固的大车在行进。

这一爻承接上文,将阳刚之壮用于大车之"辐",是"大舆"的关键部位。阳爻已深入上卦,正向前推进之中。

第五阴爻,羊群散失在易水之滨,没有什么可后悔的。

"丧羊于易"的"易",古注多有误解,《程传》作"和易"解,朱熹作"容易"或牧场的"场"字解。经顾颉刚等考证,这个"易"可能是有易族的居住地,大约在易水两岸,殷人或周人到这里牧牛羊,会遭到袭击,以致曾经引发过商王亥和有易人的战争。这一史实在易卦中屡有反映。"丧羊于易"之所以"无悔",商人由此发现了不友好的有易人,为征伐有易提供了口实。

第六阴爻,羝羊的犄角又撞进篱笆被牢牢夹住,不能退也不能

随意活动,没有任何好处,只好在困难的自守中求得吉祥。

此爻仍以"羝羊触藩"比喻"大壮"之终、阴爻进退两难的处境,为《大壮卦》向下一卦转化准备条件。

图九·四　羝羊触藩图(杨鸿山作)

《大壮卦》的文字很古朴,透露出来的故事更古老,卦文的内容所反映的是畜牧文化内容。其所以为"大壮",说明这是畜牧业兴起时的事情。商人的先祖王亥"丧牛羊于易"是上古时期的一个著名的历史事件。《史记·殷本纪》曾具体记载了商先祖的世系,在十四代商先祖中,相土和振(即王亥),曾"服牛乘马",外出通商交易,为后来商业文明的发展起了创始的作用。特别是王亥,曾发明牛车,与外族部落交易,被后人称为商贾的始祖。王亥是契的第六代孙叫振,甲骨卜辞中称为"高且(祖)王亥"。

本卦九四爻"壮于大舆之𫐄",说的大概就是王亥发明牛车的事。但是,他在与有易氏族通商中,不仅丧失了牛羊,还被有易氏族的首领绵臣以"淫乱"之名杀害。

关于王亥的传说,多为史籍所载。王国维曾在《殷卜辞中所见先公先王考》一文中说:"卜辞作王亥,正与《山海经》同。又祭王亥,皆以亥日,则亥乃其正字。《世本》作核,《古今人表》作垓,皆其通假字。《史记》作振,则因与核或垓二字形近而讹。"(《观堂集林》卷九)现在一般都称他为王亥。

王亥是商部族发展史上一位非常重要的人物。商代王室世系中,最重要的有契、王亥、上甲微、成汤,王亥在卜辞中被称的三位高祖之一。关于王亥的服牛、到有易国经商被杀的传说,《山海经·大荒东经》记载说:"王亥托于有易河伯仆牛,有易杀王亥,取仆牛。"郭璞注引《古本竹书纪年》说:"殷王子亥,宾于有易而淫焉,有易之君绵臣杀而放之。是故殷主甲微假师于河伯,以伐有易,克之,遂杀其君绵臣也。"在《周易》的《大壮》六五爻辞和《旅》上九爻辞中都有反映。特别是屈原《楚辞·天问》中,也都记述了王亥被有易所杀、上甲微为其复仇的故事。大意说:"王亥秉承父亲季的美德,学习他父亲的为人善良,为什么终于死在有易国,而且还丧失了牧人和牛羊?王亥举着盾牌和谐起舞,为何诱惑有易国的姑娘?姑娘身体丰满肌肤润泽,怎么长得这样高大漂亮?有易牧人发现王亥淫乱,他们如何把这件事碰上?先动手击杀王亥在床上?这个命令又出自于何方?"(参见黄寿祺、梅桐生《楚辞全译》)屈原所问,实际上是怀疑的。

了解这段历史传说,对贯通《大壮卦》和涉及此事的其他卦的文义是有重要参考价值的。

# 第二节 晋卦、明夷卦、家人卦、睽卦

## ䷢ 火地晋 离上坤下

第三十五卦 晋:康侯用锡马蕃庶,昼日三接。

初六:晋如摧如,贞吉。罔孚,裕无咎。

六二:晋如愁如,贞吉。受兹介福,于其王母。

六三:众允,悔亡。

九四:晋如鼫鼠,贞厉。

六五:悔亡,失得勿恤,往吉无不利。

上九:晋其角,维用伐邑,厉吉无咎,贞吝。

[解说]

一轮红日从地平线上冉冉升起,和煦的阳光照射着大地。这就

是《晋卦》的卦象。《序卦传》和《象传》都说："晋者,晋也。"《晋卦》代表着前进、上升和发展的意思。那为什么不叫"进卦"而要叫《晋卦》呢?那是因为"晋"的进,兼有光明的意思,是一种光明正大的进步与晋升。

卦辞为了表述这一含义,选择的历史内容是讲周成王的弟弟康侯虞征用北狄有易族的蕃马组织骑兵协助成王讨伐戎族唐人的叛乱,接连取得胜利(一日三次捷报——据平心所考),得到成王宠信的事迹为喻,明确显露了本卦内容的时代特点。这一历史事件,久已失传。从《易传》作者直到近代,所有解易者都未能理解其真实含义。后经廖平、顾颉刚至平心几代学者的考证,才基本弄清这段史实,加深了对此卦的理解。

第一阴爻,摧枯拉朽般地前进,正气凛然者吉祥,即使未受信任,只要能宽容,没有祸患。

第二阴爻,忧郁焦急地前进,品行端正者吉祥。故从王后那里受到了重大封赏。

"象曰:受之介福,以中正也。"表明受到如此大福,是因为他们品行端正。

第三阴爻,受众人拥戴,无怨无悔。

第四阳爻,像鼫鼠那样不能精进,即使行为正当也艰困。

鼫(shé)鼠是生活在山林中的一种有多项技能而不专精的小动物,俗称"五技鼠"、"大飞鼠"。《荀子·劝学》篇中讲了一个"鼫鼠五技而穷"的典故:这种鼠会五种本领,能够飞翔、奔跑、打洞、游泳、爬树,但会飞却飞不远;会奔跑却跑不快;会打洞却掘不深,只能藏半截身子;会游泳却游不过山涧小溪;会爬树却爬不到高处。技艺虽多,却都稀松平常,所以很难摆脱窘困,终于被自然淘汰掉了。

第五阴爻,消除了懊悔,得失无需挂牵,只需勇往直前便可吉祥,无所不利。

第六阳爻,集中优势力量锐进,攻打敌方城邑,艰险却吉祥,没有祸患,虽然得正却很艰难。

当前对于《晋卦》的解释,仍然存在传统的解释和平心的解释两种情况。一些人认为,易卦中列举的史实,是一种举例,对史实的真

相能够清楚了
解固然必要，但
如果不会因此
而影响到文义
的疏通，则可不
必拘泥于史实
的考证。这话
有一定道理。
有些无足轻重
的微末细节，确
实不一定要件
件加以落实。
但多数情况是
涉及史实与典
故的卦文，往往
在疏通文义上
差之毫厘，便谬
以千里。所以，
为了解卦精益

图九·五　将军介胄图

求精，还是弄清楚的好。

　　例如，《晋卦》中的"康侯"不知道是具体的历史人物时，许多易学家训康为"美"，康侯是诸侯的美称。把"用锡马蕃庶"，解释为用周王赐给的良种马繁殖小马；然后是"昼日三接"，被说成一日三次被君王接见，甚至还有的说成是一天为马接生三回，因为要繁殖小马，三次接生也不足为怪。可见，这样解释已经谬以千里了！

　　由于不了解卦文中的史实，六个爻辞的内在联系，始终难以疏通，文义割裂，牵强训释，不知所云。例如，上九"晋其角"，是指什么？《程传》说"角，刚而居上之物"，《本义》说"上九刚进之极"，都不能不流于表面的形式注解。因此，本书汲取了平心的新解。

## ䷣ 地火明夷　坤上离下

第三十六卦 明夷:利,艰贞。

初九:明夷于飞,垂其翼。君子于行,三日不食,有攸往,主人有言。

六二:明夷,夷于左股,用拯马壮,吉。

九三:明夷于南狩,得其大首,不可疾贞。

六四:入于左腹,获明夷之心,出于门庭。

六五:箕子之明夷,利贞。

上六:不明晦,初登于天,后入于地。

[解说]

《明夷卦》是易卦中的一个谜,历来有多种解释,未有定论。会飞行的"明夷"到底是什么? 不少解易者认为是神话传说中的"太阳鸟"或其他神鸟,因卦文中提到"箕子之明夷",便认为全卦讲的是殷末贤人、纣王叔父箕子的事迹,今人也有的说"箕子之明夷"这句话是说箕子去(之)朝鲜,"明夷"二字就是朝鲜。还有解释为记录了日食。总之解说五花八门,都难以连贯地疏通文义。

从卦象看,坤上离下,是明入地中之象。《大壮卦》是离上坤下,正好相反。如果前者象征太阳升起,那么后者就是太阳落下。每天太阳都要落下,这并不等于日食,也很难以此比喻箕子蒙冤。我反复研读卦文后,涌现出一个挥之不去的念头:这是一次上古出现不明飞行物的完整记录。莫非 UFO 之类的东西早已光顾过中华大地? 试解如下:

明夷,是忽明忽灭的意思,因为古人不知道这种能够飞行的东西叫什么,只好用忽明忽灭或忽明忽暗来形容它。《序卦传》:"明夷,夷者伤也。"朱熹在《本义》中说:"日入地中,明而见伤之象,故为明夷。"《杂卦传》也说:"明夷,诛也。"诛也是光明灭了的意思。明受到伤害,变暗了,呈现出忽明忽灭的样子。可见,明夷是中国古人给 UFO 命的名。

卦辞说,出现了一个忽明忽暗的东西明夷,它很锐利,要弄清它

到底是什么,很艰难。贞,贞问,弄清的意思。

第一阳爻,忽明忽暗的东西正在飞行,低垂着它的翅膀。根据主人的嘱咐,出动了一些君子,三天顾不上吃饭,追踪这个明夷。

将语序略加调整,爻辞就是以上的意思。

第二阴爻,明夷飞落在左面山脚,成功地逮住一头强壮的马。

孔颖达疏:"拯,举也。"吉,吉祥,这里释为成功地捕捉。

第三阳爻,明夷飞到南面狩猎区,又得到一头大牲畜,没有比它那么快捷的! 贞在这里起语气词的作用,不必都翻译成贞问、守正之类。

第四阴爻,它飞到了左边山腰,敞开门庭,把猎获的动物放进明夷的中心。

第五阴爻,明夷像个反扣着的簸箕,真是锐利无比!

明夷的形状是"垂其翼"的,说明它像个反扣着的簸箕。我曾经在湖北博物馆参观遂县出土文物,看到过一个青铜制造的尖嘴的小型鸟喙式簸箕,很精美,翻过来看,是个很好的垂其翼式的飞行器。这里的"箕子"不是殷末贤人、纣王叔父箕子,而是古人使用的簸箕。古代也有圆形簸箕,反转过来恰似飞碟形状。

那时有簸箕吗? 刚才说了考古出土的青铜簸箕文物,另外在文献中也有记载。

《礼记·学记》:"良弓之子,必学为箕。"制作好弓的工匠儿子,一定要学会制作簸箕,因为制箕需要屈木为弧形的技艺,箕脊之形如弓。也就是《诗经》中形容的"维南有箕,不可以簸扬"(《小雅·大东》),这是说的天上的星宿,而《明夷》中形容的却是会飞行的不可以簸扬的箕子。

第六阴爻,最后明夷不再忽明忽暗,它飞走了,一开始迅捷地升上天空,然后钻入地下。

"不明晦"不是不明而暗的意思,而是指这时明夷发出的光线是恒定的,不再忽明忽暗了。"初登于天"是形容它升空异常迅捷;"后入于地",不是明夷真的钻入地下了,而是飞行器很快飞向远方,被地平线遮住看不见了,就好像钻入了地下。

不用说古人,就是今人,看到了上述景象,也会惊诧不已。如果

**图九·六　箕形飞碟(UFO)**

　　我们今天没有一些关于 UFO 的知识,对这一卦依然是无法理解的。从卦来说,明确描述了一个东西在飞。按照已有的知识,那就是鸟类。包括高亨也认为"明夷,即鸣雉",在其《今注》中有详考。但是鸟类是不可能"用拯马壮"和"得其大首"的。这说明这个飞行物非同一般。

　　我不敢说,本书这样解释一定准确,但是可以肯定,这样解释卦文最为顺畅,和当前 UFO 的科学探索的成果是相当吻合的。而且,根据地球已经发现和揭示出来的大量资料和物证,UFO 频频出没,已经是不容否认的事实。此外,许多遗迹表明,早在三五千年前,UFO 就光顾过地球,在历史资料中也有许多奇特的记录。在我国,《周易》这部古老典籍中,保留下《明夷》这类材料,既是难能可贵的,也是不奇怪的。其实在《山海经》中也有一些对于古代出现 UFO 的蛛丝马迹可以查寻。吕应钟著《UFO　五千年》一书(台北,日臻出版社出版)收集了我国历史上 UFO 现象的许多资料,但并没有把《明夷卦》当做 UFO 现象的最早记录。

　　根据许多 UFO 事件的资料,它们似乎担负着收集地球物种标本的使命,因此在"明夷于飞"的过程中,出现"用拯马壮"和"得其大首"的行为,就变得可以理解了。它的飞行能力表现出"初登于天,

后入于地",也就不难理解了。

我曾经用《明夷卦》记录的古代 UFO 事件资料同世界上已经发现的同类反映 UFO 事件资料比较,可以毫不夸张地说,《明夷卦》的记录最直接、最逼真、最完整,因而也最有价值。

古人为什么会选择这样一个奇特事件的记录,来说明一些"明入地中"的哲理呢? 那是因为每日一度的日落太平淡无奇,而这样一个奇特的"明夷"现象却能更典型地体现出"不明晦,初登于天,后入于地"的特点,给了易学家们和哲学家们驰骋想象和理性思维的广阔空间。

古人在当时那种文明仍处于脱离蒙昧未久的历史条件下,突然目击了 UFO 现象,一定是很惊恐的,因此在卦文中简略地反映出"君子于行,三日不食,有攸往,主人有言"的紧张状况,是很自然的。但是这次让先民恐慌的事件真相,到了产生《易传》的时代,已经不为时人所了解了。儒家说易所执着的是"德义",于是就使劲往贤者箕子身上拉,尽管解释得极其勉强,也还是借箕子的贤名流传了几千年!

## ䷤ 风火家人　巽上离下

第三十七卦 家人:利女贞。

初九:闲有家,悔亡。

六二:无攸遂,在中馈,贞吉。

九三:家人嘀嘀,悔厉吉;妇子嘻嘻,终吝。

六四:富家,大吉。

九五:王假有家,勿恤吉。

上九:有孚威如,终吉。

[解说]

《家人卦》是讲家庭的一卦,儒家的家道思想和齐家观念在这一卦开始萌芽。卦象是巽(风)上离(火)下,为什么这是"家人"的象呢? 从六个爻来看,上下两个中爻:九五爻居于外卦、六二爻居于内

卦,男女都处于正位,有男主外、女主内之象;从卦德讲,女主内(离)为明丽,男主外(巽)为行顺,明丽而行顺,是善于处家之象;又长女(六四爻)居上,次女(六二)居下,呈长幼有序之象,并体现了家庭以女为主、以男为尊的特点;初、上两个阳爻像坚固的门关,把家护卫起来,而中间四爻,都各占正位,相互呼应,象征家庭内部的和谐关系。善于观卦的人,一看《家人卦》象,就能从各爻的阴阳属性和所占内外卦的位置看出,这是一个形容美满和谐家庭的卦。

《彖传》概括说:"家人、女正位于内,男正位于外,男女正,天地之大义也,家人有严君焉,父母之谓也,父父、子子、兄兄、弟弟、夫夫、妇妇,而家道正,正家则天下定矣。"这里实际上道出了《家人卦》同齐家、治国、平天下理念之间的关系。

《家人卦》就是由这许多象素勾画而成的。由此,我们可以领悟古人观象取义的一般规则。卦辞说:家人,有利于女人正家。

第一阳爻,有规范的家庭,可以防止过错。

"闲有家"的"闲",是伦理道德的规范、界限的意思。如:"大德不逾闲,小德出入可也。"(《论语·子张》)又如:"掌十有二闲之政教。"(《周礼·廋人》)"闲"都有准则、规范之义。

第二阴爻,(女人在家中)无需追求(遂)什么,只要在厨房里做好饭(中馈,相当于厨房),行为端正就吉祥。

第三阳爻,家人嗃嗃的严厉要求,看似苛刻晦气,却吉祥;而女人孩子整天嘻嘻哈哈,终究要倒霉。嗃嗃(hè),形容严厉斥责的声音。

第四阴爻,使家庭富裕,是大吉大利的事。

第五阳爻,君王嘉勉治家有道的家庭,不用担心,准会得到幸福。

《帛书易》此爻"假"为"叚",通假字。足见"假"读jiǎ,不读gé(有的书训为gé,非是)。"假"字多义,通"嘉",义为赞美、表彰、嘉勉。古籍多用此义。如:"假以溢我,我其收之。"(《诗·周颂·维天之命》)"假乐君子,显显令德。"(《诗·大雅·假乐》)又如:"假而礼之,厚而勿欺,则天下之士至矣。"(《管子·小问》)其中"假"均持此意。吉,吉祥,亦幸福也。

图九·七　家人和睦图

第六阳爻，（在家庭中）树立诚信和威严，终究可以获得吉祥。

《家人卦》寓意明确，解此卦历来歧义很少。卦文比较系统地表达了《易经》的治家理念。反映了父系宗法社会的形成，开始出现了男人在社会生活中的骨干作用与家庭中的尊长地位，造成男主外、女主内的分工，以及把女子"守贞"、胸无大志的"无攸遂"和独侍"中馈"作为家内义务。实际上后来出现的女子"三从四德"，这时已有萌芽。"有孚威如"，在宣扬男性家长制的诚信与威严，并把提倡这样的家道观念提升到需要王权嘉勉的高度，从而使《家人卦》的影响剧增。

中华初民，早在原始氏族社会便盛行祖先崇拜，进入阶级社会后，逐步发展为宗族奴隶制的宗法制度，到了周代，这种血缘纽带维系着阶级压迫、剥削制度，使它不那么赤裸裸地暴露出狰狞的面目。奴隶制的宗法制又被后来兴起的封建制做了有限的破坏后继承延续下来，成为巩固封建社会的重要维系力量，温情脉脉地缓冲了一次一次促使封建社会解体的运动，在数千年的影响下也塑造了中国人重家的中华文化。农民承受的压榨再重，只要没有达到"家破"的境地，就不肯起来造反，表现出惊人的压迫忍受力。但是，如果某个王朝残暴到迫使大批农民破家的程度，覆舟之日便指日可到！

《家人卦》之义，岂不重哉！

## ䷤ 火泽睽　离上兑下

第三十八卦 睽：小事吉。

初九：悔亡，丧马勿逐，自复；见恶人无咎。

九二：遇主于巷，无咎。

六三：见舆曳，其牛掣，其人天且劓，无初有终。

九四：睽孤，遇元夫，交孚，厉无咎。

六五：悔亡，厥宗噬肤，往何咎。

上九：睽孤，见豕负涂，载鬼一车，先张之弧，后说之弧，匪寇婚媾，往遇雨则吉。

[解说]

《睽卦》的主旨在于说明如何处理不协调现象，消除矛盾产生的不利后果。卦象是火（离）向上燃烧，泽（兑）水向下浸润，水火分离，互不交感，不相为用。卦名"睽"表示乖离、违背、睽异，不顺之义。这些都是不协调现象。但是，《睽卦》并没有停留在仅仅揭示不协调上，而是通过列举具体事例表达了正确处理矛盾的智慧，以求顺遂。同时，《睽卦》也清醒地估计到在不协调的状况下，要取得重大成就会异常艰难，而要办成小事、取得局部成就却是可能的。因此卦辞说：睽，办小事吉祥。

第一阳爻，无须追悔，马匹丢失了不必追寻，它自己会回来。（如果是恶人在作怪），去见他（说清楚）没有祸害。

本爻在说出"丧马"之后提出"恶人"，表明二者有关联。见恶人的目的在于沟通，消除麻烦。这样理解意思就连贯了。同时，这也是处理矛盾的一种直截了当的办法。

第二阳爻，在巷子里突然碰到主人，只要对他以礼相待，就不会有过错。

巷子是个不够庄重的场合，不期而遇主人，处境尴尬，这里的"遇"不是一般的见到，而是有礼遇地相见。所以《小象》曰："遇主于

巷,未失道也。"就是没有失礼。

第三阴爻,拉着大车的牛腿被掣住,车厢后面又被曳住,赶车人急得脸像受过徒刑那样难看,虽然开始艰难,但结果是好的。

本爻"其人天且劓(yì)"一般直译为车夫是额头被刺青(天刑),鼻子被割掉(劓刑)的犯人。笔者以为这是形容赶车人的脸部表情,在大车爬上陡坡时出现了惊险的一幕,牛在前面腿被绊住,迈不开;车厢后面又被斜坡重力拉住,顷刻有翻车的危险。这种情况下,赶车人紧张的脸部变形,用"天且劓"来形容是传神之笔。如解为赶车人是受到天刑、劓刑的人,卦义就不通了。

第四阳爻,在举目无亲的孤独中,得遇一位德高老丈,互相取得信任,尽管环境恶劣,但没有灾祸。

第五阴爻,忧患消失了,本族人正在举行宴会,前去参加会有什么过错呢!

六五是阴爻占据尊位,柔顺之至。"厥宗噬肤",厥宗指本宗族之人,噬肤按字面含义可以有两解:一为相残,你咬我,我咬他,宗族内部互相侵害;另一为吃肉,肤为肥美之肉;族内正举行饮宴,当然会吃肉的。因此,从爻位和上下词义看,以选择第二义为妥。

第六阳爻,孤独一人出行,路见捆着的猪身上涂着颜色,一车的人装束得像鬼怪一样,先张弓搭箭对准他们,准备射去,看清后又收起弓矢,原来不是强盗而是化妆举行婚礼;往前走遇上了喜雨,吉祥!

"豕负涂"的意思是猪被"负"(驮载),当然要捆绑起来才能负;"涂"是指涂猪,不限于涂泥巴,也指涂颜料。婚礼中的彩礼猪不能涂泥,而是涂成彩色。"往遇雨则吉",因为按照古老民俗,婚礼遇雨是喜雨,故吉。

《睽卦》从卦象上体现乖离之义,是明显的。但在爻辞中如何体现主题,却不易揭示各爻的关联。许多解易著作往往支离地解释各个爻辞,以致使卦文变得不可理解。其实它们之间是有关联的,微妙地体现着卦的主题。例如,"丧马勿逐,自复",丢失马对主人就是乖离,卦的处理办法是勿逐,结果是老马识途,会自复。这就是处理"丧马"不协调现象的方法之一。这爻还提到"见恶人",自己和恶人

图九·八　载鬼一车图(杨鸿山作)

也是一种乖离,卦文主张与恶人相见,用沟通之法处理,可以得到"无咎"的结果。再如,"遇主于巷",似乎很尴尬,也是一种乖离的表现,但以礼遇相待,也可"无咎"。还如,牛车爬坡,前掣后曳本身就是睽孤,拼命抢险的结果可以得到"无初有终"。再如,卦中两次提到"睽孤",离群独处也是严重的乖离,一是结识"元夫",相互"交孚";一是怀疑遇寇,却是婚媾,虚惊一场。卦文对虚惊的处理,就是要冷静对待,不能冒失射箭。诸如此类,都是围绕着克服乖离现象展开的,并且提示了许多处理矛盾的有效方法。

# 第三节　蹇卦、解卦、损卦、益卦

## ䷦ 水山蹇　坎上艮下

第三十九卦 蹇:利西南,不利东北;利见大人,贞吉。

初六:往蹇,来誉。

六二:王臣蹇蹇,匪躬之故。

九三:往蹇来反。

六四:往蹇来连。

九五:大蹇朋来。

上六:往蹇来硕,吉;利见大人。

[解说]

在你面前有座大山挡住了去路,陡峭的山上还有一条湍急的河流通过,你又是一位跛足翁,需要攀登大山、再跨过河流才能到达目的地。这就是《蹇卦》的卦象和含义。蹇(jiǎn)指跛足的人,俗称瘸子。让这个瘸子先爬山后过河,可想在远古是多么艰难。在《周易》六十四卦中有四大"难卦":屯、坎、蹇、困,其难各有特色。《蹇卦》之难,既有客观条件的艰难,又有自身条件的艰难,并且后者是主要的。如靠瘸腿登山过河,困难就格外突出。因此要渡过难关的关键在于加强自身,如孟子所说:要"增益其所不能"。这是《蹇卦》应对困难的特色。

卦辞说,赴难越险要选择方向和地形,从西南走有利,东北不利;要得到领导人的指导,这样对克服困难有利。坚持正确方向吉祥。

第一阴爻,敢于前去赴难,返回来就要给予荣誉。

遇难要勇"往"直前,不回避艰难险阻,这本身就是光荣的。这是应对困难的第一个层次,是克服困难的基层力量。有的解易者把"往蹇"解释为遇到困难退回去光荣,这是对卦义的误解。

第二阴爻,君王的群臣都忙于对付困难,并非他们不努力。

"王臣蹇蹇",是群臣共赴国难之义;"躬"是努力躬行之义。这是克服困难的中层力量,他们的努力很重要。

第三阳爻,坚持克服困难要继续返回基层做工作。

再次提出"往蹇",表明是坚持克服困难的态度;"来反"是九三返回和初六相呼应,是高层力量去加强基层力量的工作。

第四阴爻,继续坚持克服困难,要联合更多的力量。

第三次提出"往蹇",表现了不战胜困难决不罢休的态度,在行动上是"来连",这是处于君王近臣地位的上层力量在克服困难所应发挥的作用,就是把能够使用的力量联合起来。

第五阳爻,困难很大,但有许多朋友前来帮助。

九五处于帝王的尊位,是这次克服困难的最高指挥者,他本身

就置身于困难的核心，对他不需要提出"往蹇"，因为他就在"蹇"中，经过基层、中层、高层和上层力量的共同努力，既有内部力量的团结努力，又争取到众多朋友力量的支援，再大的困难也会被战胜。本爻显示出君王在克服困难中起着纵览全局的作用。

第六阴爻，克服困难取得了重大成果，出现全面吉祥的新局面，有利于晋见已经退出高位的重要人物。

《蹇卦》是一个象征面临着重重困难的不吉利的卦，但不是凶卦。从卦辞爻辞中看不出悲观气馁的失败主义情绪，相反却洋溢着战胜困难的激情，表现了积极应对严重困难的乐观主义态度。卦爻辞中一共出现了七个"蹇"字，可见困难之极！六爻中出现了四个"往蹇"，只有二、五爻没有明说"往蹇"，但已经包含在其中，因此可以说这

图九·九　往蹇图（杨鸿山作）

一卦是"往蹇"到底的。颇有见识的王夫之说过："不达于行谓之'蹇'"，但是卦中反复强调"往蹇"，表明"蹇者非不行也"，而是在"择利而蹈"，这个利就是"沐其德教而利"（《周易内传》卷三上《蹇》）。

卦中六个爻分层次地通过"德教"把能够克服困难的力量组织起来，不回避困难和风险，面对困难，勇往直前，成绩是靠干出来的，

不干任何困难都克服不了。要往、要干,这就是确保战胜困难的基本保证。此其一。

其二,从《蹇卦》的卦爻辞按爻位特点将克服困难的力量的作用作了有序排列,使不同层次的力量各就其位、各司其职、各尽其德、各得其利,深刻地体现了先民高明的管理智慧和经验。

其三,卦文中以聚集内部力量为主,兼顾了争取外部力量的援助,四爻讲的"来连",五爻讲的"朋来",都属于这方面的工作。并且,把这项职能放在外卦作为最高层次的主要任务,这也是十分恰当的。如果说,《周易》中确有管理的智慧和学问,《蹇卦》就是好例!

其实它的借鉴意义,远不止有益于管理,中华民族五千年的文明史,经历过无数次"蹇卦",每一次渡过难关,取得胜利,继续发展,大体上走过的路子,都是一个个大写的"蹇卦",血绘的"蹇卦",光辉的"蹇卦"!

## 雷水解　震上坎下

第四十卦 解:利西南,无所往,其来复吉。有攸往,夙吉。

初六:无咎。

九二:田获三狐,得黄矢,贞吉。

六三:负且乘,致寇至,贞吝。

九四:解而拇,朋至斯孚。

六五:君子维有解,吉;有孚于小人。

上六:公用射隼于高墉之上,获之,无不利。

[解说]

《解卦》根据《序卦传》的说法,是为《蹇卦》而设,曰:"蹇者难也,物不可以终难,故受之以解。"其实,《蹇卦》自身对"难"已经有解,还需要通过《解卦》获得进一步解决吗? 比较起来,《解卦》所系之辞,远不如《蹇卦》那样整齐,有那么严谨的逻辑。《解卦》还能提出更有深意的见解吗?

从卦象看,上震下坎为《解卦》,是雷雨交加之象,所解的是寒

情、旱情,确有一种"解"的气势,但要说明可以为各种困难都提供"解"的启示,就需要发展《蹇卦》的见解。现在让我们看看卦文如何说。

卦辞说,利于西南方,如果无所往,返回原处就能吉祥;如果有所往,早行动才能吉祥。

卦辞给人的印象是问题会自行解决,有所行或无所行,都会得到解决,区别只在于"来复"或"夙行"。对"往"的要求,也似乎远不同于上一卦"往蹇"那样严格。

第一阴爻,没有灾患。

一上来就告诉你,放心好啦,没有灾患。这会不会松懈人们向困难斗争的意志呢?

第二阳爻,在狩猎时,获得三只狐狸,还得到铜箭头,占问吉祥。

这些成果得来也很容易,爻辞没有交代"三狐"是不是被别人射杀的,从同时得到"黄矢"推想,可能得到的是别人射杀的猎物,这样得来就太容易了。

第三阴爻,一个人背负着财物坐在车上或骑在马上,招来了强盗,艰守也很危险。"贞吝"的贞,在这里是艰守或坚守的意思。

第四阳爻,解开束缚着的手脚,和别人真诚交往,引来了朋友。

第五阴爻,君上解除对君子(知识分子)的束缚,这样吉祥,还能取信于一般庶民。

柔爻占据君位,表现比较仁慈,解除臣下和君子的束缚,争取民信,正是他应当做的事。这是解救国家危难所必需的方略。

第六阴爻,公爵射中了落在城墙上的老鹰,得到了它,没有不吉利的。

《解卦》是象征解脱束缚、解救困难和解决问题的卦。卦文中表达了这样的观点:

其一,有些问题和困难在事情的发展过程中会自行解决,需要创设条件,"来复"之义,就是要善于等待时机。

其二,做事不要自招麻烦,平添困难,就像那个"负且乘,致寇至"的人那样。未雨绸缪,预防困难的产生,也是一种积极的解。

其三,来自外部的束缚和困难,需要得到上层主人与平行友人

图九·一〇　弋射图（汉画像石）

的支持和帮助，以争取获得解脱。四、五爻讲的就是这个道理。特别是遇到国难，君上解臣之束缚，解民之倒悬，更是最要紧的事！《象传》曰："雷雨作，解；君子以赦过宥罪。"它突出了这一卦的政治解的主题。

其四，上六"公用射隼（sǔn）"的故事，猛一看似乎与"解"无关，许多解易的书，在阐释此爻的寓意时，往往不明其中的意图，解释五花八门。笔者体味再三，终于悟出《易经》作者写这一爻辞的用意在于说明，要解决问题，克服困难，不仅需要加倍努力，还要有高超的技艺与本领，就像"公用射隼"那样。没有本事，克服困难就会落空。

这样看来，《解卦》在克服困难和解决问题的认识上，的确把《塞卦》的认识向前推进了。

## ䷨ 山泽损　艮上兑下

第四十一卦 损：有孚，元吉，无咎，可贞，利有攸往；曷之用？二簋可用享。

初九：已事遄往，无咎，酌损之。

九二：利贞，征凶，弗损益之。

六三：三人行，则损一人；一人行，则得其友。

六四：损其疾，使遄有喜，无咎。

六五:或益之十朋之龟,弗克违,元吉。

上九:弗损益之,无咎,贞吉,利有攸往,得臣无家。

[解说]

《损卦》和《益卦》是联系非常紧密的对卦,它们的卦文相互呼应补充,研究易卦必须把它们结合起来才能深入理解。但是历来解易书籍,从《易传》开始,往往脱离开卦爻辞的质朴的含义,大讲一通深奥的损益之道,借题发挥,阐述自己的哲学思想,远离了这两卦系辞时的历史背景,拔高了《易经》可能有的思想境界。这是对易卦的一种误解,这和为了加深理解、有根据地进行理论发挥是不同的。

《损卦》的卦象是艮上兑下,山下有泽,泽水滋润山体,使山上的植被得以丰茂,郁郁葱葱,依仗着损下益上而出现一片生机勃勃的景象。从自然现象看,损泽益山是一种良性循环的生态关系,但引申到社会关系中,便有了另一番复杂含义。在《易经》产生的年代,下是庶民,上是君和贵族。《损卦》的损下益上之义,就是庶民向社会上层奉献财物、劳役、军役和祭品等活劳动与劳动成果。在传说文王和周公系辞的时代,周族能够战胜强大而又是受"天帝"庇佑的殷商,靠的是"敬德保民"全新的政治理念。因此,在处理社会上下损益关系时,不可能离开兴周克商这条政治路线。这时的文、武、周公,要得到的是天下,而不是像殷纣王那样无限制地榨取民脂民膏。所以,周邦在解决"取于民"这个问题时,不能不持之"有度"。这是他们当时能够有的观念。无须拔高,就这些观念在殷周之际残酷的奴隶制度下,就已经是空前的新观念了,绵亘于中国历史数千年的民本思想就是由此而萌芽的。这些精神已经体现在《损卦》、《益卦》的卦爻辞中。

《损卦》卦辞说,损,要有信用,这样做可以大吉,没有祸患,定要守正,利于外出行事;例如回答:减损怎样体现? 只要用两篮祭品去奉献就够了。

"二篮"之祭,属于薄祭,所需奉献不多。薄赋敛的精神在卦辞中已经凸现。

第一阳爻,家里事办完后赶快送去,这样不会有过错,要斟酌自

己的情况奉献祭品。

承接卦辞，"酌损之"体现了反对厚敛的精神。祭品容许自酌奉献，有量力而行之意。

第二阳爻，守正有利，服军役凶险，可以不损、只益他。

第三阴爻，(耦耕)，三个人去，要减去一人；一个人去，再配上一人做伴。

这是奉献劳役，在当时田野劳作多系从事耦耕，这种劳动方式在《诗经》中多有描述，直至孔子时仍记载"长沮、桀溺耦而耕，……耰而不辍"(《论语·微子》)。这里所说三人损一人，一人得友，是当时进行耦耕的一种劳力分配方式。在井田制下，农民私事毕同耕公田，都要奉献劳役。这也是损的一种主要形式。

第四阴爻，给他去掉疾病，使他尽快地高兴(好)起来，就不用再服其他劳役。

这里的"无咎"，不要再理解为一般的"没有祸害"或"没有过错"，而是说"不必损"的意思。这大概说的是会看病的人，可以用看病代替服役。

第五阴爻，或者进献一个价值十朋的大龟，而不被主人拒绝，那是大吉大利的。

《易经》初成之时，还处于"龟长筮短"之际，贵族崇奉龟卜，喜好饲养灵龟。作者放在六五尊位写献龟，足见其重视程度。"十朋"是价值的满数，不一定确指十个朋，喻贵重之意。

第六阳爻，不损而益，没有祸害，守正则吉，利于出外行事，把无家的奴隶献给宗主。

宗族奴隶制下，臣妾是男女奴隶，损的重要形式之一是奉献奴隶，特别是无家的奴隶，奴隶主之间可以互相赠送。

本书解《损卦》，把卦文的具体含义锁定在民对于贵族的贡献上，反映了周王朝兴起时在推行"敬德保民"路线下的剥削关系。损下益上之义，就是以君王为首的贵族阶层"取于民"的各种剥削形式。从《损卦》中反映出来的剥削形式有：

(1)占有人身，贵族获取奴隶；卦中有点限制，就是收受无家的奴隶，有家的奴隶一般可以不离开自己的氏族。

图九·一一　耦耕图（杨鸿山作）

（2）贡献劳役,在贵族公田上耕作,这里间接反映了类似"千耦其耘"的耦耕劳动。

（3）服军役,也是一种献役,这种献役有可能要献出生命,"征凶"二字透出了这一信息。服军役的主要是当时的"国人",但是民众参战的主要限于士卒。纣王兵败主要是因为奴隶士卒战场起义,说明当时有奴隶兵卒服军役。

（4）贡献珍贵礼品,如献龟,"十朋之龟",一朋十贝,十朋是百个贝,西周早期已经开始流通青铜贝了。可能十朋不是个小数目。

（5）贡献祭祀牺牲等祭品,当时的王朝和贵族终年祭祀不断,民向贵族、诸侯向王贡献各种祭品,是损下益上的重要形式之一。

（6）贡献特殊技艺技能。在庶民与奴隶中能人很多,有的是能工巧匠,有的是妙手回春的医生,如此等等。"损其疾",历来有各式各样的解释,但是把它理解为献技艺,似乎更贴近主题。笔者以为这里说的就是治疗疾病,献医术。

这样看来,《损卦》相当完整地反映了当时贵族的剥削形式,有极其珍贵的历史学术价值。

笔者认为在弄清了卦文真实含义后,由此引申到哲学、思想、理论与文化层面加以发挥,阐释天地人的深奥的"损益之道",那是无可厚非的,只要不把这些由启示、经过领悟而得的思想一股脑儿归

结为《易经》自身本有的思想就行。愿君任驰骋!

## ☳ 风雷益　巽上震下

第四十二卦 益:利有攸往,利涉大川。

初九:利用为大作,元吉,无咎。

六二:或益之十朋之龟,弗克违,永贞吉。王用享于帝,吉。

六三:益之用凶事,无咎。有孚中行,告公用圭。

六四:中行,告公从。利用为依迁国。

九五:有孚惠心,勿问,元吉。有孚惠我德。

上九:莫益之,或击之,立心勿恒,凶。

[解说]

《益卦》象征增益,兴盛,扩张,卦象是巽上震下,风雷激荡,雷厉风行。劲风在上,助长着迅雷的威势,呈现出以上益下的态势,显示出蓄积了巨大的力量,气势磅礴,不可阻挡,正在开创着一个崭新的局面。

因此卦辞满怀信心地说:进取吧(益),勇往直前(利有攸往),跨过黄河去(利涉大川)!

这很像是周人伐纣的一个动员令。《易经》多次讲到"利涉大川",大都是指跨过黄河,因为在长江以北最大之川,就数黄河。周人伐纣需要跨越的最大天险也是黄河。从整个《益卦》的卦爻辞看,反映了周人伐纣的那次壮烈的战争。这是周族崛起与扩张的一次决定性战争。阐述《益卦》的深刻含义,还有比写这次战争更为典型的寓意吗?

第一阳爻,利用如此好的形势,要大有作为,这样就会大吉大利,不会有祸害。

一般易卦的初爻,都很谨慎,强调循序渐进。《益卦》一上来就放心大胆地号召"利用为大作",这是因为发动克殷战争,从开始就不能小手小脚,缩手缩脚;也因为初九处于正位,气势磅礴。

第二阴爻,(诸侯)献上价值高昂的大宝龟,被欣然接受下来,卜

求永久的吉祥,周王举行盛大的对"天帝"的祭祷仪式,无比吉祥!

"十朋"不可死板地算一定是百个青铜贝,十是满数,象征价值高昂。这个主祭的周王可能是武王,正是他领导了伐纣"大作"。阴爻正位,自然呈祥。一般是诸侯才能向王献龟。

第三阴爻,这次进取用的是兴师讨伐殷王朝的战争手段,尽管"用凶事",但不会带来灾祸,对待联盟的诸侯采取亲和守信政策,凡有大事都要禀告三公核准。

古代所谓"凶事"多指战争,用兵之事。《帛书易经》这爻将"凶事"抄写为"工事",然而早于《帛易》的《小象》也用"凶事",可见是笔误,其义也未见得更佳,故不改。

"有孚中行",在这里显然是针对联盟而言,反映了周族团结友军、讲信修睦的政策,这方面的历史记载不少,爻辞言简意赅地作了反映。

"告公用圭",这个公只能是辅佐武王的三公:姜太公、周公和召公,分管武事和政事。战时以太公为主。用圭之义是以三公为"圭臬",接受三公的指挥。此爻辞很符合历史事实。

第四阴爻,由于实行亲睦联盟的政策(中行),各盟友都能服从三公的指挥(告公从),周王在胜利后也要为他们(依)迁国到更适宜生息发展的地方。这可能是当时联盟的一项条件。

此爻紧接上一爻,以表示结盟的诸侯方国愿意服从周王与三公的领导,而周王也帮助他们实现迁国到新地盘的要求。周灭商后,不光是迁殷后裔武庚和殷遗民于宋,其他参战得胜的诸侯方国也都纷纷迁国到更好的地方。这是分国版图发生重大变迁的时期,属于领土的再分配。分封以后还有一个迁国的高潮,如周公封鲁、太公封齐、召公封燕,相继赴国。对此史有记载。

第五阳爻,战争胜利,大批俘虏获得宽大处理,他们都受到感化(惠心),无须兴狱审问(勿问),既往不咎就能大吉大利。因为俘虏对"我"都很感恩戴德(有孚惠我德)。

伐纣胜利,小周邦取代了大国殷的统治,为了稳定政局,曾经有过大赦天下的措施。历史书反映不多,但这爻短短几句话却透出了这一信息。

第六阳爻,胜利后出现了叛乱,剥夺叛乱者的权益(莫益之),给予他们致命地打击(或击之),如果立国之心不能无比坚定,一定要遭遇凶险(立心勿恒,凶)。

周初分封后,曾出现管蔡伙同武庚叛乱,周公发动东征,平息了叛乱,和本爻的爻辞有明显的联系。管蔡就属于"立心勿恒",遭诛。

图九·一二　武王伐纣图

《益卦》气势恢宏,主题宏大,言简意赅,集中表述了武王灭殷战争,从各路大军浩浩荡荡渡过黄河,到战争取得胜利,直到平息叛乱。历史过程同卦爻辞对应得丝丝入扣,使其中的每一个字辞的真实含义一目了然,无须牵强附会的解释;同时也能够体现"风雷益"卦爻象的内在逻辑。初九以"大作"开局,声势浩大,体现了春雷一阳的威力;六二阴柔占据中正之位,求告"天帝"授予大命;六三是内卦上爻,雷声出滞,战争联盟形成;六四是九五至尊的近臣和盟邦诸侯力量的形成;九五帝王之位,在赢得战争胜利后,威风八面地宣布大赦天下;上九处益之极,盛极生晦,出现叛乱,遇"立心勿恒之凶"。

在这一卦中,我们看到了历史事实与逻辑结构的统一,这是"观象系辞"最成功的卦之一。对于解卦人来说,最重要的是找准卦象和相对应的最能自恰的主题。这需要慧眼,需要特殊的感悟,需要广博知识的印证,需要发现。绝对不能囿于传统权威解释,那都是一些看法而已,有解对的地方,可以参考,凡牵强附会之处,必须另辟蹊径。必须相信《易经》的写作不是浅薄的儿戏,不是无病呻吟的闲作,不是筮占者卜问琐事的偶然记录,更不是愚昧迷信的大杂烩。它是适应于华夏先民族群生存需要的大智慧的荟萃,是全方位检索生存之道的古百科全书,所以每一卦都有一定历史意义与流传的价

值。不要因为没有看懂它就妄自尊大地贬低它，或自作聪明地歪曲它。《周易》是属于大家、属于民族、属于世界的，无疑谁都有权利解释它，但一定要提示依据，不能无根据地乱加发挥。

## 第四节　夬卦、姤卦、萃卦、升卦

### ䷪ 泽天夬　兑上乾下

第四十三卦 夬：扬于王庭，孚号有厉，告自邑，不利即戎，利有攸往。

初九：壮于前趾，往不胜为咎。

九二：惕号：莫（暮）夜有戎，勿恤。

九三：壮于頄，有凶。君子夬夬独行，遇雨若濡，有愠无咎。

九四：臀无肤，其行次且。牵羊悔亡，闻言不信？

九五：苋陆夬夬，中行无咎。

上六：无号，终有凶。

[解说]

《夬卦》历来属于没有解释清楚的卦，你只要翻开几本注释《周易》的书，就会发现卦爻辞之所述，可以用语无伦次、莫名其妙、不知所云来形容。道理勉勉强强讲了一大堆，但很难通过爻辞顺理成章地体现出来。笔者解读此卦时，虽然不满意诸家解释，但一时也找不到更好的解释。卦文所及，好像是几个相互关联的特写镜头，说的是发生在古代的相互关联的事，绝非几句类似谶语纬辞的杂凑。例如，卦中多次提出"孚号"、"惕号"、"无号"，是向人们发出一种警号，表达了一种需要提高警惕的示意。又如，卦中多次提到"即戎"、"往不胜"、"暮夜有戎"、"终有凶"一类与战事有关的话，表明上述警号和防止受到军事侵犯有关。卦中还多次提到受伤的部位，如"壮于前趾"、"壮于頄"、"臀无肤"，许多解易书把"壮于"训解为"伤于"，本书也取此意。趾代表脚，頄（qiú，颧骨）代表颜面，臀无肤形容屁股受伤。这些伤，显然和"有戎"有关。

周族从西部发展起来始终受到戎狄的侵扰,西周最终仍为犬戎大举进犯所亡。戎狄对周而言始终是最重要的外患。

《夬卦》讲的是决去后患,对国家安全而言,就是要防止外患。它的卦象是泽在天上,泽水随时会决口倾泻人间。如同悬河危堤一样,岌岌可畏!夬,guài,是决去的意思。

从爻象看,一阴在上,五阳在下,阳处在正盛之势,一阴处于消退之中,《夬卦》由《大壮卦》(二阴在上四阳在下)而来,它将成长为纯阳的《乾卦》。但是眼下这一阴爻仍逍遥于上,喜(兑为悦)乘五龙以游四海,得意于外不容忽视。王夫之看出《夬卦》"阳盛已极,上居天位,下协众志;一阴尚留,而处之于外",这种格局最易造成一种政治麻痹。诸阳尽情享有"安富尊荣",以为一阴已经被"刚绝"到了极点,其实它可没有忘记诸阳进逼,而诸阳"岂能泰然处之而不忧?""阴之为德,在人为小人",在国"为夷狄"(参见《周易内传》卷三下《夬》)。可惜,他没有沿着这个思路去解全卦,基本上未能脱出老路的窠臼。

卦辞说:夬卦,正当喜气洋溢于王宫,从边邑传来危急的消息,虽不利于立即出兵打仗,却利于前往驻守。

"扬于王庭",按字义可以作各种理解,如在宫廷宣告什么、表彰何事和揭发劣迹等,以示播扬之义。此语解释,历来有播善与播恶之分。《周易集解》采播恶说,曰:"上六以一阴逾越出五阳之上,是小人而乘君子,其罪恶上闻于圣人之朝矣,故曰'夬,扬于王庭。'"这是揭发小人之恶。《伊川易传》则说:"今既小人衰微,君子道盛,当显行于公朝,使人明知善恶,故云:'扬于王庭。'"这是宣明君子之善,以抵制小人之恶。在揭发小人之恶上,也有的认为独阴在上,置身于君之侧,小人得志放肆,耀武扬威于王庭。

本书在此则取《兑卦》象征喜悦之义,认为原作者可能借此反衬"孚号有厉",一面描写王庭充满喜而忘忧的气氛,一面描写危厉境遇,发出警号,借以凸现处于全盛之时不忘根绝后患的主题。《夬卦》的决阴之义很广泛,上六一阴不论象征什么,是小人,是夷狄,或精神上的私欲,都应在决去之列,从而宣扬了一种处盛决危的思想。

对于"孚号",按字面解释是确实可信的信号,即可靠消息。这

里的"利有攸往"是接承"不利即戎"和"有厉"而言，可以理解为：不利于出兵打仗，却利于前去驻守。"攸往"是为了防危，因而属于驻守范围。

第一阳爻，前面守边的小部队已经受到挫折，再派兵去打也未必能取胜，反而受困。

"前趾"和"即戎"联系起来理解为比喻走在大部队前面的小分队，是指军队的前趾。"壮于"，按《周易集解》卷四十三《夬•初九疏》解："壮，伤也。"

第二阳爻，发出警报：今夜有敌寇来犯，不要惊慌！

"勿恤"，多被解释成九二爻居中位，不会遭到侵害，无须害怕。其实这是"惕号"的内容，一方面宣布有敌来犯，一方面要求驻民不要惊慌害怕。二意相连，不需要分开解释。

第三阳爻，颜面受到伤害，有凶险；君子执着于刚决柔，独自前行遇到挫折，心中懊恼，但没有祸殃。

"壮于頄"，伤及颜面，因为周在全盛之时屡受周边戎狄小族的侵犯，可以引申为很伤害自尊。正如说灰头土脸，只是一种形象比喻，不必把"壮于頄"直接理解为伤到了颧骨。

"夬夬"是夬的叠词，意为执着于"夬"之义，即执着于刚决柔或阳决阴、君子决小人之义。故要独行其是；然而并不顺利，就像独行中遇到大雨，濡湿了衣服，遭到了挫折，心中懊恼不已。此爻有"独行"之象，五阳之中唯九三和上六有应，不与众同而独行。

第四阳爻，屁股肌肤受伤，走路摇摇晃晃，羊群被赶走，为损失懊悔不已！为什么听到警告而不相信呢？

戎狄袭扰周原，常常是为了掠取其牛羊和财物，周族对这种小股进犯往往不采取大军进剿的办法对付，多采取局部防范策略。有的边邑由于疏于防范而蒙受损失。虽多次发出"惕号"，仍会有人"闻言不信"。这一爻就是讲的这种情况。"臀无肤"比喻在受到袭扰时遭到伤害，如同说屁股被打烂，形容伤害不小，不一定就是专指具体受伤部位。易卦判词往往反映了爻位，九四爻以阳居阴，不中不正，正适合用"臀无肤"来形容，正如说"我忙得焦头烂额"，并不一定是头部受伤。"次且"俗称"趑趄"，走路不稳貌。

"牵羊悔亡"一般都译作"自己牵羊,懊悔消失",但在这里不适宜。羊是被进犯者牵走,而且不止一只,通常是羊群被掳走;"悔"是对羊被牵的懊悔,"亡"可训解为损失,即羊被牵走的损失。这样才能引出对"闻言不信"的指责。

第五阳爻,从草原上把他们赶走,只要政策适当,不会留下祸患。

九五尊位,既中且正,阳势盛极,寓意周势正隆。面对小族的频频进犯,已有足够的力量把戎狄势力赶出草原,以绝后患。

"苋陆夬夬",历来多解。苋陆,有的解释为两种植物:白苋,章陆,也有的把陆解释为生长苋菜的土地、陆地。苋也有解释为细角山羊。"夬夬"依然和"君子夬夬"所用一致,即坚持决去、决出、赶走之义。笔者依据多种汉语词典,获知苋属植物的泛称,陆属土地的泛称;苋陆实际上就是指草地、草原。"苋陆夬夬",就是逐出草原。这是一个大政策,执行时必须措施得当,要"中行",才能达到目的,故"无咎"。

第六阴爻,没有任何警号,终究很凶险。

上六,只有一阴独在,在阴阳消长的对立中,如果失去了对一阴的警惕,它会一变而为《姤卦》,一阴在下,处于长势;五阳在上,处于消势。虽然也是五阳对一阴,但整个运势出现了反转。这便是易箴之一。

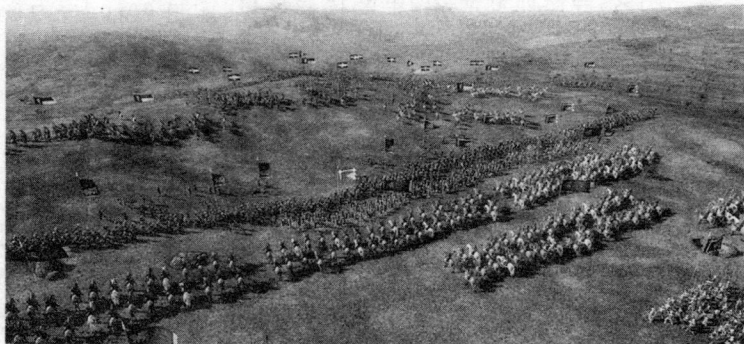

图九·一三 戎狄入侵图

为了深入研究易卦，我们在这里不指明出处地引用通俗翻译《夬卦》的两个卦例（只引译文）。请读者看看能不能连贯理解。

甲例：

夬：王庭决定，以占问的答复作为号令：把危险告诉邑中人，现在不宜立即发兵出击，但利于出发前往。

初九：脚趾负了伤，继续前进，要是战争不能取胜，就会变成灾难。

九二：提高警惕的号令：防备敌人夜袭，但不必害怕。

九三：颧骨负了伤，有凶险。君子独自一个人匆匆地赶路，路上遇到雨，身上被淋湿了，只好烤火取暖。这爻没有灾患。

九四：臀部瘦瘠，行走趔趄。据说牵羊进献可以免祸，但他不相信这些话。

九五：山羊在途中跳跃奔跑。这爻没有灾患。

上六：没有号令。这爻，最终是有凶险的。

作者把这一卦寓意也定为"决"，但从译文很难理解到"决"义和各爻之间如何贯通文意，而在最重要的九五只描写了跳跃的小山羊就算完事。是不是《易经》本就是如此的肤浅！

乙例：

夬：在王庭上宣扬，竭诚疾呼将有危险，告诉本城民众，不利于立即采用军事措施，有利于前往。

初九：前脚趾强壮，前往难以取胜，会有灾。

九二：警惕呼叫，暮夜有战事，不用忧虑。

九三：颧骨强壮，有凶险，君子决裂，独行遇雨，被淋湿有怨气，无灾。

九四：臀部皮肤受伤，行走颠滞，牵着羊悔恨消除，不听信别人的话。

九五：决除苋陆小草（除去小人），行动中正，无灾。

上六：不必痛哭叫喊，终究难逃凶险。

这一译文，含义又有不同，文字是明白的，但翻译出来的卦义基本上看不懂，不知道这些话表达了一个什么意思，当然就更谈上领会其中的思想。难怪研究《周易》多说《易经》都是算卦说的话，占卜

之言,语无伦次,只是到了《易传》才赋予其思想,前者是卜筮之词,后者才是哲学著作。看来《易经》沾了《易传》的光。

我一直认为这是数千年来研究《易》的一个最大的误解。我认为《易经》中蕴涵着深邃的思想,它本身既是占卜之书,又是中国哲学的原本,只是由于其语言的古奥,形式奇特,表达原始,在其后的发展中,历数千年而难以参透,而这正是新时代学人需要加倍努力的地方。

比如上述两例,应当承认他们不尽相同的译文,都有所本,是严肃的译文,但是没有解决问题,看这样的译文,人们依然看不懂易卦,不知道它究竟说了些什么。这便是据守传统注释《易经》的历史性悲剧!

## ䷫ 天风姤　乾上巽下

第四十四卦 姤:女壮,勿用取女。

初六:系于金柅,贞吉,有攸往,见凶,羸豕蹢躅。

九二:包有鱼,无咎,不利宾。

九三:臀无肤,其行次且,厉,无大咎。

九四:包无鱼,起凶。

九五:以杞包瓜,含章,有陨自天。

上九:姤其角,吝,无咎。

[解说]

《姤卦》也是一阴对五阳的卦象,只是这一阴在初六,而不是在上六。一阴不论在上在下,和五阳都是对立的关系,这是共同的。《夬卦》寓意五阳在下决去上六的一阴,典型的表达方式是决去"外患"。《姤卦》寓意五阳在上不期而遇初六的一阴,典型的表达方式是防止"内忧"。《易经》作者是大手笔,专挑五阳分别对内外一阴的卦,在阳刚正盛之时,阐明防止内忧与决去外患的大主题。

《姤卦》之姤,不是通常理解的相遇,而是指突然遭遇,是阴爻强行插入阳爻列阵的一种遇。不少解易家称之为"非礼"的相遇。《夬

卦》和《姤卦》都是汉代开始言说的消息卦,《夬》为三月卦,《姤》为五月卦,《乾》为四月卦,《姤》由《乾》变来,是《乾》的初九变为阴爻而成《姤》。

卦辞说,姤,遇一悍壮女子,不能娶她为妻。

初爻以悍女象征一阴闯入,她就是滋生内忧的载体,用家庭比喻,这样的悍女娶进家门,必会成为内忧的根源。

这一卦的《象传》在分析《姤卦》时,是区分人事和天行的。作为人事,"柔遇刚也。勿用取女,不可与长也。"因为和这样的女子生活,不可能长久。但是说到此卦象征"天地相遇,品物咸章也。刚遇中正,天下大行也。"万物繁盛,一齐彰显出来,阳刚正气凛然,流行于天下! 在自然界,不能把一阴来和五阳遇合看成是内患。这是深刻的见解。对于六十四卦的理解,对它在自然界和人世间显现的性质与作用,要适当地联系起来,又要严格地区分开来。这一卦的卦文,所涉及的内容,主要是社会性的。

第一阴爻,大车上装有金属刹车(金柅 nǐ),正确使用它,吉利。如果遇到凶险会及时刹车,才能前进,不要像瘦猪那样犹豫不决,蹢躅(dí zhú)不前。

一阴插入诸阳之下,虽处于上升趋势,但势单力薄,不能冒进,也不能徘徊不前。这个爻辞说明了一阴的处境。

第二阳爻,行囊中有鱼可以吃,没有麻烦,但不适合款待遇到的宾客。

这个"包",是指行囊;不要改字为"庖厨"的"庖"来解。改字解,向来不是好办法。鱼不必非在庖中才有,包中也可以装。为什么待客不宜? 因为初六为卦主,九二阳爻为客,占据中位,待客应有礼遇。这里写的还是和"遇"这个主题有关。

第三阳爻,屁股磨破了皮,走起路来趔趄;可能遇到危险,但不会有大灾祸。

第四阳爻,行囊中没有鱼了,起程有凶险。

《帛书易经》"起凶"抄写为"征凶",义相近,可参考。

第五阳爻,用杞柳枝叶包裹甜瓜,内里华美馨香,可作为祭奠之礼,因为有陨石从天上落下。

"有陨自天"，不应翻译为命运自天而降。这句话很直白，并不神秘，无需做迷信解释。但是这一现象却不寻常，值得祭奠。这是自然界不期而遇的现象。《象传》说的"天地相遇"，大概就是指这一现象。祭奠是对罕见自然现象的一种敬畏与礼遇。

第六阳爻，姤达到了极顶了，已很艰吝，但无灾难。

"姤其角"，不宜译为遇到了角，因为卦文中没有涉及带角的植物或动物，不可能凭空出现一个角。角之义是极顶、极限，即发展到顶的意思，也意味着内患已成，上九即将被六二挤出之义。

图九·一四 泼妇祸家图（杨鸿山作）

解《姤卦》历来有一个难点，就是九三又提出"臀无肤，其行次且"，与《夬卦》九四爻辞大部分重复，为何姤之九三和夬之九四都要说这一爻辞呢？它们为何又要分别在三四爻交错出现这一爻辞呢？

这个问题，许多解易之书多未作正面回答。笔者以为这是一阴压五阳，或反过来，五阳压一阴的卦中特有的现象。因为夬的九四是上卦兑的初爻，和下卦乾发生摩荡，使这一爻出现"臀无肤，其行次且"；而姤的九三是下卦巽的上爻，同上卦乾摩荡，使其出现"臀无肤，其行次且"。它们虽然爻位不同，但都是另一个单卦的边爻和单卦乾发生摩荡关系，因而这个边界阳爻都要被摩荡得"臀无肤，其行次且"。它们虽然与乾中的阳爻同属阳爻，但它们是分属于兑或巽中的阳爻，它们所具有的阳刚力量和能量，都是远逊于乾阳的。因

此兑之阳与巽之阳一遇乾阳都要被剥掉一层皮。虽"无大咎",是因为它们都是阳爻;但它们又不同,是因为它们都要服从上下卦之间的矛盾关系。因此,分析易卦,爻象是从属于卦象的。夬、姤两卦的这两爻,很有代表性。

我们把姤的主题同遇有内忧联系起来,把夬的主题同决去外患联系起来,都是针对五阳形成盛世格局,仍需防微杜渐,体现易卦所重视的忧患意识。

易卦是具体的,又是抽象的。解卦必须先把具体含义解读清楚,才能进一步阐发其触类旁通的意义。如果具体含义都没有读明白,就奢谈其抽象含义和带有普遍性借鉴意义,一定很不准确。

我们发现许多易学家常常用拟人化的手法解释爻象,似乎每一卦和爻,都是有意愿、有选择意志的活物、生命体。这样分析卦爻,就会把解易者的心理带进卦中。儒家借着解易大讲儒家伦理,有的讲得对,有的就讲得太牵强,显得迂腐、教条、贴标签,影响了易学的正常发展。以《姤卦》为例,仅对一阴的出现,在《周易集解》、《周易折中》、《周易内传》等大型综合解易典籍中,就有这许多拟人化的分析:

郑玄:"一阴承五阳,一女当五男","'女壮'如是,壮健以淫,故不可娶。"

朱熹:"一阴而遇五阳,则女德不贞而壮之甚也。"

程颐:"'取女'者,欲其柔和顺从以成家道。"

王夫之:"'姤'乃女子邂逅,与男相遇之谓,其为不贞明矣。其……求以得阳之心,而逞其不轨之志,其貌弱,其情壮矣。"

这些大家的情貌溢于言表,写得很生动,把阴阳爻的动机行为写得活灵活现,但正是这样一种解法,加进了大量主观成分。

其实,六十四卦是阴阳六爻排列组合必然产生的完整的卦体系统,不多不少。每一卦和爻,在卦爻体系中都是客观存在,都有其确定的位置和顺序,不可以主观意愿增多或减少。《姤卦》只有初六一个阴爻,增多或减少了,就不再是《姤卦》了。从本质上说,初六用不着有什么向诸阳献媚、施淫的动机和行为,上四阳下二阴的《遁卦》在易卦结构中已先行存在,不需要初六施什么诡计就必然会出现。

正是易卦的结构规定了每一卦爻的功能,而不是相反,由每一卦爻的功能规定了易卦的结构。解易者尽可放心,用不着担心,一阴会被五阳压垮,而不再出现《姤卦》。六十四卦的结构既是多变的易象框架,也是丰富易理的框架。正是这种看似先验的易卦结构,及其象、数、理极其广泛的象征性认知价值,似乎已经把多方位提供的见解和答案,变成了一种神秘的预在,从而使预测可能性和占卜利害吉凶成为可能。易卦占卜在中国历史上历久不衰,就是因为人们对易卦预测可能性的功能做了极度夸张的应用。

## 泽地萃　兑上坤下

第四十五卦 萃:亨。王假有庙,利见大人亨,利贞。用大牲吉,利有攸往。

初六:有孚不终,乃乱乃萃,若号,一握为笑,勿恤,往无咎。

六二:引吉无咎,孚乃利用禴。

六三:萃如嗟如,无攸利,往无咎,小吝。

九四:大吉,无咎。

九五:萃有位,无咎。匪孚,元永贞,悔亡。

上六:赍咨涕洟,无咎。

[解说]

《萃卦》的卦象是兑上坤下,泽上于地,土地在泽水的滋润下,植物丛生,郁郁葱葱,环绕湖面形成苍翠的葱茏,一幅繁盛而又芜杂的景观。故卦名为"萃"。

《萃卦》寓意荟萃、聚合、芜杂之义。草木丛生叫萃,总体上看什么草木都有,显得十分芜杂,但细加观察就会发现它们是分类聚合的,体现了生态的法则。"物以类聚,人以群分"是常态。在古代社会,人是以氏族、宗族、部族乃至民族聚合在一起的,这是为了适于生存。植物分类聚合,是适于繁殖的需要。但聚合带来的问题是芜杂,高低不齐,良莠不分,有害于群体的发展,这就需要管理。

在纯粹的自然界,没有人的介入,靠"生存竞争,自然选择"来实

现一种天然"管理";有人类介入,与人对象化的自然界便依据人对自然的需要和认识来管理。关于人自身,社会生活,则需要形成适合于群体生存与发展的共同生活规则,以求实现社会的整合,在芜杂中有序。这就是《萃卦》所要表达的朴素思想。

卦辞说,萃,表现为聚族的兴旺(亨),需要君王在宗庙里主持祭祀,族人可以顺利地拜见族里的大人物,有利于共同遵守族规(利贞)。祭祀祖先要用猪牛一类大牲畜,这样吉利,利于远行。

宗庙祭祀是聚族的重要方式。因此,卦辞应当依据这个线索将词义具体化。这样解释不是语义外加,而是合理地语义复原。这是新语义诠释学的创造,符合特定语境,应当容许。

第一阴爻,诚信原则不能坚持到底,一定会产生混乱和芜杂,彼此大声吼叫,但只要相互握手言和,就会喜悦欢笑。不用担忧,只要这样做下去就没有忧患。

人聚和族聚,必定内部生乱。爻辞说明,坚持诚信原则是加强内部管理的基础。

第二阴爻,善加引导,吉祥;心诚,祭祀节俭也不要紧。

禴(yuè)祭,是春季祭祀,农牧产品未到收获季节,祭品比较贫乏简陋。一般把节俭的祭祀也叫做禴祭。本爻依然强调"孚诚"之重要。六二柔爻占据中位,呈现祥和之义,因而可以接受禴祭,不一定非"用大牲"不可。

第三阴爻,对聚合的悲叹,没有任何好处。还是去聚合吧,不会产生祸患,只有小困难而已。

第四阳爻,果然是大吉,没有灾祸。

九四以阳居阴位,不中不正,但却上比九五,有重臣之象;下比群阴(坤卦三阴),又有得众民之象,故径断为"大吉,无咎"。

第五阳爻,阳刚中正,居于君位,上聚群臣,下聚众民,无忧无患。如果仍有不信服者,则退而修己以弘君德,一切怨恨都会消除。

"萃有位"显示出阳刚中正,居于君位,上聚群臣,下聚众民的位势。单有位势,未必能有威德。故有"匪孚"(不信服者)出现。怎么办?爻辞说:"元永贞"。元是指首脑、君主;永是指长久;贞是指正道;加在一起,就是守君德。君要修自己的"元永贞"之德。这样才

可以"悔亡",使忧悔消失。

第六阴爻,会聚之终,带着哀叹痛哭流涕,但没有祸害。

"赍咨涕洟":赍(jī),带着,抱着;咨,咨嗟,咨叹;涕洟(yí),"待于庙,垂涕洟"(《礼记·檀弓上》),痛哭流涕。可能是会聚之终,分别之时的一种悲情表示。此义符合此爻位的性质。

图九·一五 客家聚族而居的土楼

易卦都有主题,但是在表达主题义项时,往往侧重于反义或属义,这是它具有辩证思维特点的反映。例如本卦,萃之主义在聚合,其属义在芜杂;但要聚合有道,聚合于正,就必须注重解决芜杂的问题,这两方面都需要强化管理。物有物的管理,人有人的管理,《萃卦》则主要侧重于人的管理。

在古代,对人的管理首要的是聚族,这是社会管理的基础。本卦突出了宗庙祭祀的作用。这是抓住了要害的。特别是有深厚宗法传统的我国古代社会,同宗族人要求"聚族辐辏",从三《礼》到《白虎通义》这些法典中,都有详尽的论述。《萃卦》可以说是开其端的。在旧社会,宗庙、祠堂林立,其社会意义就在于此。从氏族部落经奴隶社会到封建社会,宗法性是它们万变不离其宗的基因。慎终追远,叶落归根,宗法式的眷恋之情,是根深蒂固的。有它惧变的先天缺陷,但又有民族高度凝聚的伟大

特性。中华文化垂七千余年而从未中断，在世界上绝无仅有，不能说与这种牢不可破的特征无关。

《萃卦》在阐述古代管理思想方面具有开创性的方面，主要表现在处理人与人的关系以诚信为本，君对臣、君臣对民、民对民都必须遵守诚信原则。易卦中最常用的一个词就是"孚"，讲诚信贯穿在许多卦当中。仅《萃卦》就三次提出这个问题："有孚"、"孚乃"、"匪（非）孚"，从正反两个方面论证了诚信的重大意义，难能可贵。

聚合有喜悦，也必有紊乱，还会带来内部冲突。治理之道，在于重情修德。卦文中反复出现"萃如嗟如"、"赍咨涕洟"，就是重情的表现。但更重要的是修德，君要修君德，追求企及"元永贞"；民要修民德，"有孚有终"，"一握为笑"。情聚德聚，才能真正实现美好的聚合。我们今日仍然要追求社会的安定团结，如能做到情聚德聚，整个社会的聚合必可达到一个更高的境界。

## ䷭ 地风升　坤上巽下

第四十六卦 升：元亨，用见大人，勿恤，南征吉。

初六：允升，大吉。

九二：孚乃利用禴，无咎。

九三：升虚邑。

六四：王用亨于岐山，吉无咎。

六五：贞吉，升阶。

上六：冥升，利于不息之贞。

[解说]

《升卦》的卦象是坤上巽下，巽象征风或木，在地面上气聚而升，或地中生木，也象征升。因此，《升卦》寓意升进、升腾、晋升之义。

卦辞说，升进，开始就能通顺，利用好参见大人的机遇，不用担心，向南谋求发展吉利。

"用见大人"一句在《帛书易经》中仍是常用的"利见大人"，可

能笔误。因为"用见大人"有利用觐见大人这一机遇的意思,针对性更强,表明升进总是和能够促成下级晋升的大人物有关,不可失去机会。"南征吉",是向南行进吉祥,因为南为离位,为光明之位,利于升进。

第一阴爻,公允地升进,大吉大利。

易卦为君子谋,不为小人谋,因此"允升"不应解为事先得到允诺晋升,而应解为公允地得到晋升。

第二阳爻,只要有诚信,即使进行薄祭,也没有祸害。

此义同样适用于向掌握升进权力者的献礼,无需铺张奢侈,也没有灾祸。

第三阳爻,升进到那个虚位以待的城邑。

"虚邑"多有歧解,解为虚无、空虚的城邑,都难以理解。如果理解为邑吏空缺为"虚邑",于义为胜。《小象》曰:"升虚邑,无所疑也。"因有空缺,属于"虚位以待",故"无所疑"。也可理解为提升了官员却不能安排到实有的邑中任职,这种提升只是"升虚邑",也通,总之和升官是实职、还是虚职有关。

第四阴爻,君王在岐山祭祀,吉利无咎害。

君王举行祭祀大典,是为了邦国与全族的升进。

第五阴爻,坚守正道吉祥,升进要历阶而上。

主张循阶正常升进,反对掠等而上,体现阴柔占据君位具有和顺的特点。

第六阴爻,潜心于升进,利于树立忠贞不渝的志向。

"冥升",冥字多义,本义为暗、昧不明,当然可以解为暗中升进、糊涂晋升等,但与上下文义不协。如用于内心暗中立志,可称为"冥冥之志";故"冥升"之义,实为"潜心于升进",此义与"不息之贞"也可以对应。

在宗法等级社会,对于官吏的升迁也逐步形成了一些必要的规则,从《升卦》可以得知一些早期社会处理此类问题的信息。大体有这样几点含义;

其一,官吏需要配置一定的高官来管理,下级官吏的晋升事先要觐见这些高官,叫做"用见大人"。这是后期吏部的职责之一。

图九·一六　古木参天图

其二,人才的晋升,不可私相授受,要实行公平原则。尽管在古代社会未必能够很好做到,但这个要求却必须提出。只有"允升"才能防止和杜绝吏治腐败,自古已然。

其三,不许可攀附权贵,不准利用贿赂谋取官位,禁绝卖官鬻爵。"九二:孚乃利用禴,无咎。"隐约透露出这方面的一些意思。用今天的话说就是,不为跑官、要官去烧香磕头也没有关系。

其四,提升官职,必须先空出位置,做到虚位以待,没有岗位的官职不要提。这就是"升虚邑"的真实含义。

其五,升进要按照台阶一步一步地提升,反对越级提拔。放在第五爻来讲这样一个意思,说明为了维护吏治的和谐,避免纷争,十分重要。

其六,但容许人才暗立升大官的志向,并鼓励坚持不懈地努力,不断提高自己,以"利于不息之贞"。

《升卦》通过讲升进之义,比较系统地反映了可能是周初的吏治思想,值得后人借鉴。

# 第五节　困卦、井卦、革卦、鼎卦

## ䷮ 泽水困　兑上坎下

第四十七卦 困：亨，贞大人吉，无咎，有言不信？

初六：臀困于株木，入于幽谷，三岁不觌。

九二：困于酒食，朱绂方来，利用亨祀，征凶，无咎。

六三：困于石，据于蒺藜，入于其宫，不见其妻，凶。

九四：来徐徐，困于金车，吝，有终。

九五：劓刖，困于赤绂，乃徐有说，利用祭祀。

上六：困于葛藟，于臲卼，曰动悔。有悔，征吉。

**[解说]**

《困卦》的卦象是兑上坎下，属于泽无水之象，泽水漏入地下，处于干涸状态，寓意困顿，困窘，困境。此卦使人难解的地方是：既然讲的是困窘，为什么卦辞开始就讲亨通、大人吉，并反复申述无咎呢？历来诸般解说多不作正面回答。笔者揣摩，这是表现了《易经》作者站在"大人"立场上对"困"的一种不畏惧其所困的坚强态度，并不表示客观上没有困，也不意味着困难的程度很小，而是面对再大的困难、困境，都在自己所明之理上，在自己的心中树立藐视困难的大丈夫气概。明乎此，方能研究具体之困。

所以卦辞说，困窘，一切都会亨通的，大丈夫只要坚定持守正道，就会吉祥没有灾祸。有言在此能不信吗？

我们把这句"有言不信"作为疑问句来理解，在训诂上是容许的，这样能使文义贯通。

此卦在具体论述"困"的时候，讲到许多历史事实，虽然我们不可能检索出历史资料乃至历史事件对号入座地解说每一爻辞，但是大体可以意会，殷末周初处于最大历史性困境的事件，莫过于文王被囚，比干被剖心、微子放逐、箕子没为奴等震惊当世的政治事件。产生于这时的《易经》一定会在卦文中有所反映的。笔者以为这些

早已模糊的史影似乎仍然依稀可辨。

第一阴爻，身体被困在林莽中，陷入幽深的峡谷，三年不能见到天日。觌，dí，见到。

这爻很像说微子被放逐的困境。这种放逐一般都是幽禁于林莽与深谷之中，以免使囚禁的人逃脱。

第二阳爻，被丰盛的酒席佳肴所困顿，诸侯的朱绂（fú，古代官服）盛装刚刚送来，又举行意在笼络的祭祀之礼，用武力征服有凶险，软困还不至于招致祸害。

这很像是纣王初期笼络软禁西伯的情节。因为这时周人已经在西部颇具实力，深通军事韬略的纣王始终没敢主动用武力歼灭周族。"绂"是祭祀时大夫以上公卿所穿戴的礼仪服饰，以颜色分别等级。

第三阴爻，走路被山石磕倒，两手触在蒺藜丛中，回到家中，不见了妻子，处境凶险。

阴爻居于阳位，不中不正，内卦坎陷达到极致，反映了内部处境的凶险。而在内容上好像在说纣的一位将领战斗失利，受困于山石与蒺藜丛中，回宫又失去妻子的事件，连续发生不幸。

第四阳爻，来得迟缓，因为路上被王公的豪华车队所困阻，行走很艰难，但最后还是走通了。

"金车"不必一定是金属制作的或金色的车子，言其豪华罢了。"来徐徐"的原因是"困于金车"，"有终"是指终于走通了。

第五阳爻，受困于帝王掌握割鼻断足酷刑的威胁，只有慢慢地图谋解脱出来，可以利用祭祀来争取。

从卦文看"劓刖"酷刑没有施行，仍是一种现实的威胁；"赤绂"比"朱绂"更加高贵，应属于帝王装束。卦文不直接说"困于劓刖"，而是说"困于赤绂"，就是示意"赤绂"具有"劓刖"的权力。而能够"利用祭祀"手段来徐图"有说（脱）"的人，也不是一般的人，而是曾经"困于酒食，朱绂方来"之人，并且九二、九五都同样提出"利用亨祀"。这说明，"利用亨祀"在当时具有重大政治意义，同时也表明了身份是诸侯一级的人物——西伯（后来的文王）。

第六阴爻，受困于葛藤的缠绕，处境惶惶不安，必须隐蔽行动，

忧悔不已,只有出走才能吉利。

"葛藟",葛是麻类植物,藟(lěi)藤箩类植物,缠绕十分坚韧,此处指陷入丛林难以脱出。"臲卼",臲(niè)卼(wù)是忐忑慌乱、惶惶不安之义。"动悔"表露行动有麻烦。"征吉",在有"动悔"的情况下,还不可能把武力征讨提上日程,至多是出走、逃离一类行动。

图九·一七 文王羑里作易图

孤立地看《困卦》每一爻都难以理解,但从卦爻辞看,能够隐约地显示出卦文依据爻象比较具体地讲述了某些历史事件的细节,由于年代久远,已无从确考了。不过殷末造成的最大冤案和重要困窘事件,都是有史可查的。

能够对得上的事件,一是初六困于山野林莽中的事件,很接近于纣王放逐其庶兄微子启于荒野的事迹。这一著名迫害行径,被反映到爻辞中,是十分合乎情理的。

二是纣王鉴于西方周族的崛起,深感受到威胁,九二、九五爻辞生动反映了他先笼络、后囚禁西伯姬昌(文王)的著名历史事件。

三是六三爻辞,恰好隐约地反映了泰山神的一段民间传说:殷末纣王一员大将黄飞虎,领兵和武王大军鏖战,在山中被击溃负伤逃归,回到家中,妻子因美貌被纣王骗入宫中取乐,不从而身死。飞虎识破纣王荒淫无道,一怒降周,在灭纣中屡建战功,成为武王帐前武功赫赫的护卫将军,灭殷后被封为泰山神。在民间这一传说流传至今,故事还被收入《封神榜》,情节颇似此爻内容,可谓史影婆娑,生动可感。

四是九四"困于金车",上六"困于葛藟",可能没有具体所指,其困符合爻位特征,情节来源不详。

值得注意的是,此卦所列之困,有极端恶劣的自然环境之困,但更多的是人为之困,如政治迫害、酷刑摧残、笼络利诱、牢狱监禁、杀戮放逐,战争厮杀等等。卦文虽简,仍然能集中诸困之形式。

## ䷯ 水风井 坎上巽下

第四十八卦 井:改邑不改井,无丧无得,往来井井。汔至,亦未缩井,羸其瓶,凶。

初六:井泥不食,旧井无禽。

九二:井谷射鲋,瓮敝漏。

九三:井渫不食,为我民恻,可用汲,王明,并受其福。

六四:井甃,无咎。

九五:井冽,寒泉食。

上六:井收勿幕,有孚元吉。

[解说]

《井卦》取象水风井,坎上巽下,坎为水,巽为木、为绳,水顺木汲升或以绳系瓮汲水,都象征水井。《易经》作者从坎上巽下的卦象中看到的是水井。卦文紧紧围绕水井表达了关于公益、济民和关心民生日用的民本观念。这一卦文辞晓畅,寓意明晰,含义深刻,是比较容易理解的。

卦辞说,井,城邑迁走了水井迁不走,井水不会因此而增多或减少,人们依然往来井上取水。终至于井水干涸了(汔 qì,水干涸;"汔,水涸也"《说文》)。而人们也没有淘井(缩 jú,用绳索淘井和汲水),汲井水的瓶罐打碎了,这时就凶险了。

水井益众,但只用而不维修,就会破败不堪而终至于废弃。这

样对待公益事业,必定招致事业的破坏,古今通义。

第一阴爻,井中泥水不能吃,废弃的旧井连鸟儿也不来饮水。

第二阳爻,从井底可以打(射)到泥鳅,汲水的瓮破了、漏水。

第三阳爻,井水不淘不能吃,要关心民众的疾苦,让他们吃到好水,君王圣明,大家共享幸福(渫 xiè,除去,疏通,淘去污泥)。

第四阴爻,井壁终于修砌一新,没有祸患了(甃 zhòu,砖砌的井壁)。

第五阳爻,井水冰凉,吃到了寒泉之水。

第六阴爻,井要管好但不要封闭,人人守信,大吉大利。

图九·一八 四井相井

《井卦》围绕如何对待公用的水井这件事,完整地叙述了"改邑不改井"后人们对待井的态度变化与井的废兴过程。起初井虽然不能随改邑而迁移,但井是好的,人们都愿意用这口井,而井水"无丧无得",并不淤塞。就是因为只用不修,使井变成废井,初六、九二集中讲了这种状况。

作者明确示意,这不是小事,而是关系到是不是"为我民恻"的大事,是民众能不能和君王"并受其福"的原则问题。态度鲜明,毫不含糊。随后便是"井甃"的行动和人民吃到"寒泉"的结局。井能接受过去水井失修的主要教训,加强了对井的管理,而又防

止了于民不便的问题,着重点出"有孚"才能达到"元吉"的目的。共同遵守信用是维护公益事业的思想基础。

一口水井的事情很小,但引出来的道理却很大,很有普遍意义。特别值得提出的是卦文的表述,文字优美,很有艺术性。一句话"井甃无咎",就把修井过程说尽。又是一句话"井冽,寒泉食",就把掘井得甘泉的意境活灵活现地凸现出来。从这些地方都能看出,《易经》的系辞是个精心的创作过程,写得滴水不漏!

## ䷰ 泽火革　兑上离下

第四十九卦 革:巳日乃孚,元亨利贞,悔亡。

初九:巩用黄牛之革。

六二:巳日乃革之,征吉,无咎。

九三:征凶,贞厉,革言三就,有孚。

九四:悔亡,有孚改命,吉。

九五:大人虎变,未占有孚。

上六:君子豹变,小人革面,征凶,居贞吉。

[解说]

《革卦》取象兑上离下,兑无论象征泽水,或金属、少女,与离火、中女如此相配,均有革义。泽水润下,火焰腾烧,水火争胜,有革之义;金属在火中煅烧,铸成各种器物,有革之义;少女临于中女之上,争奇斗艳,也有革义。以上侧重于从上下卦的矛盾性说明变革之义,下卦则侧重从其互补性说明变革之义。因下卦离为文明,上卦兑为愉悦,推行改革应以离卦的文明为目标,改革的结果应使天下人心悦诚服。因此,《革卦》寓有变革、改革、革新及优化之义,是全面阐述改革含义的易卦。

卦辞说,变革需要选择最佳时机、取得充分信任,做到有良好的开端,通达的前景,正当的理由,有利的后果,如此则一切悔恨归于消失。

卦辞提出"巳日乃孚",强调了开始变革的两个重大问题,一是

选择最适宜的改革时机,以"巳日"为例,据考殷周之际,每年春三月第一个巳日叫做"上巳日",是春游、踏青、祭祖的日子,以体现万象更新之义。由此也可以考定《易经》是在殷周之际系的辞。后来逐步演变为寒食节,定型为清明节,时间也有变化。但"上巳日"的民俗却相沿不废,至魏晋后,将"上巳日"固定在夏历三月初三,唐宋尤为盛行。文人多在此日以诗文集会交游,雅兴浓郁。多种《易经》文本将"巳日"误为"已日"或"己日",于义无讲。

二是变革要实现"乃孚"要求,就是要取信于民。此外还对变革提出了"元亨利贞,悔亡"的全面要求,其根本含义在于:改革要符合自然与社会的法则。在《易卦》中,凡提出"元亨利贞"者,都具有合乎规律性的要求,《革卦》更是如此。

第一阳爻,要用黄牛的皮革把物件牢牢捆结实。

用黄牛皮革做成的皮条捆绑东西,比喻改革要有牢固的基础。初九阳刚得位,处于初爻,用巩之义在于筑基,要打好基础,还不能立即进行改革。

第二阴爻,时机一到就要进入改革,要勇往直前,大吉;没有灾患。再次提出"巳日",说明改革的时机已到;"乃革",已不仅有信任,而是立即诉诸行动了。"征吉"是要求勇往直前;"无咎"是坚定信心,打消顾虑。

第三阳爻,改革行动过激有凶险,即使行为正当也有艰困,变革之事必须再三考量,反复斟酌,细致安排,才能有成功的信心。九三阳爻虽处阳位,但属离卦末爻,位不中而性躁刚,显示了改革推行后有冒进的危险性。

第四阳爻,忧悔已经消失,有充分的信心改变前途命运,大吉。"改命"按照古人的"天命论"思想是指更改天命。所谓"汤武革命"就是商汤推翻夏桀、周武王推翻殷纣王而成为新王的"改命"。按照这种观念,有意志的天只赋予少数帝王、公侯和圣贤等特殊人物一定的历史使命。对大多数人说,是不能享有天命的,他们的"改命"只是改变自己的处境而已。

第五阳爻,有权力的大人凭借权威进行改革,像老虎那样威风八面,大刀阔斧而充满自信。

"大人虎变",是形容掌握大权的人物的改革方式,往往依靠权威和政令的手段推行改革。"未占"是指不用占算,不要瞻前顾后、畏畏缩缩。

第六阴爻,有学问的君子凭借智慧推行改革,像猎豹那样矫健迅捷,小人对待改革只能搞点表面形式,装点门面。勇往直前的改革有凶险,君子、小人都要安守正道才能吉祥。

"君子豹变",虎变与豹变都是一种肯定,只是改革的特点有所不同。前者讲大人,后者讲君子,都属于推行改革的主要力量。作者之所以要作区分,主要着眼于虎的威风和壮行,豹的智巧和敏捷。不然二者都是猛兽,会把虎豹之变看成同义反复,分不出其特征。

"小人革面",作者对此基本上是否定的,虽然不是反对改革,却不能依靠他们。因为小人顺应改革,只是改一下形式。所以,笔者不同意把"革面"当作洗心革面来讲,只是表面改革。

图九·一九　齐桓公与管仲(画像砖)

《革卦》的文字不多,但全面阐释了对改革的认识,讲到了改革的实质是"改命",会引起前途命运的巨大变化;要选择适当的时机进行;要有充分的准备和扎实的基础;要依靠能够引起"虎变"与"豹

变"的大人和君子,作为中坚力量推进改革,不能被小人的表面工作所迷惑;要在改革进入高潮和收尾时防止容易出现的急躁冒进问题;变革之事不能一蹴而就,而是"革言三就",即反复地计划、动员、安排和推动(这是《革卦》的名言),并且要把"乃孚"、"有孚"的诚信原则贯彻始终。

在中国历史上推动社会发展、历史进步,不仅需要汤武、秦皇汉武、唐宗宋祖那样能够"虎变"式历史人物,也不可缺少周公、管仲、商鞅、诸葛亮、王安石、林则徐一类善于"豹变"式历史人物。改命引起旧质的扬弃,固然是革;但在新命基础上使新质增益、优化,无疑也是一种革。在革之中,引起量变之革与引起质变之革是交融的。《象传》曰"革之时义大矣哉",正在这里。

## ☲☴ 火风鼎　离上巽下

第五十卦 鼎:元吉,亨。

初六:鼎颠趾,利出否,得妾以其子,无咎。

九二:鼎有实,我仇有疾,不我能即,吉。

九三:鼎耳革,其行塞,雉膏不食,方雨亏悔,终吉。

九四:鼎折足,覆公𫗧,其形渥,凶。

六五:鼎黄耳金铉,利贞。

上九:鼎玉铉,大吉,无不利。

[解说]

《鼎卦》取象离上巽下,火风鼎,火在上面燃烧,风在下面吹动,很像古代烹调食物的铜鼎。鼎产生于古人烹煮食物的生活需要,起初是陶鼎,青铜时代使用青铜铸造。青铜是贵重金属,以后便由生活用具转化为象征权力和身份等级的礼器,传世的鼎和其他青铜器物,多属礼器。庶民日常使用的食鼎,依然是陶鼎。有鼎就不用另搭炉灶,十分方便。只有贵族才配称为"钟鸣鼎食之家"。《鼎卦》中所描述的鼎是作为生活用器的青铜鼎。它和《革卦》相连,寓意革故鼎新。使用鼎,必须天天清洗,除去

秽物,然后才能适合需用。因此,《鼎卦》是着重阐述更新、刷新、创新的易卦。

卦辞说,鼎新,大吉,通达。

第一阴爻,鼎足颠倒过来,把积存在鼎中的脏东西倒出去,如同得到小妾生下儿子那样。无灾祸。

清洗鼎中的污垢,有刷新之义。比喻得妾生子,也属此义。

第二阳爻,鼎中盛满了食物;我的仇人生了病,不能加害于我,吉祥(这样就可以放心地享受了)。

第三阳爻,鼎耳脱落,难以移动,里边的雉鸡肉不能吃到,刚下过雨,有些遗憾,但最终是吉利的。

示意鼎已陈旧,需要加以更新。

第四阳爻,鼎足折断,主公的佳肴倾覆地上,其形状沾得非常肮脏,凶险。

𫗴(sù),古代指鼎中的食物,后泛指美味佳肴。渥(wò),"沾也"(《说文》);"其形渥",其形状沾濡也。

　第五阴爻,鼎换上了黄色的耳,杠上配以金属的提鼎钩,焕然一新,利于守正。

铉(xuàn),古代举鼎器具,状如钩,铜制,用以提鼎两耳。阴爻占据阳位,虽居尊不正,却利于守正。

第六阳爻,鼎又配上了装有玉石的铉,大吉,没有不利的。

《鼎卦》直接叙述的似乎只限于生活用鼎的清洗、使用、修理和装饰等具体事务,然而其深刻含义却是把鼎作为权力体系的象征,并隐含着旨在强化权力体系的清除腐败与有生力量的吸纳、更新和健全等一系列

图九·二〇　商代司母戊方鼎

至关重要的问题。权力体系要发挥其强大职能,首先应当清理其基础,清洗其中的腐败层,如同"鼎颠趾,利出否"那样;任何权力体系,不能"颠趾出否",垮台是必然的。

其次,任何权力体系如果不能在吐故的同时,善于纳新,也是不可能有所作为的。才俊辈出,就像鼎要装配上"黄耳金铉"、"玉铉"那样,使权力体系也能焕然一新。

再次,权力体系最忌用人不当,特别是处于辅佐君王权力的近臣、重臣,如果是奸佞之徒,权力大厦就有倾覆的危险。就像"鼎折足,覆公餗",即便有美味佳肴,主公又怎么能吃到嘴里呢?

复次,只有不断更新权力体系,才能使它得到强化,这样才能真正达到"大吉无不利"的境界。

解析《鼎卦》,多数注释没有看出它是寓言的写作方法,因此往往陷入字词语句就事论事的琐细训释,不能提到权力更新的高度作解,难以破题。

## 第六节　震卦、艮卦、渐卦、归妹卦

### ䷲ 震为雷　震上震下

第五十一卦 震:亨。震来虩虩,笑言哑哑。震惊百里,不丧匕鬯。

初九:震来虩虩,后笑言哑哑,吉。

六二:震来厉,亿丧贝,跻于九陵,勿逐,七日得。

六三:震苏苏,震行无眚。

九四:震遂泥。

六五:震往来厉,亿无丧有事。

上六:震索索,视矍矍,征凶。震不于其躬,于其邻,无咎。婚媾有言。

[解说]

《震卦》是震上震下的单性卦,八卦自身相重,都是单性卦,其余

五十六卦都是八卦的相错组合，属于复性卦。单性卦具有强化单卦属性的作用。震为雷，六爻震卦连续滚动，是威力强大的雷，具雷电交加之象，寓意震动、变动、灾变、突然相加。因而人对迅雷、炸雷和雷击的反应，是恐惧、震惊并伴以畏威自省的心态。孔子尚且有"迅雷风烈必变"的反应，何况常人！

卦辞说，雷震，亨通远达。雷声突如其来，大震使很多人惊恐，但有的人却谈笑自若，心绪镇定，虽然巨雷能震惊百里之遥，却不能使主祭的长子把祭酒的杯子失手。

虩（xì）虩，加重形容恐惧的样子。鬯（chàng），源于甲骨文字形，像在器皿中盛酒之形，本义是古代用以祭祀的香酒，由郁金草和黑黍酿成，酒味香甜浓郁，是佳酿祭品。

第一阳爻，雷声突然大作，使很多人惊恐，过后人们却谈笑自若，吉利。

第二阴爻，雷电突然劈下，极其危险，不得已屏弃家产，逃进深山躲避，不必追寻他，七天后会回来。

"跻于九陵"，一般解为爬到高山上，跻为升，九陵为高山。但这不符合躲避雷击的常识，古人不会爬上高山避雷，应理解为钻进深山。"亿丧贝"，亿是感叹词，丧贝是丢弃财产，这里是主人丢下家产躲进深山，而不是别人拿走了主人的财产，因此"七日得"，也不是"丧贝"失而复得，而是逃离家园的人又回来了。

第三阴爻，在雷震中惊醒，谨慎行动可避免因有过失招致灾祸。

"苏苏"多解，有苏醒之义，而无战栗之貌。"震行"是在雷震之下的谨行。"无眚"是无过失与灾眚，二者皆无。

第四阳爻，久震不惊，遂即疲软，泥滞无振奋之应。

阳爻处于阴位，不中不正，上下夹于四阴之间，震威已失，故称"遂泥"。

第五阴爻，雷震往来都很猛烈，虽然无所丧失，但需要祭祀。

阴居阳位，处中不失尊位，故雷虽危厉，却无损失。"有事"，据"《春秋》凡祭祀皆曰'有事'"（《周易折中》卷第七《震》）。

第六阴爻，处震之极，战战兢兢，目光犹疑不安，出行有凶险，震动虽没有及于自身，而是及于邻居，没有灾祸，但这时举办婚礼却会

引起非议。

索索:战战兢兢之貌;矍矍(jué),惊慌地看着、忧虑不安之形。征凶,出行有凶。婚媾有言:遭邻人非议。此句《帛易》作"震昔昔,视惧惧,正凶;震不于其躬,以其邻;往无咎,闽诟有言",文字略有不同。其中"正凶"是"政凶"之义。"婚媾有言"为"闽诟有言",属暗中诟病之言,所言与政治非议有关。

图九·二一　雷电图(杨鸿山作)

　　雷电顷刻之间释放出巨大能量,对古代人类的震撼作用是无比巨大的。在某种程度上,人类本能地畏天之威主要指的就是不可抗拒的雷电风雨的自然力。中国古代源远流长的尊天神学思想,作为一种自发的世俗的原始神灵信仰,膜拜雷电是主要来源之一。据科学家测量得知,夏天一次三小时的大雷雨所释放的电能,相当于全球人工发电量的总和。在夏季雷雨天,一次雷雨就有八百多万次闪电释放着大量的能量。《震卦》中先民对雷震的反映是正常的,惊恐仅限于"虩虩"、"索索"而已,并无过分特异的表现,相反的却提倡一种临危不惧、处震不惊、从容镇定的大丈夫涵养与风格,体现了古朴的人文主义精神。其中讲到古人避雷的一条经验,就是居住在山区的人,如果处于雷击的中心地带,可以钻进深山暂避。卦文中两次轻描淡写地谈及与祭祀有关的话题,无神论的情怀十分突出,没有把求神作为避雷的重要行为。这和宗教提倡的"闻雷必祷"是有显

著区别的。

那么,《震卦》想要给人的启迪主要是什么呢?用卦中的话语说,那就是在"震往来厉"之际,不忘"笑言哑哑",以达到"震行无眚"。

就是作为一种自然现象对待,既要防止受到伤害,又不震惊无状,尽可处之泰然!

## ䷳ 艮为山　艮上艮下

第五十二卦 艮:艮其背,不获其身,行其庭,不见其人,无咎。

初六:艮其趾,无咎,利永贞。

六二:艮其腓,不拯其随,其心不快。

九三:艮其限,列其夤,厉熏心。

六四:艮其身,无咎。

六五:艮其辅,言有序,悔亡。

上九:敦艮,吉。

[解说]

《艮卦》是个很难解的卦,历来注释不仅各式各样,且大多注释和翻译都使人不知所云。例如,从《易传》开始,都把艮解为止。是什么在"止"?运动和静止的主题指什么?谁都不去回答。但是在卦文中是很具体的。如说"艮其背"可直译为"止于背上",什么东西"止于背上"?注释家都说不清,就显得思维模糊,不好懂。从卦象看,很单纯,上下都是艮,象征山,或丛山。山从外观上看是静止的,由此把艮解释为"止",未尝不可。易学家最怕实实在在的追问,一问就能发现卦没有解通。譬如大儒朱熹在解释时说:"艮其背,则止于所当止也。"(《周易折中》卷第七《艮》)这种解释等于没说什么。

《震卦》象征震动,紧接着出现《艮卦》象征静止,是有深刻含义的,但是卦文的选材,却使许多人迷离,因而对其所阐发的静止观念也变得难以理解了。艮与根同,大地是山所由生长的艮,这个根是

指植物的根,山非植物,它的艮(根)就是大地。因此,《艮卦》中艮所取之义在于阐明生命之根。生命固然需要运动,但求得运动中的静止、安歇也具有增强生命力的重要作用。这正是《艮卦》反复表达的主要思想。明乎此,整个卦文就容易理解了。

中国先民在很早以前就把生命的本根理解为气(炁),这在《黄帝内经》和其他黄老著述中屡有追述,《艮卦》所反映的思想,很可能凝结了远古关于人的身体的认识和医术观念与气功体验的萌芽。全卦讲的是人体中气(炁)的运行和静止的生理与心理感受与体验。这是当时文明发展中的新发现、新成就,当然要在《易经》这样的经典中反映出来。可是时间太久了,以致使后人陷入揣摩之中。

卦辞说,艮,当作为生命本根之气运行到人的背部停下来,你的整个身体就像不存在了。当气运行到你的前额(天庭),你连其他人也看不见了。不用怕,这没有祸害。

第一阴爻,气的运行从脚趾上开始,这没有问题,利于长久的健康。"利永贞",不必译为利于长久守正,身体的正就是健康。

第二阴爻,气运行并静处于小腿肚子,你的大腿也开始抬不起来了,这时会心中不快的。

第三阳爻,气运行并停留在腰部,背脊肉就像裂开一样刺痛,如同灸火熏心那样厉害的感觉。

第四阴爻,气运行并停留在身上,不会有痛苦。

第五阴爻,气运行并停留在面部,这时你说话就很有条理了,刚才产生的一切不舒适的感觉都消失了。

这个"悔亡"应当包括六二、六三爻的那些不适感的消失。

第六阳爻,专心致志地锻炼调息运气的工夫吧,一定会吉祥如意!

正确练过气功的人都知道,按照气功的操作法则,舒展地调息和运气,具有强身健体、祛病延年的作用。从源头来看,《艮卦》并没有神化气功,并且明确告诉你在练的过程中会有一定的不舒适感觉,这没有害处,掌握了要领以后,就要"敦艮",勤加练习,一定会收到好的效果。它和神化气功、兜售伪气功决然不同。

《易经》的作者通过这件事想说明什么,仅只是为了传播气功

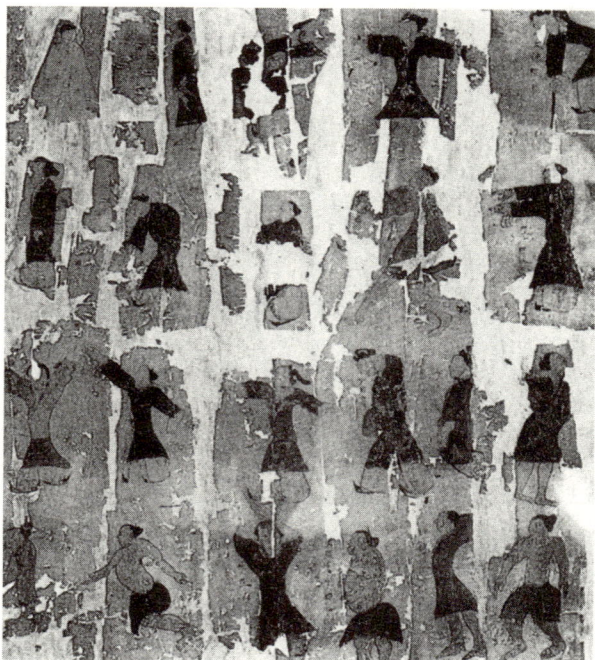

图九·二二　长沙马王堆汉墓出土帛画导引图

吗？

当然不是。笔者领会，作者最主要的意图在于告诉人们，运动是有积极意义的；同时，静止也是有积极的建设性意义的。气功这个当时的新成果，就是一个佐证。这就有了哲理性内涵。特别是《易经》讲阴阳交感变易的思维经验，阐明运动和静止的关系和作用，是最基本的概念。《易经》中有丰富的辩证法观念，《艮卦》也是一个典型例证。

同时，这里边还透露出先民对生命这样一个大问题的认识。我们当然很容易理解生命的存在，在于它不断地与周围环境进行物质能量的交换。但是，对于这种交换必须依靠气的各种机能活动来实现，却并非现代人都能理解的。在古代生命观的基础上形成的中国生命科学，在讲气的运行时，已经概括出有四种方式：升、降、出、入，构成气机的动静机制。

《艮卦》的《象传》曰："艮，止也。时止则止，时行则行，动静不失其时，其道光明。艮其止，止其所也。"揭示了此卦动静观的辩证性。

气功学家很想寻找气功思想的渊源，那么就请你好好读一读《艮卦》吧，它就是关于中国气功最早的文献之一。

## ☶ 风山渐　巽上艮下

第五十三卦 渐：女归吉，利贞。

初六：鸿渐于干，小子厉，有言，无咎。

六二：鸿渐于磐，饮食衎衎，吉。

九三：鸿渐于陆，夫征不复，妇孕不育，凶；利御寇。

六四：鸿渐于木，或得其桷，无咎。

九五：鸿渐于陵，妇三岁不孕，终莫之胜，吉。

上九：鸿渐于逵，其羽可用为仪，吉。

**[解说]**

《渐卦》取象巽上艮下，巽为风、为木，艮为山、为止，劲风吹过，被山所止，风势变弱；木在山上生长，慢慢变得高大，都具有渐变、渐进之义，故取名"渐"。

卦辞说，渐，女儿出嫁，吉祥，利于守贞。

第一阴爻，大雁渐渐飞落在水畔，雏雁有危险，雁群齐声鸣叫，没有灾祸。

"干"（乾），涯岸，水边，水畔。"有言"，是用拟人化手法形容群雁鸣叫之声。大雁的习性是群体养护雏雁。

第二阴爻，大雁落到水中盘石上，安详和乐地吃着水中食物，吉祥。

衎（kàn），快乐安详自得的样子。"嘉宾式燕以衎。"（《诗·小雅·南有嘉鱼》）大雁像天鹅一样，天然有一种优雅安闲的姿态。

第三阳爻，大雁飞到绿洲。丈夫出征不能回来，家中怀孕的妻子流产，很凶险；这是为了有利于抵御敌寇。

"孕妇不育"一般直译为孕妇怀了孕不生出来，这不合逻辑，怀了孕就必定要生出来，这里的"不育"是指中途流产而言。

第四阴爻，大雁飞到树林，安息在宽阔的方木橡子上，没有灾祸。

桷（jué），方形平直的橡子，水鸟可以歇息。《易经》作者明了大雁不会上树，专意写为"桷"木。

第五阳爻,大雁飞到山陵之上。妻子三年不能怀孕,但最终谁也不能歧视她,这是吉祥的。

本爻承接前爻"夫征不复","妇三岁不孕",理应受到保护。

第六阳爻,大雁终于高飞入于云路,它的美丽的羽毛可以用来做威仪的装饰,吉祥。

此爻与九三都是"鸿渐于陆"。因爻位在变,"鸿渐"在升,至上九仍系辞"鸿渐于陆",有悖卦义。易学家程颐、胡安定、朱熹一致认为此"陆"可能是"逵"之误,坚决主张改之。如此于义为胜,本书据改。

逵(kuí),本义为四通八达的道路,自由通达,无有阻碍。云逵,天空中的道路。大雁是候鸟,它来到一地,不论"渐于"何处,最终是要飞走的,因此在《渐卦》之终,飞入云路,既符合客观规律,又适合卦义的发展。上九的"鸿渐于逵"也就是"鸿雁于归",大吉大祥!

《渐卦》讲渐进、渐变,是接续艮止之义演进而来的。《序卦传》说:"艮者止也,物不可以终止,故受之以渐,渐者进也。"这里是把渐进作为发展变化的一种形式而言的。《震

图九·二三 归雁图

卦》象征剧烈变动,《革卦》代表质变之义,反映辩证法的量变和质变的卦,在《易经》中都有,大体的意思也都具备。这说明古今中外的辩证法思维是相通的。

《渐卦》在说明渐变、渐进之义时,是以大雁这种终年南来北往的候鸟生活来寓意表述的。给人以渐变与渐进如同大雁长年矫健飞翔那样的印象。大雁是一种和平温顺的鸟类,它们的定时迁移,除了气候的原因,也是为了躲避天敌的侵害。渐变、渐进也具有温和发展的特性。因此,用大雁生活来表达渐变、渐进的哲理,别有一番文艺的情怀。

卦中涉及了女儿出嫁、丈夫出征的故事,这和《渐卦》主题有什么关系? 这个人文故事又和大雁故事是什么关联? 这是一个很有趣的问题。

女儿出嫁去组成一个新的家庭,新婚者心中都会为此忐忑不安的。要习惯一个新家庭,也是一个渐进的过程,借以说明卦义,是有内在联系的。同样女儿出嫁后,要像候鸟一样往来于夫家与娘家。她要带着不同期望在两个家庭之间周旋,不也是一种候鸟式的生活吗? 男儿有保家卫国的神圣职责,在必要时,他们需要义无反顾地出征,为了抵御敌寇,妻子怀孕因不能照顾而流产,和候鸟一样不能不背井离乡,颠沛于荒野。他们甚至于不及大雁之"衎衎"!

《渐卦》运用了双线寓意比附的方式巧妙地表达关于渐进、渐变的辩证观念,读之使人有一种流离之感!

## 雷泽归妹　震上兑下

第五十四卦 归妹:征凶,无攸利。

初九:归妹以娣,跛能履,征吉。

九二:眇能视,利幽人之贞。

六三:归妹以须,反归以娣。

九四:归妹愆期,迟归有时。

六五:帝乙归妹,其君之袂不如其娣之袂良,月几望,吉。

上六:女承筐无实,士刲羊无血,无攸利。

[解说]

《归妹卦》取象为震上兑下，震为长男，兑为少女，有少女嫁长男之象，故取名归妹，女子出嫁称归妹。在六十四卦中，属于男女婚嫁结合的卦有四个：咸（兑艮）、恒（震巽）、渐（巽艮）、归妹（震兑），足见婚姻家庭问题在易卦中占有比较重要的位置，受到了宗法社会的重视。

卦辞说，送女儿出嫁；征伐是凶险的，没有任何好处。

卦辞反映出"归妹"是为了防止"征凶"的意图。

第一阳爻，以做妾的身份出嫁女儿，这桩婚姻虽然有缺陷，却如同出征，是吉利的。

"归妹以娣"，一般多解作姐姐出嫁，让妹妹陪嫁，不确。"娣"的字义有二：一为女弟，即妹妹；一为妾，即嫁为偏室。"归妹以娣"，就是以偏室身份嫁女。这个嫁女可能有不得已的政治原因，必须降低身份出嫁。

"跛能履"是形容"归妹以娣"的婚姻有缺陷，过于屈就男方，如同瘸腿行走一样，有委曲求全之义，与上义相通。

第二阳爻，一目失明，还能勉强看，利于隐居之人坚守正道。

这里为什么把"眇能视"同"利幽人之贞"联系起来，必定有历史原因，已不可考知，仅从爻象分析也难知就里，存疑为宜。

第三阴爻，女儿出嫁要等待，仍以妾的身份反归娘家。

虽"归妹以娣"，仍未能被夫家接受，在成婚的时间上还需要等待；"归妹"变成了"反归"，而"以娣"的身份照旧。显然这一婚姻很不顺畅。

第四阳爻，女儿出嫁改变了日期，推迟婚期，已定好了时日。

"愆，过也。"（《说文》）"愆期"是过了日期，也可解为改变了日期。

第五阴爻，帝乙出嫁女儿，迎娶公主的君王穿戴的服饰不如作为娣的公主穿戴的服饰华美。月儿将圆，大吉大利！

这正好表明君以朴素服饰迎娶的夫人是个娣，不用过于隆重。帝乙嫁女如此简陋，表明这是一桩政治婚姻，有着不得已的原因。

第六阴爻,女子端着的筐子里面没有东西,男人用刀刺羊却没有出血。

寓意双方都没有得到好处。"刲(kuī),刺也。"(《说文》)承筐无实,刺羊无血,以象征表示婚姻没有达到目的。

图九·二四　于阗公主出嫁图

这一卦记述了一个史书失载的历史事件,即六五:帝乙归妹之事,根据顾颉刚先生和近人的考证,周族在西部的崛起,到殷纣王(帝辛)的父亲帝乙时,已成为殷商的巨大威胁。周当时是殷商的一个属国,文王时称西伯,甲骨文中叫周方伯、周侯。帝乙为了笼络日益壮大的周族,消除周族的威胁,采取了联姻的方式,将女儿嫁给文王。《易经》中两次提到帝乙归妹之事,但史籍中没有记载这件事,依据《易经》所述考证,也多属推测性质,缺少确凿的佐证。《易经》"帝乙归妹"与《诗经·大明》描写的周文王迎娶"大邦"之女一事是不是有关? 对此无论肯定或否定,都难以提供必要的证据。至于"帝乙归妹"究竟做了文王的正室还是偏室,也没有史料根据。这使得《归妹》一卦的一些细节难以合理解说清楚。卦文反复涉及"以娣"的问题,究竟是指姐妹共同出嫁,还是"以娣归妹",谁是妻、谁是妾,卦文本身就恍惚不明。笔者只能按照文字的逻辑含义作出判

断。例如:"归妹以娣",按照古汉语法,只能理解为"以娣"是说明"归妹"的,如果理解为让妹妹一起陪嫁,在这句语法结构中没有这样的含义,是解易者想当然加上去的。同样,六五:"其君之袂",这个"君"指的是新郎,不一定理解为那个姐姐,这也是想当然加上去的。当然,笔者并不想否认,这样的理解也可备为一说,以供读者参考。因而,今日很难把各爻辞之间的内在关系理顺,有些内容需要存疑。

卦辞说的"征凶"是指两个国家的征战,用联姻可以消弭两国交兵,因此不当解作"前往有凶"为好。紧接着"初九:归妹以娣"之后,便说"征吉",恰好说明,帝乙归妹之事是用"征凶"与"征吉"来衡量的。这样,就看清楚了"帝乙归妹"是一件地地道道的政治婚姻。

从整个卦文看,这是一桩失败的婚姻。如果迎娶帝乙之公主的确是西伯,帝乙的一番和亲之意,只起了延缓征战的作用,并没有从根本上防止武王伐纣而灭商的结局。联系到中国历次"和亲"的历史事件看,它的实际作用都是有限的,帝乙归妹也不例外。

## 第七节　丰卦、旅卦、巽卦、兑卦、涣卦、节卦

### 雷火丰　震上离下

第五十五卦 丰:亨,王假之,勿忧,宜日中。

初九:遇其配主,虽旬无咎,往有尚。

六二:丰其蔀,日中见斗,往得疑疾,有孚发若,吉。

九三:丰其沛,日中见沫,折其右肱,无咎。

九四:丰其蔀,日中见斗,遇其夷主,吉。

六五:来章,有庆誉,吉。

上六:丰其屋,蔀其家,窥其户,阒其无人,三岁不觌,凶。

[解说]

《丰卦》的卦象是震上离下,雷火并至,或曰雷电交加,十分壮

观。又可说，雷动于上，火明于下，取名为"丰"，具有盛大之义，象征光明普照、正大光明的胜景。

《丰卦》的内容基本上由两部分构成，一说天事，二说人事，两方面有内在联系，但由于对历史事实已经不甚了解，所说的人事比较模糊，难以确解；所言天事却十分清楚，就是这一卦非常精彩地记录了一次日全食的完整过程，放在天文史上也是有重要价值的。然而，历史上一大批解易者大都没有清楚意识到，卦中写的是典型的日全食情景，而人事也是面对日全食的社会情态反映。这一卦再次表明，《易经》的卦文不是占卜中筮卦随机记录的杂记，而是每一卦大都经过选材、撰写，对应爻象和爻位，有完整内容和表达意图的精心之作，但不排除有多个大手笔的原创与加工才成就的经典。本卦选材于天文记录和上古备受重视的天象报告，列举了日全食发生在君王举行的一次祭祀中，还有行旅者的经历和一般居民惊恐的表现，对异常天象的反应做了淋漓尽致的描述。

值得提及的是王夫之认识到了这一卦写日食的内容。其他人充其量只认为是云遮蔽了太阳，表现出对日食知识的缺乏。现代易学家虽多数采日食说，但对其科学价值则强调不够。

卦辞说：丰，王来到后，享祀就要开始，不用担忧，在太阳到正午时举行。

"亨"可作通，也可作享，即享祀、祭祀。据《释诂》云，"假"训为"至"，即来到。王主持的祭祀是国之大事，经办的大臣会忧心忡忡，害怕准备不周，所以要戒以"勿忧"。"宜日中"，应当放在正午时举行。日处中天，是发生日全食的基本条件，否则只能发生日偏食。卦辞用举行祭祀巧妙地交代了日全食的背景。

第一阳爻，有人外出遇到和自己同行的伙伴，虽要相伴十天也没有什么难处，彼此都很愿意继续往前走。

这是即将发生日全食的第二个背景。

第二阴爻，太阳像被草苫子一样的东西盖上了，明朗的天空顿时黑暗下来，看到了北斗星。像这种情况再往前走会不会生病，因为有约在先不可失信，继续前往吉祥。

蔀（bù），覆盖屋顶遮蔽风雨阳光的草席、苫子。因为日食之初，

当阳光被遮住后,可以看到日珥、日冕,火焰像茅草一样晃动的现象。"丰其蔀"形容得很形象。北斗星是一等星,日食之初可以最先看到。

"往得疑疾,有孚发若",承接前面所说,是行旅人对日食的初步反映。把日食看成天灾,疑虑自己会得病,能否继续前行也发生疑问。但事先已经商定好要坚持走的,是吉祥的。

第三阳爻,太阳又盖上了一层厚厚的幔,天空一片漆黑,小星星也可以看见了。有人跌断了右臂,没有更大灾祸。

沛,本义是水草丰茂的样子,这里是说黑影像布幔一样把阳光遮得很严实。这时已进入日全食,一般从初食到全部复明,最长不超过八分钟,但人的感觉却会觉得时间很长,而且沉闷恐惧。

沫(mèi),形容光线微弱,指天上的繁星、小星星。日食只有在全食,即把日光全面掩盖后,才会出现漫天星斗的景象。"折其右肱",是个小插曲,反衬日全食黑暗的严重,人在惊慌中很容易跌伤。

第四阳爻,太阳又变成像被草苫子盖上了一样,天空黑暗得轻了些,又只能看到北斗星了。行旅人遇到了久违的主人,吉祥。

这个情节很合乎规律,日全食的过程是对称的,两次"日中见斗",是日全食的开始阶段和结束阶段共同出现的现象。这个日全食记录的完整就表现在这里。

"夷主"和"配主"一样,历来多解,对于领会卦义并不紧要,可顺文义取解。"夷"字多义,具有外族、尊敬、除去、分离等多种含义,从无定解。也有把这二主喻为日食中入食与出食时的阴影的,均可。

第五阴爻,日全食结束,太阳光芒万丈,"来章"是又普照大地,行人们高兴地互相庆贺,赞颂不已,吉祥!

第六阴爻,封闭了房屋,遮盖住家户,从门窗缝隙看进去,静寂无人,日食把人们吓得三年都不敢出来见人,好凶啊!

"丰其屋"的丰,同"丰其蔀"的丰是一个含义,都可解作封。阒(qù),静寂无人。《小象》曰:"阒其无人,自藏也。"人被吓得自己藏起来了。觌,多音字(dí),见、相见、出现、访问、探视等;另读(jí),目赤、远望;两义都和看有关。"三岁不觌",是一种夸张描写。总之,反映了当时人们对日全食的极度恐惧。

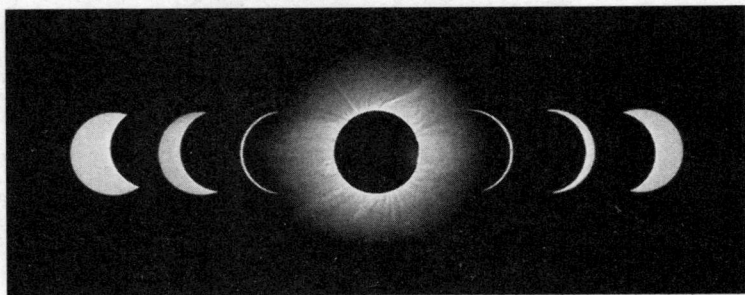

图九·二五　日全食过程

在人类历史上,中国是记载日食最早的国家,但把《丰卦》作为重要例证,还没有这么做。因此,认识此卦的日全食价值,意义重大。

首先,从《丰卦》可以看出,上古时期,王权很重视天象观察和天象记录,这一卦显然取材于官方的记录和报告。这一卦既不是王者卜筮祭祀的记录,也不是在日食发生以后占卜吉凶的记录,当然更不是商旅出行的日记,而是精通易象的智者根据解说易象的需要选用了史官和天官的文献资料撰写而成的。事件的情节、占断的休咎和卦爻象对应得很有讲究,完全是出于自觉的综合。如果拿这种有系统的综合和殷墟卜辞比较,随机占卜的刻录文字,不仅零散、粗糙、琐碎,最大的区别是没有系统的综合。我们不断从易卦本身感受到它在形成过程中那位大手笔,或者几个不同时的、然而能够一脉相传的大手笔的存在。他们跳动的心音,仿佛可以听到、感到。

其次,从卦文能够看出,此卦作者对日食的成因,还不了解,但也没有作神学与迷信的渲染,是对特异天象的冷静的观察者,在态度上有别于那些因日食而"三岁不觌"的普通人。他似乎在经验中已经知道日食不会加害于人,所以在六二、九三、九四的日全食最紧张的时刻,断占语都是"吉"、"无咎"、"吉",不认为是天灾人祸的征兆。在最容易出现宿命观念的地方,却显现了理智的自然观。

其三,当日、月、地的位置运行到一条直线上时,就要周期性地发生日食和月食。从全地球而言,一年内最多发生三次月食,有时一次也不发生;而日食每年最多可发生五次,最少也要发生二次。

由于日食带的范围小,地球上只有局部地区可见;至于某一确定地点见到的机会更少,平均每三年左右才可以看到一次日偏食,三百多年才可以看到一次日全食。

对人类而言,太阳是极重要的天体。在天文科学尚不发达的古代,太阳突然间消失(日食),大部分的人都会感到害怕。在日全食发生时,月球的影子开始从右到左一点一点遮蔽太阳,人们看到太阳似乎逐渐被吞食,因为太阳光太强,地面仍旧是明亮的;当太阳被全部遮蔽的刹那间,天地会突然变黑,视觉的反差很大,感觉就像太阳"死亡"了一般。天空黯黑到只可看见几个较亮的星星,这种现象称为"白昼的夜空"。日中见斗、见沬,就是这样产生的。

各民族对日全食有着如天狗吃日、狼逐日、魔鬼吞日等等不同的解释,并有其各自"解救"的方法。中国古时候,民间是以敲锣打鼓的方式来解救;由于日全食时间通常很短(至多7分半钟),所以在人们敲敲打打后,太阳很快就会重现,因而免除了惊慌的人们转而为喜庆。

即使天文知识已经普及的今天,对于日全食的反映依然是很强烈的。1999年8月11日12时37分,迎来了世纪末的最后一个日全食,一些邪教大肆鼓噪,把它说成是"世纪末灾难"的征兆。到德国观测日全食的人类各个文明的群体,依然表现出了对日食情不自禁的感伤和恐惧。即使在今天,德国人还会爬上山顶,燃起火把,祈求光明重降人间.更不用说非洲或南美的土著了。因为人与太阳的关系太密切了,总不免带有一种自发的根深蒂固的宗教情愫。

### ䷷ 火山旅　离上艮下

第五十六卦 旅:小亨,旅贞吉。

初六:旅琐琐,斯其所取灾。

六二:旅即次,怀其资,得童仆贞。

九三:旅焚其次,丧其童仆,贞厉。

九四:旅于处,得其资斧,我心不快。

六五:射雉一矢亡,终以誉命。

上九：鸟焚其巢，旅人先笑后号咷。丧牛于易，凶。

[解说]

《旅卦》取象离上艮下，野火在山上燃烧，一幅置身旅途才能见到的景象，寓意旅行、商旅、行牧，故取名为"旅卦"。

卦辞说，外出商旅，先要举行小型祭祀，以求旅途吉祥顺利。

这个"小亨"作小享解为宜。商周时代是商旅开辟时期，道路坎坷，交通不便，旅舍简陋，旅途生活极端艰苦，人身也不安全，沿途险阻重重，敢于进行商旅和行牧者，往往需要勇敢和冒险的精神。因此，一般要在出行前举行旨在祝福和祈求保佑平安的祭祀活动。

第一阴爻，商旅途中不要为琐碎事情发生纠纷，那样会自取灾祸。

第二阴爻，旅途中找到了住处，随身带着钱财，并得到了忠实的奴仆。

"即次"，找到驻地，类似旅店、客栈之类，往往是行牧或行商者自己搭建的帐篷。

第三阳爻，客舍发生了火灾，跟随的奴仆失散，处境艰困。

第四阳爻，又找到一个住处，虽然找回了所失财物和器械，但我心中却很不愉快。

这个"旅于处"的处和前爻"旅即次"的次有所不同，可能是权且充当住处。"得其资斧"，资即"怀其资"之资，斧则属于携带的工具器械之类，王弼解释为旅途中用于砍伐荆棘的斧子。

第五阴爻，射山鸡丢了一支箭，最终还是获得了赞誉和看重。

从语气看，"射雉"成功，只是"一矢亡"，必定是发两箭，一支不中为"一矢亡"。如果指一箭都不中，则不可能"终以誉命"。

第六阳爻，鸟巢被火烧了，旅人先嬉笑而后号啕大哭，赶来的牛群丧失在有易地方，凶险。

在旅途的山林之中，或许是旅人用焚鸟巢的办法猎食，起初高兴得笑了，但引起了山林火灾，自己反遭损失，随后号啕大哭。并且随行赶来的牛群也丢失了。

《旅卦》有系统地记述了一桩殷先民放牧行商的故事。仅从卦

**图九·二六　旅焚其次图（杨鸿山作）**

文看，这个"旅人"应是一个有"童仆"跟随，带着相当数量"资斧"和牧群的领头人物，在放牧行商的旅途中经历了艰险，在到达有易这个地方，损失了财物和牧群。

卦象是火山旅，而旅途中所遇到的危险也主要是火灾，一次是烧了旅舍，丧失了童仆；第二次林间起火，丧失了资斧和牛群。过程清楚，情节连贯，仿佛一篇古代牧人旅途历险记。

根据顾颉刚于 1929 年在《燕京学报》上发表了题为《周易卦爻辞中的故事》的长文，经考证认为《易经》中出现的"丧牛于易"（旅上九）、"丧羊于易"（大壮六五），可能和商代先祖王亥在有易部落所在地放牧行商的遭遇有关。由于王亥被有易之君绵臣所杀，王亥的儿子上甲继位后便发动了征讨有易的战争。这个故事破解了卦义，此说可备为参考。

### 巽为风　巽上巽下

第五十七卦 巽：小亨，利有攸往，利见大人。

初六：进退，利武人之贞。

九二：巽在床下。用史巫纷若，吉无咎。

九三：频巽，吝。

六四：悔亡，田获三品。

九五：贞吉悔亡，无不利。无初有终，先庚三日，后庚三日，吉。

上九：巽在床下，丧其资斧，贞凶。

**[解说]**

巽为风，对《巽卦》的解释一般有两种取向：一是以"申令"说为进路进行解释，认为巽之风在于发布与贯彻命令，三令五申，深入民间和各业行事；二是以"算卦"说为进路进行解释，认为《巽卦》讲的是算卦问题，此卦正好为说明《易》是卜筮之书提供了内证。尤其在《帛书易经》中《巽》为《筭》，为此说提供了支持。论《易》唯愿突出占卜者，更是着力于阐述此说。

笔者在本书不取算卦说，也不同于传统的申令说，而是认为，《巽卦》从整体说是阴卦。阴卦多阳，上下卦的两个阳爻并不阻挡一阴的进路，而是渗入阴爻构成巽阴柔韧锐进的特性，由此说明事物在发展中有一种阴柔渗入阳刚的发展进程。阳刚是促变因素，它必须接受阴柔渗入方式，融进事物原有的质性，以缓和的形式引起本质变化。可以简称为渗入式发展，专称为巽进运动。《巽卦》是专讲巽进运动的。实际上，阳刚阴柔是相互渗入的，这样才能产生柔韧锐进的运动。

卦辞说，巽象征渗入式发展，要积累微小的进步，要抓住机会前进，要有能够总揽全局的人物指引。

卦辞对巽进作了三点说明：一是巽可求亨，但必须累进，每进一步，只可"小亨"；二是累进必须有所前往，不可裹足不前，不可丧失利往的机会；三是进步与发展必须在高明者的支持与指导下进行，以体现渗入须有方向才能通达之义。这三点意思贯穿在全卦之中。

第一阴爻，一阴入巽，伏于二阳之下，该进该退，需有武人的果决精神去正确把握。

此爻的倾向主进，小进，不主退，故提出武人精神，为阴渗阳创造条件。

第二阳爻,隐蔽地渗入初爻,就像神职官员委婉进言那样,效果好而不会招祸。

"巽在床下",用以形容九二与上无应,与初六成比,形成乘承关系,阳刚渗入阴柔,只能在隐蔽状态下进行,如在"床下"那样。

"史巫"是王前的神职臣僚,他们一般都是以所谓"鬼谋"参与决策,用一种"微言大义"的渗入方式进言,以避免因直言干政受责。"纷若",史巫竞向君王委婉进言的样子。

第三阳爻,巽进不定,频繁地变更,招致艰难困境。

"频巽"有两义,一为蹙,皱眉头;一为频繁变动。其实两义互通,因反复变更而蹙亦通。

第四阴爻,没有什么遗憾,打猎时获得多种猎物。

"田获三品",咬文嚼字地解释,有好几种,只需理解为猎物又多又好即可。此爻地位与初六相同,但进入上卦后,此一阴被上下四个阳爻包围,全面渗入,集中体现了巽进的既柔且锐的特性,因而表现在田猎中所获甚丰,同初六爻进退未决,显然不同。

第五阳爻,守正吉祥,忧悔消除,没有什么不利的,巽进虽然没有明显的开端,却有一个完满的结局,就像从庚日前三天(丁)到后三天(癸)一样,虽然轮不到以甲日起头,却可以到癸日结尾,这样"无初有终",也是吉利的。因癸是十干之尾。

第六阳爻,巽进在幽隐的状态中,超出限度,会丧失自身柔韧锐进的优越性,而引出违背初衷的恶果。

《巽卦》是个单性卦,上下都是巽,《象传》称之为"重巽",两个单《巽卦》重叠在一起;因巽为风,故《象传》又称为"随风",即前风吹过,后风持续不断吹来。"随风"也就是"重巽"的意思。但对这一卦的解释,历来歧义迭出,就连《易传》诸篇也说法不一。如,"巽为风",巽者,有无孔不入之义。《序卦传》、《说卦传》和《象传》都说:"巽者,入也。"卦体一阴伏于二阳之下,以柔道而行刚道,不急不缓,渐次而进入,内外上下皆巽,循循不断,由近及远,自低至高,随风吹拂至远,渐吹渐高,无处不到,无孔不入。因此,这是柔巽进道之卦。

《杂卦传》讲"巽,伏也"强调的是一阴伏于二阳之下,有阴不能

进、也不能入于阳之义，九二、九三阳爻把一阴压入隐伏状态，这样就产生了阴爻"进退"的问题，于是出现了初六爻辞。这说明承认"巽为入"和"巽为伏"在解《巽卦》时，路数有所不同，各有所重。而《系辞》则讲"巽，德之制也"；"巽称而隐"，"巽以行权"等，又有新的侧重。巽阴所固有的谦逊特性，进退上的犹豫不决，都应度于德，受到德的节制，进行道义的权衡。以上诸

图九·二七　龙卷风图（杨鸿山作）

义，在《易传》中是互补而并见的。

　　这就需要首先确定解《巽卦》的角度。笔者从《巽卦》发现了一种颇有启迪意义的渗入式发展观，一些事物常常在不露形迹的状态下发生了巨变，当一些变因以"无形入无间"的方式渗入某种事物时，发酵过程便悄悄地开始了。我把这个过程叫做巽进。它是一种前进、一种发展，它正在这一过程中成长为另一个新事物。《巽卦》表达的就是这个道理，尽管它并没有直接进行抽象分析，但是只要突破其形象思维的壁障，并借助这种思维的合理性，探求其寓含的思想，常常能够发现《易经》在其形成过程中凝结的睿智和深邃的意念。巽进形式的发展观便是这种成果之一。

　　有些发展过程是"无初有终"，巽进这种运动形式就是如此。

　　风起于青萍之末，难有确定的起点，渗入式发展，同样如此。但

当风扶摇直上、遍及八极之时,它招致的后果却是确定可见的。易卦六爻,七日来复,形成一个小周期。卦中以庚先后三日计,与甲相比,丁日是中不是初,而癸日则是确定的终,这个先后庚的形象表述,正好符合"无初有终"的抽象命题。

《巽卦》通过上九,对巽进运动、渗入式发展的积极作用,做了限制。这一爻辞有意识地表达了巽进运动是有条件的,有限度的,不是无条件的、绝对的。如果像上九处于巽极之时,仍然像九二那样,继续隐蔽在"床下"去作为,那就要招致"丧其资斧"的后果。《巽卦》对"巽在床下"同一个命题,在九二是肯定的,在上九是否定的,给读者留下了深刻印象。风一般是无形的,经常表现出来的是渗入式柔韧的特性。风一旦成为有形的,它就成了旋风、龙卷风,便具有摧毁一切的功能。

## ䷹ 兑为泽　兑上兑下

第五十八卦 兑:亨,利贞。

初九:和兑,吉。

九二:孚兑,吉,悔亡。

六三:来兑,凶。

九四:商兑未宁,介疾有喜。

九五:孚于剥,有厉。

上六:引兑。

[解说]

《兑卦》也是单性卦,卦体上下都是兑,兑为泽,自然之泽利养万物,欣欣向荣;社会之泽惠及万民,国泰民安。两者都达致和谐喜悦、利物利人的繁盛状态,这正是人们历来所追求的。

卦辞说,《兑卦》象征和谐喜悦,此路畅通,要坚持正确的方向。

因为喜悦是人们所追求的,如果不以正道得到它,社会就会流于邪僻,人们就会深受其害。

《象传》对这一卦的解说比较准确和深刻。它说:"兑,说(悦)

也。刚中而柔外,说以利贞,是以顺乎天,而应乎人。说以先民,民忘其劳;说以犯难,民忘其死;说之大,民劝矣哉!"意思是,兑代表喜悦,九二、九五阳爻居中,两个阴(柔)爻都在上下卦之上(外),这是喜悦之象,利于坚守正道,所以能够顺应自然的法则,适合人们生存的需要。只要给予人民安乐,人民就会忘掉劳苦;用于对付国家的灾难,人民就会舍生忘死。给民喜悦的意义无比重大,它起着动员民众的作用啊!

第一阳爻,和谐喜悦,吉祥。

第二阳爻,诚恳的喜悦,吉祥,没有忧悔。

第三阴爻,用奉迎谄媚来取悦,凶险。

第四阳爻,用喜悦做交易会失去安宁,主动克服自身的弱点才是可喜的品德。

第五阳爻,轻信心术不正的小人,定有危险。

第六阴爻,要引导人们的喜悦。

图九·二八　各族人民大联欢图

《兑卦》提出了一个快乐原则,或者说,在中国历史上第一次旗帜鲜明地倡导快乐主义价值观,具有开创意义。

《系辞传》下有一个命题:"天地之大德曰生",反映了中国最古

老而又最基本的观点——宇宙生成论。在中国占主导地位的宇宙观念,不是宇宙创成论,而是宇宙生成论,以《周易》为代表,一直持续到孙中山的"生元学说",泛唯生论的思想体系根深蒂固。承认无机界也是生成的,这是宇宙生成论最彻底的观点。生成而非创成的观念,使中国人的宇宙观有可能摆脱精细宗教与神学的束缚,从而保持了其浓郁的世俗性特点。

《易经》作为相当古老的经典,竟能在近四千年前,把构成生之大德的快乐、喜悦与和谐的生命哲学命题专作一卦进行阐述,极具人类学意义。因为生命、生存、生活、人生、人性,乃至整个生态,是天然趋向于愉悦的。趋乐避苦、趋安避危、趋吉避凶,既是生命体的本能,又是人类的自觉意识。可以说是生的自然法权,天经地义,不容抹刹。

《易经》倡导这一思想,道家也大力倡导这一思想,儒家从伦理意义上对这一思想予以规范,并不反对有正当性的、有节制的、对人生有积极价值的快乐原则。这是有生存学、生物学、人类学意义的。倒是主张苦行、苦修的宗教舍弃了这一原则,它从另一面规范了人类欢乐追求过度的消极意义。

《兑卦》对待人的喜悦和快乐,不是禁欲主义的,也反对纵欲主义。它强调了维护正道、重视内心的和睦和诚信准则,反对伪善和利用人们的喜悦欲求去达到不可告人目的的险恶用心。最后,还提出了要引导人们的喜悦的要求,防止出现片面性。

### ䷲ 风水涣　巽上坎下

第五十九卦 涣:亨。王假有庙,利涉大川,利贞。

初六:用拯马壮,吉。

九二:涣奔其机,悔亡。

六三:涣其躬,无悔。

六四:涣其群,元吉。涣有丘,匪夷所思。

九五:涣汗其大号,涣王居,无咎。

上九:涣其血,去逖出,无咎。

[解说]

《涣卦》的卦象是巽上坎下，巽为风、为木、为舟，坎为水，有风行水上，或木舟行在水上之象。取名为涣，寓意涣散、离散、扩散、解散，包括肯定性的散和否定性的散，取决于被离散事物的性质和离散后果的实际意义，不是凡散都好或都坏。因此，在讲离散时，必然要关联其反过程，即聚合、整合、结合、凝聚的含义。分与合是相反相成的。肯定性的散，需要促成；否定性的散，需要救治：两义在卦中都有。

卦辞说，"涣"含有传播作用，它是畅通无阻的。国王来到宗庙虔诚地祭祀先帝，这种激励人心的消息越过大川传向远方，利于人们共同护持正确方向。

这个译文用语现代化了一些，但没有违背原义。笔者的意图在于让古老文化与现代意识接轨，不然，一遇"利涉大川"就只能译为"有利于渡过大河"，一遇"利贞"就只能译为"利于守正"或"对占问有利"之类，这样就成套话了。卦辞说的"利涉大川"是就消息传播说的。

第一阴爻，骑上骏马快把涣散的人心追回来，这样吉祥。

初六是《涣卦》之初，阴处阳位，不中不正，人心涣散还未形成气候，因此还可以快马加鞭追回来。"用拯马壮"在这里属于形象化喻理语句，意思是涣散之初，用壮马去拯救。它和《明夷卦》九二"明夷，夷于左股，用拯马壮，吉"的含义有所不同，因为话语的前提不同。这里的"马壮"是针对"拯涣"而言的，《明夷》里"马壮"是针对"夷于左股"而言的，"马壮"是被拯的对象。所以，语境不同则词性不同。

第二阳爻，要追索造成涣散的机理，就可以无悔了。

"奔其机"，即追寻致涣之玄机、原因。这里的机，"主发，谓之机"（《说文》），指事物发生的枢纽，如生机、危机、转机、契机等，都属于机理。

第三阴爻，查找自身的涣散，没有害处。

"涣其躬"是"其躬涣"的倒装。

第四阴爻,解散他们的团体,大吉大利。瓦解他们的靠山,这是人们想象不到的事。

"涣有丘",丘为山,即涣散有靠山。

第五阳爻,帝王发出庄严的号令,已经从王畿传出,这样没有害处。

阳爻处中正尊位,在国家处于涣散之时,正该由王发出号令,整合民心。效果如何,尚且不知,仅得"无咎"而已。

"涣汗",帝王发布号令。比喻帝王的圣旨、号令,有如汗出于肤,无法收回;由此派生出"涣命",帝王的诏命;"涣诏",帝王的恩诏;"涣发",特指帝王发布号令;"涣号",指帝王的旨令、恩旨等,这些词组常见于奏报公文之中。

第六阳爻,涣散已经造成巨大伤害,要永远接受这个血的教训,这样才不至于有害。

"涣其血",涣散到见血的程度,喻其伤害之巨大。"去逖出","逖"多解为"惕",虞翻解为"忧",疏为"剔",程、朱都解为"剔",多参考《小畜卦》六四"血去惕出",这里也是"涣其血去逖出",而且"逖出"之剔,还带有长远的含义。用今天的话说,就是血的教训。

《涣卦》讲的

图九·二九 桃园结义图

是散,既利用散,如"涣其群";又防止散,如"涣奔其机"。其重点在于救治散。这就需要合,治散必由合。卦中的"王假有庙"、"涣汗其大号",都是为了聚合、整合。

一般说来,任何事物的发展往往是有散有聚、有分有合的过程。风是气体的流动造成的,气流聚,风就强;气流散,风就弱。水也是如此,当它聚集在湖泊中,水势就强劲;当它在阳光照射和风吹的作用下便会蒸发为水汽,而散掉;但水汽遇冷成雨又给湖泊补充了水源,又聚合起来。在气和水的循环中,散和聚就是这样既矛盾又依存的。就人事而言,人的社会关系,是经常处于聚散之中的。社会组织也是如此,都要经历聚散过程,一种组织形态的特定使命终结,它就会趋于解体;而新的使命诞生又需要新形态的组织去完成,这又是聚合。在这一过程中,散其过时陈旧的东西,聚其新生先进的因素,促成新事物的诞生。这种聚散都具有进步功能。关键要看聚散以何种矛盾为转移,服务于良性循环就取得前进发展;服务于恶性循环就落后倒退。易卦很讲究时机,处涣散向聚合转化之时,要抓住机遇,克服涣散,使其走向通达的新境界。

民涣散,国不固;国涣散,必贫弱。在古代社会,王有治散整合民众之责。在现代社会,执政者有治散整合全民之责。社会的涣散,表现为人心涣散。而人心涣散,历来由社会中的利益冲突和由此而引起的思想冲突所造成。救治涣散之策,也必由调整社会利益和由此而产生的思想冲突做起。社会的稳定,必须兼顾多元利益,但不能两极分化,贫富悬殊;政治局面,需要生动活泼,但人心不能涣散。一个民族的振兴,仰仗民族聚合的力量。中国自古就把这个道理作为最重要的确保生存与发展的不朽智慧,精彩地体现在《涣卦》中。

## ䷼ 水泽节　坎上兑下

第六十卦 节:亨。苦节,不可贞。

初九:不出户庭,无咎。

九二:不出门庭,凶。

六三：不节若，则嗟若，无咎。

六四：安节，亨。

九五：甘节，吉；往有尚。

上六：苦节，贞凶，悔亡。

[解说]

《节卦》是个很耐人寻味的卦，它的卦象是坎上兑下，就是水源源不绝地流入湖泊。向湖泽供水之源，除了雨水，就是河水，湖泽的容受量是有限度的，不能不有所节。水多则溢，水少则涸，有节方能调节水量。河流水溢，会形成洪灾，有河道通向湖泽，则可以调节水患。中国的第一大江是长江，沿长江水系有许多湖泊，最大的如鄱阳、洞庭、太湖等，都对长江起着调节洪水的作用。范仲淹赞美洞庭湖："衔远山、吞长江，浩浩荡荡，横无际涯。"这就是湖泽对江水的节。水下有泽的卦象很自然使人想起这样的佳句，也理解了水与泽节的关系。

卦辞说，《节卦》象征调节、节制、调控之义，节可以保持畅通，调节到过分限制的程度就不适当了。

"苦节"是极端苛刻的限制。"不可贞"，不正确、不适当的追求。

第一阳爻，湖水不往外流，就像人不出房间，没有灾害。

"不出户庭"，指房间这个小范围，不出去，以表示留住，例如只蓄水、不放水。因阳爻处阳位，可保"无咎"。

第二阳爻，湖水不往外泄，就像人不出院落，非常凶险。

"不出门庭"，不出院落。"门庭"比"户庭"的范围大，比喻湖泽已经蓄满水，该泄洪时仍然不外泄，那样就要酿成大祸。九一、九二都是"不出"，为何前者无咎，而后者有凶呢？因为只有在湖泊蓄洪与溢洪要适当时，才存在这种矛盾现象。

第三阴爻，不需要做调节，却可在休憩中叹息，没有害处。

六三阴爻阳位，不中不正，处下卦之上，前两爻的蓄与泄之责已尽，到了六三就只能处于"不节"与"嗟若"之时，"无咎"而已。

第四阴爻，安于接受节制，亨通。

阴居阴位，得位。处坎之初，水受泽节，能自安受节，自然通畅。

第五阳爻,心甘情愿接受节制,吉祥;发展下去会得到赞扬。

阳处中正且为尊位,全卦之主,吉且有尚,是《节卦》的最佳状态。

第六阴爻,极端苛刻的节制,即便动机是好的,也凶险,但不应懊悔。

"贞凶,悔亡"在易卦中很少并立,这里的凶是"贞凶",有其正固的一面,可致"悔亡"。

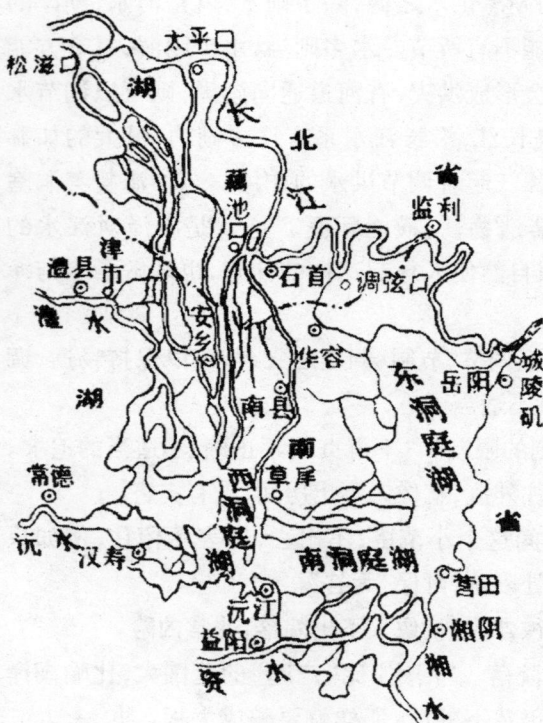

图九·三〇 洞庭湖与长江水系图

从《节卦》看出,《易经》作者是深通水文知识的。卦象是水下有泽,卦文所表达的是湖泽帮助大江、大河如何蓄水泄洪的治水经验。

作者把"水泽"卦,定名为"节"是相当深刻的。湖泊与江河水系的关系,自然形成一种调节水量的关系。雨量大、江水多,在"奔流到海不复回"的过程中,湖泊便充当起蓄水池的作用,当江水满便溢向湖泽,当湖泽满便泄往江河,最后流向大海。这种调节关系就起着防洪的作用,是自然形成的水文生态系统,人能自觉地加以利用,便可造福人类。这里面可能传递了上古大禹治水积累的经验。

但《节卦》绝非只是为了把治水经验传递给后人就达到了设卦的目的。它所要阐明的恰恰是一个应用广泛的哲理——节,即调节原理。传递治水经验固然也很重要,但它在此卦中只是作为阐明调节原理的一个典型例证。

卦中对待出不出门庭、户庭问题,要看调节的需要;对究竟是"不节",还是"安节"、"甘节"的问题,也要看调节的需要。它表达的真意都在于说明调节的重要。

至于调节是否适当,关键取决于"度",没有度量分界,便无所谓调节。作者在卦辞和上六爻两次否定"苦节",就是自觉意识到"度"的重要。"苦节"之误,就在于有节而无度,同调节的宗旨背道而驰,故不可取。如何把握度,是调节的关键。后来孔子提出"无过无不及"的主张,是继承了《节卦》重视"度"的精神的。

# 第八节 中孚卦、小过卦、既济卦、未济卦

## 风泽中孚 巽上兑下

第六十一卦 中孚:豚鱼吉,利涉大川,利贞。

初九:虞吉,有他不燕。

九二:鸣鹤在阴,其子和之:"我有好爵,吾与尔靡之!"

六三:得敌,或鼓或罢,或泣或歌。

六四:月几望,马匹亡,无咎。

九五:有孚挛如,无咎。

上九:翰音登于天,贞凶。

[解说]

《中孚卦》取象巽上兑下,风在泽上劲吹,掀起波涛,预示着不平静。卦名中孚,中为内心、内部,孚为诚信、团结,中孚完整的意思是发自内心的诚信,取内部精诚团结之义。卦名结合卦象,寓意以内部的精诚团结应对外部发生的不平静事态。

卦辞说,中孚寓意内部精诚团结,用小猪和鲤鱼来祭祀,吉祥,利于涉越大河,利于贞讯平安。

古代黄河流域日常祭祀用小猪和鲤鱼为祭品,次于猪牛羊之太

牢祀,但依然隆重,鲤鱼被认为是吉祥之物。卦象亦具有木(巽)行泽上之义,故利涉大川,豚鱼之祭,有贞问平安之意。

第一阳爻,安居是吉祥的,但有异族在身边就不会平安。

"虞,安也。"(《广雅》)"三虞",《逸周书·丰谋》注:"虞,乐也。""有他不燕"的"有他",指他族、他邦。"不燕",不安宁。帛书《易》作"不宁",义同。

第二阳爻,鹤在林荫下鸣叫,小鹤在远处应和:我有佳酿和美酒,和你一起来畅饮!

作者借鹤的鸣叫用拟人化手法描绘出和平环境与祥和景象,以体现阳爻占据中位的吉祥。

第三阴爻,遭遇敌人袭击,战斗激烈,有的擂鼓进攻,有的疲软退却,有的伤心哭泣,有的豪情歌唱,终于打胜了!

"得敌",既有突然遭遇敌人袭击之义,又有最终战胜敌人之义,故拆译为首尾两句。

第四阴爻,在月将圆的时候马匹损失了一些,没有严重灾祸。

这场部族间的冲突持续了一段时间,造成了马匹的一些损失,损失不大,尚可属于"无咎"。

第五阳爻,战斗中抓到一些俘虏,把他们拴在一起,没有发生危害。

"有孚",在战争发生后,应译作俘虏,不宜再理解为诚信。孚,(1)信用、信誉,证如"成王之孚,下土之式"(《诗·大雅·下武》)。(2)孚是"俘"的古字,义为俘获、俘虏,证如"孚人万三千八十一人"(《小盂鼎》)。

"挛如"是用绳拴住的样子。"挛,系也"(《说文》)。挛如,互相牵系状。

第六阳爻,胜利了,但不要过于张扬,像鸡鸣响彻云霄那样,即便是事实,也是有凶险的。

"翰音"为鸡,如"鸡曰翰音"(《礼记·曲礼》)。又:"翰,天鸡,赤羽也。"(《说文》)翰音为鸡或鸟的叫声,上达于天,比喻居非其位而声过其实。古代部落、部族、方国之间,经常发生战争,过于张扬自己一时的胜利,必定会加深相互之间的仇隙,不利于部族间的联

合。上九处卦之终,呈阳亢之势,应防止"至极而反"之变。

图九·三一  凯旋图(杨鸿山作)

　　猛一看《中孚卦》,感到多属于内容极不连贯的句子,即便翻译成白话,也看不出其内在联系,更不知其主题,只能依据卦爻象的象征性含义及其承乘、有应无应、爻位是否中正的一般规则进行分解,而解出来的意思,往往互不相关,结果依然不知所云。那样,易卦确实就像是掐头去尾的神秘谶语,其中的密旨是常人无法解说得清的,故只好感叹"天书难懂"!

　　其实,它的神秘性恰恰在于其原始性、古朴性,语言和其中的寓意都和我们相距甚远,看似不相连属的语句,原本都是有内在联系的。这就需要我们像侦破案件那样,从蛛丝马迹中发现合理的联系,从似乎风马牛不相及中解读出一个个故事来。

　　经过几卦成功的尝试,就会树立起一种信念:易卦每一句话,都不是无的放矢的;每一卦都是有中心的,而且内容是连贯的;选材在当时也是典型的、有代表性的。当我们读其一卦而解不通时,不要遽下结论,好好找一找历史线索,找一找各个片段之间可能的内在联系,合理的逻辑关系可以"修复"历史的缺环,至少使每一卦被解读为一个可理解的世俗性的有机体,而不会发生把尾巴按到鼻子上那样的笑话。

　　具体到《中孚卦》，我曾认为是最乱的一卦，为什么一上来就讲"豚鱼吉"？真像某易学大家说的，因为发自内心的诚信能够感动低贱的豚鱼，故"吉"吗？我从古代黄河流域的民俗中了解到豚鱼是日常祭祀用品，特别得知鲤鱼受重视的程度后，感觉"豚鱼吉"的定位就不困难了。

　　为什么初九刚说过安乐吉祥后，立即说"有他"就不能安呢？这个他，是谁呢？我想起了其他卦中说的鬼方、不宁方，部族侵犯是当时发生"不燕"的主要根源。这个"他"找到了，使我在理解这一卦时，突然眼前一亮。

　　接着为什么又收入一首抒情诗歌，突然一转，又打起仗来？鹤鸣的拟人化实际上是化装成鹤的男女隐蔽在山林里的对歌，一首类《诗经》的美丽情歌。如此诗情画意的镜头插在遭遇突袭之前，作者的意图很明显，是为了反衬"得敌"的战斗。这样又把两个看似矛盾的情节，合理地连串起来了。

　　战斗之后，为什么又讲开了"有孚"，并且用"挛如"来形容其状态，难道诚信也"挛如"吗？不用费劲就会想到战斗胜利了，一定有俘虏，这也是"孚"的另一个重要含义。至于"挛如"，则是把俘虏牵系起来，便于管理，如此顺理成章。

　　那为什么用鸡鸣登上天来做结呢？鸡叫和战争有什么关系？上九处于阳亢之时，用鸡鸣表示，用意何在？其实也在情理之中。胜利后，大喊大叫，盛气凌人，是最容易引起敌方仇恨的行为，所以这样做是"贞凶"，不能提倡。这是原作者为防止胜利后的骄纵放肆所提出的忠告。

　　至此，全卦的每一句话都有序地联系为一个整体，每一个原来不解的问题都得到了合理的解释。这个"鹤鸣"的案子算不算破了？

## ䷽ 雷山小过　震上艮下

　　第六十二卦 小过：亨，利贞，可小事，不可大事。飞鸟遗之音，不宜上宜下，大吉。

　　初六：飞鸟以凶。

六二:过其祖,遇其妣;不及其君,遇其臣;无咎。

九三:弗过防之,从或戕之,凶。

九四:无咎,弗过遇之。往厉必戒,勿用永贞。

六五:密云不雨,自我西郊,公弋取彼在穴。

上六:弗遇过之,飞鸟离之,凶,是谓灾眚。

[解说]

《小过卦》是个比较难解的卦,如果以卦文含义的内在逻辑进行系统解释,因无从考知其语境,是无法用这种方法解通的,那就必须走另一条路进行解释,这就是严格依据卦爻象解释辞义,即据象解辞,这是解卦的基本方法之一。

但是必须分别两种情况:

一是卦文本身没有自成体系的内在逻辑关系可循,必须完全依据卦爻象直接解说,就以象为线索进行解说,求得卦爻象自身的逻辑自恰,就算解释通了。

二是卦文自身有完整的含义,反映了某一事物或历史事件的内在逻辑关系,就以卦文含义为线索进行解说,配合卦爻象的印证,这是一种间接的据象解辞方式。《易经》中有相当多的卦是用后一种方式可以解说通的。传统解卦书大多数喜欢采用单一方式,即主要或完全运用第一种方式进行解释,这样就使读者不知所云了。特别是像虞翻擅长用卦变解卦,常常会从多种卦变中游移周转而解释一卦含义,更使人难以把握。直到近代,易学才逐步突出了第二种解卦方式,当代易学运用这一方式就更为广泛了。这对走出传统经学式诠释的藩篱,是有积极意义的。

本书在解释《小过卦》时保留了据象解辞的传统方式,一来因为这种方式适合于本卦,二来也为了以《小过卦》为范例向读者介绍直接据象解辞的方法。兹介绍如下:

(1)为什么卦名叫"小过"?

按照象理,阴为小,阳为大,卦中四阴二阳,阴并对称地包围了阳,都表明作为"小"的阴爻"过"了。"过"是超过平衡常态的意思。故取名为"小过"。

（2）为什么用"飞鸟"比喻卦象？

《小过》卦象是四个阴爻、两两在外，即初、二、五、上爻位；二个阳爻被包在里面，即三、四爻位，被四个阴爻对称地包围，横看形状很像一只飞鸟，四阴像鸟的两个翅膀，二阳像鸟的身体，好像鸟正在飞行，所以就以飞鸟来比喻。卦爻辞中三次提到飞鸟，以区别于其他四阴二阳之卦。

（3）卦辞想说明什么？

卦辞说，"小过"象征小有超过，为了求中，这种超过是亨通的，它利于贴近中道；但只能在小事上有所超过，不能在大事上过分。就像飞鸟刚刚飞过，留下了它的叫声，不能飞在很高的空中，那样就听不见了；只能在低空留声，那样才能听得见。办事要做到"小过"就是要"不宜上宜下"，才能达到大吉的效果。小事过则可，大事过就凶险了。

（4）为什么小事可过，大事过就凶呢？

这个问题《彖传》的回答比较贴近卦辞，它说："小过，小者过而亨也。过以利贞，与时行也。柔得中，是以小事吉也。刚失位而不中，是以不可大事也。有飞鸟之象焉，有飞鸟遗之音，不宜上宜下，大吉；上逆而下顺也。"意思是说，小有所过所以"亨通"和"吉利"，是因为柔顺得中的关系，即阴爻占据二、五中位，适合于事物发展的时态，能够体现"与时行也"，易卦是非常重视合不合时宜。是否符合中正，要看是不是"与时行"，追求"时中"，而不是死板的、绝对的"中度"，"时中"是变动的、发展的"中正"。

大事过了有凶，是因为两个刚爻都不在中位上，"刚失位而不中"，所以大事过就是"上逆"，违背了"下顺"，因而不吉。

《象传》是据象解辞的代表作，它对《小过》卦辞的解说是比较准确的。《象传》进而解释说："山上有雷，小过；君子以行过乎恭，丧过乎哀，用过乎俭。"它举了三个说明小事可过的例子：如君子待人过于恭敬，举办丧事过于哀伤，生活日用过于节俭。这些都是好事，但都没有做到恰到好处，是小有所过的典型表现，所以它应当是亨通的、吉利的。

第一阴爻，阴爻处下位，象征鸟翼，本身力量微弱，又阴居阳位，

不安于位,因与九四相应,想飞得老高。下卦为艮,本义为止,飞不动却想高飞,所以有凶险。

第二阴爻,阴处中正爻位,其应位在六五,因为都是阴爻,算作遇妣;九三是阳爻,对六二是祖,六二要过九三才能遇妣;九四对六五是大臣,六五爻处君位、又是妣。六二过了三爻(祖),遇到五爻,是为遇妣;但六二上行遇到九四,是"遇其臣",即遇到六五君的臣;所谓"不及其君",是指两阴不能相应,只能作为妣和六二相遇,不能算作应。此爻象没有什么灾祸。

对此爻的解释,各家有歧义,例如谁是祖?在《周易集解》中,虞翻说:"'祖'谓祖母,初也。母死称'妣',谓三。"六二已过初六,是"过其祖";"遇其妣"是指遇到九三。这个解释不通之处在于把九三阳爻当做"妣"是不通的。因此,在《周易折中》里,程颐把九四作为"祖",因"四在三上,故为'祖'。"即祖父之祖,非祖母之祖。"五阴而尊,祖妣之象。"程氏认为"妣"不是指已故母亲之称,而是指"祖妣",这些都是不同于虞翻之说的。但是,程氏把九四既作为"祖",又作为"臣",没有说法,未必恰当。王夫之则认为"上,祖也;五,妣也。"都在六二之上,怎么"过"和"遇"呢?王氏的解释是:六二处柔得中,"较上为胜",是"过其祖"的含义;它"与五同道",是"遇其妣"的含义(《周易内传》卷四下《小过》)。这一解释也有问题,把上六阴爻作为祖,另外把过和遇的含义变了,也似乎不妥。

鉴于此,笔者认为,把六二过九三作为"过其祖",过九四属于"遇其臣"。六五对六二而言,从不同角度看,它扮演了不同角色,因而说法也不同。从阴(二)过阳(三、四)而遇阴(五)来说,是"遇其妣";从阴遇阴不属于相应而言,是"不及其君(五)"。前者是遇,后者就应而言。这可能就是把易学家搞糊涂的原因所在。

过祖不及君,说的都是"过与不及"的事,过犹不及都属于小过的范围,其目的是为了求正,应当"无咎"。

第三阳爻,没有谨小慎微地加以防范,却放纵(从)自己的刚性,因而遭到阴爻的戕害,处境凶险。

阳居正位,理应不凶,但因刚爻处下卦之终,阳陷阴中,持刚不慎,因防范不够而遇诸阴戕害,故凶。

　　可能正是由于这爻"凶"，使一些易学家不把九三作为六二之祖，其实"过其祖"本身就有纠正"祖之过（错）"的含义，不一定做"祖"者非吉不可。

　　第四阳爻，刚处柔位，没有咎害，不必以过分的礼遇去处事。但居位不中不正，如持刚行事会有危险，必须加意警戒，不能不合时宜地死守陈规定则，不加以变通。

　　第五阴爻，阴爻集结占据上下卦体的中位和尊位，和阳爻又互不交感，是阴云密布而不成雨之象，因西为阴方、东为阳方，故称密云来自西郊。六五非阳，故改称君为公，说他用带绳的箭射中禽（阴物），取于穴中。

　　这一爻，虽未得雨，却射得猎物，不说吉祥，也属于有吉之类。

　　第六阴爻，错过了机遇，飞鸟已经离去，小过终至亢境，凶险且有灾难。

图九·三二　雄鹰图

　　据象解辞的方法，容易使卦的寓意模糊，并发生歧义。比如说，四阴二阳的卦，除了《小过》外，还有地风《升》、山雷《颐》、水雷《屯》、水为《坎》、地火《明夷》、雷为《震》、山为《艮》、水山《蹇》、泽地《萃》、雷水《解》、火地《晋》、地泽《临》、风地《观》诸卦，都是阴过于阳的卦，因此孤立地讲《小过》是阴爻过于阳爻，故为小过，是很不

够的。这样就必须揭示构成《小过》四阴二阳的独特之处,即像"飞鸟",两两阴爻对称地排列在二阳之外,这正是其他卦所没有的特征。这样就容易理解《易经》为何三次把《小过》比喻为"飞鸟"。

由此我们也可以想象,在《易经》系辞之前,已经有一个经过推演而形成的完整的卦象系统,并曾经独立成书。这个符号系统的外在形式大体上就是我们从《易经》中所见到的卦画形式。春秋时晋国的韩宣子聘鲁所见到的《易象》,大概就是保存在太史馆的没有系辞的《易象》藏本之一,它是一种无字的《易》,来源很早;如果说,是周文王和周公为《易》系了卦爻辞,大概就是系在这种《易象》之上的。这是个合理的想象。

《易象》系词之后,才被称为《周易》,这时的《周易》就是被后人尊称为《易经》的书,这时当然还不包括后来出现的《易传》。

《小过卦》把卦象比喻为"飞鸟"为观象系词提供了典型证据。而且,很可能当时的阴爻,还不是画成(— —),而是画成(\/),在出土的阜阳竹简《易》中,阴爻还保留了这样的形式(⌐ ⌐)。这样的阴爻两两排列在二阳之外,呈飞鸟双翼展翅形象! 当然其他易卦在卦文中也对卦象有具体描述,如《颐卦》、《噬嗑卦》等,也是明显的例证。

## ䷾ 水火既济　坎上离下

第六十三卦 既济:亨小,利贞,初吉终乱。

初九:曳其轮,濡其尾,无咎。

六二:妇丧其茀,勿逐,七日得。

九三:高宗伐鬼方,三年克之,小人勿用。

六四:繻有衣袽,终日戒。

九五:东邻杀牛,不如西邻之禴祭,实受其福。

上六:濡其首,厉。

[解说]

《既济卦》的卦象是坎上离下,水火既济。卦象是水润下,火炎

上;爻象是六在上、九在下,阴阳全面交感,六爻皆得其位,各得其用,以达到无所不亨。然安不忘危,存不忘亡,治不忘乱,实为万古之正理。因此,本卦象征顺利通达、功业告成之义。

既济就是既成,如同秋季果实成熟,到达收获佳境。但是,《既济卦》和《泰卦》比较,仍属一般佳境,没有臻于大事广达之境,在程度上欠着火候。所以在对偶卦中,《既济》逊于《泰》,《未济》强于《否》。否极泰来,反差很大。而《既济》与《未济》的通塞处于泰否之间。

卦辞说,既济象征既成,办小事可以亨通,利于坚守正道,开始吉祥,要防止终局混乱。

既济虽寓意成功、已经通达,但全卦始终戒惧不祥,是在战战兢兢之中保持既成的。警戒守成是此卦的特点。祸常生于不测,患莫甚于无备之故也。务防之于初,则不至于终乱。这是它想阐明的哲理。

第一阳爻,在前进中,车轮被曳住,尾巴被濡湿,尚无祸害。

车轮被曳则难行,涉水之兽,濡尾则不济,一开始就要防止不顺。

第二阴爻,夫人乘车丢掉了隐蔽自己的帘子,不要去追寻,七天后会得到。

古代妇女出行乘车用茀自蔽。据《左传·宣公八年》载:"始用葛茀",是用葛制作的茀,可使妇女乘车不露于外,车的前后设障以自遮蔽,亦有防风之用。

卦六爻,循环一周为七日,二得中位,可待时复得之。

第三阳爻,殷王武丁为高宗,商之中兴之君,曾征伐鬼方,费时三年攻克了它。这等大事不可任用小人。

下卦为离,象征兵戈,上卦为坎、为北,变爻为坤代表国土,象征北方之鬼方国。九三用刚,言三年克之以示费时长久。

第四阴爻,穿着细密的丝织衣服,也不丢弃破衣烂衫,终日戒备危难。

繻(xū),彩色的丝织品,比喻锦衣美服。"繻,细密之罗也。"(《玉篇》)袽(rú),烂衣服或破旧棉絮之类。"繻有衣袽",

指好坏两种衣服。美帛曰缙；败絮曰袽。缙久必转而为袽，故不可弃也。

因六四已进入坎，象征舟船，有易学家认为备有"衣袽"可救船漏，船漏水时，用破布塞洞，体现"终日戒"。

第五阳爻，周的东邻是殷纣，日益失去与国的欢心；殷的西邻是方兴之周邦，日渐取得诸方国的拥戴，因此殷纣虽"杀牛"隆重祭祀，反不如周邦"禴祭"的薄祀实际享有的福祉。借喻东邻已不得人心。《既济》的深义，在于说明：无德者奢侈祭祀，反不如有德者菲薄祭祀因其心至诚而得福。

第六阴爻，既济如同过河，初爻称尾，终爻谓首，以阴柔居险之极，首溺于水中之象，情势危急。

借以体现初吉终乱之象。历来读易者多从卦名出发，以为《既济》是最吉利的卦，因为它是已经取得成功的象征，其实从卦文来看，它只是"亨小"，即小事通，大事有初无终之卦，体现了《易经》作者看问题的辩证态度，不示以绝对的一帆风顺。

图九·三三　孔子著书告成图

《易经》六十四卦，终于《既济》和《未济》，既济有圆满之义，但又是未济，还需要继续前进、发展、推演，而非绝对终止，体现了《易经》周流不殆，是开放性体系。这个卦系可以无限地循环发展下去，不可穷尽。

单就《既济卦》而言,正如《象传》曰:"水在火上,既济;君子以思患而预防之。"在最为顺利的卦中贯穿一种并不多余的忧患意识。"思患而预防之"就是《既济卦》的主旨。在既济之时,不是大讲喜庆安乐,功德圆满,而沾沾自喜,却不忘"曳轮濡尾"之困,惦记"丧茀有祸"之忧,谨防"濡首灭顶"之厉。

这是一种勇于开创、又耐于守成的自觉。把这种精神与智慧用于政治,便是长治久安之道;用于经济,便是持续发展之路;用于人生,便是自强不息的操守。

中华民族从原始先民发展至今,历七千余年而血脉永续、文化永续、历史永续,犹如不废之江河万古奔流,是和《易》的这种精神资源的丰厚与传统的牢固,分不开的。它过去是,现在是,今后也仍然是融入我们血液的精神支柱。

## 火水未济　离上坎下

第六十四卦 未济:亨,小狐汔济,濡其尾,无攸利。

初六:濡其尾,吝。

九二:曳其轮,贞吉。

六三:未济,征凶,利涉大川。

九四:贞吉,悔亡,震用伐鬼方,三年有赏于大国。

六五:贞吉,无悔,君子之光,有孚,吉。

上九:有孚于饮酒,无咎,濡其首,有孚失是。

[解说]

《未济卦》取象离上坎下,卦象正好与《既济卦》相反,各爻俱不得位,火上炎、水下润,互不交感,上下卦与爻皆呈分离隔绝状态,因而卦义恰与《既济卦》相反,象征事情尚未完成。

卦辞说,未济寓意未能完成,但仍可亨通。如同小狐渡河在接近成功之时,被沾湿了尾巴,未能济渡,无所获益。

汔(qì),尽,"汔,尽也"(《广雅》)。"汔济",接近完成。这里讲了一个小小的寓言:小狐狸有勇气,却过于急躁而又没有经验,渡

河时因濡其尾,在接近成功时而不能济,借此倡说未济之时应慎始慎终。

　　天地不交为否,《否卦》无亨;然水火不交为未济,为何能亨?这是济强于否的地方。因为《未济卦》虽六爻皆不当位,却有初四、二五、三上之爻相应之象,如《彖》曰"刚柔应也",可保亨通。但未济之亨是潜在之亨,是总体隔绝的局部之亨,有别于既济现实之亨。由此看来,未济非不济或不能济,只是因为审慎不足,可济而未能济,或能济而尚未济。否则,这个卦就该叫"不济"了。

　　《象》曰:"未济。君子以慎辨物居方。"处未济之道,当以审慎为主旨。君子体认事未竟之义,应以审慎态度分辨万事万物,使其各居其所当处,各尽其所当用,未济则可既济矣!

　　第一阴爻,柔处刚位,又应于九四,居下而又急欲求进,正如小狐过河沾湿了尾巴,处境艰难。

　　《既济》初九和《未济》初六都讲"濡其尾",由于两爻所处时位不同,既济初九得位,喻其当济而慎于济,未济初六不当位,喻其不当济而急于济。因而判词也不同,前者"无咎"而后者有"吝"。

　　第二阳爻,刚居阴位,不得不柔顺行事,就像车轮被曳,求正才能吉祥。

　　曳轮不是止轮,仍可缓慢平稳地前进,以守正为吉。

　　第三阴爻,下坎将尽,坎险犹未免除,虽未能济事,征伐有凶险,但有利于跨越大河。

　　此爻说"未济"和"征凶",是一致的;又言"利涉大川"似不一致。历来注家多疑有误。朱熹《本义》主张加一"不"字,为"不利涉大川"。义虽顺了,但改字解经终究是不得已的办法。其所以认为不一致,可能和"征凶"多被解释为"前进凶险"有关。既然不宜前进,自然也不利于涉大川。如把"征凶"理解为征战凶险,未必就不利涉大川。

　　第四阳爻,刚爻据大臣之位,守正可获吉祥,忧悔消失,兴兵怒伐鬼方之国,三年获得大国地位。

　　殷高宗伐鬼方是信史。鬼方是殷商北边的戎狄游牧部族,经常内侵,形成对殷商农牧经济的破坏和国家安全的威胁。这次伐鬼方

战争的胜利在商代史上，是一件大事。它不仅有安边的重要作用，且扩大了殷商的疆域，使它成为中原一统的大国。"三年有赏于大国"，表述了这一历史功绩。

第五阴爻，柔爻居于君位，守正则吉，没有懊悔，伐鬼方的胜利是君子的光荣，以诚信治国，吉祥。

这里的"有孚"，与治人者"之光"相联系，不是单指个人诚信，而是指国家的诚信，属于治国范畴。

第六阳爻，充满自信地饮酒庆贺，不会有害处，如果沉溺于逸乐，濡首而不能自拔，那就是信誉尽失的危亡之道了。

五、六爻三次提到"有孚"，分别指国家与统治者的诚信和自信、信誉之义。

《易经》六十四卦，起自乾坤，终于既济未济，既成之后以未成作结，有深意在焉。以既济作结，大团圆结局，虽能皆大欢喜，等于了结矛盾、终止发展，变易有了穷尽；但这样的结尾，同《周易》精神是格格不入的。不仅了无深意，而且是变易之道的可耻流产、易卦体系的生命终结。

在肯定了既成的功德之后，用未完成结尾，就等于不作结尾，没有结尾，是事物矛盾过程的暂时停顿，运动进程的相对静止，发展序列的逻辑转换，它意味着新过程的开始，变易是永远不可穷尽的。正如《序卦传》所说："物不可终穷，故受之以未济终焉。"六十四卦结构，如何起首，如何结尾，各类矛盾

革命尚未成功

同志仍须努力

孙文

图九·三四 孙中山先生题词

运动如何过渡、转化,都有精辟的构思,深刻反映了《易经》作者的宇宙生成观,他们确信事物在变易中发展,有始有终、终而复始,物极必反、相反相成,有生有灭、生生不息,新陈代谢、永无止境。萌芽于《易经》的这种辩证宇宙观,为中国哲学奠定了牢固的基础,塑造了具有独特风貌的民族文化,哺育了千百代中国人的精神,深深融入了民族性格之中。其思想的深邃,不仅教人正确认知事物的规律性,尤其看重人在改变自身境遇中的主观努力。其思想的无穷魅力,至今犹存! 势将永存!

# 附录一

# 《易传》释义、简注

本书采取《易经》和《易传》分开解的论述方式,在八、九两章集中对《易经》六十四卦进行了释义和解析,这是本书的重点内容。其中有些卦因《易传》的解释可取,便在"解说"中作了征引,但没有像《周易》通行本那样,把经传合起来解释《易经》,只在四、五两章对《易传》进行了比较全面的介绍和评论。读者读《周易》不能不读《易传》全文,本章以附录的形式刊载《易传》原文,并对其中比较难懂的篇目,作了译解或释义;对其中有些比较好懂的篇目或部分,只作必要的简注,请读者自行阅读。

实质上对《易传》这种处理方式,是一种以领会《易经》为本指导阅读《易传》、再翻过来借助《易传》解易的知识理解《易经》的双向互训的研究方法。我一向认为,研究《易经》必须独立进行,不要被《易传》的见解所左右,可以同意它的一些说法,也可以不同意它的一些说法,相反的,研究《易传》却必须以对《易经》的理解为指导,品评其得失。但研究《易传》是为了帮助研究《易经》,为此又必须借助《易传》去理解《易经》,这是个反复的过程,但应突出的是《易经》。这正好把长期以来过于依赖《易传》的做法颠倒了过来。当然,这样做究竟如何,还需要在研究的实践中检验、修正。因为《易传》毕竟是研究《易经》的先行者,它解经的意见和经验,不可忽视,能够借重的地方必须借重。

下面,我们就按照《易传》传统的顺序译解和注释"十翼"。

# 第一翼　彖传上

《彖传》是《易传》中专门解说卦名、卦义、卦德的论文,本来独立成篇,附经以后,在通行本《周易》中是插在各个卦辞下面随卦解说的。本书虽在解卦时引用过它的一些文字,但并不像全面附经那样对它都作过释义,只对那些对理解卦文有参考价值的部分文字,作了引用和解释。关于《彖传》的全部文字,还是和《易经》分开,单独成篇比较好,混在经里常有喧宾夺主、以传代经的缺陷,同时也不利于了解《彖传》全貌。所以,本书是把它收集起来作为"十翼"的首篇予以释义,作为研究《易经》的重要参考文献。读《彖传》、《象传》都和分析六十四卦相联系,为了使读者不必反复翻阅前面《易经》部分所列卦象,我们在这两传中仍重复列出各卦的卦象,使读者多接触卦象、熟悉卦象,在此特作说明。

| 原　文 | 释　义 |
|---|---|
| 1. 乾:大哉乾元,万物资始,乃统天;云行雨施,品物流形。大明终始,六位时成,时乘六龙以御天。乾道变化,各正性命,保合太和,乃利贞,首出庶物,万国咸宁。 | ䷀<br>乾为天,乾阳具有创始一切的伟大功能,万物的生成从这里开始,以至于统御着整个宇宙;行云降雨,品类繁多的事物都处在流变之中。明澈了事物的终了和初始的历史,形成了上下四方六合的空域,以六龙的盛大阳气为载体来驾驭全天。乾道无休止地变化,使万物呈现各自的本性和功用,保持了完全和谐融合的状态,以达到持久普利天下的境界,创造出无比丰饶的物质财富,使天下万国共同富裕 |

与幸福安宁。

2. 坤:至哉坤元,万物资生,乃顺承天。坤厚载物,德合无疆,含弘光大,品物咸亨。牝马地类,行地无疆,柔顺利贞,君子攸行,先迷失道,后顺得常。西南得朋,乃与类行;东北丧朋,乃终有庆。安贞之吉,应地无疆。

䷁

坤为地,至柔无限的坤阴,具有生养万物的功能,这是因为大地和顺地承受着天道。大地深厚地负载着万物,她化育万物的本性是没有边际的,含容极其博大,使各类事物都能得以亨通。就像母马属于地类那样,健行于大地上没有止境,柔顺的好处长久存在,君子外出时,因冒失先行而迷失了道路,随顺着行进却能常保安适。在西南方(坤位)得到了朋友,可以结伴而行;东北方(艮位、爬山)会失去伙伴,但终会有喜庆。安分守正则吉,这和无边的地道是相适应的。

3. 屯:刚柔始交而难生,动乎险中,大亨贞,雷雨之动满盈,天造草昧。宜建侯而不宁。

䷂

屯卦,万物在阴阳刚柔开始交感时是难以生成的,因为运动在险境之中,只有在持久的大亨通时,既有雷的震动、又有雨水供给都很充分,才能在天地之间草创一切。这时适合于建立国家以消除不安定因素。

4. 蒙:山下有险,险而止,蒙。蒙亨,以亨行时中也。匪我求童蒙,童蒙求我,志应也。初筮告,以刚中也。再三渎,渎则不告,渎蒙也。蒙以养正,圣功也。

䷃

蒙卦,卦象上艮下坎,艮为山、为止,坎为陷、为险,山下有险,遇险而止,为蒙之义。蒙卦通达,因其行进合乎时宜并占据中道。不是我要求蒙童,而是蒙童要求我,因为他和我志意相应。初次占筮,得到告诉,因为阳爻占据九二中位。再三占筮就亵渎了,亵渎就不

告诉,亵渎表现了筮者的蒙昧。虽然蒙昧但可以修养正道,这是圣人的功德。

**简注**:《蒙卦》的象传分段释卦,开始解上下卦;随后着重解九二和六五中爻,所以寓意有些矛盾。先说险面止,又立即说蒙亨、行时中,割裂了卦义。

5. 需:须也;险在前也。刚健而不陷,其义不困穷矣。需有孚,光亨,贞吉。位乎天位,以正中也。利涉大川,往有功也。

**需卦**:要等待;前面有险情。行为刚健果敢不会陷入,含有不困穷之义。等待要有诚信,光明通达,守正则吉。九五爻占据尊位处于正中。有利于渡过大河,前往能够成功。

6. 讼:上刚下险,险而健,讼。讼有孚,窒惕,中吉,刚来而得中也。终凶,讼不可成也。利见大人,尚中正也。不利涉大川,入于渊也。

**讼卦**:上卦乾为刚健,下卦坎为险,有风险却健于争讼。争讼要有信义,要克服恐惧,守持中道,因刚爻处于下卦中位。最终仍凶;这次诉讼不能成功。有利于求见大人,那是尊重中道的。这时不利于渡过大河,有落入深渊的危险。

7. 师:众也,贞正也,能以众正,可以王矣。刚中而应,行险而顺,以此毒天下,而民从之,吉又何咎矣。

**师卦**:聚众的意思,守贞为正,能把民众带向正路,就可以为王了。九二刚爻占据中位,和上卦六五柔爻相应,虽处险境却会顺利,依此牟取天下,而民众又能服从,除了吉祥还会有什么祸害呢!

8. 比:吉也,比,辅也,下顺从

也。原筮，元永贞，无咎，以刚中也。不宁方来，上下应也。后夫凶，其道穷也。

9. 小畜：柔得位，而上下应之，曰小畜。健而巽，刚中而志行，乃亨。密云不雨，尚往也。自我西郊，施未行也。

10. 履：柔履刚也。说而应乎乾，是以履虎尾，不咥人，亨。刚中正，履帝位而不疚，光明也。

11. 泰：小往大来，吉亨。则是天地交，而万物通也；上下交，而其志同也。内阳而外阴，内健而外顺，内君子而外小人，君子道长，小人道消也。

比卦：吉祥呵，比是亲睦关系，下层都能顺从。首脑利用占筮安排好正当而持久的友善是不会有灾祸的，因为九五爻是刚爻居中位。不安宁的方国也来修好，体现了上下中爻相应的关系。落在后面的有凶险，因为他们已经没有办法了。

☴

小畜卦：六四阴爻得位，又能上下相应，称为小畜。下卦乾刚健、上卦巽顺风，九二爻居中志意施行，亨通。蓄积了浓密的云层却没有下雨，因为被风吹走了。从我们的西郊而来，未能施与雨水。

☱

履卦：是上乾下兑，出现柔兑履乾刚的局面。履是行走的意思，引申为礼节。柔兑敢于履乾刚，在于以和悦和顺应之礼对待刚乾，所以虽然踩了虎尾，但它并不吃人，是亨通的。上乾刚爻居九五正位，身居帝王之位而无须愧疚，因为帝王之履是光明正大的。

☷

泰卦：阴为小，阳为大，小的走了，大的来了，吉祥亨通。泰卦是天地发生交感，万物通泰；上下阴阳交流，它们的志意是相同的。乾阳在内卦，坤阴在外卦，内刚健而外柔顺，内为君子而外为小人，所以是君子之道成长，小人之道消退了。

12. 否:否之匪人,不利君子贞。大往小来,则是天地不交,而万物不通也;上下不交,而天下无邦也。内阴而外阳,内柔而外刚,内小人而外君子。小人道长,君子道消也。

☰☷

否卦:闭塞不通的否的来到是不以人为转移的,对守正的君子不利。大的阳爻从内卦走了,小的阴爻从外卦来到,形成天地不发生交感的状态,万物都不通了;坤地下沉、乾阳上升相互隔绝不通,相当于天下没有建立邦交的国家了。内卦为阴外卦为阳,内卦柔顺外部刚健,内为小人而外为君子。小人之道增长了,君子之道消退了。

13. 同人:柔得位得中,而应乎乾,曰同人。同人曰:"同人于野,亨。利涉大川",乾行也。文明以健,中正而应,君子正也。唯君子为能通天下之志。

☰☲

同人卦:天火同人,离卦在下,柔爻居中得位,和上卦乾相应。同人卦说:"和野外之人同志,亨通,有利于渡过大河",这是乾的德行。天与火呈文明而又刚健之象,阴阳处中正之位而又相应,这是君子的正道。唯有君子能够和天下人的心志相通。

14. 大有:柔得尊位,大中而上下应之,曰大有。其德刚健而文明,应乎天而时行,是以元亨。

☲☰

大有卦:上离下乾,六五柔爻居于尊位,处于大中正和上下相应的位置,称为大有。乾的德行刚健,离的德行文明,和天相应而又能运行适合时宜,所以是大亨通。

15. 谦:亨,天道下济而光明,地道卑而上行。天道亏盈而益谦,地道变盈而流谦,鬼神害盈而福谦,人道恶盈而好谦。谦尊而光,卑而不可踰,君子之终也。

☷☶

谦卦:亨通,山在地中为谦,表现了天道下济万物而光明普照,地道处低而高行。天道是亏损满盈而增益谦逊,鬼神是祸害满盈而赐福给谦逊,人道是厌恶满盈而爱好谦逊。尊贵者谦逊光彩,平庸者谦

逊不会越轨, 君子是会有好结果的。

16. 豫: 刚应而志行, 顺以动, 豫。豫, 顺以动, 故天地如之, 而况建侯行师乎? 天地以顺动, 故日月不过, 而四时不忒; 圣人以顺动, 则刑罚清而民服。豫之时义大矣哉!

䷏

豫卦: 上震下坤, 唯九四一爻为刚, 与诸阴相应而可依志而行, 震为动、坤受之柔顺, 所以天地也随之顺动, 何况建立诸侯率军打仗呢? 天地顺动, 日月的运行就不会失当, 四季交替也不会有差错; 圣人能够顺动, 就能够使刑罚清明而民众心服。豫卦所代表的顺应时律而动的意义很重大啊!

17. 随: 刚来而下柔, 动而说, 随。大亨贞, 无咎, 而天下随时, 随时之义大矣哉!

䷐

随卦: 泽雷随, 雷刚居泽柔之下, 震动而喜悦, 这是随卦。由卦辞表明, 大通畅而能守正, 没有灾祸, 天下都能随着时律运行, 这样的意义不是很重大吗!

18. 蛊: 刚上而柔下, 巽而止, 蛊。蛊, 元亨, 而天下治也。利涉大川, 往有事也。先甲三日, 后甲三日, 终则有始, 天行也。

䷑

蛊卦: 山下有风为蛊, 艮为刚居上面而巽为柔居下, 巽遇艮而止, 是蛊的象。蛊卦, 大亨通, 天下得以平治。有利于渡过大河, 前去办事。在甲日前三天和甲日后三天, 结束了又重新开始, 这是天道在运行。

19. 临: 刚浸而长。说而顺, 刚中而应, 大亨以正, 天之道也。至于八月有凶, 消不久也。

䷒

临卦: 上坤下兑, 两个刚爻来到不断壮大。兑为喜悦且能顺从, 九二刚爻居中与六五柔爻相应, 大亨通且能守正, 这是天运行的法则。到了八月有凶, 因为阳气消退没有多久。

20. 观:大观在上,顺而巽,中正以观天下。"观,盥而不荐,有孚颙若",下观而化也。观天之神道,而四时不忒,圣人以神道设教,而天下服矣。

观卦:上巽下坤,风行于地上,吹拂万物,蔚为大观,巽以柔顺中正大观天下。卦辞说:"观(祭祀宗庙),主祭人净手后,庄重地将酒盥洒于坛上,然后再奉献上丰盛的贡品。臣民虔诚崇敬",在下看着受到感化。仰观天以领悟其神道,四季交替从无差错,圣人以这种神道创设教化,使天下人心归服。

简注:《象传》首先提出"神道设教"的主张,足见此卦是讲信仰的,但中国文化对待宗教是以理性的神道设置的教化,这使中国文化具有非宗教性特点。

21. 噬嗑:颐中有物,曰噬嗑,噬嗑而亨。刚柔分,动而明,雷电合而章。柔得中而上行,虽不当位,利用狱也。

噬嗑卦:口中咬着东西,叫噬嗑,噬嗑是亨通的。上离下震,刚爻和柔爻分开,震动而光明,因为雷电交加、合而成章。上下卦阴爻占据中位,而且向上发展,虽然六五阴占阳位,并不当位,但适合于断讼治狱。

22. 贲:亨;柔来而文刚,故亨。分刚上而文柔,故小利有攸往。[刚柔交错],天文也;文明以止,人文也。观乎天文,以察时变;观乎人文,以化成天下。

贲卦:卦中三个柔爻来文饰三个刚爻,所以亨通。但分出上九刚爻也反过来文饰柔爻,所以小利于有所往。[刚爻和柔爻相互交错,]表现了对天道的文饰;依据文明的规范对人的行为有所约束,这是对人道的文饰。仰观天文,可以察知时间的变动;观察人文,可以用文明化成天下。

**简注**:贲义文饰,对天道的文饰为天文;对人道的文饰为人文。这是它的语源学含义。据王弼注添"刚柔交错",意通。

䷖

剥卦:艮下有坤,只上九一爻为阳,剥蚀将尽,柔爻快把刚爻演变完了。不利于有所往,这是小人处于长势。顺应它演变自会停止,观察卦象就可得知。君子尊重阴阳的消长止息和盈亏变化,这是天的运行法则。

**简注**:剥为十二消息卦的夏历九月卦。

23. 剥:剥也,柔变刚也。不利有攸往,小人长也。顺而止之,观象也。君子尚消息盈虚,天行也。

䷗

复卦:亨通;一阳来复,刚爻返回来了,顺着轨道运行,所以出入没有疾病,朋友来了没有害处。轨道是反复运行的,卦有六爻,按一日一爻计算,七日就会反复一次,这是天在运行。适合于外出办事,因为阳气日益增长。从复卦不是可以看到天地的心意吗?

**简注**:复为夏历十一月卦。

24. 复:亨;刚反,动而以顺行,是以出入无疾,朋来无咎。反复其道,七日来复,天行也。利有攸往,刚长也。复其见天地之心乎?

䷘

无妄卦:乾上震下,震卦本为坤体,其下一刚爻从乾卦而来为外来,刚来入主于内卦。下震为动,上乾为健,故属健动,六二与九五刚中相应,大亨通且处正位,是天授予的。它如果不正就有灾祸,不利于出行。如果定要出行,这种"无妄之往",能到哪儿呢?天命

25. 无妄:刚自外来,而为主于内。动而健,刚中而应,大亨以正,天之命也。其匪正有眚,不利有攸往。无妄之往,何之矣?天命不佑,行矣哉?

不庇佑，能行得通么？

26. 大畜：刚健笃实辉光，日新其德，刚上而尚贤。能止健，大正也。不家食吉，养贤也。利涉大川，应乎天也。

☶
大畜卦：艮上乾下，乾德刚健、艮德笃实、上下合德光辉，不断增进自己的德性，居上坚强而又能尚贤。艮能止乾之健，是为大正。不吃家食而食禄于王公，以养贤人。利于渡过大河，这是顺应天道啊。

简注："不家食吉"的内在含义是食禄于王公之义。

27. 颐：贞吉，养正则吉也。观颐，观其所养也；自求口实，观其自养也。天地养万物，圣人养贤，以及万民；颐之时大矣哉！

☶
颐卦：贞吉，正当的颐养可以获得吉祥。观察吃食，要观察它靠什么所养；自行解决口粮，要观察它如何自养。天地养育着万物，圣人资养贤人以及于广大百姓；可见颐养的实际意义是多么大啊！

简注：这里的"养正则吉"就是对"贞吉"的解释。

28. 大过：大者过也。栋桡，本末弱也。刚过而中，巽而说行，利有攸往，乃亨。大过之时大矣哉！

☴
大过卦：由于大就会超过。房子的栋梁弯曲了，是因为栋梁的本末都柔弱造成的。大过卦上下卦的中位都被刚爻所占，都有超过但居中，仍可喜悦地顺风而行，这时利于有所往，是通畅的。大过所代表的时代意义真大啊！

简注：这里的"过"是"过分"的过，不是"过来"的过。

29. 坎：习坎，重险也。水流而不盈，行险而不失其信。维心亨，乃以刚中也。行有尚，往有功

☵
坎卦：在《易经》中坎卦命名为习坎，意为两个单卦坎重叠了，

也。天险不可升也,地险山川丘陵也。王公设险以守其国,坎之时用大矣哉!

所以是双重的险境。坎为水,由于流动而不会满溢,行于险境之中却没有失去信度。因为内心通畅,正是凭借着刚爻居中呵。行为是崇高的,前往必可成功。坎为陷,天险不可能增加了,地险主要在山川丘陵之陷。王公设置险关是为了固守他的国家,这样看坎的时用很大了!

30. 离:丽也;日月丽乎天,百谷草木丽乎土,重明以丽乎正,乃化成天下。柔丽乎中正,故亨;是以畜牝牛吉也。

离卦:壮丽呵;日月使天壮丽,庄稼草木使大地壮丽,两个单卦离重叠为重明,使正义壮丽,所以能够化民成俗、教化天下。离为阴卦,但能居于上下卦的中位而明丽中正,所以亨通;为此畜养母牛吉祥。

简注:《离卦》讲天地与教化的壮丽后突然转向"畜牝牛",反映了农耕文明的特征。

# 第二翼　象传下

## 原文

31. 咸:感也。柔上而刚下,二气感应以相与,止而说,男下女,是以亨利贞,取女吉也。天地感而万物化生,圣人感人心而天下和平;观其所感,而天地万物之情可见矣!

32. 恒:久也。刚上而柔下,雷风相与,巽而动,刚柔皆应,恒。恒亨无咎,利贞;久于其道也,天地之道,恒久而不已也。利有攸往,终则有始也。日月得天而能久照,四时变化而能久成,圣人久于其道,而天下化成;观其所恒,而天地万物之情可见矣!

## 释 义

☷

咸卦:咸为感应、感动。兑为少女在上位,艮为少男在下位,阴阳之气相互接触感应,满足而快乐,男自愿处女之下,所以能够亨通有利且正当,男方迎娶女方为妻吉祥。天地之间阴阳感应而化生出万物,圣人感动万民之心而天下和平;观察他们的共同所感应的,由此天地万物的情谊就全都显现出来了。

☷

恒卦:恒是持久的意思。震刚在上巽柔在下,雷和风相互结合,巽风因有雷的助长而更加活跃,二者刚柔互相迎合,这是恒卦的根本。恒亨通而没有咎害,有利而正当;长久保持着它的道,天地的大道是永久存在而不会休止的。有利于前进,终止之时又是新的开始。日月符合天道能够永久照耀,四季不停地更替能够永久成岁,圣人能够长期坚持其道,天下教化得以成功;观察这些恒道的表现,天地万物的情理便可以看到了!

33. 遯:亨,遯而亨也。刚当位而应,与时行也。小利贞,浸而长也。遯之时义大矣哉!

䷠

遯卦:遯古通遁,是恒通之卦。天山为遁,是刚爻当位而且相应,能够和时令或时局的发展合辙同行。有小的利益但正当,会循序渐进地成长。遁卦的时代意义重大呀!

34. 大壮:大者壮也。刚以动,故壮。大壮利贞;大者正也。正大而天地之情可见矣!

䷡

大壮卦:大了就壮。上震下乾,相得益彰,既刚且处动,所以盛壮。既大且壮有利而正当;阳爻为大,居于正位。既正又大体现天地的情理可以看到了!

35. 晋:进也。明出地上,顺而丽乎大明,柔进而上行。是以康侯用锡马蕃庶,昼日三接也。

䷢

晋卦:晋是前进的意思。上离下坤是日出于地上的景象,顺着发展下去就是绚丽的太阳普照了,离与坤都是柔卦,这是两柔并进向上发展的结果。所以康侯用蕃人送来的马建立军队,打仗一天三次传来捷报。

**简注**:采取平心解此卦的成果,故不取用天子赏赐的马繁殖之说,详见本书解经部分。

36. 明夷:明入地中,明夷。内文明而外柔顺,以蒙大难,文王以之。利艰贞,晦其明也,内难而能正其志,箕子以之。

䷣

明夷卦:光明进入地中,明亮失去了。内卦为离象征内文明而外卦为坤象征外柔顺,由此蒙受大难,周文王就这样做的。利于坚贞不屈据守正道,但要暗藏光明,虽内部蒙受灾难却心志端正,箕子是这样做的。

**简注**:《象传》把这一卦引向殷末

文王和箕子蒙难的故事，与卦文不合。

37. 家人：女正位乎内，男正位乎外，男女正，天地之大义也。家人有严君焉，父母之谓也。父父，子子，兄兄，弟弟，夫夫，妇妇，而家道正；正家而天下定矣。

䷤

家人卦：风火卦，巽为长女、离为中女，女人正位于内，男人的正位在外，男女位置正，这是天地之间的大义。家人中有严格的尊长，就是父母。父像父、子像子、兄像兄、弟像弟、夫像夫、妇像妇，做到家道正；所以正家就可以使天下安定了。

38. 睽：火动而上，泽动而下；二女同居，其志不同行；说而丽乎明，柔进而上行，得中而应乎刚；是以小事吉。天地睽，而其事同也；男女睽，而其志通也；万物睽，而其事类也；睽之时用大矣哉！

䷥

睽卦：上卦离是火在上面爨动，下卦兑是泽在下面波动；中女和少女同居一室，各怀不同心志；兑悦离丽且明亮，共同向上柔进，占据中位与刚爻相应；所以在小事上吉祥。天与地分开运行，但它们生成万物的事是相同的；男女分开做事，而他们的志意是相通的；万物分开存在，而它们的运作的事是相类似的；可见睽的时用多么大呀！

39. 蹇：难也，险在前也。见险而能止，知矣哉！蹇利西南，往得中也；不利东北，其道穷也。利见大人，往有功也。当位贞吉，以正邦也。蹇之时用大矣哉！

䷦

蹇卦：处于危难，险情就在前面。遇到危险而能停止，这是智慧呵！蹇卦利于西南方，前去可以得到中位；东北不利，那里无路可走。适合于晋见大人，去了会有功效。六二和九五都当位，可以正邦国。蹇卦的时用很大啊！
简注：后天八卦的西南是坤位，属于柔顺；东北是艮位，属于阻止。

· 317 ·

40. 解：险以动,动而免乎险,解。解利西南,往得众也。其来复吉,乃得中也。有攸往夙吉,往有功也。天地解,而雷雨作,雷雨作,而百果草木皆甲坼,解之时大矣哉!

䷧

解卦：遇险而行动,行动后免除了险情,这就是解的意思。解卦西南有利,去了可以被众人接受。他返回也可吉祥,因为可以得到中位。早一点前往吉祥,前去可以成功。天地之间的解困,靠雷雨大作,(卦象即)雷雨作了,那样百果和草木都分蘖生长起来,解卦的时令意义真大呀!

**简注**：坼,chè,裂开、生芽。

41. 损：损下益上,其道上行。损而有孚,元吉,无咎,可贞,利有攸往。曷之用? 二簋可用享;二簋应有时。损刚益柔有时,损益盈虚,与时偕行。

䷨

损卦：减损下层增益上层,它所行的道是有利于上层的。受损而换得诚信,是大吉的,没有咎害,可以守正,利于有所前往。做什么用呢? 送两簋祭礼可以用来祭享;但两簋送得应合乎时宜。这说明,减损强者益济弱者要合乎时宜,是损是益、该盈该虚,都要根据时律来进行。

42. 益：损上益下,民说无疆,自上下下,其道大光。利有攸往,中正有庆。利涉大川,木道乃行。益动而巽,日进无疆。天施地生,其益无方。凡益之道,与时偕行。

䷩

益卦：减损上层增益下层,民众高兴得不得了,因为这是由上降下,他所行之道是博大而光彩的。利于有所前往,处位既中且正会有喜庆。利于涉过大河,乘船而行。利益驱动如同风一样,日日前进没有止境。有天在施与,有地在滋生,它增益万物和人类是不加选择的。凡属普遍增益之道,都是和时间一同前进的。

43. 夬:决也,刚决柔也。健而说,决而和,扬于王庭,柔乘五刚也。孚号有厉,其危乃光也。告自邑,不利即戎,所尚乃穷也。利有攸往,刚长乃终也。

☱
☰

夬卦:决战之义,一阴在上五阳在下,是阳刚最后赶走阴爻的时候。乾在下刚健,兑在上为悦,全卦是健而悦,因此刚决柔是和平进行的,阳爻已占据九五扬威于王庭之上,但仍不能不为一柔抬轿子。显示的信号有危险,但正是这种危势才能光大事业。自己的采邑告急,但不利于用武力解决争端,对方已经到达穷境了。利于有所前进,刚爻申长到终爻了。

**简注**:夬,guài,决断、溃决之义。此字也读决之音,但在易卦中不读此音。

44. 姤:遇也,柔遇刚也。勿用取女,不可与长也。天地相遇,品物咸章也。刚遇中正,天下大行也。姤之时义大矣哉!

☰
☴

姤卦:是相遇的意思,这卦是柔爻遇到刚爻了。卦辞说不要娶女人,是因为不可能和她长久共处。天地相遇,各类事物都繁盛地生长出来。五刚爻在上,从趋势看终将被阴爻所取代,但现时却占据着上下卦的中正之位,阳刚之气流行于天下。姤的时义不是很大吗!

45. 萃:聚也;顺以说,刚中而应,故聚也。王假有庙,致孝享也。利见大人亨,聚以正也。用大牲吉,利有攸往,顺天命也。观其所聚,而天地万物之情可见矣。

☱
☷

萃卦:泽地萃,汇聚之义;柔顺而喜悦,因为上卦兑的九五爻刚爻居中且与下卦六二爻相应,是为相聚。君王在宗庙里祭祖,以尽孝心。利于见大人是亨通的,这种聚集是正当的。享祭采用大牺牲吉祥,利于有所前往,顺应天命。观察他们的汇聚,天地万物的情谊可以看到了。

46. 升：柔以时升，巽而顺，刚中而应，是以大亨。用见大人，勿恤；有庆也。南征吉，志行也。

升卦：上坤下巽，地风升，上下卦俱柔随时上升，巽卦顺入，九二居下卦中位，与六五相应，所以大亨通。可用来求见大人，不必忧愁，会有喜庆出现。向南征讨吉祥，意愿可以实现。

**简注：**所谓"南征"不一定是出兵打仗，也可理解为到南面办大事，小事不可用征。

47. 困：刚掩也。险以说，困而不失其所，亨；其唯君子乎！贞大人吉，以刚中也。有言不信，尚口乃穷也。

困卦：兑上坎下，泽水困，坎属阳性为刚，被巽阴掩蔽。坎为险兑为悦，虽处险仍有愉悦，但泽的困境是身处水中不失所在，故亨通；只有君子才会这样！进行占问，大人吉祥，因为上下卦的中位都是刚爻。如说话不被相信，是因为只凭嘴说靠不住。

48. 井：巽乎水而上水，井；井养而不穷也。改邑不改井，乃以刚中也。汔至亦未繘井，未有功也。羸其瓶，是以凶也。

井卦：坎上巽下，水风井，沉入水下把水打上来，就是井；井水养人取用不竭。村邑可以改地点井却改不了，表现在卦中就是上下卦都是刚爻占据中位，比喻井是刚性设施，不能搬走。打井快要成功了但没有出水，仍然是徒劳无功。汲水的瓶子坏了，凶。

49. 革：水火相息，二女同居，其志不相得，曰革。已日乃孚；革而信也。文明以说，大亨以正，革而当，其悔乃亡。天地革而四时

革卦：兑上离下，泽火革，水会熄火，然而泽火可以同在，二女指中女和少女同居一室，心志不通要

成,汤武革命,顺乎天而应乎人,革之时大矣哉!

一致,就要变革。已日获悉,变革取得信任。离火象征文明,兑泽象征愉悦,六二与九五正应,变革得当,忧悔就不存在了。由于天地之间相互变革才使四季形成,商汤和周武王起而改命,既顺天命又合乎民人的要求,所以变革的时代意义是多么重大啊!

50. 鼎:象也。以木巽火,亨饪也。圣人亨以享上帝,而大亨以养圣贤。巽而耳目聪明,柔进而上行,得中而应乎刚,是以元亨。

鼎卦:离上巽下,火风鼎,这是鼎的象呵,可用于享祭和烹饪。圣人用鼎来祭享上帝,也可大规模地享宴和颐养圣贤宾客。逊顺而又耳聪目明,柔和地进取并能向上发展,六五得到中位且与九二相应,所以是大亨通。

51. 震:亨。震来虩虩,恐致福也。笑言哑哑,后有则也。震惊百里,惊远而惧迩也。出可以守宗庙社稷,以为祭主也。

震卦:亨通。雷震袭来使人震惊,从惊恐中得福。照常言笑,但很有分寸。巨雷震惊百里之遥,惊了远处更使近处恐惧。能够自省知惧的人出外可以维护宗庙社稷,在内可以主持祭祀。

52. 艮:止也。时止则止,时行则行,动静不失其时,其道光明。艮其止,止其所也。上下敌应,不相与也。是以不获其身,行其庭不见其人,无咎也。

艮卦:具有止住的功能。但不是绝对静止不动,而是按照时律该止则止,该行则行,动和静不失去时律,前途光明。艮所具有的阻止功能,要止得恰当。如果上下卦之间是敌对的对应关系,不能相互沟通,就属于"时止则止"。所以就难以得到其身,走在他的庭院中也见不到人,但这是没有害处的。

53. 渐:渐之进也,女归吉也。进得位,往有功也。进以正,可以正邦也。其位刚,得中也。止而巽,动不穷也。

☶

渐卦:巽上艮下,风山渐,循序渐进之义,女大当嫁吉祥。进到中位,前去是成功的。前进在正确的道路上,就可以匡正国家了。它处于刚位,居于中。能止又能逊顺,动起来前景无限好。

54. 归妹:天地之大义也。天地不交,而万物不兴。归妹,人之终始也。说以动,所归妹也。征凶,位不当也。无攸利,柔乘刚也。

☳

归妹卦:震上兑下,女儿出嫁之象。这是天地间的大事。天地如果不交感,万物就不能兴发。女儿出嫁,这是人生一辈子的事。震的动得到兑给予的喜悦,正是体现了嫁女形象。在这种时候男人出征是凶险的,因为九二与六五两个中爻都不当位。没有什么利益,因为柔爻压在刚爻上。

55. 丰:大也。明以动,故丰。王假之,尚大也。勿忧宜日中,宜照天下也。日中则昃,月盈则食,天地盈虚,与时消息,而况于人乎?况于鬼神乎?

☳

丰卦:盛大呀。太阳正在运行,所以盛大光明。帝王借助光明,所以崇尚盛大景象。不必忧心,太阳正处在中天,普照天下。日升中天就会偏西,月亮圆了会月食,天地间的盈亏,随着时间在变化,增长与消退,况且是人呢?况且鬼神呢?

简注:这是中国远古时代做出的最完整的日全食的典型记录,意义重大,但《象传》只讲到"日中则昃",昃是太阳偏西的意思,不可能出现"日中见斗"。其解卦不确。

56. 旅:小亨,柔得中乎外而顺乎刚,止而丽乎明,是以小亨,旅

☶

旅卦:离上艮下,火山旅。小

贞吉也。旅之时义大矣哉！

的亨通，九五柔爻占据外卦的中爻而顺应上下之刚爻，受艮之止而离明丽于上，所以只能小通，旅能守正吉祥。可见旅的时令意义很大啊！

57. 巽：重巽以申命，刚巽乎中正而志行。柔皆顺乎刚，是以小亨，利有攸往，利见大人。

☴

巽卦：巽为风，重巽之风劲吹可以颁令四方，上下刚爻居于中位，志意可推行。柔爻都能和刚爻相应，所以小亨通，利于有所往，利于进见大人。

58. 兑：说也。刚中而柔外，说以利贞，是以顺乎天，而应乎人。说以先民，民忘其劳；说以犯难，民忘其死；说之大，民劝矣哉！

☱

兑卦：喜悦、快乐。上下刚爻都居中而柔爻处外，为得利守正而喜悦，既顺天时又得应人和。先使民愉悦，民就会忘掉辛劳；使民乐于涉险犯难，民就会忘掉怕死；悦的重大，可以使民得到劝勉了。

59. 涣：亨。刚来而不穷，柔得位乎外而上同。王假有庙，王乃在中也。利涉大川，乘木有功也。

☴

涣卦：巽上坎下，风水涣，亨通。九二刚爻居中并不孤立，六四柔爻得位处优几近于九五君爻。王凭借有宗庙可以聚集人心，使王处于核心地位。利于渡过大河，巽为木，乘舟渡川必有功效。

**简注**：此卦《彖传》多家解说不一，"不穷"、"上同"的解释多有歧义。

60. 节：亨，刚柔分，而刚得中。苦节不可贞，其道穷也。说以行险，当位以节，中正以通。天地节而四时成，节以制度，不伤财，不害民。

☵

节卦：坎上兑下，水泽节，亨通，刚爻和柔爻分离，而刚爻占据二、五中位。忍受极大痛苦不可能守住节操，因为他的道困穷了。乐

于行难涉险,居位得当也要有所节制,中正在于能通。天地有节制四季才能形成,用制度进行节制,既不伤财又不害民。

61. 中孚:柔在内而刚得中。说而巽,孚乃化邦也。豚鱼吉,信及豚鱼也。利涉大川,乘木舟虚也。中孚以利贞,乃应乎天也。

☲

中孚卦:巽上兑下,风泽中孚,卦象是柔爻被阳爻包裹在内(三四爻)而九二、九五刚爻居中。喜悦而逊顺,依靠诚信德化国家。猪和鱼养得好,也是把诚信送到猪和鱼那里去了。利于渡过大河,木船空着正等人乘坐哩。中孚即内心有诚,利于守正道,这是和天德相应的。

62. 小过:小者过而亨也。过以利贞,与时行也。柔得中,是以小事吉也。刚失位而不中,是以不可大事也。有飞鸟之象焉,飞鸟遗之音,不宜上宜下,大吉;上逆而下顺也。

☳

小过卦:震上艮下,雷山小过,稍微有点过越是亨通的。略有超过是利于守正的,因为是随同时序行进的。上下卦都是柔爻居中,所以在小事上是吉利的。所有刚爻都不当位、也不居中,所以不可以去办大事情。卦象两个阳爻作身体,外侧各有两个阴爻像翅膀一样附在身外,有飞鸟的形象,卦中也说到有飞鸟遗留下来的叫声,不适宜上去,应当向下,大吉;因为向上是逆、向下是顺的。

63. 既济:亨,小者亨也。利贞,刚柔正而位当也。初吉,柔得中也。终止则乱,其道穷也。

☵

既济卦:坎上离下,水火既济,小的亨通。利于守正,全卦的刚柔爻都是当位正位。卦辞说:"初吉终乱",因为柔爻居中了所以初吉。终止之时会乱,是因为它的道

困穷的缘故。

**简注**：学易者多赞《既济卦》，其实此卦平常，只是"小者亨"，仅为"初吉"而已。

64. 未济：亨；柔得中也。小狐汔济，未出中也。濡其尾，无攸利；不续终也。虽不当位，刚柔应也。

䷿

未济卦：离上坎下，火水未济，亨通；柔爻得中位。小狐狸渡水过河，还没有渡过河的一半。水濡湿了它的尾巴，没有什么好处；不能继续渡河到终了。各爻虽然都不当位，但刚柔爻之间是相应的。

# 第三翼　象传上

《象传》分为上下篇,是《易传》之一,是"十翼"中的两篇。专门解说六十四卦的卦象、卦辞,俗称"大象传";同时也解说三百八十六爻(包括两个用爻)的爻象、爻辞,俗称"小象传",对理解卦爻象及其含义有启示意义。

| 原　文 | 释　义 |
|---|---|
| **乾**<br><br>象曰:天行健,君子以自强不息。<br><br>初九,潜龙勿用,阳在下也。<br>九二,见龙在田,德施普也。<br>九三,终日乾乾,反复道也。<br>九四,或跃在渊,进无咎也。<br>九五,飞龙在天,大人造也。<br>上九,亢龙有悔,盈不可久也。<br>用九,天德不可为首也。 | ䷀<br><br>乾为天,天的运行强劲刚健,永不停息,君子的品质应当德业自强永不停步。这是大象辞。以下为小象辞,专门解释爻象爻辞。《象传》解卦爻象与辞,突出了儒家重德义的精神。这里的"德普施"、"反复道"、"进无咎"、"大人造"、"盈不可久"与"不为首"等,全在于进一步阐明君子自强不息的德性表现。 |
| **坤**<br><br>象曰:地势坤,君子以厚德载物。<br><br>初六,履霜坚冰,阴始凝也。驯致其道,至坚冰也。<br>六二,六二之动,直以方也。不习无不利,地道光也。<br>六三,含章可贞;以时发也。或从王事,知光大也。 | ䷁<br><br>坤为地,天论行,地讲势,自强不息在于开辟创建,地势在于容受保成,所以君子应学习大地的那种柔顺精神,形成无比深厚的容受保成的品质性格,此为厚德载物。自强不息与厚德载物,已成为中华民族的民族性格。关于此卦小象辞,我们在解析该卦时已经涉猎。 |

六四,括囊无咎,慎不害也。

六五,黄裳元吉,文在中也。

上六,战龙于野,其道穷也。

用六,用六永贞,以大终也。

## 屯

象曰:云雷屯,君子以经纶。

初九,虽盘桓,志行正也。以贵下贱,大得民也。

六二,六二之难,乘刚也。十年乃字,反常也。

六三,即鹿无虞,以纵禽也。君子舍之,往吝,穷也。

六四,求而往,明也。

九五,屯其膏,施未光也。

上六,泣血涟如,何可长也。

## 蒙

象曰:山下出泉,蒙;君子以果行育德。

初六,利用刑人,以正法也。

九二,子克家,刚柔接也。

六三,勿用娶女,行不顺也。

六四,困蒙之吝,独远实也。

六五,童蒙之吉,顺以巽也。

上九,利用御寇,上下顺也。

## 需

象曰:云上于天,需;君子以饮

云儿聚集,电闪雷鸣,酝酿着春雨将至,君子要蓄积经国济世的本领,如同屯集雨云一样。这种品质集中表现为"志行正"、"贵下于贱",从而"大得民"上。但是要做到这一点,要经受许多磨难,诸如:"十年乃字"、"即鹿无虞"、"屯膏未光"、"泣血涟如",都是磨难的表现形式。所谓屯难,是前进中的困难、为难,是可克服的难。

蒙卦之象是山下出泉,《象传》释象往往比《彖传》形象生动。山下出泉,水分充沛,灌木杂草丛生,君子置身于这种昏朦环境,必须以果敢的精神才能走出困境,所以要借此培育自己的德性。处蒙时期,多种表现、多种对策,以果行脱离昏朦环境,社会的蒙昧以正法克制,家庭蒙昧用选择好继承人来治理,婚姻蒙昧要以行顺来决定嫁娶,草创事业的困蒙要用近实来解决,儿童的蒙昧要以顺势教化来启蒙,御寇之法莫过于上下和顺。蒙卦之意在启蒙,即开蒙。

需卦的卦象是云在天上,尚未

食宴乐。

初九，需于郊，不犯难行也。利用恒，无咎；未失常也。

九二，需于沙，衍在中也。虽小有言，以吉终也。

九三，需于泥，灾在外也。自我致寇，敬慎不败也。

六四，需于血，顺以听也。

九五，酒食贞吉，以中正也。

上六，不速之客来，敬之终吉。虽不当位，未大失也。

行雨，有一种欲雨的需要，君子由此想到的是饮食宴乐，满足自己的需要。许多人把此卦解释为等待，等待于许多地方，如：郊外、沙滩、泥沼等，似乎缺少内在逻辑，看得出这段《象传》对卦象卦辞的理解并没有破解，有待于研易者的进一步探讨。

## 讼

象曰：天与水违行，讼；君子以作事谋始。

初六，不永所事，讼不可长也。虽小有言，其辩明也。

九二，不克讼，归逋窜也。自下讼上，患至掇也。

六三，食旧德，从上吉也。

九四，复即命，渝安贞吉；不失也。

九五，讼元吉，以中正也。

上九，以讼受服，亦不足敬也。

卦象是天和水的运行不一致，在人事中表现为产生争讼；鉴于此君子要像孔子所说"使无讼"，那就做事要格外注意开好头，提出了慎始的思想。

小象辞随爻解说了争讼与诉讼过程中的一些情节。扣题比较紧凑，不难理解。

## 师

象曰：地中有水，师；君子以容民畜众。

初六，师出以律，失律凶也。

九二，在师中吉，承天宠也。王三锡命，怀万邦也。

六三，师或舆尸，大无功也。

六四，左次无咎，未失常也。

六五，长子帅师，以中正也。弟子舆尸，使不当也。

卦象是地中有水，水聚地中，兵形如水，所以卦名为师；君子应从此卦学习广泛容纳蓄养民众的品质。水、师、众，性质有些相似。爻辞专讲以法御军、将帅统军、行军打仗以及军队和君王的关系等等，小象辞基本上把这些问题都涉及到了。

上六,大君有命,以正功也。小人勿用,必乱邦也。

## 比

象曰:地上有水,比;先王以建万国,亲诸侯。

初六,比之初六,有他吉也。

六二,比之自内,不自失也。

六三,比之匪人,不亦伤乎!

六四,外比于贤,以从上也。

九五,显比之吉,位正中也。舍逆取顺,失前禽也。邑人不诫,上使中也。

上六,比之无首,无所终也。

## 小畜

象曰:风行天上,小畜;君子以懿文德。

初九,复自道,其义吉也。

九二,牵复在中,亦不自失也。

九三,夫妻反目,不能正室也。

六四,有孚惕出,上合志也。

九五,有孚挛如,不独富也。

上九,既雨既处,德积载也。君子征凶,有所疑也。

## 履

象曰:上天下泽,履;君子以辩上下,定民志。

初九,素履之往,独行愿也。

九二,幽人贞吉,中不自乱也。

六三,眇能视;不足以有明也。

卦象是地上有水,与师卦上下卦颠倒,把与众的关系由对众的纵向关系转换为对众的横向关系,因而师变为比,天涯若比邻之比,所以大讲"建万国,亲诸侯"之事。小象辞比较系统表述了结比首先要遵循"他吉"原则,如果只为"己吉"而不顾他吉,比的关系就结不成;此外还要不能"自失",慎重选择比邻对象、要结交贤者、广示诚信和比邻有首领,这样最终结果是好的。此象辞中讲了一些团结人的重要原则,很深刻。

卦象是风行天上,顺风得刚健所助,能有所蓄积;君子应蓄养自己的美德。

小象辞主要表述了主动自复正道和被动牵复正道两种表现;中间发生波折,也是对复正道的考验;随后则提出诚信原则,可以做到意志相合与不独自谋利和积德的要求,都表现了小规模蓄积力量的观念。

卦象是高天之下有深泽,天尊地卑,深泽更卑,履,践履也,走在这样一种等级尊卑森严的环境中,君子必定首先辨明上下关系,使民遵守礼制。

跛能履;不足以与行也。咥人之
凶;位不当也。武人为于大君;志
刚也。

九四,愬愬终吉,志行也。

九五,夬履贞厉,位正当也。

上九,元吉在上,大有庆也。

## 泰

象曰:天地交泰,后以财(裁)
成天地之道,辅相天地之宜,以左
右民。

初九,拔茅贞吉,志在外也。

九二,包荒,得尚于中行,以光
大也。

九三,无往不复,天地际也。

六四,翩翩不富,皆失实也。
不戒以孚,中心愿也。

六五,以祉元吉,中以行愿也。

上六,城复于隍,其命乱也。

## 否

象曰:天地不交,否;君子以俭
德辟难,不可荣以禄。

初六,拔茅贞吉,志在君也。

六二,大人否亨,不乱群也。

六三,包羞,位不当也。

九四,有命无咎,志行也。

九五,大人之吉,位正当也。

上九,否终则倾,何可长也。

小象辞着重表述了礼制如同
老虎,能遵循它,就不吃人,要求人
们具有素朴的素质,不自乱的持
守,积极履行礼制的自觉和诚惶诚
恐的态度,这样才能获得元吉有庆
的结果。

领会象辞时不必被一些形式
的东西牵累,如"履虎尾"之类。

三阳开泰,是天地交感的通畅
之卦,卦辞借以阐述临民之义。天
地交通成和,最宜于左右民众。
《象传》作者十分注重政治含义。
但小象辞写的凌乱,远不如师、比
卦的象辞写得有分量、逻辑性严
密。

小象辞中提出"无往不复"的
辩证性命题,以说明天地交通、能
量交流、交往成和的现象,都是由
于矛盾双方的"无往不复"来促成
的,这是个重要观点。另一个命题
是"尚于中行",把握住"度"才能
做得到,这也是一个辩证性观念。

否卦正好与泰卦相反,天地隔
绝、闭塞不通,这时君子应力行俭
德,不要炫耀自己的俸禄以傲人。

所以小象辞中的基本意向是
维持现状,不要恶化局面,等待时
机转闭通塞。这也许是人们处否
之时,唯一可以采取的办法。这个
经验值得重视。

## 同人

象曰：天与火，同人；君子以类族辩物。

初九，出门同人，又谁咎也。

六二，同人于宗，吝道也。

九三，伏戎于莽，敌刚也。三岁不兴，安行也。

九四，乘其墉，义弗克也，其吉，则困而反则也。

九五，同人之先，以中直也。大师相遇，言相克也。

上九，同人于郊，志未得也。

## 大有

象曰：火在天上，大有；君子以遏恶扬善，顺天休命。

初九，大有初九，无交害也。

九二，大车以载，积中不败也。

九三，公用亨于天子，小人害也。

九四，匪其彭，无咎；明辩晣也。

六五，厥孚交如，信以发志也。威如之吉，易而无备也。

上九，大有上吉，自天佑也。

## 谦

象曰：地中有山，谦；君子以裒多益寡，称物平施。

初六，谦谦君子，卑以自牧也。

六二，鸣谦贞吉，中心得也。

九三，劳谦君子，万民服也。

六四，无不利，撝谦；不违则也。

卦象天与火，通俗理解就是热火朝天的景象，人心振奋，可以相互结成同人关系；但君子结为同人要辨明类别，不可毫无原则、人尽可同。

小象辞看似讲了同人的地点，如出门、于宗、于郊等，实际上是讲所同的对象，鼓励"出门同人"，评论不离宗族同人过于狭隘，在战斗中结成同人关系比较可靠，对敌人用围而弗克的办法逼其成为同人、迫其弃异求同。但自己须实行"中直"之道。

此卦火在天上，比热火朝天更为壮观，象征拥有一切，名为大有。处大有之时，最宜作"遏恶扬善"之事。这是顺应天命。

小象辞主要讲拥有财富、拥有地位之道，一是"无交害"，防止"小人害"；二是善于保持，"中不败"，不要无限膨胀；三要以信义与人相交而又能获得威信；四要得以"天佑"，其中有点富有者的处世哲学。

卦象高山被大地包围，不显其高，取名为谦，谦逊之谦。在古代社会，谦不仅仅是个外表谦和就够了，要动真格的，那就要取多的去增益少的，如孔子说"不患寡而患不均"，取多益少，如度量衡称物，斤两公平。作者把谦德同公平联

六五,利用侵伐,征不服也。

上六,鸣谦,志未得也。可用行师,征邑国也。

系起来,是抓到了根本。

小象辞分析了谦的诸种表现,如:谦谦、鸣谦、劳谦、撝谦等,很有条理和启发性。

## 豫

象曰:雷出地奋,豫。先王以作乐崇德,殷荐之上帝,以配祖考。

初六,鸣豫,志穷凶也。

六二,不终日,贞吉;以中正也。

六三,盱豫有悔,位不当也。

九四,由豫,大有得;志大行也。

六五,贞疾,乘刚也。恒不死,中未亡也。

上六,冥豫在上,何可长也。

古人认为雷从地中奋出,象征振奋和欢乐,这是豫的意思。先王作乐是为了崇尚德行,既可敬献给上帝,也可配享先祖。

自鸣得意于逸乐,其追求已困穷了。

取得中吉的成果是因为六二位中正。

专注于求乐会悔恨,爻位不正。

九四为主爻,刚爻得上下柔爻响应,是大有所得、旨意大行之时,“由豫”多被解为“犹豫”,似不确,应解为顺由得意,是自由的由。六五爻因乘九四刚爻而有疾病;又因身处中位而不会死。沉迷于乐,怎可长久。

## 随

象曰:泽中有雷,随;君子以嚮,晦入宴息。

初九,官有渝,从正吉也。出门交有功,不失也。

六二,系小子,弗兼与也。

六三,系丈夫,志舍下也。

九四,随有获,其义凶也。有孚在道,明功也。

九五,孚于嘉,吉;位正中也。

上六,拘系之,上穷也。

泽中有雷是随卦之象;君子应随天时作息。这就是随的真义。

官有变从正可以得吉。出门结交不会失策。爻辞中“系小子,失丈夫”是不可得兼的缘故。“系丈夫”是意在舍去下面的。跟随有所收获,按道理说应当是凶的。诚信有道,是明智有功之义。诚信而又嘉善,自然吉祥。因为位在正中。捆绑起来是因为随卦到了上位,已经没有发展余地了。

## 蛊

象曰:山下有风,蛊;君子以振民育德。

初六,干父之蛊,意承考也。

九二,干母之蛊,得中道也。

九三,干父之蛊,终无咎也。

六四,裕父之蛊,往未得也。

六五,干父用誉;承以德也。

上九,不事王侯,志可则也。

风在山下吹是蛊卦的象;君子由此想到振奋民心、培育道德。这也是居高向下吹风。

修正父辈的过失,意在继承先父遗志。

"干母之蛊",是因为九二处于中位。

九三得正,干父之蛊,最终无咎害。

宽容父之过,前往不会有所得。

克服父之过而又维护父的荣誉,这是对父德的承继。不为王侯服务,其志可效。

## 临

象曰:泽上有地,临;君子以教思无穷,容保民无疆。

初九,咸临 贞吉,志行正也。

九二,咸临,吉无不利;未顺命也。

六三,甘临,位不当也。既忧之,咎不长也。

六四,至临无咎,位当也。

六五,大君之宜,行中之谓也。

上六,敦临之吉,志在内也。

湖泽之上有陆地是临卦之象;君子据此临民教化,容众保民不可限量。

因感而来,守正吉祥,意志和行动端正。九二阳爻也因感而来,吉祥没有不利;非简单地顺命可得。爻辞说"甘临"无所利,是因为六三柔爻占刚位不当造成,既有忧,又为害不会长久。六四当位,主动来临无害。以智慧临天下是大君之所宜,因为六五居中行事的缘故。敦厚来临得吉,是因为心志仍在内卦。

## 观

象曰:风行地上,观;先王以省方,观民设教。

初六,初六童观,小人道也。

六二,窥观女贞,亦可丑也。

风气流行在大地之上,蔚为大观之象;先王省视四方,察民情设教化。

童稚的观点属于小人之道。

六三,观我生,进退;未失道也。

六四,观国之光,尚宾也。

九五,观我生,观民也。

上九,观其生,志未平也。

女人偷看祭祀礼仪活动虽对其守正有利,但这种行为毕竟不雅观。六三爻辞说"观我生,进退",这话没有丧失原则。观摩国家盛大典礼,是对贵宾的尊敬。观察国君的一生,只要考察民风就知道了。观看他(指九五之君)的一生,心意仍未感到满足。

## 噬嗑

象曰:雷电噬嗑;先王以明罚敕法。

初九,屦校灭趾,不行也。

六二,噬肤灭鼻,乘刚也。

六三,遇毒,位不当也。

九四,利艰贞吉,未光也。

六五,贞厉无咎,得当也。

上九,何校灭耳,聪不明也。

雷电交加是大自然吃喝的景象;先王把这种景象用于社会就是颁行法令明确刑罚。带上脚枷伤其脚趾,限制其行动。杖责肌肤伤害鼻子的刑罚用来对付顽抗的罪犯。这一爻是柔乘刚故列此刑。六二、六三、六五爻的话题似与刑罚无关,上九"灭耳"似与刑有关,但意思有些游离。此卦应当另解。传统解说多据此传,比较牵强。

## 贲

象曰:山下有火,贲;君子以明庶政,无敢折狱。

初九,舍车而徒,义弗乘也。

六二,贲其须,与上兴也。

九三,永贞之吉,终莫之陵也。

六四,当位疑也。匪寇婚媾,终无尤也。

六五,六五之吉,有喜也。

上九,白贲无咎,上得志也。

火在山下燃烧,是贲卦的象。山物被映照得明丽夺目,故有文饰之义。君子据此来治理普通政务,但不敢断狱。

离开车子徒步走,意在不欲乘车。修饰自己的胡须,是为了上面好看。永远守正吉祥,最终使谁也不能凌驾在自己之上。六四阴爻当位,却觉得可疑,把举行婚礼疑为来寇,但最终没有忧怨。六五得吉,有喜庆。素淡的装饰没有害处,处上位者的意愿得以实现。

## 剥

象曰：山附于地，剥；上以厚下，安宅。

初六，剥牀以足，以灭下也。

六二，剥牀以辨，未有与也。

六三，剥之无咎，失上下也。

六四，剥牀以肤，切近灾也。

六五，以宫人宠，终无尤也。

上九，君子得舆，民所载也。小人剥庐，终不可用也。

山塌附在地面，这是山体剥蚀的景象。山上的土坍塌使下面的地面增厚，这样使住宅安全。

剥蚀床足，是损害下面。剥蚀床腿，六二没有相与的应爻。剥卦这一爻之所以无咎，因为没有受到上下的影响。剥蚀到床的肌肤，就切近灾害了。宫人受宠，总不会有忧患的。君子得到车子，由民来负载他。小人剥毁房屋，这些人终究是不可信用的。

## 复

象曰：雷在地中，复；先王以至日闭关，商旅不行，后不省方。

初九，不远之复，以修身也。

六二，休复之吉，以下仁也。

六三，频复之厉，义无咎也。

六四，中行独复，以从道也。

六五，敦复无悔，中以自考也。

上六，迷复之凶，反君道也。

一阳来复，雷在地中，阳气微弱，是复卦之象，先王在冬至这天关闭关隘，行旅的商人也不行商，君王不省察四方。

走不远就返回，用以修养身心。不返回而吉祥，是下遇仁厚之人了。屡次返回遇有危困，但于义无害。在行事的中途独自返回，是为了顺从正道。敦厚地返回无所忧悔，从中自行考量。迷失方向而返回是凶险的，因为违背了君道。

## 无妄

象曰：天下雷行，物与无妄；先王以茂对时，育万物。

初九，无妄之往，得志也。

六二，不耕获，未富也。

六三，行人得牛，邑人灾也。

九四，可贞无咎，固有之也。

九五，无妄之药，不可试也。

上九，无妄之行，穷之灾也。

上乾下震，雷在天下运行，万物都不会妄行；先王取此义顺应天时养育万物。

不妄动的前往，能够实现自己的意愿。不耕而想获得，不可能致富。行路人捡得一头牛，是村邑人的损失。追求正道就没有咎害，这是自己固有的信念。医治无妄之疾的药，不可以试用。不妄动之

行,在处境困穷之时也会有灾祸。

## 大畜

象曰:天在山中,大畜;君子以多识前言往行,以畜其德。

初九,有厉利已,不犯灾也。

九二,舆说辐,中无尤也。

九三,利有攸往,上合志也。

六四,元吉,有喜也。

六五,六五之吉,有庆也。

上九,何天之衢,道大行也。

☶☰

群山环抱中的一片天是大畜的象,实际上是以小蓄大。君子由此而知多学古圣先贤的言论的行迹,来涵养自己的德性。

有危厉则适合于停止行动,这样就不会招来灾祸。车轮脱掉了辐辏,停下来没有错。利于有所往,同上级心志相合了。大吉,有喜事。六五处尊位,有喜庆。如同畅通无阻的天路,可以推行大道了。

## 颐

象曰:山下有雷,颐;君子以慎言语,节饮食。

初九,观我朵颐,亦不足贵也。

六二,六二征凶,行失类也。

六三,十年勿用,道大悖也。

六四,颠颐之吉,上施光也。

六五,居贞之吉,顺以从上也。

上九,由颐厉吉,大有庆也。

☶☳

山下有雷是颐卦的象;涉及人的口,所以君子说话要谨慎、吃饭要节俭。

看着我吃饭,显得不够尊贵。六二出征有凶,是因为所行失去了同类。十年不能用,因为所行之道相违背。"颠颐"得吉,在于上爻六五尊位所施与的光辉。"居贞"的吉祥,在于顺从上位的。顺由其颐养既艰辛又吉祥,有大的喜庆。

## 大过

象曰:泽灭木,大过;君子以独立不惧,遁世无闷。

初六,藉用白茅,柔在下也。

九二,老夫女妻,过以相与也。

九三,栋桡之凶,不可以有辅也。

九四,栋隆之吉,不桡乎下也。

九五,枯杨生华,何可久也。

☱☴

湖水淹没了树木,太过了,即大过之义。君子由此而知独立无所畏惧,不被理解不感到苦闷。

用白色茅草铺在祭坛上,柔软之物在下面。老夫娶年轻女子为妻,年岁已过却能相互接受。栋梁弯曲,不可能有辅助之力。栋梁隆起而得吉,是因为这样就不会向下

老妇士夫,亦可丑也。

上六,过涉之凶,不可咎也。

弯曲。枯萎的杨树又开了花,怎么能持久呢,老妇人嫁给年轻丈夫,也是一件丑事。渡河造成灭顶的凶险,不可归咎其过了。

## 坎

象曰:水洊至,习坎;君子以常德行,习教事。

初六,习坎入坎,失道凶也。

九二,求小得,未出中也。

六三,来之坎坎,终无功也。

六四,樽酒簋贰,刚柔际也。

九五,坎不盈,中未光大也。

上六,上六失道,凶三岁也。

洊,jiàn,再、又。单坎两坎重叠,喻为水又到了,是习坎的象;君子要长守德行,传习教化之事。

从坎陷进入坎陷,险境重重,不能脱险就凶。求取小的改善,但还未从中走出。来去都是坎陷,还无力脱险。一尊酒附以二簋饭(用于祭神),卦的爻位正处于刚柔交替的边缘。九五刚爻出现,砍陷之中未达到满盈,险情缓解,但刚爻在其中尚未壮大到脱险的程度。上六爻辞所说的"失道"了,要凶三年之久。

## 离

象曰:明两作离,大人以继明照于四方。

初九,履错之敬,以辟咎也。

六二,黄离元吉,得中道也。

九三,日昃之离,何可久也。

九四,突如其来如,无所容也。

六五,六五之吉,离王公也。

上九,王用出征,以正邦也。

离卦是火上加火、明上加明,治理国家的大人们就接续光明之政普照四方。

对礼制的敬仰,可以避免过失。金黄色的火光预示着大吉祥,因为六二得中(正)道了。太阳偏西时的日光,怎么会长久呢。突然降临灾祸,无处可以容身。六五爻得吉,光彩了王公。君王出兵征伐,借以匡正国邦。

# 第四翼　象传下

| 原　文 | 释　义 |
|---|---|
| **咸**<br><br>象曰:山上有泽,咸;君子以虚受人。<br><br>初六,咸其拇,志在外也。<br><br>六二,虽凶居吉,顺不害也。<br><br>九三,咸其股,亦不处也。志在随人,所执下也。<br><br>九四,贞吉悔亡,未感害也。憧憧往来,未光大也。<br><br>九五,咸其脢,志末也。<br><br>上六,咸其辅、颊、舌,滕口说也。 | ䷞<br><br>　　山上有泽,山泽通气相感是咸卦的象,君子由此而以虚怀若谷的态度接纳他人。<br><br>　　咸为感、感受、感应。感受其脚趾,心在脚趾外。六二爻辞说“虽凶居吉”,意思是顺从了无害。感受其大腿,不知应放何处,随人而动,受控于下(泽受山控之意)。求贞吉祥没有懊悔,因为没有感受到害处。心神不定地往来,并未光大。感受其背脊,意在末尾。感受其牙床、面颊和舌头,信口奉承。《尔雅·释诂》:“滕,虚也。”“滕口说”乃虚言奉承而已。<br><br>　　解此卦历来有解事和解爻两种做法,解爻可以含蓄一些,卦中的行为统统属于爻象所为,似与人无关。但往往使人不知所云。因注家讳莫如深故也。 |
| **恒**<br><br>象曰:雷风,恒;君子以立不易方。 | ䷟<br><br>　　上震下巽为恒卦,君子感于恒道,立志不随境遇多变。 |

初六,浚恒之凶,始求深也。

九二,九二悔亡,能久中也。

九三,不恒其德,无所容也。

九四,久非其位,安得禽也。

六五,妇人贞吉,从一而终也。夫子制义,从妇凶也。

上六,振恒在上,大无功也。

对恒久求之过深凶险,因为初爻便求深。九二懊悔消失,守住中位便能恒久。品德不恒守就没有地方可容身了。九四爻辞说田猎没有获得禽兽,是因为阳爻居于阴位,不是它应有的位置,怎么会得到猎物。六五妇人守正吉祥,是因为她能和丈夫过一辈子。维护礼仪的男人纵容(从,为纵)妇人就凶了。动摇恒道于上爻,前功尽弃。

## 遯

象曰:天下有山,遯;君子以远小人,不恶而严。

初六,遯尾之厉,不往何灾也。

六二,执用黄牛,固志也。

九三,系遯之厉,有疾惫也。畜臣妾吉,不可大事也。

九四,君子好遯,小人否也。

九五,嘉遯贞吉,以正志也。

上九,肥遯,无不利;无所疑也。

天下有山,处于天高皇帝远境域,有遁逸之象;君子远离小人,不厌恶他们却有威严。

遁逸落在后头有艰难,不去有何灾祸。用黄牛皮条捆绑在一起,这样心志就牢固了。牵扯自己不能遁逸,是因为有疾病缠身。畜养奴婢虽有吉祥,但办不成大事。君子喜好遁世,小人却做不到。以最好方式退隐正确而又吉祥,心愿正当得以实现。能够阔绰地退隐,无所不利;不用迟疑。

## 大壮

象曰:雷在天上,大壮;君子以非礼弗履。

初九,壮于趾,其孚穷也。

九二,九二贞吉,以中也。

九三,小人用壮,君子罔也。

雷在天上轰鸣,甚为壮观,是大壮卦之象;君子闻雷必自省,不行非礼之事。

仅凭脚趾强壮,他的信用也就完了。九二守正吉祥,是因爻位居

九四,藩决不羸,尚往也。

六五,丧羊于易,位不当也。

上六,不能退,不能遂,不详也。艰则吉,咎不长也。

中。小人显示其壮,君子不这样。冲决樊篱把夹住的角挣脱出来,因为急着要走。羊群丧失在易地,是柔居刚、爻位不当造成。处境不能退又不能进,不知如何处置。"不详"为不知,这里指如何处置进退。艰拒之则吉,这种咎害不会长久。

## 晋

象曰:明出地上,晋;君子以自昭明德。

初六,晋如,摧如,独行正也。裕无咎,未受命也。

六二,受之介福,以中正也。

六三,众允之,志上行也。

九四,鼫鼠贞厉,位不当也。

六五,失得勿恤,往有庆也。

上九,维用伐邑,道未光也。

太阳升上地面是晋卦之象,君子应自觉昭明圣德。

得到提拔还是受到摧残,只能仰赖自己的行为端正。宽厚些无害,因为还没有领受使命。受到如此大福,因为爻位中正。受众人拥戴,就有向上发展之志。鼫鼠是一种有多种技艺而都稀松平常的山间大鼠,虽守正仍危厉,爻位不当的缘故。对于得失不必忧虑,前往会有喜庆之事。用讨伐下邑的办法维系关系,其治道还没有光大。

## 明夷

象曰:明入地中,明夷;君子以莅众,用晦而明。

初九,君子于行,义不食也。

六二,六二之吉,顺以则也。

九三,南狩之志,乃大得也。

六四,入于左腹,获心意也。

六五,箕子之贞,明不可息也。

上六,初登于天,照四国也。

光明落入地中,夷为伤或灭,明而灭是明夷之象。君子莅临民众,低调施政反能明达而政行。

君子急于出行,顾不上吃饭。六二"用拯马壮"之吉,是因为符合规则。在南面狩猎的意图,是为了获得更多猎物。"入于左腹"是为了获取明夷的心。箕子的贞正,

后入于地,失则也。

### 家人

象曰:风自火出,家人;君子以言有物,而行有恒。

初九,闲有家,志未变也。

六二,六二之吉,顺以巽也。

九三,家人嗃嗃,未失也;妇子嘻嘻,失家节也。

六四,富家大吉,顺在位也。

九五,王假有家,交相爱也。

上九,威如之吉,反身之谓也。

### 睽

象曰:上火下泽,睽;君子以同而异。

初九,见恶人,以辟咎也。

九二,遇主于巷,未失道也。

六三,见舆曳,位不当也。无初有终,遇刚也。

九四,交孚无咎,志行也。

他的光明是不会熄灭的。初登上天空,是照耀四方的国家。后又坠入地下,是失去了国家的准则。

《易传》作者是把明夷卦当作写箕子事迹的卦。本书没有采取此说,以为此说难通。

☲

此象辞把巽上离下,解为风从火中吹出,作为家人卦的象。《易传》常把风和道德之风联系起来。强调君子应当说话有根据,行动有恒常。

治家要防范(闲)越轨,以达到心志不变。六二获得"贞吉",是因为妇人(中馈)逊顺。家里人能指责(嗃嗃)错误,还没有失去家规;妇女孩子嬉皮笑脸,就失去了家庭的节制。能使家庭富裕是大吉,阴爻居阴位顺当。国王借助(假)家庭以增进皇家内部的相亲相爱。获得威信的吉祥,是靠加强自我修养形成的。

☲

火在泽上燃烧,水火相敌,是睽卦的象;君子处事同中有异,和而不同。

接见厌恶自己的人,是为了免于咎害。在巷道中遇到主人,没有失去礼仪。车子被曳,是柔爻居于刚位,位置不当。但开始不顺结局

六五,厥宗噬肤,往有庆也。

上九,遇雨之吉,群疑亡也。

是好的,因为上下都是刚爻。彼此信任没有咎害,志意可行。族人吃肉(宴会),去参加这个庆典。遇到下雨,一切疑惑都没有了。此卦讲了处理睽违现象的几种做法。

## 蹇

象曰:山上有水,蹇;君子以反身修德。

初六,往蹇来誉,宜待也。

六二,王臣蹇蹇,终无尤也。

九三,往蹇来反,内喜之也。

六四,往蹇来连,当位实也。

九五,大蹇朋来,以中节也。

上六,往蹇来硕,志在内也。利见大人,以从贵也。

蹇,"跛也"(《说文》)。音jiǎn,行路艰难。山上有水是蹇卦之象,喻义艰难。君子见蹇而自省修德,以增强历蹇能力。

前往有艰难,回来得到赞誉,应当等待。国王臣子克服重重艰难,终于没有忧患了。前去犯难返了回来,内部喜悦。前去犯难又回来联络,阴爻居柔位充实之象。遇到更大困难,得到朋友援助,因为九五正处中位。前去克服困难回来得到丰硕成果,心思全放在内部。利于进见大人,服从贵人的意愿。卦中讲了克服困难的几种方式和结果。

## 解

象曰:雷雨作,解;君子以赦过宥罪。

初六,刚柔之际,义无咎也。

九二,九二贞吉,得中道也。

六三,负且乘,亦可丑也,自我致戎,又谁咎也。

九四,解而拇,未当位也。

六五,君子有解,小人退也。

雷雨大作,可解除旱象,是解卦之象;君子施政应赦免宽宥犯有罪过之人。

初六和九四刚柔相应,于解之义无害。九二爻得贞吉,因居于中位自然得解。背着东西坐在车上,以防不测,但这样子招摇很不雅观,自己招来了敌人,能怪谁呢。

上六,公用射隼,以解悖也。

解开脚趾之解,阳居阴位不当位,解不中用。君子解困,小人自退。公侯射中鹰隼,以勇力解除悖乱。此卦专讲解道,其象有多重表现。

## 损

象曰:山下有泽,损;君子以惩忿窒欲。

初九,已事遄往,尚合志也。

九二,九二利贞,中以为志也。

六三,一人行,三则疑也。

六四,损其疾,亦可喜也。

六五,六五元吉,自上佑也。

上九,弗损益之,大得志也。

山下有水泽,是损卦的象;君子要控制忿怒限制欲望。

办完了事快去,是符合意愿的。九二爻"利贞",是以居于中位为志向。一人行走,三个人一起走便生疑窦。能减损他的疾病,也是可喜之事。六五获得大吉,是得到了上面的庇佑。不减损只增益,志意得到很大满足。

## 益

象曰:风雷,益;君子以见善则迁,有过则改。

初九,元吉无咎,下不厚事也。

六二,或益之,自外来也。

六三,益用凶事,固有之也。

六四,告公从,以益志也。

九五,有孚惠心,勿问之矣。惠我德,大得志也。

上九,莫益之,偏辞也。或击之,自外来也。

风雷激荡是益卦的象;君子见到善行就迁变,有过失就改正。

大吉没有咎害,下层不积压事。"厚事"即不积压事之义。或可增益,来自外边。对灾害的凶事给予救济,这是益中固有之义。报告公侯做此事,扩大益民之志。诚心施惠于民,不用问该不该做,受惠者感我恩德,我就称心如意了。不用增益他,其要求太偏于己。或遭打击,来自外边。"偏辞"众解不一,以程传解为"偏己之辞"为当。

## 夬

象曰:泽上于天,夬;君子以施

泽在天上,有泽及天下之象,

禄及下，居德则忌。

　　初九，不胜而往，咎也。

　　九二，有戎勿恤，得中道也。

　　九三，君子夬夬，终无咎也。

　　九四，其行次且，位不当也。闻言不信，聪不明也。

　　九五，中行无咎，中未光也。

　　上六，无号之凶，终不可长也。

这就是夬卦；君子施惠到下民，但要忌讳以德自居。

　　不能胜算而前往，有害。有战事而不忧惧，爻居九二得了中道。君子善于决断，终不会有咎害。其行路踟蹰不前，刚爻占据柔位不当之故。听到忠言而不信，听了却不明白。依中道而行无害，但适中而未光大事业。上六爻辞说"无号终有凶"，这种状况终究不可长久。

## 姤

　　象曰：天下有风，姤；后以施命诰四方。

　　初六，系于金柅，柔道牵也。

　　九二，包有鱼，义不及宾也。

　　九三，其行次且，行未牵也。

　　九四，无鱼之凶，远民也。

　　九五，九五含章，中正也。有陨自天，志不舍命也。

　　上九，姤其角，上穷吝也。

天下有风是上乾下巽的姤卦；大王颁诰命于四方。

　　拴在"金柅"（一种古代煞车器件）上，牵制柔爻的变化。因此卦一阴居初，五阳将被逐步消尽，乘其幼弱，像运用煞车那样牵制其发展。包中有鱼，不想用以招待宾客。行走艰难，其行为受到牵制。没有鱼之凶，是因为远离了民众。文采内含，是因九五爻位中且正的缘故。有陨石从天上降落，立志不舍弃天命。碰到角上，说明姤卦发展穷尽而处境艰吝了。

## 萃

　　象曰：泽上于地，萃；君子以除戎器，戒不虞。

　　初六，乃乱乃萃，其志乱也。

　　六二，引吉无咎，中未变也。

泽在地上，水分与土壤交融，植被繁茂，是萃聚之象。君子修整兵器，以防不测。

　　如同植物杂乱地汇聚在一起，

六三,往无咎,上巽也。

九四,大吉无咎,位不当也。

九五,萃有位,志未光也。

上六,赍咨涕洟,未安上也。

## 升

象曰:地中生木,升;君子以顺德,积小以高大。

初六,允升大吉,上合志也。

九二,九二之孚,有喜也。

九三,升虚邑,无所疑也。

六四,王用亨于岐山,顺事也。

六五,贞吉升阶,大得志也。

上六,冥升在上,消不富也。

## 困

象曰:泽无水,困;君子以致命遂志。

初六,入于幽谷,幽不明也。

九二,困于酒食,中有庆也。

六三,据于蒺藜,乘刚也。入于其宫,不见其妻,不祥也。

九四,来徐徐,志在下也。虽不当位,有与也。

容易引起人的心思混乱。六二爻辞说"引吉无咎",是因为处中未变呵。前往无咎害,因为上六爻逊顺。大吉却仅得无咎,因为九四阳居阴位不当之故。九五是萃卦处于尊位,但其志仍未达到光大的地步。痛哭流涕,是不安于处末的上位。

上坤下巽,巽亦为木,故地中生木是升卦的象;如同生木那样,君子应顺德成长,积小而成高大形象。

得到认可的升进,与上峰的心志一致了。这个上峰可以是上级(人),也可以是上卦的爻。九二的诚信,有喜。升入无阻挡的城邑,这种升是无可怀疑的。君王在岐山举行祭祀,是顺理成章的事。守正吉祥升上一个大台阶,大得志了。昏昏然升进到上位,已无处可升了,应自行削其富。

兑上坎下,水在泽下、泽中无水是困卦的象;君子由此想到要信命遂志而行,不因困穷放弃自己的志愿。

进入幽深峡谷,昏暗不明。被酒食所困,其中必有喜庆。被蒺藜所困,因为柔爻乘在刚爻九二上。进入其宫,见不到其妻,不吉祥。

九五，劓刖，志未得也。乃徐有说，以中直也。利用祭祀，受福也。

上六，困于葛藟，未当也。动悔有悔，吉行也。

徐缓而来，心系下方初爻。阳居阴位虽不当位，但与初六相应、与九五相比并不孤立。"劓刖"是割鼻断足之刑，直译于义难通，有人便改字以顺义，但并非良法。笔者以为"劓刖"是夸大的形容，像受了这种刑罚那样，志愿未能实现。慢慢得到解困，因九五处于中正之位。利用祭祀，享受福佑。困于葛藟的羁绊之中，处置不当。能反思动而产生忧悔的教训后，再采取趋吉济困的行动。

## 井

象曰：木上有水，井；君子以劳民劝相。

初六，井泥不食，下也。旧井无禽，时舍也。

九二，井谷射鲋，无与也。

九三，井渫不食，行恻也。求王明，受福也。

六四，井甃无咎，修井也。

九五，寒泉之食，中正也。

上六，元吉在上，大成也。

上坎下巽，木上有水，即以木桶取水是井卦的象；君子由此想到动员民众相互帮助。

井水淤泥不能吃，水位太低下。旧的井连鸟禽也不来，被舍弃有时了。从井底射捕小鱼，已经无人来取水了。渫(xiè)，淘去污泥。井淘干净了，人仍不敢吃，但求王有明示，人们就会受到福惠了。甃(zhòu)，井壁。井筒不出问题是修井的结果。从井中吃到寒泉一般的水，因阳爻处中正之位。上爻得大吉，是取得重大成就。

## 革

象曰：泽中有火，革；君子以治历明时。

初九，巩用黄牛，不可以有为

火在泽中燃起，是革卦的象。君子由此想到要修治历法、明以授时。

也。

六二,巳日革之,行有嘉也。

九三,革言三就,又何之矣。

九四,改命之吉,信志也。

九五,大人虎变,其文炳也。

上六,君子豹变,其文蔚也。小人革面,顺以从君也。

处于初九时位,要像用黄牛皮革一样巩固基础,这时不可有所作为。巳日当革之时,行动会有佳绩。变革的主张要经过反复斟酌而定,又何必急于去干呢。更改天命得到吉祥,在于信念和意志一致。大人进行的是大变革,他的旗帜鲜明。君子进行的是较小的变革,他们的旗帜多彩。小人这时也会改变自己的面貌,顺从君王变革的洪流。

## 鼎

象曰:木上有火,鼎;君子以正位凝命。

初六,鼎颠趾,未悖也。利出否,以从贵也。

九二,鼎有实,慎所之也。我仇有疾,终无尤也。

九三,鼎耳革,失其义也。

九四,覆公𫗧,信如何也。

六五,鼎黄耳,中以为实也。

上九,玉铉在上,刚柔节也。

☶

上离下巽,木上有火是鼎卦的象;鼎既是烹具,又是礼器,后发展为国之重器,权力的象征。君子见鼎而端正自己的位置以凝聚国命。

把鼎的脚颠倒过来,不是鼎毁了,而是有利于倒出鼎中的废弃物,以适合于贵人的要求。鼎中储有实物,“慎所之”,即搬动要小心。正像有人仇视我,但我能“慎所之”,不随意行动,始终没有忧患。如果把鼎耳去掉,鼎的意义就失去了。𫗧(sù),鼎中食物。打翻了王公的鼎食,还能受到信任吗?给鼎镶上黄铜的耳,就显得更殷实了。再在鼎上配以玉铉,刚柔可以调节了。

## 震

象曰:洊雷,震;君子以恐惧修

☳

雷连续打下来,是震卦的象;

省。

初九,震来虩虩,恐致福也。笑言哑哑,后有则也。

六二,震来厉,乘刚也。

六三,震苏苏,位不当也。

九四,震遂泥,未光也。

六五,震往来厉,危行也。其事在中,大无丧也。

上六,震索索,中未得也。虽凶无咎,畏邻戒也。

君子闻雷以恐惧的警惕之心修省自己的品德。

雷震引来了不安,因恐惧反而致福。谈笑安然自如,镇定之后仍要严守道德准则。雷袭来时危厉,因为六二乘于初九刚爻上。打雷把人吓坏了,因为阴据阳位,位置不当。雷声拖沓泥滞,已经不响亮了。雷打来打去都很猛烈,出行有危险。由于事情处理得当不会有大损失。雷震得使人发抖,已经到了不能恰当自控的程度。但虽然凶猛却没有祸害,因为和邻居一起都保持高度警惕。

## 艮

象曰:兼山,艮;君子以思不出其位。

初六,艮其趾,未失正也。

六二,不拯其随,未退听也。

九三,艮其限,危熏心也。

六四,艮其身,止诸躬也。

六五,艮其辅,以中正也。

上九,敦艮之吉,以厚终也。

山连着山是艮卦的象;艮有止的含义,君子看到这种山外有山的景象想到思想不能越出自己的地位。就是思想要止于位。

处于下位停住脚趾不冒进,没有失去正道。不紧跟前面,并非听任倒退。停住腰部,因为危及于心。停住身躯,这样就止住了身体。停在他面颊,处于中正爻位。诚恳地停下来得以吉祥,予以敦厚的结束。此卦的关键是如何解"艮"之义,一向训艮为止,卦义难通,待善解也。

## 渐

象曰:山上有木,渐;君子以居

山上有树木生长是渐卦的象;

贤德善俗。

初六，小子之厉，义无咎也。

六二，饮食衍衍，不素饱也。

九三，夫征不复，离群丑也。妇孕不育，失其道也。利用御寇，顺相保也。

六四，或得其桷，顺以巽也。

九五，终莫之胜，吉；得所愿也。

上九，其羽可用为仪，吉；不可乱也。

君子见到山木渐生渐长之象要自居贤德改善风俗。

小子有危厉，但实际上没有灾祸。衍衍，kàn，和乐安适貌。和乐地吃饭，并不是来白吃的。丈夫出征未归，因为离开队伍不好看。妇人怀孕不育，是因为发生了流产这种不正常的事。利于抗击敌寇，顺从于相互保护的要求。得到方木（桷 jué）椽子歇息，是很顺适的事。最终不能争胜，反而吉祥；愿望得以实现。鸿雁的羽毛可以用来装饰仪容，吉祥，但鸿雁飞回故乡之志是不可乱的。暗喻征夫必归、孕妇必育，也是不可乱的，即不可改变的。

## 归妹

象曰：泽上有雷，归妹；君子以永终知敝。

初九，归妹以娣，以恒也。跛能履吉，相承也。

九二，利幽人之贞，未变常也。

六三，归妹以须，未当也。

九四，愆期之志，有待而行也。

六五，帝乙归妹，不如其娣之袂良也。其位在中，以贵行也。

上六，上六无实，承虚筐也。

䷵

上震下兑，泽上有雷是归妹卦的象；君子追求永久的归宿懂得无终的弊害。

嫁女让其妹妹陪嫁，是为了姻亲长久。即使是瘸子也能走向吉祥，婚姻可以持续不断。利于被幽闭之人守贞，可以不变常规。嫁女为妾，不适当呵。希望延期出嫁，需要有所等待再行嫁。帝乙嫁女，不如其陪嫁的妹妹衣着精良。这是因为她的地位适中，以高贵的身份出嫁的缘故。上六爻无实，只捧着空筐罢了。

《象传》之辞是针对卦爻象和

辞来注解的，它常常重复卦爻辞的部分内容，再从卦爻象上说明这些辞义的依据，比较难读，归妹卦就很典型。

## 丰

象曰：雷电皆至，丰；君子以折狱致刑。

初九，虽旬无咎，过旬灾也。

六二，有孚发若，信以发志也。

九三，丰其沛，不可大事也。折其右肱，终不可用也。

九四，丰其蔀，位不当也。日中见斗，幽不明也。遇其夷主，吉行也。

六五，六五之吉，有庆也。

上六，丰其屋，天际翔也。窥其户，阒其无人，自藏也。

雷电一齐袭来是丰卦的象；君子由雷电的威与明想到断狱施刑。丰被训为盛大的意思。《彖传》和《象传》一样，对这一卦都没有明确认识到和日食有关，而是分解爻位和爻辞，做了支离的解说。远征引《周易集解》，近征引《周易折中》，都可遍观前期和后期易学家的注解，明确点出卦中的"日中见斗"和"日中见沫"是日食现象，几乎无有。例如虞翻说："日蔽云中称蔀"，"离上之三，隐坎云下，故'日中见斗'。"朱熹说："（六二）上应六五之柔暗，故为丰蔀'见斗'之象。"他们都是用应爻或卦变及互卦的办法来解辞，有些纪实的卦就很难说通。古人中王夫之明确点出了"日食而星见也"。

## 旅

象曰：山上有火，旅；君子以明慎用刑，而不留狱。

初六，旅琐琐，志穷灾也。

六二，得童仆贞，终无尤也。

九三，旅焚其次，亦以伤矣。以旅与下，其义丧也。

上离下艮，山上有火是旅卦的象；君子明察审慎地施用刑法，不滞留案件。离为明，艮为止，审慎。

行旅中猥琐小气，志穷而招灾祸。得到童仆如能守正，终不会有忧的。在旅途中火烧了住所，受到

九四,旅于处,未得位也。得其资斧,心未快也。

六五,终以誉命,上逮也。

上九,以旅在上,其义焚也。丧牛于易,终莫之闻也。

伤害。失去童仆是因为在旅途中把他们作下人对待,失去他们是必然的。行旅到一处,还没有安置好。得到了一些盘缠和器物,但是心中仍然不高兴。终于得到体面的授命,地位上升了。在行旅中自以为上,被焚是情理当然。牛群丧失在易地,始终得不到任何消息。

## 巽

象曰:随风,巽;君子以申命行事。

初六,进退,志疑也。利武人之贞,志治也。

九二,纷若之吉,得中也。

九三,频巽之吝,志穷也。

六四,田获三品,有功也。

九五,九五之吉,位正中也。

上九,巽在牀下,上穷也。丧其资斧,正乎凶也。

随风,风连着风是巽的重卦之象;君子用三令五申的办法来开展工作。

进退不定,是意志犹疑的表现。利于武人的坚贞,能够控制自己的意志。众说纷纭而能得吉祥,是因为九二处于中位,采纳意见也奉行中道。朝令夕改的频巽艰困,志已穷困了。田猎所获甚多,很有功效。九五的吉祥,在于爻位正中。进入牀下,是上升穷尽了。丧失贵资器物,正处在凶险之中。

## 兑

象曰:丽泽,兑;君子以朋友讲习。

初九,和兑之吉,行未疑也。

九二,孚兑之吉,信志也。

六三,来兑之凶,位不当也。

九四,九四之喜,有庆也。

九五,孚于剥,位正当也。

上六,上六引兑,未光也。

湖泊连着湖泊,丽泽是重卦兑的象;君子和朋友一起讲习学问。

和悦的吉祥,行动不存疑虑。诚信愉悦的吉祥,在于其心志可信。妄求喜悦的凶,因为九三爻位不当。九四的喜悦,是有吉庆。对于剥蚀行为给予信任,是因为九五处尊位正,不惧其剥。引导愉悦,

因其尚存未能光大的一面。

## 涣

象曰:风行水上,涣;先王以享于帝立庙。

初六,初六之吉,顺也。

九二,涣奔其机,得愿也。

六三,涣其躬,志在外也。

六四,涣其群,元吉;光大也。

九五,王居无咎,正位也。

上九,涣其血,远害也。

上巽下坎,风吹在水上是涣卦的象,为防止人心涣散,先王享祭天帝、建立宗庙以制涣。

初六爻吉祥,因为柔顺。追寻涣散的原因,可得所愿。自身的涣散,是志趣在外造成的。解散其群体,大吉;这样可以光大事业。君王在位没有灾祸,因他的位既中且正。记取涣散血的教训,可以远离祸害。

## 节

象曰:泽上有水,节;君子以制数度,议德行。

初九,不出户庭,知通塞也。

九二,不出门庭,凶,失时极也。

六三,不节之嗟,又谁咎也。

六四,安节之亨,承上道也。

九五,甘节之吉,居位中也。

上六,苦节贞凶,其道穷也。

泽上有水是节卦的象,君子根据泽调节江水的原理制定数量限度,评议人们的德行。

不出房门,是懂得了水流通畅和阻塞的道理。不出院门,凶险,是严重丧失时机。不节制的感叹,是谁的过失呢? 安于调节的亨通,是九五规定的道。甘愿接受调节的吉利,是因为九五尊位既中且正。痛苦地调节守正也凶,它的路子已经穷尽了。

## 中孚

象曰:泽上有风,中孚;君子以议狱缓死。

初九,初九虞吉,志未变也。

九二,其子和之,中心愿也。

泽上有风是中孚卦的象;中孚之义是发自内心的诚信。君子由此想到审议狱刑宽缓死罪。

安居的吉祥,心志没有改变。

六三,或鼓或罢,位不当也。

六四,马匹亡,绝类上也。

九五,有孚挛如,位正当也。

上九,翰音登于天,何可长也。

其子鸣叫相和,符合内心愿望。战斗中或进攻或退守,六三爻位不中不正。马匹损失了,绝去初九的应爻取从于上位的九五。诚信把人联合起来,爻位正当。声音飞上天,怎么能响亮长久呢。

《象传》对此卦的解说极不连贯,对爻位的解释与经义并不吻合。

## 小过

象曰:山上有雷,小过;君子以行过乎恭,丧过乎哀,用过乎俭。

初六,飞鸟以凶,不可如何也。

六二,不及其君,臣不可过也。

九三,从或戕之,凶如何也。

九四,弗过遇之,位不当也。往厉必戒,终不可长也。

六五,密云不雨,已上也。

上六,弗遇过之,已亢也。

☷

雷在山上轰鸣,是小过卦的象;君子的行为过于恭顺,丧葬过于悲哀,日用过于节俭。这些都是小过的表现。

飞鸟招致之凶,没有任何办法。不能达到君那里,是臣子不可以超过君。是顺从他或是戕害他,哪个更凶呢?不要超过而相遇,因为爻位不当。前去危险必须警戒,最终不可长久。云层厚密而不下雨,是云向上去了。不能相遇而要超过,已经达到了上亢的程度。

## 既济

象曰:水在火上,既济;君子以思患而豫防之。

初九,曳其轮,义无咎也。

六二,七日得,以中道也。

九三,三年克之,惫也。

六四,终日戒,有所疑也。

九五,东邻杀牛,不如西邻之

☲

水在火上是既济卦的象;上下卦交感,所有阴阳爻当位处正,寓意成功,君子要思考患难的处境而加以预防。

曳住他的车轮,从道理上说没有咎害。七日得到,因为六二既中且正,奉行中道。花费三年攻下

时也;实受其福,吉大来也。

上六,濡其首厉,何可久也。

来,疲惫了。整天警戒,是有所疑虑。东边邻国杀牛祭祀,不如西邻合乎时宜;实际受到福惠,吉祥大来。沾湿了头危厉,怎么可能长久。

## 未济

象曰:火在水上,未济;君子以慎辩物居方。

初六,濡其尾,亦不知极也。

九二,九二贞吉,中以行正也。

六三,未济征凶,位不当也。

九四,贞吉悔亡,志行也。

六五,君子之光,其晖吉也。

上九,饮酒濡首,亦不知节也。

▤

火在水上是未济卦的象;君子要慎重地辨别事物使其各得其所。

初六,沾湿了尾巴,也就不知道如何结局了。

九二,贞问获吉,爻位处中而能行正。

六三,未济征伐凶险,因爻位不当。

六四,贞问得吉忧悔消失,意愿得以实现。

六五,君子的光彩,他辉煌吉祥。

上九,饮酒红头涨脸,是不懂得节制呵!

"濡首",直译是头泡在酒里,实指酒喝多了,酒上了头,红头涨脸的样子。

# 第五翼　系辞传上

　　《系辞传》是《易传》之一,是其"十翼"中的一篇,其内容是全面论述《易经》的起源、演变、形成、内容的纲领、基本思想、易卦原理、筮法以及重点卦的含义等问题,可以视为论证《易经》的总论性或概论性文献,是阅读《易经》的指导性文献。学习和研究《易经》是必须阅读的《易传》著作的核心内容。其中比较集中反映了儒家解易的学术思想,但也表现了战国中后期百家学说交汇、相互择善而从的思想成果,因此不必非固定于某家学说不可。《周易》整个是属于中国的、中华民族的,也是世界的、人类的。应当以博大的胸怀看待她,不应当以狭隘的一家一派的褊狭观点去占有她,诠释她。各家对阐发易学做出了独特贡献的,都应当受到尊重和赞扬。

| 原　文 | 释　义 |
|---|---|
| **第一章**<br>　　天尊地卑,乾坤定矣。卑高以陈,贵贱位矣。动静有常,刚柔断矣。方以类聚,物以群分,吉凶生矣。在天成象,在地成形,变化见(现)矣。 | 　　天空高,地面低,乾坤代表天地的位置就确定了。<br>　　高低陈列出来,高贵的和卑贱的地位就分明了。运动和静止是有规律的,阳刚和阴柔都显现了出来。<br>　　各种事情分类聚集,万物分成各式各样的群体,吉祥的或凶险的后果就会产生出来。在天上表现为日月星辰的形象,在地上表现为山川草木的形态,事物的变化就显露出来了。 |

是故刚柔相摩，八卦相荡。鼓之以雷霆，润之以风雨；日月运行，一寒一暑。乾道成男，坤道成女。乾知大始，坤作成物。

所以阳刚阴柔摩擦生成八卦，八卦相互激荡衍生六十四卦。万物在雷霆鼓动中诞生，在风雨滋润中成长；日月不停地运行，寒来暑往，季节变化。在人之中，男性体现着天道，女性体现着地道。天道的作用在于创始一切，地道的作用则在于成就万物。

乾以易知，坤以简能。易则易知，简则易从。易知则有亲，易从则有功。

乾用变易功能支配一切，坤以简易功能完成一切。变易是容易把握的，简易是容易遵从的。容易把握就能广泛联系，容易遵从就能全面执行。

有亲则可久，有功则可大。可久则贤人之德，可大则贤人之业。

广泛联系就能够立于长久，全面执行就能够弘大事业。立于长久是贤人的德行，弘大事业是贤人的业绩。

易简，而天下之理得矣；天下之理得，而成位乎其中矣。

变易通过简易的形式表现出来，天下的道理就被认识到了；天下的道理被认识到了，成功就孕育其中了。

## 第二章

圣人设卦、观象、系辞焉而明吉凶，刚柔相推而生变化。

圣人设置了易卦、观察卦象、系上卦爻辞说明吉凶，阴阳爻相互推移而发生变化。

是故，吉凶者，失得之象也。悔吝者，忧虞之象也。变化者，进退之象也。刚柔者，昼夜之象也。六爻之动，三极之道也。

所以，(易卦中的)吉祥凶险是表现得失的形式。懊悔艰吝是表现忧患危虑的形式。变化发展则是表现前进后退的形式。阳刚阴柔是白天黑夜的象征。每卦六个爻象的变动，是天道、地道、人道

是故,君子所居而安者,易之序也。所乐而玩者,爻之辞也。是故,君子居则观其象,而玩其辞;动则观其变而玩其占。是以自天佑之,吉无不利。

因此,君子所欣然接受的是易卦的秩序;所乐于玩味的是卦爻的文辞。所以,君子居处时就观察卦爻的象,而且玩味它的文辞;行动则观察它的变化而玩味它的筮占。因而才能得到上天的庇佑,吉祥而没有任何不利。

## 第三章

象者,言乎象也。爻者,言乎变者也。吉凶者,言乎其失得也。悔吝者,言乎其小疵也。无咎者,善补过也。

象辞就是卦辞,是专门解说卦象的文字。爻辞是说明变化的文字。吉凶是说明得失的。悔吝是说明小的缺陷的。没有咎害,是指善于弥补过错的行为。

是故,列贵贱者,存乎位。齐小大者,存乎卦。辨吉凶者,存乎辞。忧悔吝者,存乎介。震无咎者,存乎悔。是故,卦有小大,辞有险易。辞也者,各指其所之。

因此,贵贱的列等,是通过爻位体现的。大小的确定,存在于卦象之中。吉凶的辨别,通过卦爻辞表明。凡属于忧患、懊悔、艰吝之词,都是介乎吉凶两端之间的评语。使没有灾祸的人震惊,就是为了让他悔悟。所以,卦有大小之分,筮辞有危险平易之别。卦爻辞向人们指出了趋吉避凶的方向。

## 第四章

易与天地准,故能弥纶天地之道。仰以观于天文,俯以察于地理,是故知幽明之故。

《易经》以天地法则为准绳,所以能够完全包容天地万物的变化规律。抬头观察天文,低头察看地理,所以能够通晓阴阳明暗的事理。

原始反终,故知死生之说。精气为物,游魂为变,是故知鬼神之

推究了事物的初始原因,寻求了事物的最终结果,所以能够知道

情状。

死亡与生命的规律。精气凝聚成万物,其活跃的属性引起变化,所以能够知道"鬼神"是怎么回事。

注释:魂为属性

与天地相似,故不违。知周乎万物,而道济天下,故不过。旁行而不流,乐天知命故不忧。安土敦乎仁,故能爱。范围天地之化而不过,曲成万物而不遗,通乎昼夜之道而知(智),故神无方而易无体。

《易》理同天地的规律相似,所以它不违背它。知道天地规律普遍存在于万物,依据它解决天下的问题,就能避免发生错误。应用于其他方面也不会产生流弊,乐于接受自然法则,懂得对待命运,所以没有忧闷。安于所处的境遇,忠厚地施行仁义,所以能普爱天下。容纳天地的变化而没有过失,成就万物的发展而无所遗漏,通晓昼夜之道而能预知一切,因此神妙无穷而变易无形。

## 第五章

一阴一阳之谓道,继之者善也,成之者性也。仁者见之谓之仁,知(智)者见之谓之知(智)。百姓日用而不知,故君子之道鲜矣!

阴阳对立转化、运动不息叫做道,接续它的功用是善,生成是它的本性。对于这种本质,仁者见到说它是仁德,智者见到说它是智能。百姓在日常生活中天天应用阴阳之道,却认识不到,所以能够掌握阴阳之道的君子,就很少了!

显诸仁,藏诸用,鼓万物而不与圣人同忧,盛德大业至矣哉!富有之谓大业,日新之谓盛德。生生之谓易,成象之谓乾,效法之谓坤。极数知来之谓占,通变之谓事,阴阳不测之谓神。

阴阳的生成之道,显现为仁德,却深藏在日用之中,它鼓动万物生长化育却不像圣人那样为天下而忧,这种盛大的美德和丰功伟业是至高无上的了!能拥有天地间的一切,可以称为宏伟的事业,日新月异地发展可以称为盛大的美德。无休止地生成一切就是易道,呈现为天象的称谓乾,柔顺地

效法天道的称为坤。穷尽筮数以预知未来的叫做占，懂得依据变化行动的称为事业，用阴阳之术也测不准的就叫做神啦。

## 第六章

夫易，广矣大矣！以言乎远，则不御；以言乎迩，则静而正；以言乎天地之间，则备矣！夫乾，其静也专，其动也直，是以大生焉。夫坤，其静也翕，其动也辟，是以广生焉。广大配天地，变通配四时，阴阳之义配日月，易简之善配至德。

这易道，极其广阔博大呀！从远处说，没有任何力量能够驾驭它；往近处说，则稳固而正定；从天地万物来说，一切属性和法则它都具备了。如乾的天道，它静处时专一，它活动时刚直，所以具有伟大的生机。又如坤的地道，它安静时深藏不露，它活动时张扬开放，所以能够广泛地生成。广博与伟大和天地相匹配，变化与通达和四季相匹配，阴阳流转的意义同日月递照相匹配，易道平易简约的完善性质是和至高无上的德性相匹配的。

## 第七章

子曰："易其至矣乎！夫易圣人所以崇德而广业也。"知（智）崇礼卑，崇效天，卑法地，天地设位，而易行乎其中矣。成性存存，道义之门。

孔子说："易道高深极了！《易经》是圣人用来使人们品德更加崇高、事业更加广大的经典。"智慧要以品德崇高为基础，礼义要以态度谦卑为准则；品德崇高要效法天，态度谦卑要效法地。天和地都有自己的本位，易道就运行在其中了。用易道不断修养自己的品性，这是通向道义的门户。

## 第八章

圣人有以见天下之赜，而拟诸其形容，象其物宜；是故谓之象。圣人有以见天下之动，而观其会通，以行其典礼。系辞焉，以断其吉凶；是故谓之爻。言天下之至

圣人因为看到天下万物幽隐复杂多样，就用易卦来模拟它们的形态，象征万事万物的实际，所以就称为易象。圣人因为看到了天下万物运动不息，就观察它们在运

赜,而不可恶也。言天下之至动,而不可乱也。拟之而后言,议之而后动,拟议以成其变化。

(中间分析卦爻的文辞节略)

动中交会与变通,用来作为人们的行为规范。为易卦系上文辞,是为了断明吉凶;所以称它为爻。揭示天下事物的奥秘,而不致引起厌恶;显露天下普遍的运动,而不会引起混乱。模拟事物后再加以说明,审议清楚吉凶后再诉诸行动,这种模拟和审议都是为了促成事物的变化。

························

## 第九章

天一地二,天三地四,天五地六,天七地八,天九地十。天数五,地数五,五位相得而各有合。天数二十有五,地数三十,凡天地之数,五十有五,此所以成变化而行鬼神也。

(论数)天是一、地是二,天是三、地是四,天是五、地是六,天是七、地是八,天是九、地是十。天数有五个:一三五七九;地数也有五个:二四六八十。天地各有五位数加在一起,就是天数之和是二十五,地数之和是三十。把天地之数的和再加起来就是五十五。这个数就能够使易卦千变万化,鬼神莫测了。

大衍之数五十,其用四十有九。分而为二以象两,挂一以象三。揲之以四以象四时,归奇于扐以象闰,五岁再闰,故再扐而后挂。

用来推演易卦的蓍草或竹签是五十根,只用其中的四十九根来运算。把它们任意分成两堆,以象征两仪;从其中一堆中抽出一根挂起来不加入计算,以象征三才之道。揲四(shé、dié,用四除),按照四根一组组分出来,以象征四季,把不够四根的余数夹在手指间(扐,lè),以象征闰时,五年再闰一次,接着再算另一堆揲四归奇而后把两次剩余的竹签都放在一边。

乾之策,二百一十有六。坤之

演成乾卦,每爻为九,合四时

策,百四十有四。凡三百有六十,当期之日。二篇之策,万有一千五百二十,当万物之数也。是故,四营而成易,十有八变而成卦,八卦而小成。引而伸之,触类而长之,天下之能事毕矣。显道神德行,是故可与酬酢,可与佑神矣。子曰:"知变化之道者,其知神之所为乎!"

（荀爽注）是三十六策,乘以六爻,是二百一十六策。坤卦每爻为六,画一爻合二十四节气（荀爽注）是二十四策,乘以六爻,是一百四十四策。乾坤之策相加为三百六十,相当一年的天数。全部卦阴阳爻各一百九十二,各乘以阴阳爻策数,总和为一万一千五百二十,象征万物之数。因此,成卦的方法要经过:分二、挂一、揲四、归奇四步程序（四营）,完成一次变化,三变成一爻,六爻经过十八变而形成一卦。三爻的八卦只是小的成象,加以引申重叠单卦成为六十四卦,象征的事物就大大增长了,天下的任何事物都概括无余了。这样可以显现易道的神妙和人的德行,因此就能应对一切,从而像得到神佑一般。

孔子说:"能够洞察变化规律的人,他大概知道神的所为吧!

简注:经过四营程序一定会出现四种余数:或三十六,或三十二,或二十八,或二十四,各用四除,最后可得出九(老阳)、八(少阴)、七(少阳)、六(老阴)不同的爻,九、六属于变爻,八、七属于不变的爻。此筮法很烦琐。

## 第十章

《易》有圣人之道四焉:以言者尚其辞,以动者尚其变,以制器者尚其象,以卜筮者尚其占。是以君子将有为也,将有行也,问焉而以言,其受命也如响,无有远近幽深,遂知来物。非天下之至精,其

《易经》中有四项圣人之道:重视言论的崇尚卦爻辞,要求行动的推重卦爻的变化,想制作器物的期望得到卦象的启示,占问吉凶祸福的人推崇它的算卦功能。因此,君子将要有所作为,将要有所行动

孰能与于此!

参伍以变,错综其数,通其变,遂成天地之文;极其数,遂定天下之象。非天下之至变,其孰能与于此!易无思也,无为也,寂然不动,感而遂通天下之故。非天下之至神,其孰能与于此?夫易,圣人之所以极深而研几也。惟深也,故能通天下之志;惟几也,故能成天下之务;惟神也,故不疾而速,不行而至。子曰:"'易有圣人之道四焉'者,此之谓也。"

## 第十一章

子曰:"夫易何为者也?夫易开物成务,冒天下之道,如斯而已者也。是故,圣人以通天下之志,以定天下之业,以断天下之疑。"

时,就依据卦爻辞占问吉凶,而易卦也接受咨询作出响应,无论问到远的、近的、幽隐的、深邃的问题,它都能够提供一个答案。如果不是天下最精妙的智慧,怎么能如此呢!

考察天地之数的变化,交错分析复杂的易数,通晓其变化规律,就能够把握天地的多样性;穷究了它的数量关系,就能够确定天下各种物象。如果不是天下最精妙的变化,怎么能达到如此程度!易的本体是没有意识的,也是没有行为的,它无声无息、不做有意识地运作,但却能感应和会通天下一切事物的变故。如果不是天下最为神妙的功能,怎么能如此呢!关于《易经》,是圣人用来深入探究事物微妙原理的书。由于它深刻,所以能和天下人的旨意相通;由于它微妙,所以能成就天下的一切事务;由于它极其神妙,所以不用求快反而会迅速,不用费力跋涉,反而会到达。孔子说:"《易》中有四项圣人之道,原来就是这个意思啊。"

孔子说:"《易经》能做什么呢?《易经》是研究天下万事万物的规律而成就其事务的,它是囊括天下一切事物的规律的书,就是这样罢了。因此,圣人就用来和天下人的心志相通,借以创立天下的事业,用它来明断天下人的各种疑

是故,蓍之德,圆而神;卦之德,方以知(智);六爻之义,易以贡。圣人以此洗心,退藏于密,吉凶与民同患。神以知来,知以藏往,其孰能与于此哉!古之聪明睿知神武而不杀者夫?是以,明于天之道,而察于民之故,是兴神物以前民用。圣人以此斋戒,以神明其德夫!是故,阖户谓之坤;辟户谓之乾;一阖一辟谓之变;往来不穷谓之通。见乃谓之象;形乃谓之器;制而用之,谓之法;利用出入,民咸用之,谓之神。是故,易有太极,是生两仪,两仪生四象,四象生八卦,八卦定吉凶,吉凶生大业。

问。"

因此,用蓍草推断吉凶所得到的筮数体现了圆融而神妙的性质;而卦的象和辞则表现为直率(方正)而智慧的性质,六爻的特性在于变化,易的作用在于揭示出(贡)吉凶。圣人就是用易的精神来纯净自己的心灵,隐退于不为人知的地方,和人民共同承受欢乐和痛苦。神妙在于能预知未来,智慧在于不张扬过去,谁能达到如此的程度呢!大概是古代那些聪明智慧、神奇勇武而又不嗜杀的人吧?因此,认清天地之道,又能明察民众的疾苦,兴起了易这种神奇之物,以适合于民众预知之用。圣人诚心诚意地斋戒沐浴,以符合神明的盛德。因此,关起门是坤,打开门是乾,一开一闭叫做变化,往来无穷叫做亨通。显现出来的叫做象,具有形体的叫做器具,制定出来加以应用的原则叫做法,利用这种法象形器出入于天下的,民众全都能应用它就叫做神了。因此,易的本体是太极,太极生成两仪,即阴阳、天地,两仪产生四象,即太阳、太阴,少阳,少阴,以象征四季,四象形成八卦,用八卦就能断定吉凶,而趋吉避凶就能成就伟大事业。

是故,法象莫大乎天地;变通莫大乎四时;悬象著明莫大乎日月;崇高莫大乎富贵;备物致用,立成器以为天下利,莫大乎圣人;探

最高法则和最大象形没有超过天地的;最显著的变通莫过于四季;形象高悬而鲜明的没有超过日月的;最为崇高的是既富且贵;创

赜索隐,钩深致远,以定天下之吉凶,成天下之亹亹者,莫大乎蓍龟。是故,天生神物,圣人则之。天地变化,圣人效之。天垂象,见吉凶,圣人象之。

制完备的物品为民所用,创立各种器具给天下人带来利益的,没有超过圣人的;探讨奥秘索取幽隐,刨根究底高瞻远瞩,来测定天下的吉凶祸福,成就天下奋勉前进的人,没有比卜筮更重大的了。因此,上天生成神奇之物,圣人遵循它的法则。天地间的变化,圣人诚心地效法。天上出现的景象,能够预示吉凶,圣人就取以为卦象。

河出图,洛出书,圣人则之。《易》有四象,所以示也。系辞焉,所以告也。定之以吉凶,所以断也。

黄河出现了"河图",洛水出现了"洛书",圣人取法它创造了八卦。《易经》设出太阳、太阴、少阳、少阴四种象,用以指导行动。卦爻系上了辞,用以告白休咎。判定吉凶祸福,借以明断。

## 第十二章

《易》曰:"自天祐之。吉,无不利。"子曰:"祐者,助也。天之所助者,顺也;人之所助者信之也。履信,思乎顺,又以尚贤也。是以'自天祐之。吉,无不利'也。"

《易经》上说:"上天保佑。吉祥,没有什么不利的。"孔子说:"所谓'保佑',是一种帮助。天所帮助的人,是顺应天道的人;人所帮助的人,是因为信任。做到守信,就要想到顺应天道,而又能尊重贤者。所以'上天保佑。吉祥,没有什么不利的。'"

子曰:"书不尽言,言不尽意;然则圣人之意,其不可见乎?"子曰:"圣人立象以尽意,设卦以尽情伪,系辞焉以尽其言,变而通之以尽利,鼓之舞之以尽神。"乾坤,其易之緼(蕴)邪?乾坤成列,而易立乎其中矣。乾坤毁,则无以见易;易不可见,则乾坤或几乎息矣。

孔子说:"文字不能完全表达要说的话,言语不能完全表达思想;那么圣人的思想就没法了解了么?"孔子说:"圣人设立卦象用来表达心意,设立六十四卦用来完备地表现万物的真伪,给卦爻系上文辞是用来完善地表达要说的意思,会通卦爻的变化充分发挥易卦的

是故,形而上者谓之道;形而下者谓之器;化而裁之谓之变;推而行之谓之通;举而错之天下之民,谓之事业。是故,夫象,圣人有以见天下之赜,而拟诸其形容,象其物宜,是故谓之象。圣人有以见天下之动,而观其会通,以行其典礼,系辞焉,以断其吉凶,是故谓之爻。极天下之赜者,存乎卦;鼓天下之动者,存乎辞;化而裁之,存乎变;推而行之,存乎通;神而明之,存乎其人;默而成之,不言而信,存乎德行。

优越性,以实现给人以神奇的鼓舞。"《乾卦》和《坤卦》,不是理解《易经》内容的核心么?由乾坤形成六十四卦的序列,易就存在于其中了。如果乾坤毁灭了,易也就不存在了;易不存在了,乾坤所代表的天地也就熄灭了。因此,超越于有形之上的是表示本质和规律的道,具有形象和实体的而只有具体作用的是器;道与器融化在一切事物之中,并给以裁制,就称之为变化;有意识地运用道器规律顺应事物的变化,就称之为通;用以为天下之民服务,就可称之为事业了。因此,关于象,是圣人认识到天下的奥秘,用来模拟形容事物的性质,才能叫做象。由于圣人认识到天下万物的变化运动,而观察其会通的规律,制定并实行礼仪制度,为易卦系辞,推断吉凶,所以就叫做爻。穷尽天下事物的奥秘,保存在卦中;道器规律化裁万事万物,存在于运动变化之中;推行礼仪教化,存在于人事的会通之中;把易的神妙明示天下,在于教化人;默默地成就一切,不需要声张而需要诚信,这些都需要体现在德行之中。

# 第六翼　系辞传下

<table>
<tr><td>原　文</td><td>释　义</td></tr>
<tr><td>

**第一章**

　　八卦成列,象在其中矣。因而重之,爻在其中矣。刚柔相推,变在其中矣。系辞焉而命之,动在其中矣。吉凶悔吝者,生乎动者也;刚柔者,立本者也;变通者,趋(趋)时者也;吉凶者,贞胜者也。天地之道,贞观者也。日月之道,贞明者也。天下之动,贞夫一者也。

</td><td>

　　八个卦排成序列,一切物象就呈现在其中了。八卦重叠为六十四卦,三百八十四爻就在其中了。阳刚阴柔互相推动,变化就在其中了。卦爻系上了辞,动态就在其中了。吉祥、凶险、忧悔、过失,都是在事物的变动中产生的;阳刚与阴柔是确立卦的根本;善于变通,在于顺应时势;是吉祥还是凶险,以拘守正道来求胜。天地间的规律,总以正道显现。日月运行的规律,守正道光明普照。天下万物的运动,都是坚守正道的。

</td></tr>
<tr><td>

　　夫乾,确然示人易矣。夫坤,隤(颓)然示人简矣。爻也者,效此者也。象也者,像此者也。爻象动乎内,吉凶见乎外,功业见乎变,圣人之情见乎辞。

</td><td>

　　乾道刚健,以平易昭示于人。坤道柔顺,以简易昭示于人。爻就是效仿这种精神的。象就是取法这种精神的。爻和象在卦中变动,而吉凶就显现在外边,建功立业都在变动中显现,圣人在卦中的盛情体现在卦爻辞当中。

</td></tr>
<tr><td>

　　天地之大德曰生,圣人之大宝曰位。何以守位曰仁,何以聚人曰财。理财正辞,禁民为非曰义。

</td><td>

　　天地的伟大德行,是生成万物,圣人最大的宝物,是权力地位。怎样守住权位呢,答曰:施行仁政,

</td></tr>
</table>

怎样团结民众呢,答曰:为民谋利。管理经济、制定法令,禁止百姓干坏事叫做义。

## 第二章

古者包牺氏之王天下也,仰则观象于天,俯则观法于地,观鸟兽之文,与地之宜,近取诸身,远取诸物,于是始作八卦,以通神明之德,以类万物之情。(以下作了节选)

上古伏羲氏称王于天下的时候,抬头观察天象,低头观察地理,考察鸟兽的痕迹,和地上作物的宜忌,近处研究自身,远处研究各种事物,于是根据取象开始创作了八卦,以达到和神明的德性相通,以模拟万物的真实情况。

易,穷则变,变则通,通则久。

易的规律:事物发展达到极限就要改变,变动后就能通达,通达后就能长久。

## 第三章

是故《易》者,象也。象也者,像也。彖者,材也。爻也者,效天下之动者也。是故吉凶生而悔吝著也。

所以《周易》就是用卦来象征万事万物的。这种象征只是相像罢了。彖,是裁决的意思,就是判定一个卦的义理。爻,一卦有六个爻,是用来效仿天下万事万物的运动变化。这样吉凶悔吝的判断就从卦象、彖辞和爻的变化中产生出来了。

## 第四章

阳卦多阴,阴卦多阳,其故何也?阳卦奇,阴卦耦。其德行何也?阳一君而二民,君子之道也。阴二君而一民,小人之道也。

阳性卦震、坎、艮,卦画二个阴爻、一个阳爻,阴爻多;阴性卦巽、离、兑,卦画二个阳爻、一个阴爻,阳爻多。这是什么缘故呢?这是因为阳卦是奇数,阴阳爻合起来是五画,阴卦是偶数,阴阳爻合起来是四画。它体现了什么样的德行呢?阳卦一个阳爻为君,二个阴爻为民,表示君

子之道。阴卦二个阳爻为君，一个阴爻为民，表示小人之道。

## 第五章

易曰："憧憧往来，朋从尔思。"子曰："天下何思何虑？天下同归而殊涂（途），一致而百虑。天下何思何虑？日往则月来，月往则日来，日月相推而明生焉。寒往则暑来，暑往则寒来，寒暑相推而岁成焉。往者屈也，来者信（伸）也，屈信（伸）相感而利生焉。尺蠖之屈，以求信（伸）也。龙蛇之蛰，以存身也。精义入神，以致用也。利用安身，以崇德也。过此以往，未之或知也。穷神知化，德之盛也。"

《易经》（《咸卦》九四爻辞）说："频繁地往来，伴随着你的思绪。"孔子说："天下之事何需思虑？天下从不同的途径回归一个目标，从众多的谋虑中取得一致的结果。天下有什么可思虑的呢？太阳走了月亮来了，月亮走了太阳来了，日月的相互推移，光明产生了。严寒走了，酷暑来了，酷暑走了，严寒来了，寒暑相互推动，构成一年。走掉的屈曲，来到的伸展，屈伸发生交感利害关系就产生了。尺蠖这种虫把身体屈起来，是为求得把身体伸出去。龙和蛇在冬季蛰伏，是为了保存身躯。精心探索神妙的原理，是为了应用到实际生活中去。利用这种道理安身立命，就能提高自己的德行。超过这个限度去追求，就难以知晓了。穷尽神妙的道理，懂得融化于自己的生活，是德行的最高境界。"

（以下是对具体卦爻的分析，从略，内容为节选）

子曰："危者，安其位者也；亡者，保其存者也；乱者，有其治者也。是故，君子安而不忘危，存而不忘亡，治而不忘乱；是以身安而国家可保也。易曰：'其亡其亡，系于包桑。'"

孔子说："凡处境危殆的人，都是自安其位的人，凡败亡的人，都是自认为安全的人；政局陷入动乱，都是自认为社会太平的人。所以，君子居安而不能忘记危殆，安全而不能忘记败亡，政局稳定而不能忘记陷入混乱；这样自身安全而且国家也可保无虞了。《易经·否卦》九五爻说：'就要灭亡了，就要灭亡了，安全就像系在桑树的芽苞上！'"

子曰:"德薄而位尊,知(智)小而谋大,力少而任重,鲜不及矣。易曰:'鼎折足,覆公𫗧,其形渥,凶。'言不胜其任也。"

孔子说:"德行浅薄而地位尊贵,智慧太低而追求极高,能力很少担负重任,很少不招灾惹祸的。《易经·鼎卦》九四爻说:'鼎足折断了,王公的美食翻倒在地上,它的形状很肮脏,很凶险。'这里说的都是力不胜任啊。"

子曰:"知几其神乎? 君子上交不谄,下交不渎,其知几乎! 几者,动之微,吉之先见者也。君子见几而作,不俟终日。易曰:'介于石,不终日,贞吉。'介如石焉,宁用终日? 断可识矣。君子知微知彰,知柔知刚,万夫之望。"

孔子说:"能够知道事件细微征兆的不是很神妙么? 君子与地位高于自己的人交往不谄媚,与地位低于自己的人相处不傲慢,他是不是把握了事情的征兆了呢? 所谓几,就是指细微的变动,它是预示吉凶的征兆。君子看到了征兆就采取行动,不要整天等待。《易经·豫卦》六二爻辞说:'坚如磐石,不要整日等待,走正道,吉祥。'既然是坚如磐石,还用得着整天等待么? 这是断然可以明白的事。君子如果既能见细知巨,又能柔能刚,那是完全符合万民的期望和敬仰的。"

## 第六章

子曰:"乾坤其易之门邪?"乾阳物也,坤阴物也。阴阳合德,而刚柔有体,以体天地之撰,以通神明之德。其称名也,杂而不越。于稽其类,其衰世之意邪? 夫易,彰往而察来,而微显阐幽,开而当名辨物,正言断辞则备矣。其称名也小,其取类也大,其旨远,其辞文,其言曲而中,其事肆而隐。因贰以济民行,以明失得之报。

孔子说:"《乾》、《坤》两卦是《易经》的门户吧?"《乾卦》是阳性之物,《坤卦》是阴性之物。阴性和阳性的德性配合起来,刚爻和柔爻各有自体,用以体现天和地的形成,以便和神妙的生成万物的德性相贯通。易卦的名称很复杂,但并没有超越其本质。考察它的类型,大概是反映衰落时期的意向吧?《易经》明确地反映历史而且能够

洞察未来，显示细微之处和阐明幽隐的情况，分开各种事物的类别给以恰当的名称，正确表述事物的性质是很完备的。它的名称很琐细，但归类却很重大，它的意愿很高远，但文辞却优雅，它的言论委婉而切中要害，它说到的事情毫不隐讳而寓意却很深，依据阴阳两种属性来平衡人们的行为，并明示得失的结果。

## 第七章

易之兴也，其于中古乎？作易者，其有忧患乎？是故，履，德之基也；谦，德之柄也；复，德之本也；恒，德之固也；损，德之修也；益，德之裕也；困，德之辨也；井，德之地也；巽，德之制也。履，和而至；谦，尊而光；复，小而辨于物；恒，杂而不厌；损，先难而后易；益，长裕而不设；困，穷而通；井，居其所而迁；巽，称而隐。履，以和行；谦，以制礼；复，以自知；恒，以一德；损，以远害；益，以兴利；困，以寡怨；井，以辨义；巽，以行权。

《易经》的兴起，大概是在中古时代吧？创作《易经》的人，大概是处在忧患之中吧？因此，易卦中《履卦》，是德的基础；《谦卦》，是德的关键；《复卦》，是德的根本；《恒卦》，是德的稳固；《损卦》，是德的修正；《益卦》，是德的充盈；《困卦》，是德的明辨；《井卦》，是德的立足处；《巽卦》，是德的制裁。《履卦》，是完全的和谐；《谦卦》，是尊严的光芒；《复卦》，是对细小是非的明辨；《恒卦》，是在复杂状况下不厌弃；《损卦》，是先困难而后容易；《益卦》，是长施与而不设限；《困卦》，是贫穷而能通达；《井卦》，固定处所而供给流畅；《巽卦》，申令而不张扬。《履卦》，在于协调行为；《谦卦》，在于以礼待人；《复卦》，在于有自知之明；《恒卦》，在于守德如一；《损卦》，在于远离祸害；《益卦》，在于兴利除弊；《困卦》，在于无怨于人；《井卦》，在于据义施与；《巽卦》，在于权衡利弊采取行动。

## 第八章

易之为书也,不可远;为道也,屡迁。变动不居,周流六虚。上下无常,刚柔相易,不可为典要,唯变所适。其出入以度,外内使知惧。又明于忧患与故,无有师保,如临父母。初率其辞,而揆其方,既有典常。苟非其人,道不虚行。

《易经》作为书,时刻不可远离它;但它阐明的道理,却在不断迁移。它之所以经常变动而不固定在一个地方,是因为易卦六爻不停地流转。上下爻经常变动,刚柔之间相互异位,不可把它当做固定不变的法则,必须适应它的变化。易卦的出入是可以度量的,它可以使人内处和外出懂得警觉。又能明白产生忧患的原因,虽然没有师长在教诲,却有如父母的关怀。初次接触易卦的文辞,要深入领会其中的义理,就可以掌握其中的法则。如果不是诚心习易之人,易道是不会凭空运行的。

## 第九章

易之为书也,原始要终,以为质也。六爻相杂,唯其时物也。其初难知,其上易知,本末也。初辞拟之,卒成之终。若夫杂物撰德,辨是与非,则非其中爻不备。噫!亦要存亡吉凶,则居可知矣。知(智)者观其彖辞,则思过半矣。二与四,同功而异位,其善不同,二多誉,四多惧,近也。柔之为道,不利远者,其要无咎,其用柔中也。三与五,同功而异位,三多凶,五多功,贵贱之等也。其柔危,其刚胜邪?

《易经》作为书,探究事物的起源和终结,是它的本质特征。六爻交错着呈现出来,能表现事物变动的时序。刚看到初爻还难以知晓卦义,等到出现上爻时就容易了解其本末了。初爻的爻辞只是比拟事物的开端,上爻的爻辞才显示事物的结局。至于表示错综复杂的事物的性质,辨别是和非,没有中间四个爻是不完备的。啊!了解了存亡吉凶之道,即使居处一隅便可知晓一切。明智的人观察到那些卦辞,就能理解大部分道理了。第二爻和第四爻,同属于阴柔的性质,但所处位置不同,它们所表示的善意也不一样,第二爻多赞扬之词,第四爻多戒惧之词,因为

第四爻太接近尊贵的第五爻了。卦爻中的阴柔之道虽不利于追求远大目标,但至少会得到无咎,它的用柔是适中的。第三爻和第五爻同属于阳刚的性质,但所处位置不同,第三爻多凶险之词,第五爻多成功之词,体现了尊贵与卑贱的分等。难道它是用阴柔表示危险,而用阳刚表示优胜么?

## 第十章

易之为书也,广大悉备,有天道焉,有人道焉,有地道焉。兼三才而两之,故六;六者非它也,三才之道也。道有变动,故曰爻;爻有等,故曰物;物相杂,故曰文;文不当,故吉凶生焉。

《易经》这样的书,包容极其广大完备,其中有天文的规律,有人间的规律,有大地的规律。天地人三才都有阴阳两性,所以卦有六爻;确定六个爻不是为了别的,就是为了表示天地人三才之道啊。规律是变动的,所以称呼它为爻;六爻分配在初二三四五上不同爻位上,用以象征各种事物;而事物是混杂交错在一起,所以就用文辞表达,文辞表达的当与不当就产生了吉凶的区别。

## 第十一章

易之兴也,其当殷之末世,周之盛德邪?当文王与纣之事邪?是故其辞危。危者使平,易者使倾,其道甚大,百物不废。惧以终始,其要无咎,此之谓易之道也。

《易经》的产生,大概是在殷商末期,周邦的德治正在兴旺时期吧?说的是周文王和殷纣王斗争的事情吧?因此易卦中的文辞危厉。而这种危险是为了求得平安,其所作的更易是为了倾覆殷王朝,寓于其中的道理很大,任何有益的事物都不会被废除。自始至终都保持戒惧警惕,目的在免除灾祸,这正是易卦的道理。

## 第十二章

夫乾,天下之至健也。德行恒易以知险。夫坤,天下之至顺也,德行恒简以知阻。能说(悦)诸心,能研诸侯之虑,定天下之吉凶,成天下之亹亹者。是故,变化云为,吉事有祥,象事知器,占事知来。天地设位,圣人成能,人谋鬼谋,百姓与能。八卦以象告,爻象以情言,刚柔杂居,而吉凶可见矣!变动以利言,吉凶以情迁。是故,爱恶相攻而吉凶生,远近相取而悔吝生,情伪相感而利害生。

凡易之情,近而不相得则凶;或害之,悔且吝。将叛者其辞惭,中心疑者其辞枝,吉人之辞寡,躁人之辞多,诬善之人其辞游,失其守者其辞屈。

《乾卦》代表天行,是最为刚健的力量。它的德行是恒定平易而深知艰险的。《坤卦》代表大地,它是天下最为柔顺的力量,它的德行是恒定简易而熟知阻难的。乾坤精神,能够让所有的人心悦诚服,能够研判到诸侯的思虑,确定天下的吉凶,成就天下一切勤勉的人。因此,各种变化都会表现出来,好事有吉祥的征兆,利用卦器象征事物,通过占筮预知未来。天地有设定的位置,圣人有成就事业的能力,依靠人的谋划或利用占卜推算,百姓各自都有遇事自行处置问题的能力。八卦是用卦象来显示的,卦爻辞是以实情来表述的,刚爻和柔爻杂处在一起,吉凶就可以显示出来了!卦情的变动表达利害关系,吉凶会随人的情绪迁移。所以,爱慕和憎恶相互冲突而使吉凶不同情况产生,对远近选取的不同而使忧悔与羞愧产生,占筮时人的真情或假意相感应会影响到利与害。

凡是占筮易卦的人的心理状态,亲近而不融洽就会凶;或有伤害之意,就有悔恨和羞愧。将要叛离的人说话羞惭,心中有疑虑的人说话转弯抹角,吉祥如意的人话少,心情急躁的人话多,诬陷好人的人说话躲躲闪闪,丧失职守的人说话理屈词穷。

# 第七翼　文言传

　　《文言传》是《易传》之一，为"十翼"中的一篇。《易传》认为，《乾》《坤》两卦是易卦的门户，解释易卦应以《乾》《坤》两卦为纲，只要把此两卦解说清楚了，其他各卦都由此派生，就好理解了。所谓"文言"，是只对《乾》《坤》卦言说其义理的文章，所以其他卦没有"文言"。其中"子曰"，按照春秋以后古文献的惯例，多认为是引孔子的话，但因为没有指明是孔子所说，也有人认为未可遽定为孔子所言，也可能是其他子之言。但有些言论已从出土简帛文献中得到佐证，显系孔子对弟子论易时所言，收入《文言》时文字有所润色。大约《易传》中其他部分"子曰"也是如此。

| 乾文言 | 释　义 |
| --- | --- |
| 文言曰："元者，善之长也，亨者，嘉之会也，利者，义之和也，贞者，事之干也。君子体仁，足以长人；嘉会，足以合礼；利物，足以和义；贞固，足以干事。君子行此四德者，故曰：乾：元、亨、利、贞。" | 　　《文言传》首先对乾卦的卦辞"元亨利贞"作出解说："元是善德之首，亨是嘉美的会通，利是道义的和谐，贞是天人诸事之本。君子体认仁，足以使人成长；嘉美的会通，足以契合礼仪；普利万物，足以和谐道义；正固守本，足以成就事业。君子实行这四德，所以说：乾卦：元、亨、利、贞。"<br><br>　　此四德对于天时而言，即春夏秋冬之德。象征：始生，成长，收获，储藏。 |
| 　　初九曰："潜龙勿用。"何谓也？子曰："龙德而隐者也。不易乎世， | 　　初九曰："潜龙勿用。"是什么意思呢？孔子说："潜龙之德犹如隐 |

不成乎名；遯世无闷，不见是而无闷；乐则行之，忧则违之；确乎其不可拔，潜龙也。"

九二曰："见龙在田，利见大人。"何谓也？子曰："龙德而正中者也。庸言之信，庸行之谨，闲邪存其诚，善世而不伐，德博而化。《易》曰：'见龙在田，利见大人。'君德也。"

九三曰："君子终日乾乾，夕惕若，厉无咎。"何谓也？子曰："君子进德修业。忠信，所以进德也。修辞立其诚，所以居业也。知至至之，可与几也。知终终之，可与存义也。是故，居上位而不骄，在下位而不忧。故乾乾，因其时而惕，虽危而无咎矣。"

九四曰："或跃在渊，无咎。"何谓也？子曰："上下无常，非为邪也。

者。其德不为世俗影响而改变，不为成就功名利禄而奋斗；不为隐逸于世而苦闷，不被社会肯定而愁楚；乐于接受自己的主张就推行于世，疑惑自己的主张就隐逸离去；没有任何力量能使他动摇，这就是潜龙的德行。"

九二曰："见龙在田，利见大人。"是什么意思呢？孔子说："具备龙德而能处世中正的人，平时说话诚信，平时行动严谨，严防邪念侵入，保存至诚之心，有益于世而不夸耀，道德博大而能普行天下。《易经》说：'龙出现在田野上空，利于晋见大人'，这是君王的德性呵。"

九三曰："君子终日乾乾，夕惕若，厉无咎。"是什么意思呢？孔子说："君子要不断提高自己的德性，修治自己的业绩。忠诚守信，是进德的根本。说话修饰自己的辞句是为了确立自己的诚信，要把自己的忠信落实在事业上。知道什么是最高境界就去达到它，这样就可以同他探讨前进中的奥秘了。知道达到什么程度该终止下来就能适时终止，这样就可以同他深究义理了。由此，身居高位的人不骄纵无度，处于下位的人不忧心忡忡。所以，所谓'乾乾'，是因应时势而保持戒惕之心，虽处危险境地而没有危害了。"

九四曰："或跃在渊，无咎。"是什么意思呢？孔子说："上去下来不

进退无恒,非离群也。君子进德修业,欲及时也,故无咎。"

是固定不变的,但不是出于邪恶之心。前进后退没有恒定之规,但不是要离群索居。君子提高道德修治功业,都是为了适合时势的需要,所以不会有祸害。"

九五曰:"飞龙在天,利见大人。"何谓也?子曰:"同声相应,同气相求。水流湿,火就燥,云从龙,风从虎,圣人作而万物睹。本乎天者亲上,本乎地者亲下,则各从其类也。"

九五曰:"飞龙在天,利见大人。"是什么意思呢?孔子说:"声音相同会互相呼应,气味相投会互相混合。水流向低湿之处,火燃向干燥之物,云常伴随着龙,风常跟随着虎,圣人兴起会使天下万目共睹。以天为本的亲近于上,以地为本的亲近于下,这是各自服从其本类的规律。"

上九曰:"亢龙有悔。"何谓也?子曰:"贵而无位,高而无民,贤人在下位而无辅,是以动而有悔也。"

上九曰:"亢龙有悔。"是什么意思呢?孔子说:"龙到上九已经上亢,虽处高贵却没有地位,高居在上而下无民拥戴,贤人在其下却不能给予辅助,所以他的行动必有忧悔。"

乾龙勿用,下也。见龙在田,时舍也。终日乾乾,行事也。或跃在渊,自试也。飞龙在天,上治也。亢龙有悔,穷之灾也。乾元用九,天下治也。

乾龙勿用,是因为时位在下。见龙在田,是随时序暂时停留。终日乾乾,意在谨慎行事。或跃在渊,是试飞的举动。飞龙在天,是居上以治下。亢龙有悔,是力量穷尽的灾祸。乾元用九之变,便是天下大治之时。

潜龙勿用,阳气潜藏。见龙在田,天下文明。终日乾乾,与时偕行。或跃在渊,乾道乃革。飞龙在天,乃位乎天德。亢龙有悔,与时偕极。乾元用九,乃见天则。

潜龙勿用,阳气处于潜藏状态。见龙在田,天下光辉灿烂。终日乾乾,和天时一同前进。或跃在渊,乾的法则在于变革。飞龙在天,其位示以天德。亢龙有悔,其时与位都

达到极点。乾元用九，变易显现了天的规律。

乾元者，始而亨者也。利贞者，性情也。乾始能以美利利天下，不言所利。大矣哉！大哉乾乎？刚健中正，纯粹精也。六爻发挥，旁通情也。时乘六龙，以御天也。云行雨施，天下平也。

乾元，是天行起始而亨通的属性。利贞，是天道独具的性格。天道能够以完美和福祉普利天下，却不言其造福天下的贡献。宏大呵，乾是多么伟大啊！它行为刚健而立于中正，是最为纯粹的阳气的精华。六个阳爻充分发挥天德，和万物的性情息息相通。天道驾驭着六条龙，全面统驭着天穹。布云施雨，对天下普遍公平。

君子以成德为行，日可见之行也。潜之为言也，隐而未见，行而未成，是以君子弗用也。

君子以完成道德修养为行动，每日都可见诸于德行。潜德作为一种风格，是将美德隐藏于内心而未加表露，其德行也未以完成的形式呈现，因为这时君子还没有发挥出自己的作用。

君子学以聚之，问以辩之，宽以居之，仁以行之。《易》曰："见龙在田，利见大人。"君德也。

君子通过学习汇聚德性，通过问难辨明是非，以宽厚的态度居处待人，将仁德付诸实践。如《易经》所说："见龙在田，利见大人。"这是君的德性呵。

九三，重刚而不中，上不在天，下不在田。故乾乾，因其时而惕，虽危无咎矣。

九三爻位以刚居刚为"重刚"，虽正而不居中，上没有达到"在天"的位，下又离于"在田"之位。由此只能提出"乾乾"，以其所处时位而致戒惧警惕，虽处危却未及于祸患。

九四，重刚而不中，上不在天，下不在田，中不在人，故或之。或之者，疑之也，故无咎。

九四爻位是刚处柔位，不中不正，同样是上下不在"天、田"，却多一个"中不在人"，实际处于三才的

附录一 《易传》释义、简注

夫大人者，与天地合其德，与日月合其明，与四时合其序，与鬼神合其吉凶。先天下而天弗违，后天而奉天时。天且弗违，而况于人乎？况于鬼神乎？

人位，执意说"中不在人"，除了为说明"或跃"之义在于疑惑，所以无害咎外，其深意却在引出下一段话。

这段话写得很有气魄，是对天人合一最高境界的高度赞颂，文字晓畅，通俗易懂，译成白话，反而掩其文采，习易者应能背得出来。前面写伟大人物与天地、日月、四时、鬼神合德、合明、合序、合吉凶，天人合一可谓达到了极致。这是一种境界，并非真能合一到足以实证，而只是此种精神的最高意境。境界是一种理想化的追求，往往是带着终极关怀意义的高尚情怀，不在乎它在客观上是不是可能。康德哲学喜欢问"何以可能"？中国哲学则喜欢问"境界如何"？"风范如何"？"应该如何"？不管可能如何，只要是境界要求的、风范提倡的、理性应当的，那就要孜孜以求，锲而不舍。

亢之为言也，知进而不知退，知存而不知亡，知得而不知丧。其唯圣人乎？知进退存亡，而不失其正者，其唯圣人乎？

亢这句话是说，只知道进不知道退，只知道存不知道亡，只知道得不知道失去。能够知道这些的，只有圣人吗？能够懂得进退存亡，而又不违背正道的人，他不就是圣人了吗？

## 坤文言

文言曰：坤至柔，而动也刚，至静而德方，后得主而有常，含万物而化光。坤其道顺乎？承天而时行。

## 释 义

坤纯阴，最为柔顺，在运行中却是坚刚的，它最沉静，而它的德性却直方鲜明，坤随于乾主之后运行是它的常道，它蕴含万物而化生无限。坤的法则是柔顺吗？它是紧随天时来运行的啊。

积善之家,必有余庆;积不善之家,必有余殃。臣弒其君,子弒其父,非一朝一夕之故,其所由来者渐矣,由辩之不早辩也。《易》曰:"履霜坚冰至。"盖言顺也。

积累善德的家庭,必定有世代共享的喜庆;积累恶德的家庭,必定有世代同受的祸殃。臣子杀害他的君主,儿子杀害他的父亲,不是由一朝一夕的原因造成的,它所由来的原因是逐渐形成的,要辨别其中的利害就早辨别吧。《易经》中说:"当你踩到霜的时候冻成坚冰的严寒就要到了。"这就是说的因顺发展的结果呵。

直其正也,方其义也。君子敬以直内,义以方外,敬义立而德不孤。"直,方,大,不习无不利";则不疑其所行也。

坤六二爻辞,直是正直,方是合于道义,君子以虔敬的态度修养其正直的内心,以道义支配自己的行动,崇敬道义而立于行动之德是不会孤立无援的。"直,方,大,不习无不利"所说的道理,就是不要怀疑自己合于道义的行动。

阴虽有美,含之;以从王事,弗敢成也。地道也,妻道也,臣道也。地道无成,而代有终也。

坤阴虽然美丽,却含而不漏;从事君王委办的事,从来不敢自居有成就。这就是地的法则,做妻子的法则,当臣子的法则。地的这种法则不自居有成,却终能代天生成万物。

天地变化,草木蕃;天地闭,贤人隐。《易》曰:"括囊;无咎,无誉。"盖言谨也。

天地的变化,使草木繁衍茂盛;天地的闭塞,使贤人隐逸而去。《易经》上说:"括囊;无咎,无誉。"讲的就是言行要恭谨呵。

君子黄中通理,正位居体,美在其中,而畅于四支,发于事业,美之至也。

坤六五"黄裳元吉",《文言》说:君子要学习坤德,黄是地的颜色,代表柔顺的意思,黄中就是以坤的柔顺之德塑造内心,通达天地之

道，端正自己的位置，以"裳"甘居在下，黄中之美是内在的美，将这种美德以全身酣畅的努力体现出来，以发挥于事业之中，这样就达到最完美的程度了。

阴疑于阳，必战。为其嫌于无阳也，故称龙焉。犹未离其类也，故称血焉。夫玄黄者，天地之杂也，天玄而地黄。

《文言》分析上六爻辞说，阴气和阳气是对立的，必定要争战。因坤六爻全阴嫌它没有阳，所以才在最后讲到了龙。关于"玄黄"，是把天地的颜色混杂起来说，分开来说，天色青玄而地色土黄。

# 第八翼　说卦传

　　《说卦传》是《易传》之一,是"十翼"中的一篇。此篇文字不多,但所论述的易道却十分重要,正如相当多的易学家把《系辞传》视为《易传》中的论纲,担负着总论《易经》的纲领性文献的重任。其实,《说卦传》也具有相近的性质,它也是宏观把握《易经》不可或缺的重要文献,只是没有充分展开罢了。例如其中说明八卦的特性、取象和广泛象征含义时,因未能展开论述,使研易者不能完全明白就里,其中的抵牾之处也未能在数千年流传中得到必要的修正。

| 原　文 | 释　义 |
|---|---|
| 　　昔者,圣人之作易也,幽赞于神明而生蓍;参(叁)天两地而倚数;观变于阴阳而立卦;发挥于刚柔而生爻;和顺于道德而理于义;穷理尽性以至于命。 | 　　古时圣人创作《易》,是内心赞许阴阳的神奇功能创制了占筮的方法;以奇数代表天、偶数代表地形成易数;又观察阴阳的变化创立了卦;发挥其刚柔的作用产生了爻;和人间道德融合起来体现出义理;究明一切事物的原理充分体现其性质以至于达到理解天命。 |
| 　　昔者圣人之作易也,将以顺性命之理。是以立天之道,曰阴与阳;立地之道,曰柔与刚;立人之道,曰仁与义。兼三才而两之,故易六画而成卦。分阴分阳,迭用柔刚,故易六位而成章。 | 　　古时圣人创作《易》,用以顺应人性与天命的道理,因而树立天道,就是阴和阳;树立地道,就是柔和刚;树立人道,就是仁和义。易兼有天地人三才之道而各占两爻,所以易是六画组成一卦。分别阴和阳,交叠排列刚爻和柔爻,因此《易》是六个爻位形成章法。 |

天地定位，山泽通气，雷风相薄，水火不相射。八卦相错，数往者顺，知来者逆，是故易逆数也。

天上地下有确定的位置，山和泽之间气息贯通，雷和风相互激荡助长，水与火不能相互交流。八卦重叠交错排列，要了解过去顺着数，要了解未来就倒着数，所以《易》是通过逆向推演来探知未来的。

雷以动之，风以散之，雨以润之，日以烜之，艮以止之，兑以说（悦）之，乾以君之，坤以藏之。

震为雷给万物以振动，巽为风可散布一切，坎为雨能够广施滋润，离为日阳光普照，艮为山使烦嚣静止，兑为泽可使人愉悦，乾为天能主宰一切，坤为地能储藏一切。

帝出乎震，齐乎巽，相见乎离，致役乎坤，说（悦）言乎兑，战乎乾，劳乎坎，成言乎艮。

万物生机出于震位，齐同生长在巽位，相聚于离位上，养育万物于坤位上，收获喜悦在兑位上，奋战在乾位，劳苦于坎位，取得成功在艮位上。

万物出乎震，震东方也。齐乎巽，巽东南也；齐也者，言万物之絜齐也。离也者，明也，万物皆相见，南方之卦也；圣人南面而听天下，向明而治，盖取诸此也。坤也者地也，万物皆致养焉，故曰致役乎坤。兑正秋也，万物之所说（悦）也，故曰说（悦）言乎兑。战乎乾，乾西北之卦也，言阴阳相薄也。坎者水也，正北方之卦也，劳卦也，万物之所归也，故曰劳乎坎。艮东北之卦也，万物之所成，终而所成始也，故曰成言乎艮。

万物始生在震，震位在东方。整齐于巽，巽位在东南；所谓齐，是指万物明洁整齐的意思。离卦象征光明，万物都可以被照耀，是位在南方的卦；帝王就是面向南面的天下臣民的，表示面向光明来治理天下，就是取法离卦的。坤卦代表地，万物都蒙受她的养育，所以说是服役在坤。兑处在秋分的位置上，万物都为成熟收获而喜悦，所以说喜悦在兑。所谓战斗在乾位上，因为乾为西北之卦，阴气和阳气处于搏击之中。坎卦代表水，位于正北方，是个辛劳的卦，万物归宿在这里，所以说劳苦于坎。艮是位于东北的卦，万物在这里生成了，既是完成又是新的开始，所以说万物是成就于艮的。

**注释**：此段主要讲八卦的卦位。凡二说：一说这是讲文王后天八卦方位；另一说是《连山易》逸文，依据干宝《周礼注》。

神也者，妙万物而为言者也。动万物者，莫疾乎雷；挠万物者，莫疾乎风；燥万物者，莫熯乎火；说（悦）万物者，莫说（悦）乎泽；润万物者，莫润乎水；终万物始万物者，莫盛乎艮。故水火相逮，雷风不相悖，山泽通气，然后能变化，既成万物矣。

所谓神，就是指万物最奥妙的变化的而言的。能震动万物的力量，没有比雷更巨大了；能使万物挠曲变形的，没有比风更显著了；能把万物烘干的没有比火的热力更强的了；能使万物都感到喜悦的没有比湖泽更为适宜的了；能够滋润万物的没有能胜过水的了；能够终结万物而又使万物开始的没有能更盛出艮的了。因此，水与火之间相互制约，雷与风不相互背离，山与湖泽气息相通，然后能通过变化而成就万物。

**注释**：以下专讲八卦的特性、取象和象征含义，文字浅显，容易明白，不再意译，只作分卦综述。

乾，健也；坤，顺也；震，动也；巽，入也；坎，陷也；离，丽也；艮，止也；兑，说（悦）也。

乾为马，坤为牛，震为龙，巽为鸡，坎为豕，离为雉，艮为狗，兑为羊。

乾为首，坤为腹，震为足，巽为股，坎为耳，离为目，艮为手，兑为口。

乾天也，故称父，坤地也，故称

母;震一索而得男,故谓之长男;巽一索而得女,故谓之长女;坎再索而得男,故谓之中男;离再索而得女,故谓之中女;艮三索而得男,故谓之少男;兑三索而得女,故谓之少女。

乾为天、为圜、为君、为父、为玉、为金、为寒、为冰、为大赤、为良马、为瘠马、为驳马、为木果。

《乾卦》的特性是健,它取象天,象征:为君、为父、为马、为首、为圜、为玉、为金、为寒、为冰、为大赤、为良马、为瘠马、为驳马、为木果。

坤为地、为母、为布、为釜、为吝啬、为均、为子母牛、为大舆、为文、为众、为柄。其于地也,为黑。

《坤卦》的特性是顺;它取象地,象征:为母、为牛、为布、为釜、为吝啬、为均、为子母牛、为大舆、为文、为众、为柄。其于地也,为黑。

震为雷、为龙、为玄黄、为旉、为大涂(途)、为长子、为决躁、为苍筤竹、为萑苇。其于马也,为善鸣、为馵足,为的颡。其于稼也,为反生。其究为健,为蕃鲜。

《震卦》的特性是动;它取象雷,象征:为龙、为足、为长男、为玄黄、为旉、为大涂(途)、为决躁、为苍筤竹、为萑苇。其于马也,为善鸣、为馵足,为的颡。其于稼也,为反生。其究为健,为蕃鲜。

巽为木、为风、为长女、为绳直、为工、为白、为长、为高、为进退、为不果、为臭。其于人也,为寡发、为广颡、为多白眼、为近利市三倍。其究为躁卦。

《巽卦》的特性是入;它取象风,象征:为鸡、为股、为长女、为木、为绳直、为工、为白、为长、为高、为进退、为不果、为臭。其于人也,为寡发、为广颡、为多白眼、为近利市三倍。其究为躁卦。

坎为水、为沟渎、为隐伏、为矫輮、为弓轮。其于人也,为加忧、为心病、为耳痛、为血卦、为赤。其于马也,为美脊、为亟心、为下首、为薄蹄、为曳。其于舆也,为多眚、为通、为月、为盗。其于木也,为坚多心。

《坎卦》的特性是陷;它取象水,象征:为豕、为耳、为中男、为沟渎、为隐伏、为矫輮、为弓轮。其于人也,为加忧、为心病、为耳痛、为血卦、为赤。其于马也,为美脊、为亟心、为下首、为薄蹄、为曳。其于舆

也,为多眚、为通、为月、为盗。其于木也,为坚多心。

离为火、为日、为电、为中女、为甲胄、为兵戈。其于人也,为大腹,为乾(干)卦。为鳖、为蟹、为蠃、为蚌、为龟。其于木也,为科上槁。

《离卦》的特性是丽;它取象火,象征:为雉、为目、为中女、为日、为电、为甲胄、为兵戈。其于人也,为大腹,为乾(干)卦。为鳖、为蟹、为蠃、为蚌、为龟。其于木也,为科上槁。

艮为山、为径路、为小石、为门阙、为果蓏、为阍寺、为指、为狗、为鼠、为黔喙之属。其于木也,为坚多节。

《艮卦》的特性是止;它取象山,象征:为狗、为手、为少男、为径路、为小石、为门阙、为果蓏、为阍寺、为鼠、为黔喙之属。其于木也,为坚多节。

兑为泽、为少女、为巫、为口舌、为毁折、为附决。其于地也,刚卤。为妾、为羊。

《兑卦》的特性是悦;它取象泽,象征:为羊、为口、为少女、为巫、为妾、为口舌、为毁折、为附决。其于地也,刚卤。

**总释:**八卦的取象和象征意义是一种约定,本身没有多少根据,起着意义代换的作用,因而只能对理解卦义有所帮助,但算卦先生会死背这些东西。

八卦本有方位,不同的卦序所列方位不同。它们所象征的事物,多有交叉,从事物分类学意义来看,没有多少道理。例如象征各种类型马的卦就有乾、震、坎卦。从乾卦看,它象征龙,但这里象征龙的是震卦。坤卦中把地的色定为黄,这里却说坤卦"其于地也为黑。"坤卦说到霜和冰,这里却说乾为冰。离卦为火、为日、为电,但自身却是阴卦。诸如此类的抵牾之处不少。由此看来,"十翼"中有些文字并不成熟,互相不照应的现象,并不少见。

因此,本书这一部分的释义,关于八卦的象征意义,采取了归类综述的方式。每一卦都象征什么,一目了然。

# 第九翼　序卦传

　　《序卦传》是《易传》之一,是"十翼"中的一篇,专门解说六十四卦的卦序之作,上经从乾坤至坎离,共三十卦;下经从咸恒至既济未济,共三十四卦,合起来总六十四卦的"两两相偶,非覆即变"的排列关系,以阐明卦序排列中的深刻含义,借以阐述作者对六十四卦体系结构的理解。其中除个别段落存在牵强解说以外,多数论述是反映了易卦的意蕴的,揭示了《易经》中的一些哲学观点和排列卦序的用意,对读者理解《易经》各卦的特点与相互关系是大有裨益的。

　　因文字比较通俗易懂,特别是经过前面阅读六十四卦新解之后,阅读《序卦传》没有障碍,因此除个别作必要注释外,全文不作今译和释义。因此,文字排列方式不采取列表式,注释列于上下经序卦之后,分两段列出。

## 上经《序卦》部分

### [原文]

　　有天地,然后万物生焉①。盈天地之间者,唯万物,②故受之以屯;屯者盈也,屯者物之始生也。物生必蒙,故受之以蒙;蒙者蒙也,物之稚也。物稚不可不养也,故受之以需;需者饮食之道也。饮食必有讼,故受之以讼。讼必有众起,故受之以师;师者众也。众必有所比,故受之以比;比者比也。比必有所畜也③,故受之以小畜。物畜然后有礼,故受之以履。履而泰,然后安,故受之以泰;泰者通也。物不可以终通,故受之以否。物不可以终否,故受之以同人。与人同者,物必归焉,故受之以大有。有大

者不可以盈,故受之以谦。有大而能谦,必豫,故受之以豫。豫必有随,故受之以随。以喜随人者,必有事,故受之以蛊;蛊者事也。有事而后可大,故受之以临;临者大也。物大然后可观,故受之以观。可观而后有所合,故受之以噬嗑;嗑者合也。物不可以苟合而已,故受之以贲;贲者饰也。致饰然后亨,则尽矣,故受之以剥;剥者剥也。物不可以终尽,剥穷上反下,故受之以复。复则不妄矣,故受之以无妄。有无妄然后可畜,故受之以大畜。物畜然后可养,故受之以颐;颐者养也。不养则不可动,故受之以大过。物不可以终过,故受之以坎;坎者陷也。陷必有所丽,故受之以离;离者丽也。④

# 下经《序卦》部分

[原文]

有天地,然后有万物;有万物,然后有男女;有男女,然后有夫妇⑤;有夫妇,然后有父子;有父子然后有君臣;有君臣,然后有上下;有上下,然后礼仪有所错。夫妇之道,不可以不久也,故受之以恒;恒者久也。物不可以久居其所,故受之以遁;遁者退也。物不可以终遁,故受之以大壮。物不可以终壮,故受之以晋;晋者进也。进必有所伤,故受之以明夷;夷者伤也。伤于外者,必反其家,故受之以家人。家道穷必乖,故受之以睽;睽者乖也。乖必有难,故受之以蹇;蹇者难也。物不可以终难,故受之以解;解者缓也。缓必有所失,故受之以损。损而不已,必益,故受之以益。益而不已,必决,故受之以夬;夬者决也。决必有所遇,故受之以姤;姤者遇也。物相遇而后聚,故受之以萃;萃者聚也。聚而上者,谓之升,故受之以升。升而不已,必困,故受之以困。困乎上者,必反下,故受之以井。井道不可不革,故受之以革。革物者莫若鼎⑥,故受之以鼎。主器者莫若长子,故受之以震;震者动也。物不可以终动,止之,故受之以艮;艮者止也。物不可以终止,故受之以渐;渐者进也。进必有所归,故受之以归妹。得其所归者必大,故受之以丰;丰者大也。穷大者必失其居,故

受之以旅。旅而无所容,故受之以巽;巽者入也。入而后说之,故受之以兑;兑者说也。说而后散之,故受之以涣;涣者离也。物不可以终离,故受之以节。节而信之,故受之以中孚。有其信者,必行之,故受之以小过。有过物者,必济,故受之既济。物不可穷也,故受之以未济终焉。[⑦]

## 注释

①《序卦传》一开始没有直接列出《乾》、《坤》两卦,而是直述两卦所取之象:天地,其深义在于把乾坤代表天和地的实际含义更突出了。

②"盈天地之间者,唯万物"是《易传》中的一个深刻而突出的论点,具有十分明确的唯物主义的思想倾向。

③这里所说的"畜"、"所畜"、"物畜"都具有"蓄养"、"存蓄"的含义,古畜与蓄相通。《易传》中的《小畜》和《大畜》卦都有蓄的含义。

④上经序卦至坎离为止,以水火和天地相呼应,借以突出水火在天地间的重大功用和意义。没有水就不可能有生命,没有火人类就不可能有文明。

解释《易经》的传统说法,上经侧重于天道、地道,也就是说侧重于自然原理和规律,下经侧重于人道,即人间与社会的原理和规律。所以上经止于水火,而下经重人事,则起于夫妇。

⑤下经卦序也像上经卦序没有直述乾坤一样,一开始仍从宇宙生成的序列说起,先有天地,然后有万物,然后才出现人类。人从男女说起,进而说道夫妇,由此论述了家庭、社会、国家和等级,乃至礼仪与文明,从而形成了《易》的社会观、价值观以及各种社会规范。所以卦序没有直述《咸》卦,只从男女论述起。

⑥《序卦传》又提出一个深刻而突出的社会观即"革故鼎新"、"汤武革命"的论点,并且把它和治井之道联系起来,掘井以养人,必须经常浚深和维修井甃,方能水清而沛,借以张扬革新精神。

⑦易卦排列在《既济》(成功)之后以《未济》收尾,寓有深意。它说:"物不可穷也",预示着一个新的循环运动的开始,这一论点和前面说的"盈天地之间者,唯万物"的论点相呼应,表达了物质运动的无限性原理。

# 第十翼　杂卦传

　　《杂卦传》是《易传》之一,是"十翼"中的一篇,它的文字简短,它区别于《序卦传》的顺序,采用了韵文的形式解释卦序和各个卦的特点,识卦比较准确,有独特发挥,反映了《易传》作者确乎出自多人之手,非一时一种观点之作,与其他各传可起相互补充的作用。

## [原文]

　　乾刚坤柔,比乐师忧。临、观之义,或与或求。屯见而不失其居。蒙杂而著。震起也,艮止也;损益盛衰之始也。大畜时也。无妄灾也。萃聚,而升不来也。谦轻,而豫怠也。噬嗑食也,贲无色也。兑见,而巽伏也。随无故也,蛊则饬也。剥烂也,复反也。晋昼也,明夷诛也。井通,而困相遇也。①

　　咸速也,恒久也。涣离也,节止也;解缓也,蹇难也;睽外也,家人内也;否泰反其类也。大壮则止,遁则退也。大有众也,同人亲也;革去故也,鼎取新也;小过过也,中孚信也;丰多故也,亲寡旅也。

　　离上,而坎下也。小畜寡也,履不处也。需不进也,讼不亲也。②

　　大过颠也。姤遇也,柔遇刚也。渐女归,待男行也。颐养正也,既济定也。归妹女之终也。未济男之穷也。夬决也,刚决柔也,君子道长,小人道忧也。③④

## 注释

　　①《杂卦传》虽没有按照《序卦传》的卦序解说各卦,但解说的前五十六卦仍然体现了"两两相偶"的关系排比成对卦形式,并揭示其特点,简明扼要。

②它基本上打乱了上下经的界限,但也相对遵守了上下经划分的格局,只有少数卦在总体排列中颠倒了顺序,可能是为了押韵,又便于突出一些卦的对偶关系和特点。

③最后八个卦,排比打乱了对偶关系,似乎单纯注意了押韵。研易者一般采用蔡清调整意见。本书第四章已经提到,兹不赘述。

④《杂卦传》其实并不杂乱,它用韵文形式把卦的排列编成了朗朗上口的歌诀,作者的意图除了为帮助读者理解卦的性质和特点以外,主要是为了使读者便于记忆和背诵。

# 附录二

# 参考文献

《周易注疏》,王弼、韩康伯注,孔颖达疏,文渊阁《四库全书》光盘版

《周易集解》,(唐)李鼎祚撰,九州出版社

《东坡易传》,(宋)苏轼撰,文渊阁《四库全书》光盘版

《伊川易传》,(宋)程颐撰,文渊阁《四库全书》光盘版

《易童子问》,(宋)欧阳修撰,《欧阳修全集》,中华书局

《原本周易本义》,(宋)朱熹撰,文渊阁《四库全书》光盘版

《易经蒙引》,(明)蔡清撰,文渊阁《四库全书》光盘版

《周易集注》,(明)来知德撰,文渊阁《四库全书》光盘版

《周易内传》,(清)王夫之撰,九州出版社

《周易外传》,(清)王夫之撰,九州出版社

《易经通注》,(清)傅以渐、曹本荣奉敕撰,文渊阁《四库全书》光盘版

《日讲易经解义》,(清)牛钮、孙在丰奉敕撰,文渊阁《四库全书》光盘版

《周易折中》,(清)李光地撰,九州出版社

《周易述》,(清)惠栋撰,文渊阁《四库全书》光盘版

《易汉学》,(清)惠栋撰,文渊阁《四库全书》光盘版

《六十四卦经解》,(清)朱骏声著,中华书局

《周易古经今注》,高亨著,齐鲁书社

《周易大传今注》,高亨著,齐鲁书社

《周易探源》,李镜池著,中华书局

《周易译注》,黄寿祺、张善文撰,上海古籍出版社

《周易全解》,(修订本)金景芳、吕绍纲著,上海古籍出版社

《周易正宗》,马恒君著,华夏出版社

《周易十讲》,(修订本)胡道静、戚文编著,上海人民出版社

《周易知识通览》,朱伯崑主编,齐鲁书社

《易学哲学史》(全四册),朱伯崑著,昆仑出版社


《易纬》(一至八),(汉)郑玄注,文渊阁《四库全书》光盘版

《谶纬论略》,钟肇鹏著,辽宁教育出版社

《易纬导读》,林忠军著,齐鲁书社

附录二 参考文献

# 后　记

　　人到老年,才容易把握《易》的精神。仿佛只有到了这时,人才能拂却尘世的喧嚣,静下心来,涤除功名利禄的欲念,摘掉那副容易扭曲世界的有色眼镜,冷静而理性地审视宇宙与人生。

　　孔子晚而喜《易》,居则在席,行则在囊,达到韦编三绝的境界,大概体现就是这样一种机缘吧。程明道终身治《易》,却明确限定自己,到七十岁才能动笔撰写那部惠及后世的《程氏易传》。我想,这应当也是体现了这种机缘。纵观易学史,晚而述《易》之作多不胜数,大概都是体现着这样一种机缘吧!

　　笔者虽然无意与上述这些大师相提并论,仅就年岁而言,业已七十三岁矣,在退休后将数十年治《易》的心得写出来,形成了这部《刘蔚华解读周易》,得以付梓,大概也算是应了这样一种机缘吧。

　　笔者老来出版这部著作,畅言玄秘,殊感幸甚!

　　以往出版的《易》作,大多插入一些易图、卦图。朱熹在《周易本义》卷首插了若干幅图,开了解经中研读易图的先河。以后出版的注《易》书籍,大体都遵循此路。出版社的同仁认为,本书也应当结合内容选配一定数量的插图。于是,我们便在总论部分插了一些配合论说内容的图片,六十四卦也都插了与卦义或爻义有关的图片。这仅是一种尝试,有些图可能只与对应卦的局部含义有关联,未必那么准确精当。所以,希望读者不致产生误会。

　　齐鲁书社官晓卫社长、黄伟中总编,对此书的出版给与了大力支持,责任编辑李兴斌同志尤其付出了巨大的辛劳,杨鸿山先生和苗孝元先生为本书绘制了部分插图,笔者在此一并表示衷心的感谢!

　　本书在写作过程中,须臾不离电脑操作,除基本的参考书外,许多资料得益于因特网络,这里也要感谢那些网上信息资源的提供者。

刘蔚华<br>2007 年 6 月 20 日于济南

**图书在版编目(CIP)数据**

刘蔚华解读周易／刘蔚华著. —济南:齐鲁书社,
2007.8

ISBN 978 - 7 - 5333 - 1837 - 6

Ⅰ. 刘… Ⅱ. 刘… Ⅲ. 周易—研究 Ⅳ. B221.5

中国版本图书馆 CIP 数据核字(2007)第 098407 号

**刘蔚华解读周易**

刘蔚华 著

| | | |
|---|---|---|
| 出版发行 | *齐鲁书社* | |
| 社 址 | 济南经九路胜利大街 39 号 | |
| 邮 编 | 250001 | |
| 网 址 | www.qlss.com.cn | |
| 电子邮箱 | qlss@sdpress.com.cn | |
| 印 刷 | 山东新华印刷厂 | |
| 开 本 | 650×990/16 | |
| 印 张 | 25.25 | |
| 字 数 | 401 千 | |
| 版 次 | 2007 年 8 月第 1 版 | |
| 印 次 | 2007 年 8 月第 1 次印刷 | |
| 印 数 | 1—6000 | |
| 标准书号 | ISBN 978—7—5333—1837—6 | |

定价: 36.00 元